欧洲文化史

阎宗临 著

图书在版编目（CIP）数据

欧洲文化史 / 阎宗临著. — 北京：商务印书馆，2021
ISBN 978-7-100-19370-2

Ⅰ.①欧… Ⅱ.①阎… Ⅲ.①文化史－欧洲 Ⅳ.①K500.3

中国版本图书馆CIP数据核字（2021）第005877号

权利保留，侵权必究。

欧洲文化史
阎宗临　著

商　务　印　书　馆　出　版
（北京王府井大街36号　邮政编码100710）
商　务　印　书　馆　发　行
三河市尚艺印装有限公司印刷
ISBN 978-7-100-19370-2

2021年7月第1版　　开本 787×1092　1/16
2021年7月第1次印刷　印张 32　1/4

定价：159.00元

目录

近代欧洲文化之研究

　　自　序/3

　　欧洲思想之悲剧/5

　　近代德国的研究/20

　　意大利文化构成论/32

　　俄国革命与其文化/47

　　英国文化之特质/61

　　附录：抗战与文化/76

欧洲文化史论要

　　第一章　绪　论/85

　　第二章　研究欧洲文化史的出发点/91

　　第三章　埃及文化与自然/98

　　第四章　中亚文化略述/107

　　第五章　古代希腊文化之特点/117

　　第六章　古罗马帝国的精神/132

　　第七章　欧洲文化的转型期/144

　　第八章　中古文化及士林哲学之研究/156

第九章　16世纪新时代的分析/168

第十章　法国旧制度时代的家庭情况/179

第十一章　《民约论》与法国大革命/188

第十二章　论浪漫主义/195

第十三章　社会主义的发展/202

第十四章　近代欧洲文化与机械/209

第十五章　结　论/214

欧洲史要义

绪　论/219

第一编　古代西方帝国/223

第一章　埃　及/227

第二章　加尔地亚/230

第三章　赫梯帝国/232

第四章　亚述帝国/235

第五章　波斯帝国/237

第二编　东地中海城邦/239

第一章　克里特古史/243

第二章　腓尼斯/245

第三章　希腊居民之移动/247

第四章　希腊初史/249

第五章　罗马初史/251

第三编　西方均势建立/253

第一章　波斯与希腊斗争/255

第二章　伯里克利时代/257

第三章　马其顿：希腊向外的扩张/260

第四章　罗马两种动向/263

第五章　罗马与迦太基/265

第四编　罗马帝国/269

第一章　共和政治的没落/271

第二章　罗马帝国/274

第三章　基督教兴起/276

第四章　罗马帝国解体/279

第五编　欧洲转型时代/281

第一章　日尔曼民族的迁移/285

第二章　拜占庭帝国/288

第三章　伊斯兰教兴起与阿拉伯帝国建立/290

第四章　基督教教会/293

第五章　查理曼帝国/295

第六编　基督教统一时代/297

第一章　封建社会/299

第二章　神圣罗马与日尔曼帝国/301

第三章　欧洲向东发展：十字军/304

第四章　蒙古西侵/307

第七编　欧洲之自觉/311

第一章　教会衰落/313

第二章　英法形成与百年战争/315

第三章　拜占庭的灭亡/317

第四章　精神自觉/320

第五章　欧洲国家奠基/323

第八编　欧洲发轫/327

第一章　法奥斗争/329

第二章　东北欧兴起/331

第三章　地理发现/333

第四章　资本主义降生/336

第五章　宗教改革与反改革/339

第九编　欧洲集权：旧制度/343

第一章　英国改革/347

第二章　路易十四/350

第三章　彼得大帝的改革/353

第四章　中欧局势与普鲁士兴起/356

第五章　殖民地与美国独立/358

第十编　新欧洲：均势建立/361

第一章　法国革命/363

第二章　法国与意大利统一/367

第三章　德意志统一/370

第四章　奥斯曼与欧洲/372

第五章　产业革命与机械/374

结　论/376

巴斯加尔传略

第一　巴斯加尔思想发生的历史条件/381

第二　少年时期的巴斯加尔/388

第三　巴斯加尔的科学工作/393

第四　巴斯加尔思想的转变/399

第五　巴斯加尔生活范围的扩大/405

第六　巴斯加尔艰苦的摸索/410

第七　《与乡人之书》/417

第八　巴斯加尔最后的生活/422

第九　余论——写在《思想集》之后/428

附　录

欧洲文化简释/439

哥德与法国/446

论法国民族与其文化/453

西班牙历史上的特性/464

李维史学研究/474

意大利文艺复兴的特质/480

欧洲封建时代的献礼/496

欧洲封建时代社会之动向/501

近代欧洲文化之研究

自 序

近代欧洲文化的变动，始于 16 世纪，其可注意者有三：个人意识的觉醒，国家思想的发展，追求无穷的进步。

这三种精神，相因相成，有时难以分辨的；辗转推进，形成所谓"机械文化"，充分表现出欧人思想的特征：于复杂中求"统一"，施以强有力的"组织"。

此种文化，使"自然"脱掉神秘的衣服，同时也使"人"失掉正常的概念，即是说：人非万物之灵，只不过万物中之一"物"。于是"物竞天择"的理论，遂成为不易的铁则。这是很残酷的。

我们看到许多醉人的名词，如自由与繁荣，流为一种虚幻的术语，实质上只是一种自私的卫护，激乱了人与人、人与物的平衡，其结果便是否认人类原有的理性。我们静心观察，近代欧洲昌荣的国家，受机械文化的支配，将"人"解体，形成阴暗的悲剧，这不是科学的错过，这是文化不以人为基调必有的现象。对此，我们应有一种新的认识。

我根据这种平凡的见解，累承万仲文兄鼓励，在《建设研究》发表了这几篇文字，现在收集起来，题为《近代欧洲文化之研究》，那不是有系统的著述，那只是我平日研究的一部分，而且是非常幼稚的。

当我写这些文字时，我常想到瑞士伏利堡大学教授岱梧（Prof. E. Dévaud）先生，他教我做人，导我治学，我受了先生天高的恩谊，使我这个苦学生，得以完结自己的学业。古人说："大德不言谢"，我只盼不太辜负先生的希望，这本书权当我遥寄恩师的微物。

民国三十年二月二十日阎宗临谨识

欧洲思想之悲剧

一

近代欧洲思想的悲剧，是文化失掉重心的象征，其结果产出不安与不定。生活是思想的反映，而欧洲人的生活上，逐渐减少了智慧与意志的成分，因为最初他们失掉了人与人的和谐，继后又失掉了人与物的和谐，这是非常可怕的。

欧战后，国际联盟的成立，似乎是一转机。从那种惨痛的教训内，希望战争永逝，给人类生活一种新的意义。谁想，为时未及二十年，被发现这是一座蜃楼，只有他的躯壳，留在寂寞的列芒湖畔，供游人嗟叹而已。

欧洲的战争是无法避免的。不是欧人好战，乃是战争因素日见增加，使他们必走此艰辛的路途。英法讲和平，德苏又何尝不讲和平呢？现在未卷入战争的国家，哪一个敢保证他的和平呢？试看苏联和芬兰，现在也走入那种艰苦的境遇，将来的历史会给他一个正确的说明。

我们不敢预测未来，但是，我们可以探讨它的过去，将近代欧洲促成战争的原因，特别是思想上，给它一个简略的说明。笔者见闻有限，学浅识短，这只是一种观察和感想而已。

我们想要说明的：

（一）近代欧洲的几种思想，为人憧憬，它给人带来许多福利，亦带来许多痛苦，两相比较，恐怕痛苦超过福利。

（二）我们想说明欧洲思想的错误，在失掉"人"的正确的观念，从此演出另一个错误，即价值颠倒，人为物役，心为形役。

（三）从国家的立场上，我们非常需要机械文明，但它不能替代我们自己的文化。这次抗战便是一个有力的证明。

当经济恐慌到极点时，瑞士政府领袖米锐（Muzet）先生说："再三反思，经济恐慌，仍是一个思想问题，哲学问题。"

二

近代欧洲的悲剧，始于16世纪的文艺复兴。多少人醉心过这个伟大的时代，把他当作黎明的曙光。米什莱（Jules Michelet）在他的文艺复兴的引言内，指出这个时代的特点有二：人的发现与世界的发现。

米什莱认为往日的欧洲，整个地沉在噩梦内，所有的生活，停止了他的行动，笼罩着阴暗的浓雾。人只是抽象的缩影，世界便是地中海的别名，我们只看当时讨论印度女子有无灵魂的问题，便知欧人的知识幼稚到何种地步。于是颖出之流，需要冲击，冲击中世纪封建的堡垒；需要解放，解放中古教会的镣链。远如萨沃纳（Savona role）、伊拉斯谟（Erasme），近代如拉伯雷（Rabelais）、龙沙（Ronsard）等，都是这种运动的代表，这种精神，现在仍然盛行，所以胡塞尔（H. Hauser）将他对于文艺复兴的研究，题为"16世纪近代化"，寓意是非常深长的。

文艺复兴的灵魂是人文主义。莫尼埃（P. Monier）说："人文主义，不只是爱好古代，而且是崇拜古代；不只是了解古代，而且是模仿古代。……这种运动的极点，便是改变'人'的观念。"这里，莫尼埃所指的改变人的观念，系精神与肉体的分离，思想与行为的分离，其结果产生出两种特别的现象：一种是智慧和纪律的崩溃，另一种是灵与肉价值的颠倒。

当时文艺复兴的人文主义者，是绝对预想不到这种结果的，他们开始只是一种批评，结果却是一种破坏；他们开始只是一种改造，却结果是一种革命。

在这个大时代的前夕，西方人士的情绪，反映出荒凉、阴暗与悲惨的景象。百年战争，政教冲突，天灾与瘟疫的流行，人人感到失望与悲观，生活变成一副可怕的刑具。试看那时的艺术，其重心交集在"死"上，比萨（Pisa）公墓的骷髅舞（Danse macabre），诺曼底（Normandie）以枯骨与头颅装饰门楣，形成一种变态的心理，正像光绪时代，许多王公装扮乞丐，到什刹海乘凉一样的。马落（E. Malet）在中古艺术史中，竭力推重这种爱死的精神。不，这不是爱死，这实是恶死，"天地之大德曰生"，欧洲人何能例外？这只是走到时代崩溃的地步，变态的反映而已。

三

几乎这是文化史上的一条定律：当一个时代到崩溃时，有一种特性，使弱者变为更弱，强者变为更强，前者是群众，后者是少数人，文艺复兴时代，亦是如此。

欧洲的历史上，没有再比文艺复兴更蓬勃的。我们看到当时许多杰出的人物，正像兵燹后的宫殿，在破瓦颓垣中，耸立着不可撼摇的石柱，支撑着沉默的苍穹。

这些特殊的人物，如米开朗琪罗（Michel-Ange）具有海似的心情，晶明的智慧，然而不能见容于当时的社会。当他看自己的周围，充满荒凉、寂寞的社会使之窒息。于是反退回来，只好寻找自身，逃避在内心深处，因为人的自身，究竟是无法可走时最后避难的山洞。也是为这个原因，米开朗琪罗题美第奇（Médicis）坟墓《夜》的塑像时，他说：

> 看不见，听不着，
> 于我是莫大的幸福！
> 低声点吧，不要唤醒他。

我们明白米开朗琪罗的生活，完全在奋斗中。这不是消极，这是一种孤独。

此种爱死与孤独，推动人文主义，于是人文主义提出人为宇宙中心的原则。人不只为万物之灵，且为万能，到哥白尼（Copernicus）与伽利略（Galilée）出，给予有力的佐证，成为不易的定则。雷纳（G. Reynold）先生说："人文主义的哲学，不是来自沉思与理智，乃是来自对新发现的一种热情，一种憧憬。"

这实是一个大时代，新航路与新大陆的发现，希腊罗马思想的传播，印刷机的应用，在当时前进者的想象上，搅起了狂激的波涛。也便在这个时候，智慧的"轴心"移动了，即是说：由深度移至平面。

这样，构成欧洲中古文化唯一的要素：讲求灵魂的完美，逐渐为人蔑视，到十八世纪，便成了讥笑的资料，伏尔泰（Voltaire）便是好的证例。

四

文艺复兴的新时代，给人带来两种强烈的动向：需要自由，需要控制物质。这两种需要，可说是人性的，原不当视为文艺复兴的特产。但是，我之所以特别提出的原因，为着自16世纪以后，历史上从未见过，如此的需要，如彼的白热化。

需要自由，即是说要斩断束缚人的镣链，他的范围非常广泛，思想、宗教、政治、社会皆在斩绝之内。

最初寻找自由的人，还相信理智的力量，笛卡儿（R. Descartes）的"我思，故我在"，即是相信理智得到的结论。继后，理智也发生问题，追问理智是否也是一条镣链？因为构成人性的要素，如本能、情欲、感觉等当为理智所涉及范围。为怀疑而分析，因分析而更怀疑，结果，人的整个性，横遭残杀，此所谓"个体的自杀"。

个体分解是失掉信心的证明，其心理必为病态的，因为孤独、失望、不安等情绪，每日腐蚀自认为万能的动物。但是，人不能不生，生不能脱离团体，结果个人成了集体的牺牲，而沉溺在人海里面。需要自由所得到的是变形的专制。在法国大革命时，多少做自由梦者，反失掉他那点不满意的自由。现在，德意那种制度下，有几个可曾达到他们的理想？

另一种倾向是需要控制物质。从南美洲的金子、印度洋的财富运往欧洲后，欧人生活与思想集聚在征服自然与物质进步上。他们认幸福与繁荣是相同的，富庶与奢侈是一样的。物质影响到精神，由外形影响到内心，将一切放置在"新"的上面。因为他们看进步便是"新"的别名，然而他们却忘掉"新"没有"真"是绝对无价值的。

也像罗马帝国一样，版图扩大，财富增加，同时也带来很坏的结果：平民与贵族的斗争，经济中心转移在少数人的手中。欧人醉心新奇，时时要服役物质，揭破自然之谜，其结果我们看到享受的欲望扩大，生产过剩使生活迟滞，而最重要的一点，是物质的发达，反使物质变得更为贫乏。

农村破产，经济恐慌，至少为一部分物质过剩的反映。雷纳先生说："在丰富的金银与产物中，我们有饿死的危险。"我们并非反对科学，诅咒生产，我们是说明需要控制物质，人反为物质所控制，这种现象，实在可怜，实在矛盾。

近代的人，特别感到这种苦痛。德国格林德尔（Gunther Grundel）说："从文艺复兴到欧战，也许会被人命为吕西佛尔（Lucifer）时代，这不是一个可怕的魔鬼，而是一个落魄的天使，艳丽的妖魔……他在西方人士的心上,有种特殊的力量,似乎永远登上胜利的征途,其结果,必将有一个剧烈的颠覆。"

五

近代欧人思想上,人文主义是一朵怒放的春花,好奇、探讨、分析、经验都是最可赞美的果实。它特别树立起一种风格,与希腊、罗马、中世纪的文化截然不同。它既不像希腊狂爱肉体的完美,产生出文学与艺术;又不能像罗马追求社会的完美,产生出法律与组织;更不像中世纪,寻觅灵魂的完美,遗留下哲学与建筑。它的重心,几乎交集在所有的工具上,使之实用,同时又特别经济,其结果产生出"机械"。

机械是近代文化的特征,它给人类一种强有力的工具,同时也给人类减轻许多苦痛。在1809年瓦尔赫伦(Walcheren)远征中,三万九千人的军队内,有两万三千左右的人病死,而战死的仅只二百一十七人。现代的战争内,无论设备如何简陋的国家,其死亡率的比例,绝对没有如此相差太远。

将战争的罪恶归诸科学的发达,那完全是错误的。谁也不能否认科学的价值,否认是枉然的!但是问题并不在此。

科学可以把人放在生物学内,却不能将人看作是机械的一部分。事实上,机械每天扩大它的伟力,逐渐支配到人心。不特个体与群众无分别,便是生理和心理也搅成一团,法西斯的理论,苏联文化的特征,都十足地反映这种现象。他们拼命争取本能的要求,但是却甩不脱机械的压力,因为他们看政治、经济、文化以至个人的情感都是一副机械,每天在那边规律地运动。

这种状态下的生活,表现出无可奈何的神气,因为失掉了生的信仰。近二百年来,欧洲大多数人士判断问题,总是脱离不了这三个阶段:起初是相对的,无绝对的是非;继后,任问题随本能来冲动与颠荡；最后只是官感的逸乐。所以欧洲最时髦的问题是以性为中心，借科学与卫生的美名，如多克托尔（Doktor）、赫希菲尔德（Hirschfeld）等教授，专门设计如何增进爱情的幸福，结果那点爱情自然的美妙，完全摧毁了。雷纳先生说："现代人如果对自己严肃，便感到道德孤独的可怕。"

往深处着眼，在人文主义到极点时，便造成人与人的敌视，互相戒惧，互相仇恨，提心吊胆，时时都在防御中。因而个性为集体所淹没。这是人与人类的斗争，分外艰难，较之人与自然的斗争，更为激烈。

倘如我们看日本的行为，更明白他们所自豪的文化，不过是欧人的一点余沥：他们没有接受欧洲真正的思想与学术，如宗教与艺术，却只一点小规模的机械，便要发动人与人类的斗争，其结果为什么不失败哩？

欧洲虽然遭受人文主义过度的荼毒，但因为久远的传统力量，尚可补救，而敌人却不同了。他既缺乏历史的潜势力，又没有欧人那种分析的精神，结果只是盲目的乱动。我们知道一个国家到盲动时，那是智慧、纪律、意志的总崩溃。我们要记住：机械是人用的，不是用人的。这虽是极浅的理论，却值得铭刻在心头。

六

从文艺复兴到法国大革命的前夕，经过光荣灿烂的古典主义，外表上显露出壮丽与雄伟的姿态，反映出和平的神色，内部却是不安与不定，正像桥上的一所建筑物，上面虽说庄静，下面的桥孔内，却有着奔腾澎湃的洪流。

近百年世界的大变更，无论从哪一方面看，都是受了法国十八世纪的影响促成的。十六世纪确实提出种种改革，那只是一种意见，未曾深入到群众的生活与意识里面。到十八世纪，包括新旧两个时代，对于各项问题，也没有具体的办法，却主张彻底的破坏，用一种神秘的思想，刺激群众的情绪。他们思想上要求自由，智识上发展科学，政治上拥护民众，原是无可批评的，但他们的骨子内，如伏尔泰、霍尔巴哈（D'Holbach）、孟德斯鸠（Montesguieu）等，却是充满了失意、不愉快，有时还夹着仇恨。这只看《波斯人信札》、《风俗论》，便可佐证我们的意见。（参看拙著：《杜赫德的著作及其研究》[Essai sur le P. Du Hald]）

再进一步，十八世纪的哲人们，有一种共同的精神，即摧毁旧制度的唯一方法，需要大胆的革命，然而他们只能从旁鼓吹，却不敢去实行，真正法国大革命的主角，没有一个比较伟大的思想家与文学家。所以大革命发动后，莫雷莱（Morellet）说："那些鼓吹革命的哲人们，并不愿采取激烈的手段，如此去做，更不愿在这样短的时候，便结束了。"等于儿童戏火，只觉好看，却不晓得它的重要。及至将房屋烧着后，他们在追悔，便是"神也没有办法了"。

七

在这个被人称为哲学的世纪，理智、情感与经验，构成基本的重心，它们交相对流，交相冲突。情感与经验要校正理智的枯涩，因为笛卡儿的思想，逐渐演变，已失掉它原来的面目。我们知道笛卡儿的重要工作，在他对人性的解释，但是十八世纪的哲人们，却由个人问题移到社会问题了。

另外，经验尚未发达到极点，却在进步的路上迈进，它排斥情感，因为情感憧憬着大自然，呈现出一种缥缈幻变的状态。这便是为什么人们不会了解哲人巴斯加尔（B. Pascal）的原故。因为巴斯加尔主张"心有它的理智，而理智是不会了解的"。他们不只不会了解，反而憎恶他。伏尔泰注解巴斯加尔《思想录》时，字里行间，完全充满了敌视的态度。

实际上，十八世纪哲人们所讲的人道、宽容、自然、民众等，却另有一种含义。

这种思想的变更，基于社会的要求。殖民地的扩展，重商主义的发达，公然宣布"一国应牺牲他国以增加本国之财富"，从亚当·斯密（Adam Smith）《原富》出（1776年），始坚信工业亦是一种富源。因此，十八世纪后半期之政治元首，亦与新思潮以一种深厚的同情，如约瑟夫二世（Joseph Ⅱ），列奥波尔德（Leopold），凯瑟琳二世（Cathrine Ⅱ），葡国之约瑟夫五世（Joseph Ⅴ），西班牙之查理二世（Charles Ⅱ）等，想实行一种"理性"的政府，即是说一种"智慧的统治"。

这比文艺复兴时的思想，更前进了一步。不只是量，而且是质，因为人的观念改变，原初到世界末日，人须受神的裁判，现在神须受人的裁判了。

八

想象丰富的哲人，受了社会变更的刺激，幻想柏拉图的乌托邦，耶稣会传教士描写的中国，亚士特（Astré）小说中的牧羊人，他们看清楚所要走的路线，一致地要求：

（一）平等，比自由更为重要；
（二）与人类以同情，不分任何阶级；
（三）斩绝抽象，一切讲求实用；
（四）以原始的自然与历史文化对峙，求最后的大解放。

代表这个思想转变的人物，恐怕谁也不及卢梭（J. J. Rousseau）更恰当的。这位不安、聪明与病态的思想家，给近代一种特殊的力量，每个人直接间接，都受到他的《民约论》（Contrat Social）的影响。

《民约论》中开首便提出这个棘手的问题："人生来是自由的，但是他却在铁链中。"卢梭对这个问题的解答是："社会的秩序是神圣的，不是来自自然，乃是来自契约。"所以，人的第一条定律是保卫自己。"只要还在需要的时候，孩子可以同父母在一起"，一到成年，便当有绝对个体的自由。

为什么要如此呢？因为要生活在原始自然状态之中。然而原始自然状态，有许多阻碍，有许多威胁，为了防御，须要大家团集在一起，即是说个人有他自己的意志，同时又须服从整个团体的意志。这样，自由始可产生，谁要不服从团体的意志，团体可以制裁他，"即是说强迫他自由"（卢梭的话）。

九

卢梭的思想，一方面表现出个人化，同时又表现出集体化。查本纪（John charpentier）写《卢梭传》说："当卢梭从原始状态论人时，他是一位个人主义者；当他从文化方面论人时，他又成了一个社会主义者。"这可说最中肯的批评。但是，我们在此所要注意的，集体化的影响，既非社会化，又非民族化，乃是法西斯的国家论。自1789年后，《民约论》成为革命志士的圣经，然而这些志士们的做法，比沙皇更为武断。

《民约论》的骨子里是矛盾的，它主张国家有绝对的自由，它又诅咒人民为国家而失掉自由。但卢梭不觉着这是矛盾，因为他相信斯巴达的莱克格斯（Lycurgue），一切都是平等，没有贫富的阶级。其实近代的改革家，如墨索里尼、希特勒、斯大林等，谁能否认不是卢梭的嫡系呢？1791年6月14日，法国革命政府公布："只有个人的利益，或者只有国家的利益。"

但是，最奇怪的却是当时崇拜卢梭者，无人感到《民约论》的矛盾，他们认卢梭是新的，所以是进步的，《民约论》是他的代表作品，只有无条件接受了。我们不当惊奇这种推理，他们已失掉分析的作用，另有成见存在脑中。因为那时的智识阶级，一切都可接受，只除去古典的思想与理论，因为古典便是野蛮的别名。他们否认历史，同时也否定了人。

十

卢梭而后，情感与理智的冲突，个人与社会的冲突，日见强烈，形成浪漫主义。普通论浪漫主义者，都觉着只限于文学，一个海涅（René）与一个维特（Welter）便够了。其实浪漫主义的范围非常广泛，影响也非常深远，它深入人心与社会，它沉醉了多少学者与青年。

浪漫主义的出发点是个体，表现个体的是情感，然而，宇宙中最易变的是个体，个体中最易变的又是情感，所以浪漫主义者，无论从哪一方面看，都感到空虚与不安，追求一种幻觉的满足。因此，他们酷爱自然。

在此，自然的含义完全改变了，这不是人性，也不是客观的山川，乃是要人摆脱社会，归真返璞。便是说：人是自然中的一部分，自然既好，人亦当好，而人之所以不好，其错误乃在社会。这儿，我们看到《民约论》的影响，同时也明白浪漫主义不能确定，而只能描写，即是说，这不仅是一种思想，而且还是一种变幻的情绪。

于是，浪漫主义者表现出两种态度：从空间方面说，须逃脱社会，回到自然的怀抱，从时间方面说，现在是可咒的，须返到原始的时代，为什么？

从法国大革命后，政治、经济与文化都起了一种本质的变化，人受了环境的支配，不是人来支配时代，而是时代支配人。在这种反常的状态中，每个感觉敏锐者，仅只感到一种空虚。他们深信大自然与原始时代，至少可以减轻人与物的冲突，及人与人的冲突，这样，他们可以溶化在大自然内。

这确是一场美丽的梦，在1848年的革命中，波德莱尔（Ch.

Baudelaire）不是抓住枪也想闻一点火药味吗？假使我们看这是冲动，则我们不会了解浪漫主义的心理，他们追逐理想的自然，过一种与众不同的生活，对自己是极端的个人化，对社会要强烈的革命化。有时，在一个人的生活上，表现出这两种要求，如拜伦、拉马丁（Lamartine）都是这类典型的人物。可是这些英雄式的人物，与现实脱离，不特将自己的内心生活撕破，而且将宇宙的统一性也根本否认了，不如是，不足以言天才，更不足以谈文化。歌德毕竟是一个特出者，他是一个浪漫主义者，却没有中了浪漫主义的毒。他写给策尔特（Zelter）说："每个人有他的聪明与和谐，应当研究他的全体，否则变为死亡的东西。"歌德是针对浪漫主义的错误下此批评的。

欧洲的 19 世纪是一个过渡时代，它的政治与社会表现出不定。因而这个时代的思想具有许多不安。新近史学家莫里奥（P. Moreau），论到浪漫主义时说："两种矛盾的倾向占据了这五十年（指 19 世纪前半期），孤独的高傲与行动的需要，他们连续在一起，表现出个性的特殊，世界的统一，这种矛盾在整个 19 世纪没有停止过……。"岂只 19 世纪？我们现在仍可以看到这种矛盾。

我们要记着：拿破仑是浪漫主义初期的人物，现在多少欧洲的英雄们，仍做拿破仑的残梦？只要欧洲跳不出浪漫主义的思想，统一与和平永远是空的。欧洲人受了机械文化的陶冶，将别人看的太低，有色人种的理论，日尔曼民族独尊的高调，都是文艺复兴以后的回声。

十一

从这种环境内产生出的思想，有两种特征：一种是快，另一种是狭。

无论从哪一方面，欧洲人过着一种竞赛的生活，在时间方面，将百年视为一日，个个有能力者，都有超过时代的野心；在空间方面，每个国家视自己是整个的宇宙，不承认别的国家的存在。快与狭是互为因果的。从机械的发展，欧洲人深信人生、社会等问题也是一种机械。这种机械的名字：我。

从这个"我"的崇拜中，欧洲人想万古变为一日，囊括四海。拿破仑说："两年之后，我始生存。"因为如有一事未做成，一地未征服时，他是不承认自己的存在的！

这样，欧洲人常在有限与无限中争斗，时时刻刻寻觅客观的真理，结果是一种主观的认识，他们深感到这种苦痛，但是无可奈何。罗丹（A. Rodin）雕刻夏娃，很可形容出这幕悲剧。许多欧洲人也很明白，但是他们摆不脱快和狭的追求，只好任其矛盾与冲突。冲突具体的表现，便是战争。

十二

我们也在战争中，但是，我们的战争与欧洲的战争性质不同，我们是革命的、自卫的、反侵略的，可是这些解释，似乎仍道不出它的深度。

支持这次抗战最伟大的力量是我们祖先遗留下的文化：人文主义。我们的人文主义和欧洲文艺复兴所产生的完全两样。我们的内心含有真"情"，而欧洲的"情"，便有等级与条件了。这个"情"是孟子所说的"赤子之心"，它是我们文化的大动脉。为什么我们那样疯狂地爱山川草木鸟兽呢？为什么我们会有梅妻鹤子的故事哩？为什么我们会有艳丽白蛇的传说哩？狮为百兽之雄，但雕刻在门前，为什么又说他非常可爱哩？我们每天吃肉，但是要"远庖厨"，欧洲的人文主义者是绝对不会了解这个的。

我们讲"情"，不是理论，而是生活，特别是行为。因之，我们说"我"时，"他"必然存在着，我们视四海为一家，"己所不欲，勿施于人"的训言，宋襄公的"不鼓不成列"，明太祖的遗诏"非夷狄来侵，不得用兵"，清圣祖谕西洋人，常言"轸念远人，俯垂矜恤"，这又是欧洲的人文主义者所不会了解的。——欧洲基督教的博爱,原与我们的文化相近,但是自文艺复兴以后,欧洲是反基督教的。

我们毕竟是农业文化的国家,她是慢的,却是坚固的;她很深,却不狭;他着重在养,而忽略了知。所以,我们有指南针,不去探险,却当作堪舆用;我们发明火药,不制造枪炮,却放烟火,这更是欧洲人不会了解的。

欧洲在18世纪时,许多杰出者曾想了解中国,做一种较深刻的研究,他们爱好中国的人文主义,没有绝对专制的宗教,没有特殊阶级的贵族,更没有好勇斗狠的战争。他们憧憬着这种富丽的外形,却不明白何以精神会受意志的限制,何以尊君如神的国家,会说"民为贵,社稷次之,君为轻"?但是,他们却觉着可爱,偏重复不已的唱:

中国是一块可爱的地方,
她一定会使你喜欢!

辜鸿铭在《中国人的精神》一书中,指出我们精神上的特点有三:纯朴、深沉、宽大。德国人有深沉与宽大的而缺乏纯朴;英国人有纯朴与深沉而缺乏宽大;美国人有纯朴与宽大而缺乏深沉。比较与中国民族精神相近者,在昔为希腊,在今为法国。但是,他们仍不会了解,为着没有我们对"情"的深度。

十三

蒋百里先生指出:我们的文化有两种特点,武力取守势,文化取攻势。在我们的历史上,每到一个大转变的时代,我们牺牲一切卫护民族、礼乐、宗庙、社稷的生命,使之耸立,不至中辍。因为这些都是我们文化的象征,亦即我们真情的对象,而这个"情"有其使人头昏的深度。所以,在政治上,我们有兴亡鼎革,在文化上却永远是一贯的。

这种文化的深度，来自历史的训练和实际生活的纪律。当我们提出"持久"战争时，国际间同情我们的朋友，有几个真能相信呢？不是不肯相信，乃是不解我们的深度。现在，三年抵抗暴力的事实，给全世界一个证明。

不妥协，便是我们文化深度的表现，亦即我们的民族意识。这是我们应付世界幻变唯一的武器。从这儿，我们可看出欧战和我们抗战性质的不同。

民国二十九年一月

近代德国的研究

一

现代希特勒的做法，有的人惊赞他，有的人恐惧他，有的人又诅咒他。他像是一个超自然的怪物，将世界的公理与契约，完全变作自己的意志。果真希特勒是神吗？这个谁能相信！我们对他并无点滴同情，我们只想在这篇陋文中，说明德国何以会如此演变，为何会形成这种情势？从他的结论内，我们可看到中国的将来。希特勒登台后所演的事实，有许多事虽然尚难下一断定，但有一句话是可以肯定的：以力服人，必定是失败的。

二

世界上的历史，没有再比德国的更复杂。因为它的历史复杂性，常时将观察者的眼睛蒙蔽了。对于别的国家，一般观察者的判断，通常不会错误。独对德国，谁也不敢保证，似乎德国人的行为，别有理智作为根据。

当我们想了解德国民族，首先要记住：这是一个文化发展较迟的民族。原始民族的特征，仍然活动在德人血管内。相对地说，日尔曼民族文化与拉丁民族相较，至少落后五百年，即是说前者少了五个世纪的历史经验与智慧纪律的训练。

一个国家的急激的转变，常表示其中心的意识尚未形成。历史的经验，创造一种生力，以防御内在与外来的袭击。文化久远的国家，到那紧要关头，它的眼光放在深度，而不在广度，它的思想移在法律而不在武力。德国并非如此。从表面上看，德国并不年轻，它像到了选择的时期，心理上有许多矛盾，他所表现的是失望、不幸、不安与冲动。

德国人的思想，常时孤独着，不断地自己创造天地，否认客观的真理。外形上，却是每天集会，一切要纪律化，他们将精神与实际的生活分离，永远过着矛盾与二重生活。

三

德国所以难了解，因为它是浪漫的，每个思想到它的脑中，便突然演为一种神话。由此而沉入梦内，由梦而变为奇幻的情感。在这种情感上，德国人不会解决任何问题，因为问题层出不穷，辗转演变，欧战后，别人形容德国不是一个"问题的"国家吗？实在说，德国不是一个哲学民族，乃是玄学民族，可是它有特长应用科学、机器、化学品，一切都是坚固实用。然而，人们只是怕它，却不与以同情。

这种状态，反映着原始遗留的特质。德国人特别爱森林，正像他们是永居在森林内的先民。时而他们感到一种孤独，自己创造生活与美梦，不断地徘徊，睁眼所见者，只是神秘的自然，自己逐渐融化在里面。时而集队成群，调整步伐，他们共同去侵略。因为他们所留恋的，不是土地，而是种族。他们演变为民族、部落，忽然感到一种强烈的欲望，他们也要建立一个帝国。

为了实现这种欲望，他们从文化较古的国家，抢夺进攻，他们深信必须用武力,而这种武力还带着几分粗暴与残酷。

四

我们并不敢说德国人是一种蛮人,因为这样观察,正与希特勒犯了同样错误。我们记着,当日本人在南京残杀千千万万人时,希特勒不是赞扬日本文化吗?希特勒是一个个体,个体的判断与批评,我们是不介意的。

我们所要说的,乃是德国人接近原始状态,在每个民族所感到的冲突中,德国人尚未寻找到他的平衡,即是说他尚未完成民族心理的统一,使他的智慧有进展。

正如德人自觉很强,不只是身体,而且在物质,他们想借用强力,作为民族生活的基本条件;但是,同时他们感觉着别人瞧不起他们,讥笑他们的笨重。因而,在德国人的心理上,起了一种强烈的反应,即是不如人。他们的高傲,他们的强力、他们的组织、他们的近代化,一切的一切,都是从怕人讥笑出发。

因之,德人的一切,交集在"动"上。他们发疯地侵略,要在直冲的"动"上,以表现自己的伟大。

五

在德国人的面前,每件事实的发生,都成为一种经验。爱经验,是因为爱内心的冲动。对于德国人,思想与概念,都是内心冲动的条件,他们要的是力,只有力才能满足一切活动。

在宗教上,德人所要的,不是教律与教义,乃是神秘的经验;在哲学上,不是体系的理论,乃是直观的世界,如果抒情诗在德国文学中特别发达,其原因仍在个人化,使力有所排泄。尼采(Nietzsche)哲学中的意志,希特勒的政治行动,可说基点完全在此。

德国人意识中的"我",特别含有重量,那里面除自我而外,尚有上帝、自然、国家、民族、世界各种的成分。这一个"我"是一切的总汇,因而行为成了他们人生的目的。

因为"我",所以要不断的工作,这方面产生出许多技术人才、组织家与侵略者;因为"我",所以要寻找根源,一切要超绝,这方面产生了多少哲人、音乐家与诗人。这两种外形与内心的动态,最足以看的,便是他们军事与政治组织,即是黑格尔(Hegel)与俾斯麦(Bismarck)的混合,亦即德国人夸耀于世界的科学方法。

德国人具有这种精神,无论是在哪一方面,必然要一做到底,他们既不管别人的威胁,也不管别人的批评,正如尼采所说:一件事错到底,便找出对来了。

我们这种观察,并不损伤德国民族的伟大。自从两世纪以来,德国人卓绝耐劳的努力,引起其他民族多少的恐惧、羡慕与赞叹。假如没有德国。近代文化将有多少的缺陷?

六

何处是德人的故乡?
到处说德文的地方便是他的故乡。

这个歌曲说明德国人的爱国思想,一方面是种族,另一方面是语言。我们是中国人,因为我们生在祖先遗留的土地上,土地的观念,在我们的意识内,真是到了根深蒂固的地步。德国人,便不如此,因为他们血管内有日尔曼民族的成分。

为什么德国人会将血统观念予以如此重要的价值呢?因为德人所居的地方,既不肥沃,又无自然的边疆,这个只消打开地图,便可看出德国自然地理的缺陷。

只要我们看法国的历史发展,就更容易明白德国地理的缺点。法国从黎塞留（Richelieu）大臣起，经路易十四（Louis XIV）与拿破仑，他们对外的政策，在求边疆的安宁与边界的安固，而德国，无确定的边界，在东西南北，都感到向外发展的必要。自从普法战争之后，德国人竭力在海外寻找殖民地，使自己强到无以复加的地步，利用这种力量，将不如人的情感确定，以便加强向外的防线，这样的方式，形成了1914年的悲剧。

七

德国还有一种地理的缺点，即没有中心的地方以促成国家的统一。我们看德国的河流，每条都是平行。他们的城市，没有重要的分别，正像各个都平等。这只看德国京都的历史，时常随着政治变更，便可看出它的缺点。时而在维也纳（Vienne），时而在法兰克福（Francfort），时而又在柏林。他们的京都，是以政治为条件，而地理是无足轻重的。这便是为什么变更首都常要引起不小的内部纠纷。

除语言与种族外，德国人渴望统一，而没有统一的条件。在他的历史上，德国不是自相残杀，使外人得利，便是与外人战争，使统一暂时的形成。奥地利与普鲁士的斗争，便是好的说明。

德国的历史是很苦痛的，他们不明白升平，因为它没有和谐。我们有尧舜时代，我们有汉唐时代，我们有康乾时代，但德国有什么？他们不是忙于内乱，便是忙于外征，这种不断波动的民族，一切便交集在武术上面。

到16世纪，在德国固有的不幸上，更加了一层不幸，即是宗教统一性完全破坏了。宗教将德国截然分成两半，试问普鲁士和奥地利的冲突，还不是新旧教的冲突吗？

宗教改革，在德国历史上，是最重要的事实，希特勒很明白，因为这是第一次革命，也是第一种国家主义的形式。

八

在962年，奥托一世（Otton Ⅰ）从罗马取得皇冠，承继君士坦丁（Constantin）和查理曼（Charlemagne）两位大帝，于是有神圣罗马日尔曼帝国。这个帝国是一堆沙做成的，既是流动，又是柔弱，它的名称虽是漂亮，实际上却是名不副实。它既不神圣，又不罗马，更不帝国。便是日尔曼一名，亦须加以考虑，因为哈布斯堡（Habsbourg），这个帝国反表现出斯拉夫和匈牙利的特色。

这个帝国没有确定的世系，只要是公民，谁也可以做皇帝的。这个帝国没有确定的边界，却想向外发展，到他国侵来时，它又无力来抵抗。到三十年战争后，普鲁士出，始给德国一较确定的形式。

九

德国的强，由于普鲁士，普鲁士的形成，虽不敢说由于法国，却至少是法国赞助成功的。这是历史的讽刺，也可说是实利政策上必有的结果。当三十年战争时，法国政治领袖，如黎塞留与马萨林（Mazarin），完全赞助霍亨索伦（Hohenzollern），以反抗哈布斯堡。于是，费尔地南二世（Ferdinand Ⅱ），只好停止他的工作，缔结成《威斯特伐利亚（Westphalie）条约》（1648年）。

这个条约保证普鲁士，从此德国北部有了强有力的国家。不论如何困难，普鲁士第一着眼处，便是他的军队。纪律、军械与人数都是这个国家基本的命脉，为着要实现这个"从山到海"的幻梦。因此这个国家，纵使地瘠民贫，忽然变为一强国，而这种致强的原因，完全基建在"意志"。国家是意志的组织，普鲁士便是具体的说明，以领导全德国为己任。我们知道黑格尔的思想，亦逃不脱这个范围。

"何处有意志，何处有出路。"这是普鲁士的历史，亦即现代德国整个的历史。

由铁的意志与纪律，普鲁士将它的人民改变了。在一世纪前，德国人唱这个高傲的歌曲：

> 我是普鲁士人，
> 你晓得我的颜色吗？
> 白黑的旗飘荡在我的面前；
> 不论是多事或有快乐的太阳，
> 我是一个普鲁士人，
> 我要做一个普鲁士人……
> 雷可破山裂石，
> 我吗，我一点也不恐惧，
> 因为我是一个普鲁士人，
> 我要做一个普鲁士人。

现在德国复兴了，并奥吞捷。恐怕唱的这歌分外起劲。德国是水门汀，普鲁士是铁丝，他们因意志而结在一起了。

十

普鲁士是近代德国的制造者。从腓特烈二世（Frédéric Ⅱ）起，一方面要瓦解神圣罗马帝国，另一方面排除奥国，使新德国长成。从此德国走向新的方面，1866年的战争，便是北部统制南部的成功。这是一种革命。

当德国大转变的时候，他整个的灵魂交集在俾斯麦的身上。这个普鲁士气十足的青年，梦想着实现哲人费希特（Fichte）的名言："没有一个人格高尚者，不想用他的思想与行为，使他的种族达到不可破坏与无穷完美的地步。"俾斯麦整个的理想，归纳在这句话内，而他一生的工作，即向这两方面走：憎恨法国，建设统一的德国。这两层目的，我们知道，俾斯麦都做到了。普法战争，虽予以光荣，但更足称赞的，却是他对德国的统一。从1848年起，因为经济的关系，德国需要统一。那时候，德国有两种倾向：一面是自由党，反神圣同盟的；另一面是保守党，忠于神圣同盟。俾斯麦的天才，在将这两种倾向配合，而使普鲁士得利。他要使普鲁士脱离神圣同盟，排开奥国，而领导全德国前进。

俾斯麦明白普鲁士的重要，只有普鲁士领导着德国，统一始可坚固。俾斯麦的工作，希特勒继续推进，只不过希特勒更进一步。

十一

德国统一的基础，究竟建设在什么上面？宗教、地理、历史、政治都不是德国统一的基础，它的基础，只有种族与经济。

德国真正意识的觉醒，是在18世纪的后半期，到现在只一百五十多年。近代史中最重要的时期，没有再比得上18世纪的。它给人一种新的情感与新的思想，便是今日认为最进步者，也跳不出它的范围。当德国人看他自己的文化时，他不得不承认是外来的。他自己没有英国想象的文学，也没有法国精密的思想。他从英国方面，因为同种与同文，他发现了自己。但在法国方面，因为拉丁精神与日耳曼精神的不同，它只学到法国哲学批评的精神。

当德国演进的时候，它竭力吸收古代希腊的文化。这种倾向，不是偶然的，因为它感到与希腊有如许的相同处。希腊从未组成一个国家，他们只有种族与语言的观念。德国正在找出路时，利用法国批评的精神，它让希腊憧憬住了。德国爱希腊的原因，别有所在，它取斯巴达军队的纪律，它取雅典美爱的观念，而这两种精神又都建立在"动"上。

德人下意识内，有了希腊的成分，他整个民族的动向，便走到种族与语言上面。种族是本体，语言是外形，他们要从这上面找自己的文化，以与拉丁民族来对抗，特别是与法国对抗。因而，德国人找他自己纯粹的种族，没有受过拉丁文化的熏染，这只有德国的北部了。

当法国学者戈宾诺（Gobineau）、英国学者张伯伦（Chamberlain），他们主张北方民族的优秀时，德国人感到一种狂喜，即刻将之演为一种神话。不如人的情感，从此亦有抬头的一日。希特勒对民族的理论，仍是这种情绪的余波。

十二

我们知道德国的统一，是由经济统一促成的。从1834年到1866年，德国的工业正式建设起来。从此后，德国有三种力量，交相推进，使德国有了经济帝国主义，结果产生了大战的悲剧。第一种是俾斯麦利用的国家自由党，他们深信物质的进步，建设起经济帝国主义。其次是社会党，借用德国的繁荣，使自己的利益与国家的利益连接起来。最后，国家赞助经济的发展，建设起强大的海陆军，寻求殖民地。国家在那边组织，从1871年后，德国的工商业，有特殊惊人的发展，他们将思想与工作、科学与技术，整个地融合在一起，这个动的民族，要以自己的意志，来统制世界。

十三

1914年的战争，在德国是一急迫与恐惧的表现。因为在短的时间里，它有一种畸形经济的发展，它想超过时代，而时代反而把它摔下台去。德国变的穷了，德国沉沦在苦痛里面。

现在我们可看出：在凡尔赛和会中的巨头们，毕竟没有了解德国的历史。克里蒙梭（Clemenceau）是要将德国置之死地，可是他忘掉普鲁士的重要，使之永远做德国的灵魂。他们只管割地赔款，他们想德国改成共和政体后，逐渐左倾，跟在他们背后游行，他们却忘掉普鲁士是没有一败涂地的，过去狂傲唯力的历史，永远活在他的心中。在这次战后，德国确然处在不定的状态中，他的人民曾经感到不安与彷徨。但是，在剩余的微力下，德国人仍然保守他的自信。我们只看他的国家主义与社会主义的演变，即知道两种力量，虽说如此薄弱，但他们在那儿寻找一种配合，做成他国家未来的趋向。希特勒创造的国社党是看清楚了这一点的。

欧战给予德国人精神上的打击，是一种精神麻木，一方面与过去的历史断绝，另一方面失掉理智作用。1918 年到 1933 年之间，德国整个的精神，便是建设这两种损失。冲动的爱国主义，想要使战败的德国，重新找到它的历史的重心，但是德国人不能眷恋过去，因为过去给它以不幸，于是，他转望将来。他们对将来起了许多幻梦，因为他们觉着将来的一切，都是新的与动的，我们知道德国人的特质，即在新与动。所以在希特勒未上台前，德国人确有种阴暗的悲观。

另外，在欧战后，德国人在整个的冲动中，所以冲动的原因，是因为它否认智慧作用。当智慧失掉作用，意志必然毁灭，为着意志须有清明的目的，始能发挥它的效能。这样一来，在他们的思想与生活上，几乎都是两可的，除了取消《凡尔赛条约》。也是为此，我们看到英雄思想的进展，团结力量的要求，希特勒是这个时代的幸运儿，多少希特勒隐埋在时代命运的里边！

十四

从兴登堡（Hindenburg）手内，希特勒接受了领导德国的命运，已经六年了。我们看他所做的事实：如恢复军备，破坏《洛迦诺条约》（*Locarno*），并奥吞捷，没有不是承继普鲁士传统的精神。他决不相信和平，因为他看和平是弱者的表现；他也不相信正义，因为他看正义是一个抽象名词！他相信的是武力，是投机，是民族，是为他自己的民族残杀其他民族。到德国在东欧、中欧满足后，那便是殖民地、西欧，最后便是世界。

但是，希特勒有两个致命伤：一方面是投机，另一方面是想超过时代。因为投机是一种虚弱的表现，必然要遭遇到失败的。另外，时代是客观的，有必守的法则，拔苗助长，也必然会遭遇失败。我们深信有一日会看到事实的证明，希特勒会倒在他的计算中。

十五

我们是弱国，但不羡慕做德意志。因为它是外强中干，更因为我们具备的条件，实在不是德国梦想所及。

首先从地理方面看，我们有自然的边界，包含着许多自然区域，每个区域有它的特殊性，却又有密切连锁的关系，它是不能分割的。我们建都，首重地形，政治是其次的，德国并非如此。如以北平地形言：辽左云中为夹辅，漠南为外障，而后俯瞰中原，有鞭策万里之势，非德国无界、无定都所可比较的。

其次我们永远是个农业国家，我们祖先择这条路时，正因为土地肥沃，气候温和，宜于我们民族的生成。我们的乡土观念、爱地的情感，是我们立国的重要成分。我们举两件事实：任何中国人无论侨居外国多久，他永远不会忘掉家庭。我们不妨这样说，他是为了家庭，始远适异乡的。另一种事实，没有一个有知识的中国人肯改变他的国籍，但是德国人改变国籍却是一件很平常的事情。这些，都是地理条件的给予，亦即我们立国的因素。

大家都知道我们的历史，它的长久性，它的独立性，世界上没有任何国家能够比较的。我们并不以此自夸，但是它的潜力很深，给予我们多少经验。我们的统一，便是我们历史宝贵的赐予。当我们遇到内乱外患，我们本能的要求，是那赓续历史的统一性。我们这次抗战，正如蒋百里先生所说："是三千年以前种下的种子，经过了种种培养，到现在才正当地发了芽、开了花。而将来还要结着世界上未曾有的美果。"这点，绝非德国人所及，他们历史上没有文景，又何尝有贞观呢？

我们的物质落后，我们有汉奸与妥协者，可是这不足认为是我们文化的破绽。因为这不是我们文化的本身，又何况物质落后是相对的，败类是有限的。我们的文化是什么？这是另一问题，但自近百年来，凡是有心的中国人，没有不求自力更生，补救这两个缺点。因之，我们时时忘不掉物质建设，利用天然丰富资源，科学发明，以增进我们物质的生活。我们也没有忘掉心理建设，革除那些陈腐不正确的思想。我们要从苦痛中滋养成坚强民族意识，这是我们的武器，亦是我们的光明。

民国二十八年五月

意大利文化构成论

一

　　初到意大利的人，必然体验到两种强烈的情绪：一种是快愉，来自各种声色的刺激，深蓝的天，晚风送来的钟声，如波涛怒号的橄榄树叶，正像永远过着假期旅行的生活。别一种是矛盾，这个古老的国家却像方入世的青年，凋零遗忘的荒村内却有耸入云霄美丽的教堂，新旧并存，丑美相兼，正像多少不相关的东西堆砌在一起。倘使再往下分析，即这两种情绪，逐渐消逝，而发现了一种富有刺激性的诱惑，似乎我们甩脱自己走入另一境地，从此另一境地内，又发现自己的存在。便是为此，西方谚语中，有"一切道路总汇罗马"之语。

　　根据这种心理现象，我们想讨论这个问题：意大利的文化是什么？如何构成这种文化？我们深知这个问题的广泛与困难，我们只想写出自己的观察与感想，就正于有学的先进，其余分外的奢望，丝毫没有的。

二

当我们谈意大利时，首先要注意的，即意大利是一个半岛的国家，将地中海截为两半，既便吸收古代的文明，又便取得支配海上的权利，杜伊流斯（Duilius）击溃迦太基的海军，庞培（Pompée）于四十日内，扫荡地中海的海寇，便是好的证例。墨索里尼在米兰演讲时（1936年）说："地中海对别人是一条道路，对我们却是生命。"

但是，从意大利北部看，陆地亦有同样的重要性，意大利不只是农业国家，它在北部有隆巴尔地（Lombardie）与托斯卡纳（Toscane）肥沃的平原，在历史上，凡侵略意大利者，皆自北来，沿亚尔普斯山山谷，趋波洛尼（Bologne），顺台伯（Tibre）河而下，直捣罗马。因此，罗马历史受海陆两地理情势支配，构成商业与农业文化，其影响远非想象所及。

海为意大利文明的基础，陆为意大利实力的依据，这两种力量兼相用，交相利，凝结在拉丁姆（Latium）的七座山头，形成罗马城领导政治、文化、宗教的地位。这是了解意大利文化的一把钥匙，没有它，我们是进不去的。为什么？

罗马历史的起源，便从这七座山头出发。在交通比较便利的拉丁姆，七座山构成天然防御的堡垒。由地形的险要，逐渐养育成合作的精神，即罗马对敌人唯一有效的防御，乃在克制个人的意志，服从集体的契约。于是，他们开始树立的是公平的法律，开始所需要的是强有力的政府。我们不是说罗马人轻视个性，我们乃是说，受到许多经验教训后，罗马人明白首先要服从，服从国家的纪律。

三

罗马成为海陆两种文化的交点，促成集权政治，这是罗马帝国强盛的一种原因。倘如人民习于安乐，政治权力衰落，意大利必然为一种割据的局势，自476年起至1871年定都罗马止，意大利没有统一的历史，永远各自对抗，构成一种复杂的局面。

最初，罗马民族的动向，是集聚所有的力量，寻觅统一，然后给予一种强的统治。这种精神，在现行的法西斯制度下，更充分地表现出来。因为古代罗马传统的精神潜力，深入到意大利人的心内，无意识地受它支配。

做一个好公民，做一个好士兵，这便是罗马传统的精神。代表这种精神的名人，没有比伽图（M. P. Cato，234B.C.—149B.C.）更恰当的。他自认是一个自由人，每天要准备战争，处理大小公务，灌溉家中的田园。因为他强壮的身体，需要动；他认空闲是病人特有的权利，不能充实一日的时间，便是一种不可补救的失败。所以，凡事要有兴趣，克服困难，换取许多实用的经验。这便是为何伽图反对希腊的文化，他怕希腊文化侵入后，罗马人失掉质朴的美德，破坏公共的纪律，减少作战的力量。因此，罗马人第一着眼处，不是真，而是用，不是义，而是利。

"对现在有用"，这是罗马人思想与行动的说明。拜耳教授（Prof. H. Beer）解释希腊与罗马不同处，一为"用是美"，一为"美是用"。实在说，罗马人不明白什么是纯知，什么是纯美，只看构成罗马文化中心的宗教，便可捉住它的神髓。

四

假如以崇拜的神数做标准，罗马人是最宗教化的。在罗马帝政时代，庙堂内的神数约在三万以上。罗马怀疑派的哲人柏脱洛纳（Petrone）说："我们有如是多的神灵，碰见神比街上碰见的人更为容易。"因为罗马人的信仰，树立在各个个人或单位的需要上。

在最初，罗马便成了各种神灵的收容所。这些神来自希腊或埃特鲁里亚（Etrusque），没有故事，也没有诗意，正像是一群失业的医生，来医治罗马人的苦痛。这说明罗马人需要宗教，对神的观念却非常单纯，他是实用的，完全失掉想象作用。他们看至尊的朱庇特（Jupiter）不过是一块石头，至强的马尔斯（Mars）不过是一把宝剑而已。

罗马人对神没有"敬重"的情绪，他们以为只"相信"便够了。倘如神没有绝对的威力，握着命运的全权，那罗马人视"相信"也是一种多余。为此，他们并不探讨神的本体，或灵魂的归宿，他们也没有教义或伦理的法则。他们所有的仪式，乃是介乎人和神中间的契约，即是说，每次献祭，便是互订合同，祈祷经便是契约上的条文。所以卡米路斯（Camille）攻陷维伊（Véies）后，将十分之一的胜利品献给阿波罗（Apollon），其意不是申谢，乃是履行所定的合同。

五

当人和神订契约时，可以讨价还价，也可以应用诡诈的手腕，纽马（Numa）王与朱庇特的对话，使人看出罗马人的精神：

朱：你要给我一颗头。

纽：很好，我给你园中的一颗蒜头！

朱：不，我要人的。

纽：那么，给你加添些头发好了。

朱：我是要动的！

纽：那么再给你加一条小鱼罢。

朱庇特没有办法，只好接受这种条件。

假使神不如人所请，便是神没有履行契约，如是，不只契约失效，而且神还得受人诅咒！我们知道日耳曼尼古斯（Germanicus）病时，遍祷诸神，及至死后，凡所受祷祝者，一律加以虐待。在罗马人眼中，这不是渎神，这是执行法律，要从此以后，神必须尽他的职务。

这种实际应用，便是罗马人的精神，一方面训练出精确的观察，另一种是坚强的意志。因此，他们的文艺是一种质朴的写实，讴歌过去的英雄，以刺激现在的群众。其次，他们着眼处，以社会为前提，道路、水道无一不以福利民众为原则。他们利用民族的特征，发明一种很新式的武器：组织。他们永远是胜利的，他们创造出一种新的文化：意志的文化。

六

意志文化养成有纪律的民众，集权的政府，同时也失掉他们的创造性，形成一种拙笨的模仿。罗马统一，先北而后南；罗马文化的发展，却是先南而北。它的文化，虽含有埃特鲁里亚的成分，但与希腊相较，其差真不可计了。所以马来（A. Malet）说："在武力上，罗马征服了希腊，在文化上，希腊却征服了罗马。"

相对来说，罗马是粗陋与拙笨的，他们据有山民的特质：顽强，保守，爱好刺激。当罗马人无意识地接受了希腊文化时，不在希腊求真的精神，也不在希腊爱美的情绪，乃是在使官感痹麻的游戏，即他们不了解希腊人晶明的智慧，却沉醉于希腊人天马无羁的想象。

罗马人在艺术上所找的是眼睛的舒适，是想象的快乐。所以他们最爱的是神话，是色调，是线条。因为在这些上面，可以任意构造事实，自由地去想象。在罗马黄金时代，卡图路斯（Catulle）、地白落（Tibulle）、奥维德（Ovide）等作品中所表现的，是欢愉的酒神与爱神，是枯树下的祭台，是牧羊人爱情的对话，是和着芦笛的歌舞。我们要记着，一个普劳图斯（Plaute）使人发笑，一个维吉尔（Virgile）要人回到田间，那儿有更美丽的彩色。

这种精神说明罗马人为什么爱哑剧、滑稽剧、斗兽，同时拒绝了希腊的悲剧。罗马人视游戏为生活之必需，同时给文化起了激烈的变更。到帝国时代，一年内有一百七十五日过节，充满了强烈的情欲，粗野的横蛮，继后到尼禄（Nero）统治时，游戏腐化为一种残酷，我们知道在某种情形下，残酷也是一种快乐。那些无尽野心的政客与武人，视游戏为德政，为夺取民众的工具。当时罗马流行的标语："要和平，须要面包与游戏"（Panum et circus），而奥古斯都（Auguste）的遗嘱上，斗兽场中杀死三千五百野兽，被引为无上的光荣。

拜耳教授论到希腊与罗马文化时，这样说："希腊教罗马人生的快乐，借艺术、文学与思维刺激起一种快感，因此，娱乐变为生活的需要，而忘掉自己应尽的责任。"为什么？因为罗马帝国版图扩大，得到和平、繁荣与财富，他们要享受，满足感官的刺激。

七

游戏腐蚀了罗马人好公民与好士兵的特质，他感到一种阴暗的烦闷，要求内心的生活，解脱外形契约的束缚。因此，对人生、命运、责任等使人头晕的问题，他们要求一种新的解释，他们求之于物质，而物质所赐予的只是一种刺激，一种疲倦，他们求之于宗教，而罗马宗教是一种商业行为。

希腊的哲人们，如毕达哥拉斯（Pythagore）、苏格拉底、柏拉图等确定了真理的存在，良心为判别善恶的标准。及至希腊变为罗马属地后，罗马人在烦闷之余，有机会在研究、玩味，从此精神生活为之一变。西塞罗（Cicero）介绍希腊思想的著述，不是标奇立异，实是基于社会深刻的要求。我们再看塞纳卡（Sénèque）的著作，便知道仅靠法律与警察维持人心与社会是不够的，需要有更永久更坚强的伦理力量。所以他教人轻视财富与姿色，他教人忍受苦痛，卫护人类的尊严。虽说他犯高傲与自私的病，而树立良心的权威，却是不可磨灭的功绩。艾比克泰德（Epictète）说："如果不讴歌真理，老而且跛的我又有什么用处哩？假如我是一只黄莺，我做黄莺所能做的，既然我是一个理性动物，我只好讴歌绝对的真理。"这种理论，指出罗马文化的新动向，只有少数的智识阶级可以了解，可以接受，因为他的出发点是理智，不是情感，他的根据是意味，不是信仰，如以我们流行的术语来解释，他不"大众化"！

就在此时，巴勒斯坦出了一位穷人，教人不用高深的学术，便可接近真理，他又教人爱物主在一切以上，爱人如爱自己。因为凡是人都是兄弟，没有贫富、贵贱、智愚、主仆、种族等分别，他教人要淡泊、安贫、谦虚、温和、博爱与纯洁，这种理论，前此的哲人们从未具体的发挥过，非常简明与确实，正迎合罗马帝国所需要的新精神。所以，耶稣死了十二年后，罗马已有基督教的踪迹。

基督教给罗马帝国带来一种新的文化，补救了那些逸乐、奢侈与肉感的堕落，但是，他与罗马基本的精神，激起一种强烈的冲突：一方面，罗马的帝王，不只是政治领袖，而且还是宗教的领袖。基督教却教人"是恺撒的还给恺撒，是上帝的还给上帝"，便是说不能用敬神的礼以敬人。另一方面，罗马是法治的国家，就是说要牺牲个人而为团体，基督教却教人按着自己的良心，要牺牲现在而换取将来。因此，基督教传至罗马后，不断地发生流血的惨案，这是两种不同的文化冲突必有的现象，证据是那些屠杀基督教徒的帝王们，除少数人外，多半贤仁，如图拉真（Trajan）、马克·奥里略（Marcus Aurelius）。结果，罗马帝国苍老的枯枝上，忽然抽出新鲜的嫩芽，而基督教的发展，有一泻千里之势。2世纪的哲人尤斯丁（Justin）说："人家愈摧残我们，压迫我们，我们的同志便愈多。"

八

凡是两种不同的文化相遇时，有如火石相碰，必然迸出美丽的火花。从476年起，西罗马虽然灭亡，罗马帝国伟大的统一，牺牲与公平的精神，仍然萦绕在西方人士的心头，查理曼帝国的建立（800年），神圣罗马日耳曼帝国的成立（962年），都是从这种思想出发的。

其次，新兴的基督教，自313年起，取得合法地位，对社会服务，保护弱者，逐渐取得领导文化、政治与经济的实权。

当基督教与罗马文化寻觅调和时，从北部涌进一大批文化较低的蛮人，特别是日耳曼民族。它给古代罗马一种威胁，也带进一种新的活力，使那荒芜的田园逐渐耕种，欧洲又趋重农业，意大利便成了农业文化的中心。

古罗马、基督教、日耳曼民族，这便是构成中古文化的基本因素，他们重权力、守秩序、崇阶级；他们的理想，要团体内不得毁灭个性，为将来不能放过现在，即是说，他们的目的，在"灵魂的完美"。这种文化是伟大的，蒋百里先生说得好："近代的人称中古时代为黑暗时代，这真是商人的瞎说，中古时代有高尚的文化，不过是农业罢了。"

当教皇若望十二世（Jean XII）亲手造成神圣罗马日耳曼帝国时，德意志与意大利最感到不幸，因为统一虽说完成，似乎赓续罗马帝国，但是统治却不甚容易，唯一的原故，即构成这个帝国的三种原素，不能维持他们的平衡。所以，致卫教冲突、灵肉轻重的斗争、民族间的仇怨，不断地排演出来，产生出多少不必要的牺牲。

不只如此，德国人憧憬罗马的光荣，时时图谋向外发展，结果忽略了自己内部的组织，加强封建制度，不得完成统一。在意大利，据有较高的文化，受了历史的训练，而反臣属于日耳曼旗帜之下，失掉自己的独立，更谈不到统一了！意大利的人深感到侮辱与苦痛，莱尼亚诺（Legnano）之战（1176年），将腓特烈（Frederic）击溃，便是意大利雪耻的先声。

为了赓续罗马的统一，德意两国反失掉自己的统一，这种历史的讽刺，至今两国的英雄们仍然是不会了解的。

九

中世纪后半期，塞尔柱（Turcs Seldjoukides）勃兴，引起十字军的战争，久已抛弃的地中海，又恢复了往昔的腓尼基、希腊与迦太基的繁荣，当时的经济生活，由农业转为商业，而文化逐渐脱离了中世纪的模型。

这种新趋势，意大利较欧洲任何国家相比，都更感到一种急迫的需求，于是，那些富于冒险的意大利人，开始向海外发展，构成经济的中心。当时意大利较大的市府，取得一种特殊的地位，如威尼斯、米兰、佛罗伦萨、热那亚、比萨、那不勒斯等，勾心斗角，竞赛他们的武力，夸耀它们的富有，在14、15两世纪，多少惊心动魄的事情排演在意大利蓝天之下：威尼斯的公侯（Doge），米兰的维斯贡地（Visconti）与斯伏尔查（Sforza），佛罗伦萨的美第奇（Medici），教皇鲍尔锐亚（Borgia），多少流血、阴谋、残杀表现出他们疯狂的情欲。在此，意大利处于急变的时期，我们所注意的有二：第一，意大利过去的纪律，几乎完全崩溃，此辈市府领袖，几乎完全是外人，以残酷使人畏惧，以豪华使人歆羡；他们尊崇马基雅维利（Machiavelli，1469—1527年）的学术，可以为目的不择手段，"如果诺言与自己无利或作用已失，则不必践此诺言也"。鲍尔锐亚射杀犯人以取乐，敌人既赦，又复屠杀，当时认为是常事，即是说，如果诡诈可以强盛，诡诈亦是对的。第二，个人意识之觉醒，构成文艺复兴，自东罗马灭亡后（1453年），意大利经济上感到一种危机，他们失掉许多市场，但是古代的文化却以另一种方式侵入西方，由好古而变为崇拜，由卫道而变为探讨与批评。人文主义的代表者彼特拉克（Pétraque，1304—1374年）胆敢批评亚里士多德："无疑的我承认亚氏是一个伟人，是一位学者，但是，他仍然是一个人，有许多不了解的东西，而且还多哩！"中世纪特殊地敬仰这位希腊大师，借以佐证基督教的理论，现在不肯盲从，知道他也不过是一个"人"而已。

个人意识的觉醒，是近代文化基本因素之一，意大利出了几位文艺大师，如薄伽丘（Boccace，1313—1375年），达斯（Tasse，1544—1595年），达·芬奇（L. di Vinci，1452—1519年），米开朗琪罗（Michel-

Ange，1475—1564 年），拉斐尔（Raphaël，1483—1520 年），但是却没有形成国家意识，我们竟可说意大利受了文艺复兴之毒，将罗马与基督教推重的意志与行为毒化了。假如研究意大利自 15 世纪至 19 世纪中叶的历史，我们看到他们所讲求者，是空虚的美；他们所希图者，是贪婪的财富；他们所争取者，是狡猾的外交。因此，在太平时意大利成为"欧人度蜜月的地方"，在紊乱时，它便是欧洲最重要的战场，而这时代的文化，我们可说是一种感官的刺激，是一种外形的装饰。

十

机械文明与法国大革命发生的大时代，意大利也曾参加过的，但是，人们看它不起，嘲笑他们过于浮华、柔弱、取巧以至贪污。然而，这些弱点还可以用政治上的原因作解释，最不能原宥的地方，是意大利人没有国家与民族的意识。尽管意大利富有艺术化，研究他的人只推重过去的伟大，20 世纪初英国人批评意大利便是一个证例。

从欧洲方面看，19 世纪是争取政治自由与民族独立的时代，法国 1848 年革命之火，燃烧到意大利半岛，产生出大政治家加富尔（Cavour）。他很明白意大利怯弱的爱国心绪，他也明白意大利过去文化的遗留：在意志与权威。他利用这种精神，要在那些破瓦颓垣中，建设新的意大利，他的步骤是拥护撒丁王，推进意大利统一的工作。

从 1852 年到 1859 年，加富尔有计划地准备着：一方面加强撒丁王国的权威，另一方面与法国缔结同盟。当时意大利青年爱国分子们鹊起蜂拥；热情的马南（Manin）由巴黎写信说："我是一个共和党人，我要第一个树立统一的旌旗：意大利与撒丁王。"我们知道当时流行的口号是"独立、统一、撒丁王室"。撒丁王不只是权威的象征，而且是罗马与基督教正统文化的代表。

加富尔明白法国的重要，他知道拿破仑三世的手中，握着未来意大利的命运，他把法国看作是他的第二故乡，他要求与拿破仑三世会面，结果在普隆比耶尔（Plombières）小旅店中会见后（1858年），加富尔得到基本的东西：军队。从此，撒丁王国取得马进答（Magenta）与索非利纳（Solférino）的胜利，而奥国只好退出伦巴地外。在1861年3月，第一次举行成立意大利政府的典礼。

意大利统一了，但是它的统一却不像英法，即赶不上时代，它的统一是外形的。它的一只足踏在18世纪的观念论内，仍然迷恋英雄式的个人主义，如加里波的（Garibaldi），另一只足要踢开意大利传统的精神，如加富尔虽拥戴一个君主，却要说："假如意大利实行国家外交，对内不采用社会主义是不可能的……"

意大利没有真正统一，不是加富尔的过错。自从18世纪以来，意大利永远在分割、紊乱、屈服与侮辱中，加富尔所做，在意大利已是空前的了。在1860年9月，意大利军队经过教皇领地，向那不勒斯（Naples）进发时，普鲁士代表抗议，加富尔说："或许我先做一个榜样，不久普鲁士便会很幸福地来模仿。"这证明加富尔对自己工作的认识，他了解他工作的价值。可是意大利没有真正统一，这一部分工作留给墨索里尼，同时意大利的文化走入另一种境地。

十一

整个意大利的历史，是为统一长期的奋斗，但是充满了无政府的状态，表现一种使人发晕的紊乱。德意志的统一，既没有罗马与基督教正统的遗传，又没有海陆兼有天然的地理，但是德意志的统一却很坚固，因为它以普鲁士做中心，俾斯麦开始就着重在权威与纪律上。意大利却不然，加富尔、加里波的等皆感到统一的重要，却没有握住意大利民族的中心：强有力的政府，能够领导民众，能够使民众敬重，赓续意大利传统的精神。

从文艺复兴后，意大利民族的精神上，引起一种本质的变化，即对美术陶冶的感觉变得分外敏锐。所以在他们的思想与行为上，逐渐失掉那种秩序、平衡、调和、质朴等要素，他们寻找的是刺激、好奇、徘徊、逸乐与修饰。所以，从好的方面看，个个都是天才，我们知道天才永远是不能合作的，特别是在政治方面。从坏的方面看，个个又都是病人，我们知道病人的心绪，永远是悲观的。为此，意大利永远沉沦在苦痛中，他们并不是不爱国，不了解自己的伟大，只是他们取消不了那种"不如人"的心绪，结果，各持己见，反增加意大利统一的困难。

在19世纪中叶，意大利深感到统一的需要，可是他没有德国的魄力，跳出时代以外，他们追逐着法国大革命的观念论，建设一个自由的国家，他们自己历史的背景却没有郑重地考虑过，加富尔的失败，可说便在这一点，他想意大利需要统一，统一后的政治自然也便上轨道了。他拥护撒丁国王，做他吸引铁屑的磁石，他交欢法国，不只可以得到军队，并且要将法国整个政治神髓移转过来。不仅如是，加富尔的时代正是浪漫主义极盛的时候，他们幻想人可给人以满足的幸福，物质进步便是幸福的保证。他们忘掉人性基本的问题，并非像卢梭那种奇突生动的主张：生来本是善的，只是社会把人弄坏了！

法国大革命和浪漫主义给予意大利政治与文化的影响太大了，他们处处与意大利传统精神对峙，产生出一种矛盾的现象：求统一而趋于崩溃，求富强而反贫弱，求自由而反束缚。我们要记住，意大利历史上升平的时候，也少不了凶残专制的魔王。

墨索里尼很明白意大利的实况，他常说："意大利的政治，也是民主化的，只是不同于其他国家所流行的民主政治罢了。"他之所以说此，因为他看选举与议会，在英国、法国、瑞士可以实行，在意大利却遭遇到许多的困难，以缺乏历史的条件故。所以，在法西斯主义初期实行时，曾经宣布："法西斯主义是意大利的，纯粹意大利的，绝对意大利的。"

无论如何批评，意大利现行的政治有二特点：它要建立集权的政府；它不愿流为空泛的国际化。

十二

墨索里尼的思想与行为，虽说尚未到评论的时候，但是有大家公认的几点，可以帮助我们去了解的。

第一，这是一个艺术家，他很会写文章，有狂烈的语调与生动的想象。一个政治家是十分需要想象的，其需要有时超过他的学识与经验，因为可以利用想象作用，应付剧烈与突变的事实。谁曾见过一个真的艺人不梦想他的作品呢？不只要梦想，而且要建设，他要在过去许多历史的失败上，建设他民众的宫殿。

第二，墨索里尼的生活，表现一种简单与复杂的混合。简单即是说他来自民间，含有农人的质朴风度，比较接近自然；复杂，即是说他有许多人生的经验，如小学教员、泥水匠、记者以及士兵。这种简单与复杂的混合，其缺点是没有旷廓的思想，其优点却在接近现实，知道自己的取舍。

第三，这是一个十足的意大利人，他的血液内，含有拉丁民族的优点：纪律、线条、对称。拉丁民族天才的象征是大理石，不只是壮丽，而是坚固，正如罗马的伟人墓一样的。他没有希特勒那样神秘与冲动，所以墨索里尼也没有希特勒闪电式的做法，却比他能够持久。

墨索里尼唯一的梦，志在恢复罗马帝国的光荣，罗马城帝国路旁的地图，法西斯的徽章，以至那些纪念罗马史与拉丁文学上名人的邮票，无处不表现出他的幻梦。1928年冬，鲍尔道（H. Bordeaux）从罗马回来，叙述他和墨索里尼的会见，这位善于心理分析的作家问：

——在罗马所有的古迹中，最使先生眷恋的是哪种古迹？

墨索里尼沉默了许久，从威尼斯宫窗内，遥指着帕拉蒂尼（Palatin）古代罗马的故宫。

十三

当巴黎和会完结后，意大利没有得到满足的要求，前此协约国的允许，完全变成了一幅幻影。意大利原本被人瞧不起，而今似乎走到被人宰割的时候了。俄国革命给意大利一种强烈的刺激，意大利了解俄国革命后，自己禁不住说："人家的革命完成了，我们好开始来做自己的。"因此，便产生了 1922 年 10 月进攻罗马的史实。

墨索里尼领导着的法西斯是一种革命，他脱离了社会主义，想握住意大利传统的意识，建设真正的意大利。他要将消极的国家意识变为积极，他要将爱国的情绪转成一种行为，他要将那种直觉的冲动变为纪律化，当时邓南遮（D'Annunzio）是不会了解的，因为他是个诗人，他的想象为古希腊迷恋住了。司徒曹（Sturzo）也是不会了解的，因为他相信议会制度，只要开会与投票便可解决一切问题。

法西斯是 20 世纪的新组织，它不是凭空创造的，它是劳资冲突后产生出的新机构。它反对两种流行的观念论：一种是反对法国革命的自由，另一种反对俄国革命的共产。从意大利人的观点出发，这不是反动，因为他们所做的，不是社会革命，乃是国家革命。

法西斯视国家为一切最后的目的，国际关系是一种竞争、奋斗，竟可说是一种战争。为此，意大利内部稍微稳定后，他对国际的态度，采取一种侵略的作风，使别人戒惧。当多若来（R. Dorgelès）会见墨索里尼，问他关于西班牙的战争，墨索里尼很简单地回答："我们等着吧，军队会告你说将来的结果！"

有一点不能忽视的，即意大利的法西斯主义，无论从文化与政治，经济与社会，它有它的历史性。罗马与基督教的重权威与纪律，文艺复兴时的艺人与君主，曾给予法西斯一种有力的支持，至少在意大利人的想象上。墨索里尼很重视加富尔与加里波的，他对前者只是一种惋惜，他对后者，将他的衬衫顺便染成黑色便够了。这儿，我们看到他的重要性。

十四

最后，我们提几个问题：第一，国家是否是人民唯一的最后归宿？若"是"，意大利创造的能力必然降低。几年来，意大利要建设法西斯文化与文艺，至今没有看到它的成绩！第二，我们指出法西斯是绝对意大利的"土产"，它没有国际性，不只没有，而且还有反国际的。但是，从意大利近几年的做法看，是否墨索里尼要将法西斯主义国际化？若然，即取决的方法必是武力。我们要记住：罗马征服世界是武力，但是统治世界却是它法律公平的精神。第三，墨索里尼抓住意大利人爱国心理，集权在一人身上，无疑的这是一个大政治家，但是墨索里尼不是万能的，也不是长生的，来日方长，谁敢预料？他死后，谁来承继他的工作？承继者是否同他有相同的眼光？

这些，可说都是意大利的弱点，文化上的破绽。

我们生在伟大急变的时代，一礼拜所见的事实较古人一世纪为多。这种奇幻速变的现象，常使我们失掉普通常识的判断。柏格森（H. Bergson）说："伟大思想的暗潮，常由一二人领导着的群众发动。这一二人明白在做什么，却不明白将来的结果。"现在，我以此语批评指甲内藏过水门汀的墨索里尼。

民国二十九年七月

俄国革命与其文化

一

无论从哪一方面看，我们须承认1917年的俄国革命是近代历史上最重要事实之一。它的重要性，不只是政治与社会的各项问题，此后得到一种解决的方式；也不只是复杂的国际关系，从此受到使人发晕的震荡；它的重要性，自我们幼稚的见解言，乃是给文艺复兴以来新思想一个总结束，倘使将法国大革命与之相较，真有东山与泰山的差别了！为什么？

俄国大革命是近三百年革命思潮的总结束。假如说文艺复兴的革命着重在思想——人文主义，法国革命着重在政治——推倒君主，那么俄国1917年的革命，除思想与政治外，最标新立异的是经济与社会，即它的理论与事实，不只是较前者极端，而且较前者剧烈，有如西伯利亚起了的一股飓风似的。但是，我们所要研究的并不在此。

当我们读近代史时，禁不住追问：俄国革命的基本神髓，发轫于文艺复兴，孕育于法国18世纪的思想，德人马克思与以一种完整体系的哲学，何以空前未有的革命，不生于别的国家，而独降临于帝俄？换言之，假如同一种革命，不发生在帝俄，而发生在其他的国家，其结果又是不是必然不同？我们在这篇文章内，纯粹以研究的立场，试与以一种说明，笔者识短，错误自多，深望识者与通人给以一种恳切的指正。

二

雷纳（G. de Reynold）教授论到俄国革命时，给共产主义下一界说："共产主义是马克思的观念论与俄国民族性的混合。"假使这个解释正确，有其成立的价值，即我们很容易看出：马克思的观念论是普遍的、国际的，因为它是抽象的；俄国的国民性却是民族的、个别的，因为它是具体的。

民族性的构成，有很复杂的因素，巴克（E. Barker）有精确的专论，毋庸我们赘言。但是，我们要指出，在某种意义下，一国民族性是一国文化的结晶，至少是一国文化的反映。所以，研究1917年俄国革命的形成，无异研究俄国文化所反映的国民性，便是说，这个问题的探讨，仍然归结到文化上。

历史上能过完成革命任务的原因，都是以民族性为基础，发展它最高的效率；历史上重要革命可否普遍化，那便要看民族性所含的成分而定；中国民族性内含的"情"的成分很重，如"至情"、"人情"、"交情"等，所以法国18世纪可以接受中国的思想；拉丁民族性内含"理"的成分很重，表现在法治与组织上，所以文艺复兴与法国大革命，能够引起近三百年各种的变更。我们不敢说这是一种定论，但是我们觉着这是一种颇有根据的意见。准此，我们对上面所提出的问题，试加一种解释。

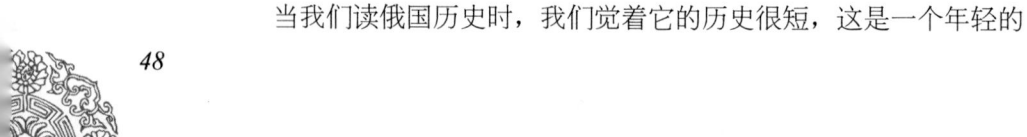

三

当我们读俄国历史时，我们觉着它的历史很短，这是一个年轻的国家，在862年（唐咸通三年），留里克（Rurik）由斯堪的纳维亚半岛来，占领俄国中部和西部，定都于诺夫哥罗得（Novgorod）；在879年（唐乾符六年），奥列格（Oleg）承继乃兄留里克位，为通商便利起见，迁都基辅（Kiev）。继后弗拉基米尔一世（Valadimir I）出，在980年（宋太宗太平兴国五年），戡定内乱，奉希腊教为国教。此后蒙古侵入，失掉自由，但是俄国历史建立起来了。

一个国家的历史短，是很值得注意的。俄国和近代欧洲列强相比，是后起之秀，却有不可弥补的损失，一方面，它不能与希腊罗马文化有较深的接触；另一方面，它少了几乎近六百年的历史的训练，即是说，人生的经验很浅，内心的纪律很脆弱。

但是，在此我们应当注意处有二：第一，因为历史发展较迟，缺少传统的潜势力，其优点在不为过去积习所蔽；其缺点在徘徊，不知所从，常在选择之中。第二，因为前述的心理状态，俄国正像方才入世的青年，好奇，爱新，憎恶过去，幻想未来，永远在冲动之中。唯其如此，一切较易走极端，常抱着"宁为玉碎，勿为瓦全"的态度。

这便是为何继法国之后，俄国成了领导革命者。从俄国方面看，他们的革命成功，也许正因为是历史短的缘故。

四

当我们研究俄国时，我们要记住这是一个"欧亚"的国家。因为地理的关系，在俄国历史上，它受到欧亚的影响，宛如海潮一样，不断的起伏与进退。乌拉尔山（Oural）横亘在无垠的旷原内，不能阻止外来的侵入，却也没有使俄国加入欧亚的文化生活，欧亚文化的重要交通线，没有经过俄国境内，只有中世纪的丝路，绕俄国南端，即是说从中亚细亚至黑海。所以，在中西交通史上，俄国虽处于中间的地位，却没有发生重大的影响。那时候，真正传播东西文化者，是拜占庭，小亚细亚口岸如达克（St. Jean d'Acre）、叙利亚、红海以及西班牙。

在俄国历史发展时，它所了解的亚洲，不是文质彬彬的中国，也不是幽深潜思的印度，乃是逐水草的匈奴民族，驰骋原野的蒙古。蒙古给俄国的影响很深，不只是俄国受到二百多年的统治，尝到暴力的凶残，最重要的是力的凭依，而此种力不是静的，乃是动的。

不只如此，到俄国成为一强国时，自克里米亚战争后，逐渐向中亚细亚发展，有四十年之久（1845—1885年）始完成这种工作。关于这事，布若瓦（E. Bourgeois）分析的很透彻，他说："许多俄国人的心目中，沙皇应当是成吉思汗，铁木耳蒙古帝国侵略的承继者，拥有中亚。"我们不论俄国向中亚的发展，我们只说蒙古给俄国人留下不可拔除的影响。

也如受到亚洲文化的影响，俄国所受欧洲的文化很浅。在彼得大帝（Pierre le Grand）前，它所接触到的欧洲文化，不是希腊与罗马文化，也不是中世纪的基督教，乃是衰落时的东罗马文化。由此，俄国民族性上，受到两种影响：一种是过度的忍耐，压抑自己接受任何的苦痛；另一种是意识的觉醒，不是国家的，而是含有神秘性的宗教的。

所以俄国介乎欧亚之间，它却是游离与孤独的，一切反折到自身，形成一种戒惧，所以它有组织极机密的侦探。在另一方面，我们虽不敢说俄国是孤陋寡闻，而缺少切磋琢磨的机会，却是无人否认的事实。它之成为欧亚文化交通的枢纽，那已是西伯利亚铁路完成后的事实了。

此处，我们要附带说一点：当俄国受蒙古统治时，他们民族原始的活力，逐渐转为一种消极的抵抗，伊凡一世（Ivan Ⅰ）虽贵为国王，须任蒙古帝国征收税务的官吏，这是一种阿Q的美德，并无损于英雄的本色；但是我们要指出：这种精神，影响以后俄国的政治很深，能够忍受时，一切都是"服从"，到不能忍受时，便是"暴动"。

五

我们研究俄国近代史，须要注意它的民众的构成，百分之九十是农民。在1857年的统计中，六千一百万居民，却有五千万是农人。这些农民大半无知，却质朴，有一种强烈"爱地"的情感。他们认土地是生存的唯一理由，生命妻子最后的凭依，他们不肯移动，株守着祖遗的土地，也如其他国度的农民一样，唯一的希望，便是增加自己的田产，扩大"所有权"，借此满足他们内心的要求。

这种需要土地的情感，具有两种不同的方式：

第一种是集体的，即是个人自觉力量薄弱，不能保卫自己的所有，须借团体的力量，始能防卫。因之他们的生活，习于团体的生活，他们的社会组织，又多是集体的组织。但是从此个人的意识，逐渐降低，没有欧人那样坚强；而对"人"的观念，亦没有欧人那样超绝，因为欧人看人是超社会的，以有灵魂故。

第二种是游离的，俄国地广，到处是无尽的草原与荒原，景色永远不变，给人一种单调的苦闷，长而无尽的深冬，深厚寂寞的冰雪，夜长，气候很冷，没有野外社会的集体生活，向西南走，始有较肥沃的园地。春天忽然来到，热而短，醉人的春阳，乱歌的春鸟，处处给人一种刺激，一种怀思，感觉到生的可贵，今的可恋，无形中需要逃脱、远游、战争、侵略、占有那繁花遍开的大地。波德莱尔（Ch. Baudelaire）《恶之华》中的一首诗，很可形容出这种心境：

> 在秋天微温的晚上，
> 我深闭着眼睛，
> 吸到了你热奶的香味，
> 看到幸福的海岸，延长着，
> 深睡在阳光迟滞照耀之中。
> 你的香味领我走向美妙的地方，

我看到海岸边充满了桅杆与风帆。

六

因为俄国的民族是新兴的，又因为它受了拜占庭的文化，所以它常在幻想与做梦，由此而养成别一种特质——神秘。自俄罗斯建国以来，受自然环境的支配，荒原、冰雪、奇冷与奇热，同时又受宗教的熏染，讲求精神的价值，俄国民众过度地发展内心生活，《罪与罚》、《前夜》、《红笑》等作品，充分表现这种色彩。所以俄国的基督教，没有罗马教的纪律，但是，却有救世自任的决心，讲求灵性的完美。他们自认是神圣的，他们的目的在苦痛，遇必要时，还要致命。他们相信灵魂的不灭，真正的幸福，便在自救与救人。托尔斯泰便是这种人物。

自 1917 年后，俄人视宗教为封建的遗留，阻止进步的核心，而实际上，只能脱去宗教的仪式，其本质依然存在的。我们说此，因为一种精神生活，不能受政治与武力的支配，几百年来的宗教，何能断然斩绝；次之，凡是一种宗教，必然超绝，既然超绝，必然神秘，这又是俄国民族性上所有的特点。

为此，在俄国思想的演变史上，我们看到一特质：凡由外介绍来的哲学体系、政治理论、社会思想，立刻无条件地接受，化为一种宗教，予以一种绝对的价值；他们重直觉而轻推理，他们有讨论的精神，而缺少批评的态度；到思想变为行动时，立刻即扩大成一种宣传。

从另一方面研究，俄国民族性上表现出实用的精神，也如初期的罗马人一样，在哲学、美术与科学之前，他们首先追求的不是真和美，乃是用。克莱纳（Fernand Grenard）说："俄人探讨理论，其目的乃在行动，他们注重现实，深信证明、较量与计算。由此产生出对统计的嗜好，将一切列为数目，计成百分，似乎感到一种满足与把握。"

我们不要视神秘与实用是一种矛盾。将理想与现实配在一起，是农人的特质，谁曾见过一个真正的农人，不做幻梦哩？鸡生卵，卵买猪，猪换牛……拉·封丹（La Fontaine）的这个寓言，并非取笑农人的贪欲，乃是对一种农人心理的解剖。所以俄国人民看自然是无尽的资源，世界是伟大的试验室，他们对一切的态度是实利，没有历史的训练，也不眷恋历史与过去，所以他们自认为是"新的"、"前进的"，正像是沙漠内新起的商旅队。雷纳教授引用一段话，很可佐证这种态度："取消家庭与社会的关系，推翻传统的习惯，所可留存者，只有不能为青年伟力所摧毁的东西。即是说，凡不能支持青年伟力的袭击者，只好任之风化，因为他本身便失掉存在的意义。"

七

过去俄国接受欧洲的文化是模仿的、移植的。它很明白自己文化的落后，也明白欧洲文化的重要，更明白需要这种文化，但是，它不爱它的原因，自然有民族自尊的心理，俄国不全是欧洲国家，而最重要处，恐怕是民族性的不同，反映出对人的观念，对社会组织的冲突。托尔斯泰的女儿萧尼亚（Sonia）游欧时，他要她到巴黎拜谒庙堂，其目的除鉴赏艺术外，在加强她希腊教的生活。

俄国与欧洲文化发生关系时，每个阶段都表现出"不遇时"，几乎是命定的悲剧。俄国接受基督教，是从拜占庭的手中转过去的，它含有希腊文化崩溃时的成分，失掉本质，而着重在玄妙的探讨与枝节的理论。东罗马既未予以健全的文化，而反阻碍他与拉丁文化接近，结果使俄国孤独，由此而与人类社会隔离得更远。

一个民族是不能孤立的。在东方，俄国人只感到蒙古人的苦痛；因地理关系，俄国不得不向西南与西北发展，俄国和欧洲接触，是从伊凡三世（Ivan Ⅲ，1462—1505年）开始的。这是一个善于应付环境的国王，虔诚与狡诈是他整个历史的说明。莫拉达维（Moldavie）大公说："伊凡是一个怪人，他常住在家内，却能战胜他的敌人，而我呢，每天过着马上的生活，却不能保护自己的土地。"

伊凡三世一生的工作，我们可归纳到这三点：

（一）统一俄罗斯，取得诺夫哥罗德（Novgorod）、特维尔（Tver）及索以河（R. Soj）以东之地。

（二）推翻蒙古的统治（1480年），毁灭萨莱城（Sarai）（1502年）。

（三）倾向欧洲。

伊凡三世的亲欧政策，很受他皇后苏菲亚（Sophia Paleologue）的影响；这是东罗马最后一帝（1472年）的侄女，长在罗马，曾经呼吸了文艺复兴初期的空气。她聪明，善应付环境，能了解文学与美术的价值，特别是技术的应用。所以，她到俄国时，带去一群意大利人和希腊人，那里边有学者、工程师、军火匠……给俄国展开一新的局面。因为俄国的历史虽短，而徘徊的时间却长。从此后，俄国的政治有一种新的动向，即自认是东罗马帝国的承继者，他们取巴来洛克（Paleologue）的双头鹰作为俄国王室的徽章，并非是偶然的。其次，俄国的精神，亦有一种新的转机，当他们看到巍峨的教堂，壮丽的王宫，就明白了科学的重要，这时候，虽是一种接触，但是却给18世纪的彼得大帝开了一条坦阔的道路。

八

因为要整个欧化，因为要在波罗的海与黑海开两个窗户，彼得大帝（1682—1725年）凭着他旅欧的经验和战败查理十二（Charles XII）的功绩，要将这半东方的俄罗斯，立于欧洲列强之林。他成功了，但并非使俄国真正的幸福。

彼得大帝确是一个天才的领袖，但是他的天才中含有一种蛮性，过度的自信，过度的求速，正好像俄国整个的历史，要他一个人来完结。他的仪表非常庄严，圣西门（St. Simon）1717年会见他后，给我们留下精确的记述："身体很高大，长得很漂亮，稍微瘦一点；脸圆，额宽，美的眉毛，鼻微低，但低得合度，唇厚，脸棕色，黑而美的眼睛，生动，放出强烈的光芒；当他留心的时候，他表现庄严与温和的气概，否则非常可怕与凶猛……"

彼得大帝不只有健强的体格，还有坚强的意志，不怕困难，不休息，永远无昼夜地工作。这些都是构成他伟大事业的条件，但是最足称赞的——似乎很少提到——是他敏锐的直觉，能够把握住俄国人民的灵魂。他明白俄国民族受了蒙古影响后，其特质乃在他们的流动性与团结力。但是，这种流动性，假如没有确定的中心或坚强的组织来维系，其结果必成为民族的一种弱点；蒙古帝国的崩溃，原因虽多，而这实是主要原因之一。反之，假如有一集权的势力，其性质又固定，组织成一种机动的军队，不只可以统治此种游牧民族，而且可以扩展领地，蒙古帝国的成功如此，俄国又何能例外？我们知道在火车未运用之前，俄国侵略最有效的方法，即在哥萨克（Cosagues）流动性的军队。

但是，除过我们惊赞彼得大帝丰功伟绩，我们要注意他欧化的时期正是欧洲文化起了本质变化的18世纪，便是说机械与组织。俄国模仿瑞典的政治，采取德国的军制，建立许多专门学校，培植技术人才，彼得大帝做了表面上应做的事，而俄国的精神却依然故我，没有革新。当时法国驻俄大使笔记中说："俄国的改革，仅只学到欧洲文化的那层表皮，揭去那层表皮，俄国的精神、情感与性格，仍然与从前一样的……"

没有顾虑到固有文化的重要，这不是彼得大帝的错过，因为18世纪的思想家，对过去采取一种讥笑的态度，彼得大帝受了这种暗示，不自觉的跟着走；次之，当时经济扩大范围，各国争夺殖民地与市场，彼得大帝梦想意外的繁荣与致富，全力交集在知识上，那时的哲人们视知识是人最后的目的，本身便具有特殊的价值，所以他们看研究过去与精神探讨，都是一种奢侈与多余；最后，凡是改革者，都走极端，他们的思想与行动上，拒绝调和、折中的精神。

九

在 1547 年，伊凡四世（Ivan Ⅳ）开始有沙皇的尊称，这在俄国历史上是一件很重要的事实。从此俄国实行专制制度，一直到尼古拉二世（Nicolas Ⅱ）。伊凡四世是迷信武力的，他组织起机密院（Oprichnina），他取消了"人民土地私有权"，真有点视人民如草芥，所以人送他一个绰号："可怕的伊凡。"继后彼得大帝用武力强迫欧化，开创办公制度，以国家名义，便可执行一切，人民不得参预政治，也没有法律的保障。

这种沙皇的专制，产生了极坏的影响，在个人意识觉醒的时候，俄国人民反走向奴化的道路，他们没有意志，要习于贫穷，忍受淫威，一切新生的力量，转向内部隐藏，发生一种憎恨。到了人民不能忍受时，立刻便演成一种急变与暴动。

另外，因为沙皇自视崇高，有如飞升高空，不辨大地的山川，其结果沙皇与民众脱离关系，自己孤独起来。俄国原本孤独，而政治元首又在孤独中孤独，社会为何不产生急变而加速它的崩溃呢？克莱纳看得非常深刻："沙皇统治着无限的空虚，只有用他自己来填补。"

沙皇制是一种静的体制，在太平时候，它所有的只是衙门、军队与警察。在世界急转骤变的时候，它不能应付环境，又何况俄国流动的民族性，而农民没有得到极低的要求：土地权。——我们要记住：俄国历史上最棘手与最重要的问题是土地问题。亚历山大二世（Alexandre Ⅱ）看到这个问题的重要，结果仍只是片面的解决。

事实非常显明，彼得大帝改革俄国时，将历史截为两段，精神与物质逐渐失掉了平衡。许多人称赞俄国的繁荣，优裕的生活，然而它反增加了内部的矛盾，中产阶级的消逝。彼得大帝种下革命的因素，其承继者更无特殊能力，不了解人民的需要，而只想追逐欧洲的列强，那时候俄国最羡慕法国，它的人民期待着法国大革命的成功。因为他们也在反抗保守与传统的暴力，憧憬着一种新的理想。拉吉舍夫

（Radchtchev）刊行的从圣彼得堡到莫斯科的游记（1790年）中，到处赞扬法国的思想，法国的自由，以及联邦政治。

十

近代俄国史是一部革命史，其复杂远在人们想像（想象）以外。文艺复兴以后的新思潮，俄国不加考虑地接受了。新思想是一支箭，俄国是一只弓，箭在弦上，大有一触即发之势。所以那种动人的变更，一幕一幕排演在面前，一直到1917年。现在，我们试用以一种简略的总结，借此知道这种根本的改变并非偶然的。

拿破仑的对手亚历山大一世（Alexandre Ⅰ）自认是共和党，他主张的立宪与拥护的自由，都是很脆弱的。

1825年军队的暴动，完全抄袭法国过激党的故智。

尼古拉一世（Nicolas Ⅰ）对政治上起了一种反感，在位三十年（1825—1855年），一切措施，都是反欧洲的。他要保卫"神圣的俄国"，将之与欧洲隔离而孤独起来。

便在此时，受浪漫主义的影响与推移，俄国文学上放开艳丽的奇花。这些花开在严寒的北国，也开在每个俄国人民的心上，悲观、阴暗、沉闷，表现斯拉夫民族特有的个性，他们眷恋国土，他们同情苦人，而间接便暴露俄国当时的虐政。如果戈理（Gogol）的《死灵魂》（1842年），陀思妥耶夫斯基（Dostoievsky）的《穷人》（1845年），屠格涅夫（Tourguenief）的《猎人笔记》（1852年）。

这时法国的社会主义、德国的哲学思潮逐渐介绍进来，俄国民族意识觉醒，转成一种革命的潜力，产生秘密结社。于是提出一种新的口号："到民间去。"这些革命分子，深知民众的重要，没有民众，便是没有武器，因为一切最后的目的是为了民众的。更进一步，他们提出具体的口号："土地与自由。"

亚历山大二世即位后，较前开明，海成（Herzen）给他一封公开信说:"……你身上没有一点血迹,你心上没有一点悔痛,我们期待着你的人心……你要把土地还给农民,因为土地是属于他们的……你要把奴隶的耻辱洗刷干净……"于是解放农奴,在1861年2月19日下诏,其要点有三:第一,农奴取得国民资格,隶于政府;第二,农奴所用的房屋与器具,归农奴享有;第三,给农奴土地,使他们可以维持生活。当时农奴有句流行的话:"陛下,我们的脊背是属于你的,而土地却是属于我们的。"

第二次"土地与自由"的结社(1876年),虚无党与恐怖党的出现。

巴枯宁(Bakounine)在1873与1874年之间,加强了"到民间去"的口号,这时候由政治革命转为社会革命。

这时候是一惊心动魄的时代,参加革命者疯狂似的卷来,在1878年2月,一位贵族女子察书利契(Véra Zssoulitch)暗杀脱莱包夫将军(Trepov),引起欧洲人士的同情,与革命党一种新的力量。

从此后,革命势力蔓延,急倾直下:亚历山大二世被暗杀(1881年);亚历山大三世即位后的高压政策;马克思学术的影响;工人解放同盟(1895年);列宁出现;伦敦会议(1903年);日俄战争后的革命;第一次世界大战;俄国大革命(1917年)。

十一

1917年,从3月至11月的短期间,俄国经过各种阶段的革命,由布尔乔亚、德谟克拉西革命到社会主义革命。即是说由利勿夫(Lvof)到克仑斯基(Kerensky),由克仑斯基到列宁。

利勿夫与克仑斯基的事业,曾经犯了两种不可补救的错误:

第一,他们摧毁了俄国政治的统一,估计太容易,以为只要沙皇退位,一切问题便可解决。实际上,他们没有握住俄国人民的需要,而妄想将俄国变为第二个英法。他们还是憧憬那些抽象的理论,从未顾及俄国固有的精神，便是说他们抛弃了民众，民众也抛弃了他们。

第二，克伦斯基的错误，在他一面作战，一面革命；在作战三年的国家，如是分散精力，其结果必然失败的。另外，克伦斯基想将俄国完全欧化，在他的心目中，法国大革命是最善的蓝本，而他便是丹东（Danton）的化身。他幻想以含有刺激性的语言，煽动士兵，完成不世之勋业，谁想这些士兵，与同盟军既无仇恨，与协约军亦无同情，他们的要求很低：还乡、种地与和平。

列宁是一位天才的领导者，他能把握住俄国问题的核心，完结这种将近百年的紊乱，独树一帜，予新旧一种清算。他明白俄国人民所求者是和平与土地；如果人民达到目的，至少人民便站在中立同情的地位，正像法国大革命时一样。

不仅如是，列宁所以成功的原因，乃在大胆与方法，因之，以极少的人数，能够统治广大的土地。一方面，他们握住国家生命的中心，如工业区、交通线；另一方面，满足人民火急的要求：和平与土地。

许多人评论：俄国是一个农业国家，树立马克思的制度，是一种矛盾，因为马克思所论到的是普罗阶级，而不是农民，农民最基本的要求，是土地所有权。列宁是一位实际行动者，他非常谨慎，同时又很现实，虽把所有权取消，却给农民土地耕种。

俄国接受了这种新的政治，现代史上树立起新的姿态。

十二

我们的结论如次：

第一，俄国大革命，自思想言，他结束了文艺复兴；自政治言，他是法国大革命的尾声，他是近三百年来的总结束。

第二，1917 年革命，自理论言，含有国际性，以马克思的观念论故；自事实言，它是国家的，它解决了俄国急切的需要，它表现出俄国的国民性：组织、武力、机动、技术、宣传。

第三，俄国历史，特别是从彼得大帝以后，有两种暗潮争斗，拒欧与亲欧，这次革命是拒欧潮流的胜利。

第四，这次革命是反资本主义的，这一点与法西斯似乎相同，因为国情各殊，在意大利树起别一种作风。共产主义与法西斯主义是法国18世纪哲学思想的孪生兄弟，但兄弟却是仇人。

总之，俄国需要如此，便形成此种史实，以此回答我们开始所提出的问题。

民国二十九年九月

英国文化之特质

一

这次欧战发生后，希特勒闪电式的做法，横扫了多少国家，只有英国，仍在那儿防御与抵抗。无论战争的意义如何，无论将来的结果如何，这种特立独行、不屈不挠的精神，是当为人惊赞的。

我们惊赞他，因为它像海滨孤立的一座灯塔。

灯塔是伟大的孤独者，在万物深睡后，它始出来，不怕风雨袭击，鼓起大无畏的精神，不断地在黑暗内创造光明，在危险中寻找安全。

我们这种说法是想形容英国奋斗的精神，这种精神来自久远历史的训练，亦即英国文化的结晶。在欧洲的国家中，英国是最难了解的，中世纪的人咒骂它，看它是个野蛮的国家；18世纪的人赞美它，看它又是自由的象征。英国成了一个哑谜，现在仍是毁誉相半，好像它是位置在别个星体上的。

西方人每论到东方时，常以神秘来形容，东方人论到西方时，又何尝不以神秘做解释呢？笔者学识有限，试想揭去这层神秘衣服，给英国文化与民族性一种粗略的说明，可是我们要记住：英国人是最难了解的。

二

英国难以被了解的原因，首先是它那种社会化的个人主义，表现出种种矛盾与冲突。自个人教育言，英人着重在个性的发展，要养成每个"我"内，含有强烈的战斗性，自主、不退让，达到统治其他的目的；自社会教育言，他们启发合作的精神，使企业有强大的组织，每个人有为团体牺牲的决心。

此处我们所提及的个人主义，不是一种自私自利，如法国哲人巴斯加尔（B. Pascal）所恨的——巴斯加尔说："我是可憎恨的。"——英国的个人主义是自我饱和的发展，依据意志的强力，训练成责任的情感。这种特质，没有屏绝人性内所含的社会性，但是它像伦敦的浓雾，将社会性整个地笼罩住了。

爱默生（Emerson）说："与一个英人旅行，我们以为他是聋子，他不同你握手，他不注视你，每个英国人正像是一座孤岛。"爱默生的话，并非是一种侮辱或刻薄，我们知道罗素（Lord John Russel）与皮耳（Sir Robert Peel）在下院共事多年，而两人从无私人来往。蒲特米（Boutmy）认这种现象，是胆怯与心冷的混合，此说自有其成立的理由，但最重要处，恐怕是受了岛屿的影响，养成一种孤独的癖性。

不列颠孤立海外，给英国民族精神上一种很重要的影响，这种孤独的地形，我们可看出两种作用，一方面，英国民族同化得很快，产生出民族共同的典型；另一方面，因为渡海交通的困难，缺少与其他民族接触的机会，不易混杂，减少了社会性。卡莱尔（Carlyle）说："英国人是些哑子。"这种说法虽未免过分，却含有几分真理。

我们没有精确的记载，说明健康的纳地（Nordic）人如何来至三岛，与其他民族发生何种关系，但是，自恺撒（Julius Caesar）两次渡海后（最后一次在纪元前54年），不列颠与世界正式发生关系，受到罗马文化的影响。罗马人去后，文化的潜力犹存，却非常脆弱，有如空中遨游的纸鸢。证据是在查理曼（Charlemagne）时代，英国与大陆的关系，完全系商业的。当时英商没有商业道德，既要走私，复掺加劣货，这位大帝不得已须诉诸武力。

这种孤独，始终未使英国与其他国家建立起正常的关系，自 1066 年，诺曼人侵入英土后，我们看到滋养成英法长久的斗争，到 15 世纪，军旅司令记录（Debat des Herauts d'Armes）内，犹称："英国为北海之星，本该转运货物，以有易无，谁知却剽劫商船，使各国不得宁静。"

三

英国海岸线甚长，孤立海中，或为一种天然的屏障，外敌难以袭击，在法国战败后，英国政治领袖说：希特勒要遇到空前的强敌：海。英国的历史，整个受海的支配，自亨利八世后，英人转移意志到海上，那时候普遍的要求，是向海上发展，巴克（Barker）说："英之向海上发展，乃其意向所及，非命中注定的。"当英国取得制海权后，三岛便高枕无忧了。

另外，斐格莱夫（J. Fairgrieve）指出潮汐对于英国的影响，自汉堡（Hamburg）至比斯开湾（Bay of Biscay）沿岸潮汐涨落，每日两次，洗去河口的沉淀，终年四季，可以绕船舶最难通行处，出入于海，有自旷海入河口的利益，货物因此而深入内地，特别是在中世纪。

海与海岸线给英国两种重要的影响：第一，英国受海的保护，对外敌戒惧较少，不必每日提心吊胆，有如近代的德法；因而它可用所有的力量，注意内部，使全岛统一，政治集中，成为欧洲第一个中央集权的国家。第二，交通便利，逐渐使商业繁荣，英商可自海外取得财富，由是而更增加海上的发展，拉莱（Raleigh）与德雷克（Drake）都是海上的英雄。1558 年，西班牙的无敌舰（Armada）毁在伊丽莎白（Elisabeth）女皇的素手中时，一世纪后，英国便开始掠取大洋的霸权。

不仅如此，继孟德斯鸠之后，丹纳（H. Taine）在他的英国文学史中，也指出英人爱好自由，系受了海的影响，正如同希腊似的。"自由人是爱海的"，波德莱尔（Bh. Bandelaire）已在他不朽的诗中赞美过；并且有人解释雪莱（B. Shely）诗的音韵，宛若大海的波涛，我们知道这是一位自由主义者，他曾证明上帝的不存在，他曾陶醉过高德文（Godwen）的社会理论。但是，我们不能据此便下整个绝对的肯定。

为什么？第一，英国的自由制度，确是来自个人主义，这并不减少它的光荣，这只是一种保障个人与团体的利益，而非憧憬自由的理想，或重视自由的价值。在欧洲，英国是第一个反抗君主的国家，1215年的《大宪章》（*Magna Carta*）六十三条，大半又是为了商业的繁荣，反对任意的征税。

第二，英国要维持大陆的均衡，不愿有永久的同盟，因为，它的目的是商业的自由，它最忌世界的统治权落在一人的手中，所以，它所持的态度，是模棱，是反复，是变更，因此，英国传统的外交政策是："没有百世的朋友，也没有百世的仇人。"菲利普二世（Philippe Ⅱ）、拿破仑一世（Napoleon Ⅰ）、威廉二世、希特勒都曾领教过英国的这种自由风味。

我们所以提此之故，因为岛国人民倾向自由，无意识中受到海的影响，但是不能视为绝对的，柏拉图曾说过："海可养成商人，还可养成双重人格与虚伪的性情。"我们也只能以"可养成"做解释，不能视之为必然的作用。

四

希腊古代的地理学家斯特拉波（Strabon），论到英国的气候时说："不列颠的气候，雨多雪少，空中满布了浓雾，每日所见的日光，仅三四小时而已。"古今论英国民族性者，都重视气候的因素。

潮湿、寒冷、银灰色的天，常使感觉痹麻，增加了北国人民的忧闷，中世纪编年史家傅华萨（Froissart）论到古萨克逊人时说："按照他们的习惯，萨克逊人很悲哀地游戏。"不只古时如此，彭因（Bain）论到英人时，也说："便是英人的欢慰中，也含有说不出的悲哀。"

这种气候的影响，使英人向内心发展，没有拉丁民族眷恋美景的热狂，但也不像德人那样悲观。英国产不出享乐的埃彼克泰特（Epictete），却也产生不出苦闷的叔本华，因为英国的民族，以应用为主，基建在行为上。

英国的气候是一种长久刺激。这种刺激的反应，表现出两种作用：第一，感觉与想象受了这种气候的训练，神经变得迟缓，感受性亦失掉敏锐的强度。缥缈的玄想，幻变的美梦，在英人视之，都是一种多余，一种病态，将拜伦（Byron）与拉马丁（Lamartine）的诗相较，便知英法感觉的不同。第二，从另一方面看，英国人特别培植生活力，野外的游戏，孤独的旅行，都是增加魄力，俾应付现实的困难。他们不愿沉醉在自然的怀内，却也不愿诅咒人生的苦痛，他们的目的，在生活的舒适，养成一种工作的习惯、储蓄的美德、持久的恒心。

为此，亨廷顿（E. Huntington）教授论到英国气候与文化关系时，结论认为："英国的气候虽为英人所憎恨，然实为最良好的气候，对身体有益，刺激精力，鼓励工作。"

更进一步，虽然英国的大雾蒙蔽了现实，使线条与色调减少了美点，却养成一种行为，要思想与行动都着落在地上，他们对一切的要求交集在准确与现实，即是说不存侥幸的心理，事事反求诸身，从此予生活以意义，并且得一种乐观与满足，在此"好"与"用"是没有分别的。正好比英国的个人主义，不排除社会性似的。

次之，英国气候变化不定，巴克认为激起带有笑容的愤怒，此种愤怒是善意的。我们无法批评这种解释的价值，但英人善于忍受忧郁的烦恼（Spleen），却是为人所公认的。这不是怯弱，这是一种柔性的抵抗，福耶（A. Fouillèe）论到英人的性格时，说："通常英人是沉静的，并且含有几分迟钝；但是，既到激动后，英人的情欲具有特殊的力量。"

五

英国人有创造的趣味，有斯堪的纳人的冒险，但他们却受了日耳曼的意志说，一切着重在行动上，时时追求实现。英国人并不重视含有抽象性的理论，因为他们视理论是事实的开始。当抽象的理论不能实现，其错过由于理论的不健全，而含有神秘性故，柏克（Burke）说："我憎恶抽象，一直到这个字的音调。"

当英人讲求事实时，他的方法是以严肃的态度，集中注意力，冷静的观察，精密的分析，要见微知著——培根（Bacon）便是如此。这种态度，来自英人的实用主义，因为他们不相信抽象的真理，便是说，真理由现实启露出来。

从这种观点出发，英人所重的是意志，形成一种特立独行的性格，因而强力、持久、计划、自信、不妥协等变为伦理的标准，雨果（V. Hugo）咏歌海员时，称具有"银灰色的意志"，这句话很可做英国文化史的别名。

意志的对象是善，它的价值是在行为，英人在孤独的岛上，冷酷的气候中，原只将意志视为一种方法，以求卫护生存，结果意志变为一种目的，正像那里边藏有深厚的幸福。丁尼生（Tennyson）说："借意志的力量，要努力、探讨、搜求与决不让步。"

意志发展的结果，便成了"我"的崇拜，"我"非常有力，非常严肃，既不像尼采的超人，因为尼采视人是万能的；也不像巴莱士（M. Barès）的冲动，因为亚罗两省沦陷后，"我"成了遁逃的地方。英人讲的"我"，如勃郎宁（Robert Browning）的"骑像与雕像"，乃是在谴责理想与现实不能调和，即是说：我是宇宙的缩影，而这个缩影是实有的。

从这种精神出发，英人爱动，到处要观察，要访问，其目的乃在实利。为此，他们能建立日不落的帝国。我们知道愈动愈想动，盈余愈多，愈想求实利，结果产生出一种无尽的欲望，永无止境的开扩。英国典型的人物，乃是忍受苦痛，不能玩弄人生，所以他们人生的原则，乃是利物济人，而这个人内，人己并存，遇必要时，先己而后人的。从好一方面看，意志的奋斗，养成冷若冰霜的态度，权利与义务，划分得非常清楚，所谓绅士的作风，处处表现相敬；从坏的一方面看，形成一种自私与骄傲，多少人曾经指责过英人的这种缺点。孟德斯鸠说："法国人不能在英国交到一个朋友，因为英人不能互相自爱，如何能爱外国人呢？"哲人米勒（S. Mill）论到他同国人时也说："每个英人的做法，正像戒惧仇人似的。"

六

康德论到英国人时，曾说："英人缺少法人社会性的优点。"英人不善社交，却能合作，这种精神不是来自情感，乃是来自需要，因为他们明白团体的力量与合作的利益。福耶解释英国家庭时，指出亲属关系较为疏远，而真正的朋友，乃是自己自由选择出来的。

团体不得摧毁个性，集体要保证各自的利益，这是英国政治演变的脉络。自从诺曼人渡海峡后，我们看到争取自由的方式，乃是城市与王室的斗争，斗争的结果，须要具体写出，成为一种不可变更的契约，便是在两玫瑰战争时，虽为内战，实以商业利益为主因，帝王的权威是无足轻重的。为此，英国王室世系，只要保障臣属的利益，其来历可以不问的，我看到诺曼、安茹（Angevin）、兰卡斯特（Lancastre）、都铎（Tudor）、斯图亚特（Stuart）、奥仑治（Orange）、汉诺威（Hanovre），正像是古庙内的那些罗汉，只要能赐福，便可与以祀礼的。

这在法律方面，表现得分外明白，在 15 世纪时，英国法学家佛脱斯古（Fordescue）将英国法与罗马法对峙，前者着重集体的意志，尊重个人；后者以帝王为归宿，牺牲个人。英国的法理，特别看重经济，很少自然法，而几乎都是法则。所以，政府如欲牺牲个人利益，便要阻碍进步，不能进步，便不能繁荣，因而他们需要自由的政治，纵使他们非常敬重英皇。

从精神生活方面看，新教的胜利，表现出个人意识的觉醒，亦即英人争取自由的成功，英国民族习于内心的反省，精神上带着忧闷与暗淡，深感到事物的虚幻，而想借着客观的律例，进到另一个世界，所以英国人的宗教情感特别发达，却是别具一种风格。这在莫尔（Thomas More）与纽曼（Newman）的作品中，可得到证明。德国的宗教情感，很容易流为空泛的神秘，法国的宗教情感，又多冲动的好恶，唯独英国，着重伦理的成分，按照各自内心的需要，个人直接来同上帝对话。

假如我们说得更具体一点，英国人的宗教精神，也如其他一样，是一种维持个人与社会必需的工具，它的价值在应用：一方面它保存旧教的仪式，另一方面采纳新教的理论，英国的宗教是新旧教之间的连接线，他们需要集体的生活，但是在这个集体内须尊重个人的独立与自由。为此，德人批评英人说："每个英人可做无神论者，但必须有一个无神论的教会。"丁尼生说：

……在朋友与仇人前面，
这块地方上，每个人可说自己的心意。

七

洛朋（G. Le Bon）将英人比诸罗马人是非常正确的，不只是他们爱好现实，不只是尊重政府的组织，最相似处，乃是这两个民族有共同的精神：相信自己的实力与伟大。丹纳深深了解英国，他说："在英人的心目中，只有他们的文化是合理的，别的宗教与伦理都是错误的。"

假如我们从历史方面看，英国史是一部"生存竞争"的历史，这种奋斗是英人的活力，每个英人的意识上，深刻这两种概念：自己是最个人化的；自己的国家也是最个人化的。所以，在英国利益发生问题时，内部的矛盾即刻取消，团结为一，准备做任何牺牲，因而伦理的原则，也只归纳为一：英国利益为上。福耶论到此时，他说："在政治上，没有一个民族比英人更冷酷、有方法、更顽强的；没有一个民族比英国更轻视情感的。"

在13世纪前，英国人过着一种粗野的生活，土匪、奸淫、赌博、酒醉等缺点，英国一样具备，为何在短的期间内，它会摇身一变与前不同哩？

解释这个问题的因素很多，归纳起来，仍然是一个文化的转变，即是说由农业文化转为商业文化。英法百年战争（1337—1453年）共经一百一十六年，虽有六十一年的休战，而两国人民仍然过着战争的生活。这种空前的长期战争，不能仅视为争夺法国的王位，它的动力，继十字军之后，是在中古世纪农业文化的总崩溃，那种采邑制度、家族主义、保守与储蓄的习惯，都是构成农业文化的基调，于今一变为自由市府、个人主义、契约与信用了。贞德（Jeanne d'Arc）之死（1431年），在法国是国家意识的觉醒；在英国却是抛弃了大陆政策，转向海洋方面去了。换句话说，从整个英国历史看，贞德之死是由农业文化转入商业文化的划分线。

英国文化的转变，起于百年战争之末，形成于伊丽莎白时代，到18世纪，英国的商业文化取得绝对的胜利，所以，雷纳（G. de Reynold）教授说："一直到18世纪，英国是一个农业国家。"巴克也说："在此大转变以前（指1760年），英格兰尚为一农业国家，耕种五谷，养羊产毛……及至伊丽莎白时代，英国于农业与游牧之外，新增三种其他职业：纺织、渔业与海外贸易……"

从这一方面看，英国人保守与自由、个人与团体、冒险与稳重种种矛盾的地方，除地理与环境外，这种由农业文化转为商业文化实是一重大的原因。

八

国家意识，自由主义是近代文化的特征，由此而产生社会与经济革命，英国是最先发动的。

当英国还在农业时代，其资源是谷类与绵羊。这种含有诗意的动物，哈若尔（Thorold Rogers）称之为"英国农业的基础"——便成了英国工业发展的原动力，到伊丽莎白时代，海军与殖民地的突飞猛进，利用荷兰没落的时机，击碎了西班牙与法兰西的实力，英国不只是海上的霸王，而且是执经济的牛耳，那时候较大的银行已经粗具雏形了。

商人、工业界、银行构成英国社会的基础，今后英国的政治便在这些资产阶级领导下演变。在法国大革命前，英国已实行过它的革命，第一次是克伦威尔（Cromwell）的共和（1642年）；第二次是奥仑治的君主立宪（1688年），从此后，英皇的意志不是绝对的。英国这两次艰辛的奋斗，价值非常重大，一方面要保障内部的统一，能够领导作战，别一方面可以卫护自由，使生活日趋"繁荣"，这种深远眼光，来自英人实事求是的精神，他们决不肯沉沦在抽象的理论内，忽视了当前的利益，这也便是为什么两次革命后，君主仍然屹立不动。

到1760年时，因为增加生产效率，开始发明机械，最可注意的，起始的发明者，并非学者与教授，乃是些无名的工人，正如芒图（Mantoue）所说："英国工业革命，乃是将一个实际问题，利用自然的聪明，老练的习惯以及工业的需要所构成的。"

这种变更的结果，其重大出乎人意料以外，只就曼彻斯特（Manchester）一城言，在13世纪只是一个村庄；继成为棉花的中心，在1790年已有五万居民；又过了十一年（1801年）忽然便增到九万五千，几增加了一半。以后的繁荣，更使人不可想象，在1897年6月，维多利亚（Victoria）举行六十周年即位大庆，许多统计证明女皇即位后的繁荣，在 1836 年国家的收入约五千二百五十万金镑；至 1896，已增至一万一千二百万金镑。这种特殊繁荣的结果，必然引到农村破产、工人失业的地步，英国成了社会主义的发祥地，并不是没有理由的，但我们所要研究的不在此。

英国所以能维持他们的繁荣，在乎他们辨别现实，善计算与他们积蓄的能力。纳尔逊说："没有钱财是我不能原谅的罪恶。"史密斯（Sydney Smith）也说："英国最憎恶的是贫穷。"这种批评，触目皆是，远在四百年前佛脱古斯便说："假如一个穷英国人，看到你的钱财，可以用武力取得，他一定抢夺过来的。"

九

孤存在仙境内的魔术箱，

在险恶大海的浪花上揭开了。

英国的这两句诗，很可为他的海军史的题签。从克伦威尔颁布《航海条例》后，英国商务向外发展，遂与大陆各强国冲突，时而法荷联盟抗英，时而英荷同盟拒法，到 18 世纪后半叶，英国已握有海上霸权。

为什么英国会建立庞大的海军呢？我们只看斐格莱夫的解释，便知不是偶然的。"不列颠之海军，不独有一种海军历史的传统，且有在海上运用及节省能力的传统，英国人所学得之海上战术，较它任何敌人所得者为多……在 1653 年之六十年间，在该时存在状况之下，产生新海战原则，凡使用其战斗力最为经济者，胜利即归为所有。"

又，"在美国独立之战中，当法国进攻英国时，英之舰队，出于习惯，仍选顺风站，而法国则反是。此种可以作为特征之行动，其差别并非偶然的：一部分为过去经验之结果：英之海上居民，比较熟谙海战及海战之原理……就军事之意言，海面并无阵地（Position）。不列颠之海上居民有丰富之经验，已知悉此一事实。结果彼等出于自觉与不自觉,深知最好之防守即为进攻;攻击的对象,不在敌人海岸,而在于无论何处发现之敌人舰队,因唯有凭借舰队,始得攻击,彼等深知,开始所使用之能力愈多,则最后所节省之能力亦愈甚……"

裴氏解释英国的海军特点,每字每句含义甚深,这便是为何它能维持日不落的领土,操纵世界的经济。近代英国的文化是商业的,它的战争,又都是由商业而起,既起之后,又繁荣商业。

自我们农业国家看,这自然是可惋惜的,但是,在现代机械文化发展下,商业已成了战争的别名,为什么英国不将它的庞大的盈余去扩充它的海军呢?

十

海军是英国的命脉,如果希特勒击不破英国的海军,一切是徒然的,我们试举历史上的一个证例。

从奥什(Hoche)死后(1797年9月),拿破仑亲任征英总司令,利用意大利被侵后的新局面,先渡海征埃及。征埃及的战略,不是拿氏发明,哲人莱布尼茨(Leibnitz)早已向路易十四提出,借此断绝英印的联络,正像将一条长蛇斩为两段。

拿破仑是很重视这个计划的。他向他的知友布利纳(Baurienne)说:"现在,任何人没有这样博大的计划,须要我来给一个榜样。……我明白,假如停止住,即我的威严不久便消逝,……这个小小的欧洲,做不出大的事业,须要到东方去,伟大的光荣都是从东方来的……"从1797年到1811年,拿破仑永远在那儿幻想与做梦。

带着两员猛将——克来泊(Kléber)与狄赛(Desairs)——于1798年5月19日,拿破仑由土仑(Toulon)出发,当时人们说:"这是往乐园去的。"节节胜利,正像风卷残云似的。

直至是年8月1日,法海军逃脱搜索,纳尔逊(Nelson)带领一舰队,相遇于阿部琪尔湾(Aboukir Bay),于两小时内,即将法国海军全部歼灭，将拿破仑的计划摧毁，困居在埃及。

拿破仑毕竟是英雄，他说："我们没有战舰了，好，像古人一样，或者死在此地，或者冲出去，……这种情形，正使我们做想不到的伟大事业，……这正是表现我们特点的时候，我们须自己有办法……也许命运要我们改变东方的面色……"终于拿破仑逃走（1799年8月22日），但是，他的计划却完全失败了。

当拿破仑促成的武装中立失败后，在1805年，英法战事又起，这次拿破仑的计划，要渡海直捣英国，赛桂野（Comte de Seguer）在回忆录中记载着这次事实的演变："纵使是冒险，可是军舰急待这次计划的实现，在拿破仑，没有一件事情是不可能的。……皇帝更为不能忍耐，下车后，只限四个钟头上船，人马随时都齐备了！皇帝说：英国的命运来到了，我们要报五百年前的冤仇，那时候英人曾到巴黎，而今如何？在一夜间，我们要到英伦！"

这个梦非常诱惑，可惜法国海军被毁后，虽说秘密建造，终于为英国封锁，一方面无集中的机会，另一方面无训练的习惯，而顽强的纳尔逊负封锁的责任，两年未曾离过旗舰。当时法国主力舰，系危勒纳夫（Villeneuve）指挥，虽说勇敢，却不坚定，自幽禁在加地克斯（Cadix）后，使拿破仑震怒，于失望之余，危勒纳夫决心不顾危险，冲过直布罗陀海峡，谁想纳尔逊久伏以待，在六个小时内，将法国海军整个毁灭在特拉法加（Trafalgar），计法舰共三十三艘，十八艘被击沉了。从此后英国取得海上绝对的霸权，成了拿破仑致命的创伤。

历史也许是不会重演的，但是，欧战方酣的今日，常使人联想到这些过去的史实。

十一

繁荣的商业，广阔的殖民地，雄厚的资本，顽强熟练的海军，这都是萨克逊人特质；在精神方面，因为受了环境的影响，进取中要保守，个人在团体中发展，在实事中寻找理想，这不是矛盾，这是从经验内得来的教训，逐渐形成一种传统的习惯，我们在它的文学与哲学内看得非常明白。

大体上说，英国的文学质朴而严肃，单纯而深刻，因为它是内心的，分析的，更因为是实际生活的表现，所以缺少人性普遍描述，反着重个性化。

个人主义的文学，倘使是真的艺术作品，无不将自我看做世界，其孤独与沉默，使人感到悲哀。可是我们要知道，在人与人之间有孤独与沉默的可能；在人与自然和人与命运之间，却不能漠然置之，这便是为什么萨克逊人视快乐如鸟飞，深信人也要返归到尘灰里面去的。所以英国文学中最发达的是抒情诗，是悲剧，而这两者的出发点又完全是个人的。莎士比亚便是好的证例。

莎士比亚与歌德不同，歌德剧中人物，表现一种性格的演变，它是哲学的，即是说它有一种理想；至于莎士比亚，他完全着重心理，将性格与行为连接在一起，表现实际的生活。为此，英国的诗人爱意大利鲍锐亚（Borgias）、美第奇（Medicis）、埃斯脱（d'Este）等时代，因为他们的罪恶、爱情以及流血都反映出人的面目，英国人的精神上得到一种满足。

这种实际的精神是与艺术相反，特别是与音乐相反。我们知道英国是音乐不发达的国家，巴克说："任凭如何解释，音乐失传，不啻英民族失一宝物……其影响所及，足使吾人易生厌烦之心，足使吾人凡事不感兴味，且使吾人在艺术成就上，不为其他民族所推崇……"

同样的精神，在哲学上英国创造成实验主义，一个培根，一个米勒都精细地观察，丰富地收集，小心地分类，他们以一种冷静的头脑研究，逐渐体系化，结果形成斯宾塞（Spencer）的进化论。

假使德国产生进化论的学术，它必然是形而上的，即是说先有正反合的原则，然后再探讨事实的证例。英国的出发点首在现象的配合，而这些现象只是一种精神的直感，正如贝克莱（Berkeley）所说：

"Esse est Percipi"（直感是实有），贝氏的哲学首先是心理的，然后始是形而上的，所以实体的存在由于心，心之所求乃是环境的赐予，那便构成达尔文物竞天择的理论！

在伦理方面，仍是以个人主义出发，每个人寻找他的需要，这种需要的最高者为幸福，而幸福须同心协力始能构成的，因而又归结到团体，但团体不得同化个人。

从英国文学与哲学上看，仍是一个"应用"，一个团体的个人主义。英国文化的结晶是"意志"，所以在古时军旗上，萨克逊人写着"我要"（I Will）两字。

民国廿九年十二月

附录：抗战与文化

无论敌人南攻与北进，我们只有沉着应付，予以猛烈的打击，第一期的抗战，我们最伟大的收获，便在树立起民族的自信，给自己固有的力量，做了一次公开的测验。

除过自我中心者流，谁也不能否认我们民族的意识，即是说，我们有清醒的意识，看透敌人的居心，始终志在灭亡我们民族的生存。我们要明白，敌人的奸烧屠杀是不怕的，所怕者，是他虚伪的和平，离散我们内在的力量。"纵使这是希腊的恩惠，而这恩惠我们一样要戒惧！"拉丁诗人的名言，不只为特瓦人所说，也许是为二千年后的中国所说！又何况敌人并非如彼温存呢！

我们处的局势，是有史以来未有的严重，我们遇的敌人，又是有史以来未有的强悍。所以敢与之对抗，并且深信胜利的原因，为着我们确有了民族意识的武器，而这武器，又是近三百年来，从苦痛与侮辱中所锻炼成的。

许多文化理论家，以为西方文化——假定文化有东西的分别——的特点，在于它的物质文明，给予我们文化的影响，也只有物质。这是一种讨巧的说法，因为没有一种物质文明内不含有精神，如果我们确实把精神确看作人类智慧的一种表现。

当欧洲人挟着优越的物质文明来华后，我们的文化上起了强烈的反应，由漠视而对抗，由对抗而屈服，这种步骤，又无通盘计划，只是一种应时顺便的应付，其结果自然演出许多滑稽的悲剧，而我们民族的生活与强国又差下了百年的行程。

谁也不能否认中国文化的存在。但是，中国文化的缺点，又是无人敢否认的。我们文化的中心，交集在偏狭的家族观念内，我们的一切理智与情感，完全束缚在里边。我们决不否认家族在社会上的重要，我们只说过分促进它的发展，逐渐将个人与民族的意识，完全毁了。不只如此，当个人与民族失掉其应有的意识，我们整个的生活，隐退在家庭帐幕之下，最高的理想，也只能做到门设常关的地步。试看我们的艺术，无一不是供给家庭的娱乐，而我们所希望的子弟，也只是安分守己而已。因之，在家庭至上的程途中，我们必须注重在兄弟忍让，妯娌和睦，忍让与和睦本是一种美德，谁想在家族制度下，却产生多少病态的现象，如保守、因袭、虚伪等。谁要过着这种不自然的家庭生活，便知道它的辛辣的味道和它摧毁了我们多少前进的精神。

在另一方面，我们的文化有它的世界性，可惜只在自然方面发展。我们多少诗人与哲学家，他们竭毕生的精力，在自然中寻求情感与理智的满足。比如西洋人是爱花的，但是他们的爱法与我们不同，他们只爱花的色与香，但我们却爱花的性，而这个性又是以自己的性为准则的。我们的庭园与建筑，纵使是雕纹刻缕，亦要有自然的幻觉。它的伟大处，是在物我为一，养成一种兼容并包的风度，它的坏处，却在言不及意，与现实隔绝，将变态带病的行为，反当作是天才与志士了。

重家庭，爱自然，这是我们文化上最显著的特征。受了这两种基本思想的推动，我们文化上表现出容忍与和平的优点，因为我们处世接物的态度，便以此为鹄的。倘如我们往深处探讨，我们就会发现不可救药的破绽，一方面我们看到鄙劣的自私，另一方面，便是怯弱的退缩，我们的文化，不特不能迎头赶上，与世界文化联辔并进，便连我们祖先所遗留的那一点，亦不能赓续，它的演变，渐次走到粗陋的唯物与空泛的清谈。

当我们民族的身心，濡染在这种思想内，我们失掉了组织的力量，我们只是墨守家规，闭门开辟自己的天地。便是在学术上，我们所着重处，不在客观的事实，首先却是宗派与门径。我们像一个蜂窝，虽说同在一起，却是各有各的地方。其次，我们爱自然的结果，在失掉了理智的作用，因为我们爱自然，正像自然是一个情人的素手，会得到宁贴的安慰。本来自然身上，已含有一种神秘作用，这样一来，将我们的想象扩大，多少思想变成一种魔思。我们的长生不老，化石点金，梅妻鹤子，都不是这种现象的插画吗？

到我们家族与自然的文化发达到极点时，正是西方个人与民族的文化向前迈进，他们信任理智，在社会上产生出一种坚强完善的组织。为人赞赏的机械文明，那只是他们文明的片面。他们追求肉体的完美，同时并未忽略了灵魂的完美。他们改进生活的各样工具，同时并未忘掉社会的组织，这只要看他们每个时代的思潮，便可了然这种演变，德人哈斯（Hass）《什么是欧洲文明？》一书，便是好的说明。

欧洲人所以能够如此，自有原因，但是最重要的因素，却在个人意识的觉醒。文艺复兴的伟大处，却在使个人有他自己的意识，而这个意识，完全基建在"人"上，便是说，他是一切组织与生活的起点。当个人意识增强时，民族意识自然增强，可是他的发展，不是因果的，乃是许多客观的条件促成的，如19世纪德意志与意大利的统一，都是从颓废、压迫与苦痛中所造成的。

的确，"太阳下没有新的历史"，我们讲修身，齐家，治国，平天下，西方人又何尝不是如此？只是，在过去，我们修身是为家，我们治国也是为家，而我们将国又看作是天下。这样一来，在我们绞卷在家的观念中时，别人挟着经济与机械逼来，士大夫要卫道，官吏要贪污，结果在近百年史上，我们只留下些惨痛的记录。

可是，我们近百年的历史，其重要性是任何时代望尘莫及的。我们每天在那儿转变,时时刻刻在世界上争取自己的地位。因为变得太快,自然会有许多错误与幼稚的地方。欧洲的学者们,如洛朋(G. le Bon)之流,以为中华民族是无望的,将她列在三等民族,仅较强于非洲的黑人。我们固非天之骄子,但我们亦非昏庸腐溃。许多欧洲人误解中国的历史与社会,认中华民族是低能,这实是一种侮辱,而我们多少忧国的志士,失掉了对自己民族的自信,一切都是欧洲好的,我们应当整个的学他们。他们并且举日本为例,佐证他们这种扣盘扪籥的理论,他们不知道猴子学人,任他千像万像,它仍然逃不脱是个猴子。我们并非刻薄他人,我们只说别人给我们的东西,只是一种方法与参考,而文化基本的实质,须要从自身来培植。

现在参加抗战的人们,曾经感受过被人蔑视的苦痛,幽暗的怀疑与坚强的奋斗。这些人领导着我们的民众,向敌人表示我们的意识。我们抗战,便是信任自己的行为,我们会胜利,因为我们握有胜利的武器:民族意识。

因拘在家庭与自然内的人,我们肯定他是没有民族意识的,他们仍是三十年前的人物,自己不进步,而将新生的力量便完全抹杀了。他们只知割地赔款,他们却忘掉我们也是"人",而我们的民族也和其他民族一样的。

日本是必败的,它所以失败,国人已有许多专论,但是,它文化的矛盾亦是重要的因素之一。在文化史上,没有再比日本可怜的,他们没有创造,只有模仿,而这种模仿,又是何等皮毛。我们不敢讥笑任何民族,但日本人所讲的王道与和平,科学与经济,实在不敢赞同。他们没有远大的理想,他们也没有精确的计算,他们只是些有组织的封建土匪,用新式武器,摧毁人类罢了。他们固然看不起中国,认中国不够一击,他们又何尝看得起世界?

这次抗战,直接的目的,是在打倒日本的侵略,间接的目的,却在建设我们的文化。当我们的民族意识形成时,我们的文化同时种下新的种子。我们多少人与物的牺牲,换来一个彻底的破坏,破坏家族主义的"私",破坏自然主义的"空",树立我们民族整个的意识。

抗战是民族意识的行为,只就其本身说,历史家须刮目相看,须以另一种方式来写这段历史。我们深信人类的正义与公理,抗战便是我们对此信任的说明。

我要问:这是不是中华民族的新文化?若然,在多事的今日,是不是对人类文化有不可估量的贡献?

等着吧,时间会给我们说明这些答案,那时候呵,胜利必在我们掌中。

刊于《国民公论》,第一卷第七期,1939年2月。

阎宗临著《近代欧洲文化之研究》,广西建设研究会1941年出版,收入"广西建设研究会丛书"。内收论文五篇,附录一篇。

欧洲文化史论要

伟大文化精神的轮廓，以观察者之不同，常得到各异的印象。倘如论到接近我们的文化，影响犹存，即主观的判断与情绪，必然时时渗透进来，这是绝对不可避免的。在我们冒险的大海上，有许多方向与道路。所以，同样的研究，在别个研究者手中，非特可以有不同的解释与运用，并且还可以得到完全相反的结论。

——雅各布·布克哈特

第一章
绪　论

我们古人是力行者，不大谈"文化"的。他们所讲的是"道"与"教"，如"天命之为性，率性之为道，修道之为教"，这不只是思想，而且是人生，从那里面演变出一切的文物典章。所以孔子说："行有余力，则以学文。"

文化合而运用者，似始于《说苑·指武篇》："凡武之兴，为不服也；文化不改，然后加诛。"但是，对文化作用加以具体解释者，要算王融《三月三日曲水诗序》，他说："设神理以景俗，敷文化以柔远。"从王融的说法来看，文化是民族与国家精神的综合，它含有一种侵略性。

西人称文化为 kulture 与 civilisation，两字的用法，在第一次世界大战前，虽有许微的不同，大体上是没有特殊分别的。近二十年来，德国学者们给这两字一种区别，含有很不同的意义。kulture 是社会生活的一种姿态，可是这个社会不是人类整体的，而是个别的，即失掉他的统一性。

德国人如是解释他的 kulture，有他哲学的理论。第一，他们认定 kulture 是"动"的，有如波涛一样，不舍昼夜地逝去，所以这种"动"从来没有静的时候——倘如有静的话，那便不是 kulture，而是civilisation了。每个德国人应当爱他的kulture，应当服膺那种"动"性。"动"是集体的，不允许有个人的意志，须守纪律，正如黑格尔（Hegel）理解普鲁士国家的重要，完全一样的。为此，德国人对kulture的解释，不以"人"为中心，因为他们的哲学视"人"是"物"的象征，一个永无止境变化的个体而已。第二，德国人对kulture的概念，失掉它的普遍性，变得分外狭小。自从1918年后，德国的社会起了剧烈的变化，使其历史脱节，摸索不住重心所在。又因胜利者没有真诚襄助，法国仍然加以一种敌视，结果德国人如居荒岛，变得更为孤独，从而在他自己有限的kulture上，理解人类，将人类置放在日耳曼民族之下。从这里我们看到尼采（F. Nietzsche）超人主义的影响，希特勒（Hitler）民族主义的理论。对于kulture与civilisation两字，我们须加以一种研究。

一

Kulture与civilisation皆由拉丁文演变成的，从字根与演变的历史上看，两字统含有"人"的概念。他们发展的历史，却有时间的不同。1930年，摩拉斯（Moras）研究civilisation一字，甚为有趣，第一次用此字作为文化解释者，系18世纪法人米拉博（Mirabeau），在1798年，法国《国家学会字典》内，始予以一位置，当社会习用此字时，正是法国大革命发动后，科学技术日改月化地进步，城市日见繁荣，虽说它是一个新字，却非常幸运，代表一种特殊的力量。我们译之为"文明"，成了维新必然的途径。其根为拉丁文civis，含"公民"意，享有城邦合法政权者，因而civilisation有城市的象征。

Kulture的历史较为久远。古法文中已有couture一字，后演变为culture，意为耕种。继后用为"文化"，是将人类智慧看作一块荒田，经过劳力，去莠存蕙的意思。其字根本为拉丁文cultura，有"耕种田园"之意，象征乡村。当kulture做文化解释时，必有一补足词，否则，便以"耕种"用。

论到 kulture 与 civilisation 两者的关系，《哈茨费尔德（Hatzfeld）字典》中，有精确的解释："civliser：由原始与自然的事物，进而演变为伦理、智慧、社会等的 kulture……"即 kulture 分明含有"工作"的意义。从此我们有第一个关于两字的概念：kulture 是属于人的；civilisation 是属于社会的。换言之，人所产生者为 kulture，社会所产生者为 civilisation。

更进一步研究，拉丁文 clutura 一字，系由直接动词 colere 变出，含有三种意义：第一是耕种；第二是居住；第三是祀礼。申言之，这是古代社会生活的方式：耕种土地，居住家室，祀礼诸神。三者互相连贯，不能分离，在物质方面，每个家庭须耕种以维持生活；在精神方面，须有诸神保佑，以赐吉祥，所祀之神，便是每个家庭的祖先。

古代西方人环墓而居，库朗热（F. de Coulanges）语坟墓为人的"第二居所"，因为对生死的观念，别有一种态度。死不是一种毁灭，那只是生的别一种形式而已。"死是一种神秘，引导人至另一个神秘中，因为死的作用，系由有形变为无形，暂时变为永久，人变为神。"所以古人在田园中工作，生者居于斯，死后为神仍然居于斯，与以慎终追远的祀礼，此礼拉丁文称之为：Cultus。

Civilisation 的拉丁字根 civis，意为公民；或 civitas，意为"城市"。从这两字中，我们首先发现者仍然有宗教的意义。古代城邦中，如果要取得公民资格，首先要取得宗教的资格。因为城邦乃是由家庭演变成的，荷马诗中，我们找到有许多这种的资料。宗教共同的信仰，便是城邦唯一存在的理由，古代西方政权的由来，率皆由宗教组织演变成的。因而它的社会，含有浓厚的宗教成分。civilisation 是社会的，同时也是宗教的。只要看希腊、罗马社会中宗教仪式之重要，便知我们的解释不是附会的。

Kulture 以土地满足人类物质的需要，以宗教满足精神的需要。从横的方面看，人类自身发展，以控制物质；自纵的方面，由有形进而为无形，直达到绝对的真理。在 civilisation 中，包含着整个的社会生活，这方面是政治的组织，那方面又是宗教的机构。从横的方面，由城邦而国家，由国家而天下；在纵的方面，由人间上达到极乐世界与"天国"——奥古斯丁（Augustinus）曾著有《天国》（*Civitas Dei*）一书。

从上面研究，对文化的第二个基本概念，无论 kulture 是属于人的，civilisation 是属于社会的，两者虽不同，却有一共同交叉点，便是"人"。即是说：文化必须人为中心，为此，对人须要有一正确的概念，也只有从人出发，我们始可看到文化的实义。

二

有人类便有文化，人有精神物质种种的需要，以维持生存，适应环境。所以文化的起源，乃是由于人类的"需要"，此理至明，用不着多加赘语。但是，人是什么，却需要加以解释。

哲人巴斯加尔（B. Pascal）论到人时，说了一句很扼要的话："人是一茎有思维的芦苇。"他是脆弱的，同时又是伟大的。人的力量薄弱、需要复杂，偶然不合他的要求，便不能与其他生物竞争，所以他是非常脆弱的。但是人是伟大的，因为他有智慧，不断地"沉思"，他利用两手做自卫的工具，利用语言传播他的思想。原始人虽愚，却不甘于愚，自身虽弱，却不甘于弱。日改月化，努力克服自身周匝的困难，而能向前迈进。次之，人有一种好群性，个人所有的经验，不断地与他人发生比较，渐次发现自己的错误，因而对自己与团体的行为，加以反省，使之合理。这时候语言受空间限制，不能巩固人类的福利，遂产生文字。将人类生活经验广为传播，而个人与社会生活，逐渐发生变化，亦有了均衡的发展，我们珍重文化便在此。

瑞士伏利堡（Fribourg）大学米南克教授（Prof. de Munnynck）论文化构成的因素时说："人类精神要想发展，达到最高峰顶，自当设法取得这五种完美：控制自然以运用物质一也；致力哲学与科学以有正确知识二也；借文艺与美术使情感高尚三也；不断致力社会事业，福利群众四也；借宗教与伦理以接近真理五也。这五种完美为形成文化之因素，划分野蛮与文明的标准，也是构成人类进步的方式。"

此五种文化的因素，按照人的需要所建立，并非是抽象的，乃是具体的。此五种因素，各民族同受支配，并无例外，其所不同者，因时间、空间、种族的不同，各因素遂有程度的差别，这种差别是形式的，并不是本质的，纵使世界文化史上有种种不同的典型，可是世界文化是整个的。

论世界文化者有许多理论，各有特点，要皆不出下列三种典型：第一是人与人的关系；第二是人与神的关系；第三是人与物的关系。代表第一种者为中国文化，以人出发，尧舜为完人，做成最高的理想。人与人是平等的，所以孟子说："人皆可以为尧舜。"这便是说每个人，都应当讲求忠恕之道，尽己与推己，躬体力行，使人类生活有和谐的序位。"致中和，天地位焉，万物有焉"，便是儒家正统的理论。代表第二种典型者，为埃及、中亚与印度的文化，它们看重精神作用，轻视本能，因为本能是罪恶的因素，使人沉沦的原因，必须根绝。我们看人类最大的宗教，率皆从这些地方发轫，如希伯来教、基督教、婆罗门教、佛教、火祆教、摩尼教、回教等，视世界为过渡的桥梁，人为兽性的本能所束缚，一致要求解脱。代表第三种典型者为欧洲文化，它的出发点为知识，但是这个知识常与应用相混合。希腊阿波罗（Apollo）庙堂上刻着："你要认识你自己。"苏格拉底（Socrate）说："你不探讨真理，而热心于富贵，你不觉着羞愧吗？"蒙田（Montaigne）在随笔中说："我知道什么？"我们从未见过像欧洲人那样疯狂地爱知识，养成了抽象与应用的精神，这方面产生了数学与逻辑，那方面提高了物质的欲望，形成一种"斗争"，两种混合的结晶，便是科学。

这里，我们有一紧要的声明：世界文化虽有三种不同的典型，但并非是绝对的，因为同是以"人"为出发点，受自然共同的支配，有自然共同的需要。假使把它们分割开，势必造成一种对峙，其结果必然有武断与曲解的地方，这是我们时时要注意的。

三

研究文化发展的历史，我们看到文化衰落共守的原则，从这方面，可以确定文化的不可分割性：

第一，米南克所言构成文化的五种因素，如果有一两种特别发达，或特别落后，失掉平衡，即这种文化必然要衰落。

第二，任何国家民族的文化，须以"人"为基调，适应人性的需要，否则，这种文化必然要衰落。

第三，每个民族国家的文化是一有机体，系整个的。外形上受时间空间的影响，可以不同，但在实质上须有历史性，不能脱节；否则，这种文化必然衰落。

第四，为政者需要对时代有了解，有清醒的意识，使民族国家的文化与生活相配合；否则，这种文化必然要衰落。

我们不敢说这是定律，但是，我们敢说这是文化发展的原则，因为人类的需要大致相同。中国以破布树皮造纸，埃及用制纸草，墨西哥又用其他质料，纸虽不同，需要却是一样的。但是需要不是固定的，它受时代与环境的支配，因而各个民族国家，有它自己的生活习惯、风俗思想，形成不同的文化。我们受错觉、成见、下意识等驱使，往往将真相蒙蔽，误将"形"的不同，而认为是"质"的不同，这是非常危险的。巴恩斯（Barnes）说："人心是历史中唯一的统一线。"历史固如此，研究文化更如此。

第二章
研究欧洲文化史的出发点

治欧洲文化史者向有两种不同的态度,一种视欧洲文化为人类文化的一部分,它不是孤立发展的。如代表欧洲文化的罗马帝国,除受希腊直接影响外,受埃及、迦太基、小亚细亚的影响,较之高卢、西班牙分外重大,更无论莱茵河、多瑙河以北的地带了。另一种以为欧洲文化有它自己的生命,与其他文化不同,它的形成与发展,确有它独特的地方。我们在这一章内,试分析这个问题:在何种地步始能成立"欧洲文化"一语。

一

诗人瓦列里(P. Valéry)说:"欧洲只是亚洲的延长,不过是半岛而已。"从地理观点出发,整个欧洲没有中国大,东方的边界常在那里演变,诗人的话是很正确的。

在17世纪时,地球上重要的地方亦已发现,许多地理专家讨论俄国的问题,究竟它是亚洲的国家,抑为欧洲的国家?当俄国为蒙古人统治时,固然属于亚洲的国家;蒙古人退后,欧洲人仍歧视俄罗斯。

那时候欧洲的边界，以波兰东界为限。继后彼得大帝维新，在波罗的海与黑海寻找口岸，接受欧洲科学思想，而政治、军事、外交、文化与经济，无不与欧洲列强发生密切关系，欧洲才视俄国为西方的国家，欧洲的边界进展至乌拉山，一直包括了西伯利亚。1917年俄国革命，利用马克思的观念造成一种新社会，西方人深惧那种思想的传染，把欧洲东方的边界，又缩到自白海到黑海。马西斯（Henri Massis）著《保卫西方》一书，便是要说明对俄国这个国家，须革除它欧洲的"洲籍"。

欧洲不是洲的问题，第二个证据是土耳其。从君士坦丁堡陷落（1453年）后，土耳其在小亚细亚与巴尔干建立庞大帝国，教皇庇护二世（Pius Ⅱ）虽组织十字军，结果没有将领，没有士兵，凄凉地消逝了。到穆罕默德二世死时（1481年），巴尔干半岛一大部分，黑海与爱琴海属于这个新兴的帝国，而近东问题成了欧洲最重要的问题之一。可是欧洲人歧视它的宗教与文化，视土耳其为亚洲的国家，而这个亚洲的"病夫"，却拥有欧洲很重要的领土。从洲的区分上看，这是多么滑稽的事实！

别一种事实证明欧洲非"洲"的问题是英国特殊地位。英国为欧洲国家中最重要者，全世界有它的领土，受它经济的影响，它的政治、文化、经济等却是自成风格，属于超洲的或是国际的缩影。可是欧洲没有英国，那将是不可弥补的罅隙，而且是不可思议的。

欧洲仅只是亚洲的延长，它之取得洲的资格，不是天然的而是人为的。

二

我们要挣脱传统的见解。欧洲不是天然的，而是人为的；不是整个的，而是分裂的，便是为此。历史因素特别重要，任何一角发生的事件，必然波及全欧。倘如从历史与地理上着眼，即我们看到有两个不同的欧洲，一方面是大陆的欧洲，以君士坦丁堡为中心，而今移在柏林，别一方面是海洋的欧洲，以罗马为中心，而今移至伦敦。全欧洲的国家中，就自然条件而论，法国是最理想的地方。它具有大陆与海洋的优点，成了两个欧洲的连接线。

法国是欧洲国家中统一最早者，它的政治与文化影响欧洲最大，有人形容法国是欧洲的头脑，并非过言的。查理曼、路易九世、弗朗西斯一世、路易十四、拿破仑，都能利用天然的条件，做出自己伟大的事业。大陆欧洲的精神是保守的、宗教的、团体的，所以东罗马特别着重神学，德国发生宗教改革，处处以集体的利益为前提，相信直觉而否认理智，便是在最实利的事业上，我们仍然发现神秘的彩色，将康德（Kant）与笛卡儿（Descartes）或者斯宾塞（Spencer）相较，便发现他们的不同。

海洋的欧洲经商重利，好动，产生了个人主义。好动爱远游，绝对相信自己，不允许侵犯自己的自由，这个自由在某种限度内，便是自己的利益。我们知道文艺复兴与经济的关系，同时也明白何以葡、西人海外的经营如此成功，文艺复兴为何发生在意大利，产业革命为何发生在英国。

通常论欧洲文化者，大半指海洋的欧洲，而以地中海为中心的。

三

地中海介乎欧、亚、非三洲之间，是古代西方商业的中心，同时又是西方文化的摇篮。虽然柏拉图（Plato）讥笑地中海是个内海，无关紧要，可是它对欧洲的历史与文化，发生一种特殊与积极的作用。

第一，地中海代表一种向心力，西方文化的发生，由埃及起，环绕海岸演进，由东向西，为西方开化最早的地方。首先，许多重要河流汇入地中海，如尼罗河、顿河、聂伯河、多瑙河、包河、虹河、易伯河等。次之，地中海有三个半岛与许多岛屿，自海本身言构成一种分裂局面，但是这种分裂又为海水连接起来。最后，因为港湾很多，易于航海，遂构成古代经济的中心，发展成一种特殊的文化，由南向北，布满了整个全欧。

第二，地中海有甬道作用，当古人能够利用船舶时，海上交通较陆上节省能力。而东部地中海岛屿棋布，如足踏石，便是胆怯者，亦易航行。古代西方文化的传播，全赖地中海交通作用。及至回教兴起，639年取得叙利亚与埃及，711年渡直布罗陀海峡，地中海逐渐变为死海，而欧洲的历史与文化，沉入中古迟滞状态中。当新航路发现后，地中海失掉中心的地位，商业中心移至大西洋。可是，自1869年，苏伊士运河开通后，地中海成为欧亚交通要道，又恢复昔年的重要。它是沟通人类文化的大动脉，是经济网的中心。

第三，地中海有刺激作用，欧洲历史的动向在争夺地中海霸权，当腓尼基商业发达后，地中海的价值被人发现，波希战争便是争夺地中海的战争；布匿战争便是罗马帝国建立的初步；而近代欧洲事实的演变，几乎都与地中海有关。雅典、迦太基、叙古拉、罗马、西班牙、里斯本、伦敦，交相轮转，都曾有过光荣的历史；而每个光荣时期，便是控制地中海所造成。

第四，地中海有发酵作用，除过沟通各地文化外，欧洲文化起源于地中海，是没有疑问的。希腊教欧人爱好真理与自由，罗马教欧人如何组织，爱好国家，意大利的文艺复兴，法兰西大革命，大而政治文化，小而日常生活，凡起自地中海滨，顷刻弥漫全欧，仿佛传染病似的。

四

欧洲学者们咸认欧洲民族问题的困难，自认为他们印欧人是世界上最优秀的民族。张伯伦（Chamberlain）、戈比诺（Gobineau）、勒邦（G. Le Bon）主张欧洲人当占优越的位置，视其他民族为有色人种。这是一种偏见，证据是印度人与欧人同种，结果却变为俎上鱼肉！

欧洲民族问题是复杂的，史前的移居、蛮人的侵入、蒙古的西侵，再加上长期的战争、海外的经营，意大利没有纯粹的罗马人，正如德意志没有纯粹的日耳曼人是一样的。谈欧洲民族，千万不能为考证与有作用的科学所蒙蔽，因为多少欧洲的学者，时常与政策配合，失掉求真的精神。

纵使"欧洲民族非常接近，对社会与智慧的发展，有同等能力"（福耶语），从语言与历史上看，大致可分为拉丁、日耳曼、斯拉夫、盎格鲁·萨克逊等民族。因为欧洲历史的演变，各时代精神的动向，强半是由他们发动的。因之，欧洲历史与文化，亦受这种复杂性的影响。

第一，各民族有它自己的历史与环境，形成种种不同的典型与心理。拉丁民族重理智，爱探讨事物的究竟，与以一种体系；日耳曼人好沉思，有神秘的情绪，常将幻想当作真理；斯拉夫民族的冲动，心绪忧闷，喜玄想与极端；萨克逊民族的实利，有机警与进取的特点，意志分外坚固。这些并非是绝对的，却给历史上许多障碍，形成一种对立的局面。

第二，欧洲有过统一的历史，却非由于各民族的合作，更非由于地理环境，往深处着眼，便知完全是人为的。罗马帝国曾统一欧洲，代表强有力的综合，其原因乃在它平等的法律，与人民平等的政权。在213年，卡拉卡拉（Caracalla）皇帝谕中说："Om nes qui in orbe romano sunt civis romani efficiantur."（凡居留在罗马帝国境内便是罗马的公民。）查理曼大帝后，罗马教皇构成欧洲的统一，其工具乃在与"人"以正确的观念。便是说"人"有相同的精神价值，至为宝贵，其目的不在现世，而在未来。因为人最后的要求，在止于至善，至善便是上帝的别名。也是因为这种精神的统一，所以在不协调中，可以发动八次的十字军。基督教是有世界性的，欧洲无条件地接受它，便在取消古代社会的不平等。古朗士说："基督教的降生，便是古代文化的结束。"这是很正确的。

五

从欧洲历史看，无时不充满了"斗争"与"革命"。斗争是人性的，革命是社会的，任何时代、任何历史都有这种现象，原不当视为欧洲历史所特有。但是从含义与范围上研究，即我们发现与我们不同。我们的争，乃是"其争也君子"，从未有像欧洲人那样激烈，那样持久。由争而所引起的革命，其范围更为深远。雅典梭伦（Solon）变法、斯巴达莱克格斯（Lycurgus）的改革、罗马时代革拉古斯（Gracchus）兄弟提出的土地法、中世纪马赛尔（Étienne Marcel）的暴动、路德与加尔文（Calvin）的宗教改革、法国大革命，近百年来，无论从哪一方面，无时无地不充满了革命、斗争、冲突，以至流血与残杀……

物竞天择的进化论、阶级斗争的社会主义，只有西方人才能创造出来。欧洲两次的统一，都是人为的。从这种意义上说，欧洲没有统一过，而只是"组织"过。严格地说，欧洲没有民族文化，他们不是发展个人主义，便是倡导国家思想，要不然便是抽象讲自然观念。他们以"人为"为最后的目的，忽视了自然。因为西方人对自然的态度，亦取斗争方式，把人当作"物"，将物只看到用的方面。

六

尽管欧洲存在地理、民族、语言、宗教等分歧，我们深感到欧洲有它独特的然而是完整的文化。这种印象，不是来自天然的条件，而是来自悠久的历史。所以我们说：欧洲是历史的产物，它是特别重视时间观念的。

第一，整个欧洲的文化，由希腊、罗马文化蜕变出来。前者教欧人如何创造，如何致知，使每个人成为独立的人物；后者教欧人如何组织，以建立人与人关系的原则。希腊、罗马的文化，虽为埃及与中亚文化的综合，然自欧洲观点言，却是整个的。

第二，欧洲文化是基督教的文化，自宗教改革后，基督教的统一性被破坏，可是欧洲人的思想与生活，仍然受基督思想所支配。

第三，纵使欧洲各个国家，久暂不同，大小不等，但是文化形式大致上是一样的。如封建制度、文艺复兴、法国革命思潮、浪漫主义等，各个国家有同样的经历，只有深浅的差别而已。

第四，欧洲的国家，如人体一样互相连系，不能孤独。一国发生事变，马上波及别国，当法国大革命时，英俄普奥如何戒惧，想根绝危险思想，现在退后百年，我们看出那是如何幼稚的幻梦。因为法西斯、纳粹完全是法国革命的私淑弟子。为此，雷纳教授说："欧洲是祖国的祖国。"

从上面所举的事实，欧洲有它独立的生命，欧洲学者们也曾具体地讨论过。碧克拉（Bekereth）认为欧洲是整个的，有其杰出的文化；科波拉（Coppola）又以欧洲文化是一种力的表现；邦凡特（Bonfante）别有见解，以欧洲文化乃在它的帝国思想，恺撒、查理曼、拿破仑，都是欧洲文化的结晶，因为他们都是力的象征。

欧洲是近代历史的作品，可是它的文化却很久远。它的面积虽小，物产贫乏，却有丰富与复杂的历史。

欧洲是历史的，所以对于欧洲文化，有两种看法。一种各个民族与国家有共同的过去，经过类似的阶段，形成一种共同的意识。另一种是现在的，各个民族与国家有它自己的环境与需要，形成一种分裂局面；因而文化失掉中心，表现出矛盾、病态、脱节等现象，将有"弱肉强食，文化为蛮力所屈服"（雷纳教授语）的危险。

为此，我们试从欧洲历史上，钩玄提要，探讨西方文化的所以。

第三章
埃及文化与自然

一

　　原始埃及的语言与文字，是非常难解的。根据最古的遗物，我们只能得到一个很残缺的概念。其古代文化神髓的所在，仍然是一个哑谜。假如逆尼罗河而上行，两岸自然风景、历史遗物，会给我们一种印象：埃及人直觉的力量很强。以象征的方法，表现这种直觉，便是说，他们受了自然环境的刺激与影响，用习见的事物，把迫不可耐的思想具体地表现出来了。便是为此，埃及人看到尼罗河畔池沼中的睡莲，出淤泥而不染，便把它当作纯洁的象征；他们又看到沙土中的甲虫，孜孜不倦地工作，便以为是创造宇宙的天神。

　　从另一方面看，埃及原始的居民，想象力非常发达。当他们看到尼罗河上的舫船，便视为是天神所乘的金舟荡漾在尼罗河上，要巡视人间的罪恶。因而由阿拉伯沙漠间涌起的红日，自埃及视之，有如两角间嵌着一个铜盘，不解其故，便以为伊西斯-哈托尔（Isis Hathor）神，所以这位神的头上有两角，角间复夹有一个圆饼。

　　埃及地位特殊，居亚、非、欧三洲的十字街口，握着古代交通的孔道，构成侵略者、游人与商人的乐园。亚历山大与拿破仑，曾以埃及为据点，向东进发，寻觅千古的光荣；腓尼基与希腊的商人，结队成群，来此角逐财富；希腊的哲人毕达哥拉斯（Pythagore）、史学家希罗多德（Herodote），相继留学埃及，听孟菲斯（Menphis）与底比斯（Thebes）神职者的训言。便是现在，虽说埃及受外人控制，但是它在军事与经济上，仍然有特殊的地位，苏伊士运河便是形成它特殊地位的原因之一。这是地理环境要求必然的结果，我们知道这在公元前609年，法老尼科（Nechao）已凿开运河，将红海与尼罗河沟通，只因当时航海的技术幼稚，后继无人，而它的意义，却是很重大的。

二

所以埃及在古代西方占一特别重要的位置，乃在它树立起农业文化，与我国古代颇多类似的地方。因沿大河流的两岸，土壤肥沃，气候干燥。一方面启发合作的精神，从马利脱（Mariette）所发现的浮雕上，证明古代埃及人的生活处处表现出和平、忍耐、辛勤、重家庭、自给自足、不肯与人相争。

埃及文化的特点，是它实用的精神。所以它的伟大处，不在思想与武功，而在它的农业与建筑，在那古远的时代，有特殊的成就。因之，它最引人注意的地方，第一是"大"，第二是"坚"。因为凡是大，没有不宏，其量必能兼容并包；凡是坚，没有不真，所以没有时间观念，它要与天地同春。

大与坚是农业文化的特点，而这种文化又是两只"人手"所造成的。奥斯本（Osborn）论到埃及的纪念物时说："……齐奥扑斯（Keops）的金字塔屹立在荒凉的尘沙上，墓色苍白，在炎日下放射出强烈的光芒。当夕阳将落时，光渐转弱，无垠的金字塔影拖在荒原上，游人可看到这种纪念物的伟大，人类任何语言不能形容出精神上所受的压抑，正像负着重担似的。可是，无论从哪一方面看，金字塔都不是一堆石头，不是一座丘陵，乃是人的手所造成的！这种大的印象，渗透进恐惧和敬重的情绪。"

这种伟大的建筑，当时虽无具体明言，我们可想象出埃及人付出的代价，到希罗多德与迪奥道尔（Diodore）时，齐奥扑斯变为暴君的别名，正像我国的秦始皇帝之于万里长城。

按照希罗多德的记载，建筑齐奥扑斯金字塔时，"征用所有的埃及人来工作，平均每块石头重两吨半，共用二百三十万块石头所筑成。经常有十万人工作，每三月换一次，十年准备，二十年来建筑……"我们无法列出费用精确的数字，单就工人食了的萝卜与胡葱的价值，学者估计，约合八百九十六万金法郎，其他正式的费用，真是不能想象了。

在金字塔完成后的不久，埃及便播散开许多传述，其中之一，便是形容齐奥扑斯经济拮据的状态："齐奥扑斯将他的财富用尽，想了许多方法筹款，最后异想天开将他的女儿标价出卖，卖给出最大价钱的人。"

我们再举一件证例，便是埃及人所述的"迷宫"（Labyrinthe）。在周围九十英里的米瑞斯（Moeris）湖中，建有两座金字塔，迷宫便在湖东。由白石造成，间以花岗石，一进到墙内，便看着许多房屋由奇巧的走廊互相沟通，人们估计至少有三千多间，一半藏在地下。在天花板与墙壁上，满覆着题铭与浮雕，假使没有向导来领路，游人是绝不会走出来的。

在这无数小房间，有十二所殿阁，六所向南，六所向北，便在北角旁，法老摩利斯建立他自己的金字塔，塔上有浮雕，希腊人视此为埃及艺术最完美的代表。希和多德说："我看着迷宫，自觉比他的声望更大，把希腊所有的建筑集聚起来，可说仍是望尘莫及的。"金字塔是伟大的，其中任何之一，超过希腊最伟大的建筑，而迷宫又远在金字塔之上。

三

这种伟大坚固的遗物，不是罗马的斗兽场（coloseum）、克里特米诺斯（Minos）宫所可比拟的。埃及产生不出罗马的法律，也产生不出希腊的艺术。但是，它那种简朴、伟大，特别是持久，除过我们的长城外，人类恐怕没有第二个民族用手创造的遗物可与埃及相比了。

埃及文化所以持久的原因，完全是受了自然地理环境的影响。它的外围，受撒哈拉、阿拉伯沙漠、地中海（在航海未发达前，海的作用与沙漠相等）保护。自公元前 4500 年起至公元前 330 年止，虽有异族侵入 —— 如第十六王朝喜克索斯（Hycsos）的入寇，第二十六王朝波斯大帝冈比西斯（Cambyse）的侵入 —— 却是为期甚短。在这四千年中，埃及为本土君主统治，人类历史中，除中国外没有一个国家像埃及这样悠久的；相对地说，也没有一个国家像埃及这样少异族侵入。

沙漠与海给埃及一种幸福的保障，同时也有一种不幸，使埃及孤独，失掉抵抗的能力。因为埃及古代的历史独立自存，从自身上发展，没有比较，没有刺激，很少受外来的影响。在另一方面，它受尼罗河丰富的赐予，埃及逐渐失掉奋斗的能力了。我们知道地理对历史发生一种保护的作用，乃是指文化相等而言，设文化不等，或完全不同，虽有很好的地理条件，结果仍然无法持久的。在公元前 330 年时，马其顿承希腊文化的余荫，又得亚历山大天才的领袖，埃及便失掉它的独立，一直到现在。

四

从埃及内部看，它的历史更受着尼罗河的支配。当希罗多德到埃及，看了这块奇妙的地方，说："埃及是尼罗河的赠礼。"这句话辗转引申，多少人以为埃及的历史便是尼罗河的历史。

每年夏至的前一月,尼罗河只有平时的一半,浑浊而迟滞,正像它疲倦到万分,将要停止它的运行。此时两岸土色变黑,炎日直射,接连着有月余的沙风,一切植物,伏在尘沙之下,不能分辨出远处的景色,除过人工灌溉的田园外,永远看不到绿色的植物。

忽然风势转过,北风劲起,吹散树叶中的尘沙,尼罗河开始醒来,更换它最美丽的衣裳,由蓝而绿,由绿而红,红得像一块血布,启露出自然界最特殊的现象。

尼罗河的泛滥,感到一种奇突的快乐,河水不分昼夜地增高,庄严地北去,随时可听到土堤崩溃的声音。夏至前几日,达到孟菲斯附近,百物交感,充满了生的情绪。秋风一起,水位开始退落,到冬至便恢复原状。尼罗河的涨落,将气候分为三季:十一月至次年二月为播种季;三月至六月为收获季;七月至十月为泛滥季。

泛滥冲积成的土地,非常肥沃,滋养万物,成了埃及的生命。埃及得天独厚,虽说缺乏雨量,却有尼罗河定期的泛滥,这是一种矛盾,但这种矛盾是表面的,费格里夫(Fairgrieve)说:"……在世界上任何地方,其条件都没有像埃及那样更适于古代文化的发展。"

五

阿拉伯大将阿穆仑(Amouron)征埃及时说:"埃及是一块尘沙的荒地,是一片娇柔的大海,是一幅繁花遍开的地毯。"埃及人看了这种自然的幻变,在他们单纯的心上,会引起无穷奇异的心绪。埃及人不明白尼罗河的根源,法老拉美西斯(Rameses)胜利的军队,沿河而上,永远是那样深,那样宽,他们开始怀疑:这不是一条河流,而是一片大海。

埃及的司祭者以为尼罗河是来自天上的,他们又认尼罗河是"天"的化身,那上边遨游着许多美丽的神船。因之,它的泛滥亦是一种超自然现象,从艾勒芬汀(Elephantine)岛两个无底洞中流出,系女神伊西斯（Isis）为她丈夫所流的眼泪所构成的。在这种含有诗意的传述上，又加上许多传述，中世纪阿拉伯的商人，以为尼罗河直达印度洋，在这条河内，布满了许多神秘的岛屿，有如蜃楼，住着许多怪物，勇敢而残酷。舟过其旁者，随时有颠覆的危险，旅人至岛上者，便永远与世告别了。

埃及人看了尼罗河这样的神秘，滋养着许多草木鸟兽，呼尼罗为阿比（Hapi）神，古人作歌以赞美他："呵！尼罗河，我们感谢你，感谢你出现于此，使埃及得以生存。河水永涨，全境欢欣，品物咸亨，创造出有益的东西，使人果腹，百草畅茂，六畜繁昌……"

埃及受沙漠与海的保护，内有尼罗河的滋养，它的文化不受外界的搅乱，得以在长时间内自然地发展。居民为了筑堤，或是开凿运河，须互相合作，共同防御外来的侵略及自然的灾祸，所以他们的社会性发达较早，奠定了农业社会的基础。不只如此，因测量土地，埃及人发明了几何学，观察天象与气候，天文与历学都有很深的造诣。

六

由于一种事实的需要，尼罗河畔的居民渐知团集的力量，拥护一强有力者出，做他们的代表，形成政治上的法老（Pharaon）。

法老是超人的，系"拉神"（Ra）之子，做人神的媒介；他又是农民的领袖，他亲自以锄破地，以镰割穗，鼓励人民发展农业。据希罗多德说，美尼斯（Menes）最大的光荣，是三角洲所筑的长堤；法老最关心的事，是稼禾的收获、谷物的保藏……法老是饥馑时人民的"供给者"，战争时人民的"保护者"。取狮身女首为象征，狮代表力，女首代表智。如图特摩斯三世（Thoutmes Ⅲ）、拉美西斯二世（Rameses Ⅱ）、尼科，都是英武的法老，有光荣的政绩的。

为此，埃及人拥护法老，尊之如神，同时也向他提出一苛刻的要求：牺牲个人。"不久法老变为宇宙的中心，假使他有错误，宇宙便失

103

其平衡，因而他的生活，必须以繁琐的礼节约束之。"便是说，他的任务在保民，一切动作，须谨守各种戒律。迪奥道尔说："法老生活上极细微之事，亦须受约束，他只能食犊肉与鹅肉，他只能食许微的酒。"这证明他的个体已不存在了。

  古代埃及史中，第十二王朝不只是最可靠，而且是最统一的。这时的法老，爱艺术，重农业，时时刻刻图谋埃及的昌隆，开发尼罗河岸，整理运河，分配水量，将底比斯与塔尼斯（Tanis）变为美丽的城市，《西纳伊脱的回忆》（*Les Mémoires de Sinouhit*）可看出古埃及法老的实况。当他至亚洲，某小国王问到埃及的情形，他回答说："法老桑纳斯利（Sanouasrit）即位，继其父为政，这是唯一的天神，旷古无比，立意周善，告谕慈和，征服了许多地方……"

  从君臣关系方面看，我们更可看出农业经济的机构：虽说权利义务明白规定，法老与臣民以正义，臣民要纳税与当兵；但是这种划分的基调，仍是以情感出发，这只看拔奎（Pagit）对法老桑纳斯利的忠实便是好的证明。他说："当我随着主人征库施（Kaush）时，我替主人保存胜利品……君王前来，我侍奉他；我收集金矿时，可说没有一个逃兵……许多人夸奖我……"

  从商博良（Champollion）等搜集的浮雕与图画上，我们可看出埃及古代生活非常繁荣，同时那些劳工生活又如何惨痛。如"金银匠夜间休息时，须仍然点着火把来工作"。在古代东方民族史中，马斯伯劳也说："鞋匠是最不幸的，永远向人讨饭，他的健康像一条破鱼。"因而，领导社会的智识阶级：法绅，成为埃及社会的中心。他们是法老的耳目，他们握着社会上极重要的位置，如法官、律师、将官、工程师等。一个法绅向他儿子说："看了世间许多惨事，你要把心放在文学中，细思之后，在许多职业中，仍以读书为好。"这和我们"万般皆下品，惟有读书高"，是没有分别的。

  迟滞、刻板、单调、现实都是这种文化的特点，压抑个性、发展家庭生活，又是这种文化必然的动向，形成西方典型的农业文化。

七

在太阳与尼罗河的前面，埃及人有限的生命变得渺小，于是，把赓续生命基本的要求，始而寄托在自然现象中，继而寄托在想象内。埃及人看着太阳由东向西运行，入夜晚便看不见了，以故有欧西里斯（Osiris 象征太阳）为地峰（Typhon 象征夜晚）惨杀的故事。伊西斯象征月亮，为欧西里斯之妻，她在天空中悲哀地徘徊，为她丈夫曾流过多少清泪，一直到日出。荷鲁斯（Horus）象征日出，系伊西斯之子，为其父复仇，故将夜晚杀死。这个传述，随着智慧的发展，成为善恶斗争、生死交替的说明。

这种传述，只能视为宇宙最高原则，对个人身心的要求仍是不能解决的。于是，埃及人想象人先有一肉体，然后又有一"复体"。复体存于空间，手不可触，却具有个人的意识。他们用光与鸟象征复体的作用，永远住在地下，感受饥寒，被魔与兽威胁。借着祈祷、食物、伴侣以抵抗复体的敌人，生怕死体的毁灭，乃有"木乃伊"与《死人簿》之设置。在《死人簿》第一二五章中说："呵！真理与正义之主，我向你致敬礼……我没有说谎，没有怠惰，没有渎神，没有存过恶心；我没有欺负过寡妇，没霸占过土地；……我没有吃过婴儿的奶，我纯洁，我纯洁，我纯洁！"

这是实践的伦理，在《埃及人与其灵魂的对话》中，我们看出灵魂所求于人的，乃在要人有勇气，敢于正面看死，而知道死并非可怕的。"我（灵魂自称）每天向自己说：死如病后的调养，死如花的芳香，又如坐在沉醉的地方；我每天向自己说：死如天晴，又如飞鸟脱网，忽然到不知名的地方。"

由这种实用的精神所产生的哲学当然没有体系的。假如尊重这种学问，并非因为这和学问的可贵，乃是学以致用，它可纠正人类的弱点。埃及第五王朝《普塔霍泰普的训言》（*Instructions de Phatalhotpon*）便是好的证例。他最讲求现实，一切要适应环境。譬如他说：

"假使你明智,你该永居在家中爱你的妻子,你给她食珍馐,佩金玉,因为服装是她生命的快乐。果使如此,即她永远是你的快乐。"普塔霍泰普承人之旧说,只是他稍微抽象化了。

埃及得天独厚,有四千余年独立的文化,给古代西方许多贡献,成了希腊、罗马的导师。但是,因为自然条件优越,反将埃及民族的创造力、奋斗力都降低了。自公元前330年后,希腊、罗马、阿拉伯、土耳其、英国相继统治埃及,1922年虽争到独立,仍然受英国支配的。埃及古代光荣的文化,也像希伯来寓言家所说"这是一茎枯苇"而已。

第四章
中亚文化略述

一

当埃及文物极盛之时,它的邻居中亚的文物,亦蔚然可观,不只同是沙漠的区域,而亦有河流的影响。幼发拉底河与底格里斯河从尼发底(Niphates)山中流出,分向东西,并行南下,构成一肥沃的盆地,自古称之为美索不达米亚,意即介乎两河之间。当亚美尼亚冰雪融解后,向南倾泻,灌溉米索不达米亚田野,在强烈的阳光下直射,每年可三次收获。这是一块大平原,天与地合成一片,居民仰视天星丽于天,不与以神话,却用数学方式来解释,产生最早的历算。

美索不达米亚位于亚非欧的中间,古代各民族迁徙必经之地。因而它看了多少兴亡,它的历史充满了血的斗争。这是古代称霸者必争的场所,亚述、波斯、希腊、罗马都尝试过。拿破仑在埃及失败后说:"自古伟大事业,须从东方做起。"便是现在,伊拉克仍是兵家必争之地。

按照《圣经》、希腊史学家的著述以及逐渐发现的浮雕,我们晓得中亚的居民,有长的胡须,眼大、唇厚、健壮,有种残酷的蛮性。

特别是亚述人,所以亚述的历史完全是一部战争史。

在最初的时候,美索不达米亚有许多池沼与岛屿,炎热而潮湿,只有巴比伦附近一带,宜于生活。可是居民增加后,向西南行便过阿拉伯沙漠及印度洋,给予一种天然的障碍。并且水草缺乏,只有初春产生许微的植物。为此,美索不达米亚历史的演变,由南向北,它表现出两种显著的动向:第一,由农业文化转而进为商业文化;第二,由和平转而进为战争。我们试加一种解释。

二

从石刻上所有的《扁柏与银山》,从古诗的《战斗之王》,我们看到萨尔贡(Sargon)是不世的英才,纵横小亚细亚。他最大的政绩在于建立巴比伦帝国(前2875年)①。他将土地划分做许多区域,每区十小时可走完,王任命一人管理,称为"殿子",处理一切事务,定期向国王报告。他们过着和平的生活,种庄稼,学习制造砖瓦,建筑房屋,生活改进了许多。

这几乎是古代中亚史中的定律:假如巴比伦为中亚政治的中心,即它的文化是农业的,表现出和平的景象。一方面巴比伦的土壤与灌溉宜于农业的发展,他方面,凡能掌握巴比伦政治者,必然政治与军事有独出的能力,始能对抗外敌。汉谟拉比(Hammourabi)不只是一位善战的君主,而且还是一位大政治家。他的法典保障农民,如"假使园丁尽心培植蔬菜,四年后有与主人平分收获的权利,但主人有选择的优先权"。又如"假使农人租来的牛和驴在田间为狮子所吃,即主人须忍受损失"。

马斯伯劳叙述这时的城市,充满了农村的风味,人民住在砖屋内,过着简朴的生活,工作在自己的园地,很少互相往来。女子们蛰

---

① 原文如此,应为前24世纪。

居在家中，不过问外边的事物，有之者，即便是在枕边起作用了。汉谟拉比说："将荒原变为沃地，使之生产，成一所乐园。"这是他最高的理想。

便是到大巴比伦时代（前626—前538年），为时虽短，尼布甲尼撒（Nabuchodonosor）亦要装饰巴比伦，以显示太平，希罗多德曾游览过，誉之为"城市的皇后"，有七色相间的高塔，《旧约》上给以不朽的叙述：有悬空的花园，在晚风吹来时，深宫禁女相携在那上边散步，尼布甲尼撒明白巴比伦的重要，装饰它，正是为了加强政治作用。可惜后继者那波尼德（Nabonid）太庸弱了，无法赓续，而为波斯所灭亡。

因为巴比伦位置在东西交通的十字街心，闭关自守，像埃及受尼罗河那样发展是绝对不可能的。裴格来说："巴比伦人自然与邻人发生关系，以农业为基础之文明逐渐让位于以商业为主的文明。"此后的下加尔地亚，逐渐受北方支配。因为巴比伦人冲破自守范围，沿幼底两河而北上，正是自爱琴海至高加索的居民，酝酿着一种大变化之时，即是说，北部草原中崛起的新势力：亚述人。

三

亚述人居于底格里斯河上游，地虽肥沃，以面积过小故，不足容纳多量的人口，且多山地，"冬则积雪，夏则狂飙"，他们受了地理上的不幸与限制，无法保证自己的生存，不得不奋发图强。他们需要统一，建立集权的政治；他们需要武力，创造强悍的军队。所以它的文化是一种"力的表现"，因为它的特质是流动的，同时也是残酷的。

亚述的民族非常健悍，血管内充满了蛮力，他们虽濡染了巴比伦的文化，却是外形的，与他们民族性上，并没有重要的影响。我们看亚述帝王的特点，大都是征伐、狩猎与享乐。他们有绝对的权力，自认为是神的仆役，崇奉伊什塔尔（Ishtar）神，也便是神的代表。1843年在豪尔萨巴德（Khorsabad）发现的故宫，更可证明亚述帝王的生活。

马斯伯劳论到亚述人的特性时说:"无疑的,亚述人是中亚健壮的民族,他们不及巴比伦人聪明,却比他们能够持久。他们有军事的才能,健壮的身体,机智、冷酷、不可撼摇的勇敢——这是一种自高、肉感、虚伪的民族,焚杀劫掠视为常事;纵使有高尚的文化,却含有蛮性的遗留。"

每年到春醒的时候,亚述人便感到"生"的冲动,由冲动而激起一种怀思,想逃脱冰雪的山地、枯涩的草原,到那野蔷薇遍开的波斯,或绿草如茵的巴比伦。他们结队成群,向外开拓,或向属地征收新的税赋,或重新创立事业。他们所向无敌,因为他们有很好的军队。一方面实行征兵制,另一方面配备很好,除步兵外,尚有速进队、战车队、攻城队;而最精锐与最特别的是骑兵,因为马小,健行如飞。除作战外,还担负侦探、破坏、扰乱的工作。

亚述是侵略的民族,瑟诺博斯(Seignobos)语之为"士兵与猎夫的民族",是很正确的。几乎每个亚述的帝王,都发动过大规模的战争,用一种傲慢的语言,将他们的武功刻在宫墙上,如亚述纳西拔(AssurnaxirHabal)的石刻(前882年)说:"城门前筑一墙,满覆着叛徒的肉皮,将他们的首级作冠形,残骸作花圈。"太平时,帝王们行猎。亚叙巴尼拔(Assurbanipal)石刻上说:"我,亚叙巴尼拔,亚述之王,三军之帅,展开战神伊什塔尔之弓,射死两狮,以之献祭与奠酒。"他们像以后的斯巴达、普鲁士,"战争为常事,和平反变为偶然"。

四

如何有用,如何舒适,这是亚述最高的理想。这种精神的趋向,在宗教上表现得更为明白。他们敬神,因为神可使他们趋吉避凶。尼尼微的伊什塔尔、巴比伦的马杜克(Mardouk)是这两个城市的保护者。他们与普通人一样,不是超性的,只是有力,要人绝对服从;又非常忌妒，不欲别的城市有许微的成功。为此，亚述帝王远征，用神的名义，是一种报复的行为。在他们自身说，胜即是褒，败即是贬。亚述有优良的军队，永远是胜利的。这便是说他们是伊什塔尔最喜悦的人民。亚述巴尼拔的石刻上说："反叛亚述与我的人们，我要将他们舌头割掉；将他投诸深沟；解他四肢，投之与狗……这样我的天神必快于心。"

在科学方面，巴比伦有特殊的贡献，可是他们的出发点，不在解决宇宙的神秘，也不在探讨高深的真理，他们受了地理环境的刺激，以实用为主，满足自我的要求。如最发达的天文，产生了高深的历学，但它的动机，却在找寻天星与人的关系，即是说一种"方术"。

亚述人以为每个行星是神，有它自己的颜色，土星为黑，金星为白，木星为紫，水星为蓝，火星为红，月为银白，日为金黄。占星可明白神的意志，同时也确定自己的吉凶祸福。因为天星的方位，与人的命运有关，它的运行，有如人的呼吸一样，希腊与欧洲的中世纪，都受到它的影响。

这种实用的文化，自难孕育成高深的理想，因为个性为集体所摧毁。外则，亚述人视思维是一种多余。他是侵略者，他给希腊、波斯、罗马、阿拉伯、蒙古、英、俄，开创了交通的坦路，奠定了中亚的商业性，可是他没有给人类留下永久的贡献，因为他文化的基础在力而不在智，在用而不在真。

亚述帝国，始于公元前1270年，终于公元前625年，在这六百四十五年间，他们留下许多恐怖的回忆。从亚述自身看，正如辛那赫里布（Sennacherib）说："吾之过也，有如一阵蹂躏之狂风。"从别人看，正如先知尼希米（Nehum）所说："尼尼微成为一片焦土，又有谁怜之。"亚述只认识了力的价值，没有与"人"正确的意义。

五

希伯来的文化与亚述正相反，他们住在利班（Liban）山南，由土

腰与埃及相连。虽说是地脊，可它是古代交通的孔道，容易吸收外来的文化。希伯来从游牧而定居，由定居而形成国家，充分代表古代民族的演进。

希伯来人从亚美尼亚山中出，沿幼发拉底河南下，逐水草而居，继向西行，入埃及，备尝各种辛苦。摩西（Moïse）出，率之远走，定居于西奈山（Mt. Sinai），经四十年的奋斗，得"十诫"，构成希伯来宗教的神髓。

纵使《旧约》中有些幻渺的传说，《摩西十诫》是希伯来历史上最重要的史实。因为他给徘徊不定的民族一种具体的组织；同时对个人的信仰，施以一种集体化，加强了民族共同的信念。不只如此，摩西将"人"的观念提高：人是平等的，同时又是自由的。

有了这种坚固的基础，希伯来始有大卫（David）与所罗门（Solomon）的黄金时代，但是这两位大帝所创的王国，却是很脆弱的。第一，约旦河（R. Jordan）流域，只是交通的孔道，缺少地理上保护的条件，不能树立坚强的国家。第二，大卫与所罗门憧憬着一种幻想，要建立强大帝国，可是他们没有自知之明，希伯来不是战斗的民族，大卫却要他们战争；不是工商业民族，所罗门却要他们经营，向外发展。为此，他们的事业，只是昙花一现而已。第三，埃及与亚述衰落，腓尼基又有内乱，所罗门得提尔（Tyr）王伊哈姆（Hiram）之助，在军事与经济上有偶然的成功；这是一种机会，并不是一种实力。为此，自所罗门死后，希伯来王国便在紊乱中，承继者缺少实力，而政权便落在司祭者手中，正如欧洲中古世纪时一样。此后希伯来历史，树党对立，阿达莉（Athalie）的故事便是好的证例。

六

这个希伯来弱小的民族，所以在西方古代史中占重要的位置，完全由于它的宗教。他给欧洲人信仰上一个正确的对象，独立而永存，不受时间与空间的限制。从信仰上说，这不是物质的崇拜，也不是自然的憧憬，这是人类智慧最高的表现，精神向上的凝结、统一、普遍、永存。"它不依据任何物质，而所有的物质依它而得存。"从理智方面说，这是宇宙的基本原则，智慧抽象的结晶。它给哲学、科学、艺术一种不变的原则，奠定西方文化的基础。

希伯来从未组织成一个坚固的国家，在它的历史上，充满了民族的斗争、政教的冲突。它的特点，便在遵守摩西的戒律，崇拜耶和华（Jéhovah）为至尊唯一的天神，它的意志，不能反抗，而要敬重。但是在敬爱之中，有唯一的条件，即信仰者的生活，要不断向上，达到理想的完美。从这种纯洁与高超的观念中，得到两个重要的结果：第一，每个希伯来人，自视为耶和华的天民，"人"的观念提高，个性从而加强；第二，提高伦理的价值，当亚述侵入希伯来后，给予多少灾难，但是，他们安之若素，自认"这是一种惩罚，不是失败"。有一日，耶路撒冷仍会有它的光荣，这种"希望"构成希伯来文化的活力，比它的侵略者更为强硬。这儿已孕育着西方文化的大动脉：基督教。

自摩西之后，希伯来的历史是一部宗教史。据马斯伯劳的研究，原始的希伯来并非一神的，它受了埃及、亚述、腓尼基的影响，耶和华是民族的偶像，逐渐演变成的。他论到所罗门时，说："所罗门并非要使他庙堂消逝，只想看着耶和华在他手边，超过一切对敌……"

巴斯加尔（B. Pascal）想到希伯来命运时，这样说："巴比伦的河流着，落下去，以至消逝。呵，神圣的西翁（Sion），那里的一切都永存，都坚实。应当坐在河上，不要在内边与下边，而是要在上面，不要站着而要坐着……我们便在耶路撒冷的门边。如果看消逝与永存的快乐，如果有消逝者，那必是巴比伦的河流。"哲人言此，乃是指公元前587年，尼布甲尼撒毁耶路撒冷城，俘虏希伯来人的史实。这是智与力的斗争，西翁永存便是希伯来文化的象征。

七

亚述巴尼拔戡定波斯后（前643年），中亚东方民族，逐渐团结，做一种强烈的反抗运动，企图摧毁大帝的经营，这便是亚利安民族意识的觉醒，也便是波斯帝国的形成。

古时中亚，按着天然的地形分做两部分。一部分是山地，位于底格里斯河与里海之间，四围环山，厄尔布尔土（Elbourz）屹立在东边，耸入云霄，古人以此为天的边界。另一部分是平原，介乎印度河与波斯海湾之间，扎格罗斯（Zagros）山，顺底格里斯河南下，至海滨，急转向东北，与兴都库什山相接。其间内河，几乎都不能航行，气候转变得很快，由西伯利亚的奇冷，忽然转而为塞内加尔（Senegal）的酷热。这对于文化发展，关系很重大的。

在航路未发达之先，波斯是东西交通的孔道，古代民族迁徙必经之地，因而兵马相聚，各种文化交集，既适宜于传播，又适宜于同化。其次，波斯有许多沙田，土地肥沃，洛蒂（Pierre Loti）游波斯后说："草木、禽鸟、春天，都和我们家乡一样。"这里遍开着山玫瑰，乱飞着歌春的黄莺，自古波斯便有花园的名称。从寒冷的北国里，迁移来质朴与英勇的民族，受了气候与景色的刺激，从肥沃的沙田内，滋养成一种肉感与享乐的文化。

论到亚利安种何时来到波斯，摩根（Morgan）说："很难考证正确的时期，追寻遗迹，似在公元前15至前12世纪间，它原始的一切，便消失在时间的夜里了。"波斯被亚述征服，吸收了军事与物质文化，青出于蓝，自己也变为一个侵略的民族，创造成一个帝国。正如乌亚特（Huart）说："形成一个广大的国家，这是有史以来第一件重要的事实。"因为波斯由苏撒（Suse）一个小城市为中心，将不同的民族团结起来。

纵使波斯文化为一种混合，由埃及、亚述、巴比伦、希腊所构成，但是有它自己的特点，达梅斯特泰（Darmesteter）说："波塞波里斯（Persepolis）的遗迹，证明波斯的艺术是混合的；波斯吸收了亚述、埃及、小亚细亚、希腊等文物，成为一种强有力的混合，处处表现夸大的趣味，但是这不能取消波斯的特点：调和与匀称。"在色彩也是如此，波斯爱亚述建筑的色彩，它能更进一步，捉住深蓝的天色，给肉感上一种美妙的刺激。

八

米底（Medes）与波斯合并，组织成伟大的帝国，它的宗教与伦理较中亚任何民族为高。所以被它征服的民族，乃能保持着原有的宗教与组织。倘若与亚述相对照，更可看出它的价值。我们看尼布甲尼撒对待希伯来人，我们看尼科对待失败者，便知"居鲁士（Cyrus），是历史上伟大人物之一"。他有组织的能力，统一的方法，不只有秩序，还有政治高尚的理想。

波斯帝国，由居鲁士、大流士（Darius）、冈比西斯（Cambyse）创立成功，给亚历山大最好的模范，"亚历山大最钦崇者为居鲁士"。因为波斯有一种世界观念，给希腊一种刺激，亚历山大也想把他的城市变为宇宙的中心。为此，我们可以说亚历山大的希腊是波斯历史自然发展的结果。在某种意义下，波希战争，虽说希腊胜利，但若从政治上说，希腊却失败了。

古代波斯的政治，基建在波斯宗教的思想上，正如拜耳（Prof. H. Beer）教授所说："波斯军队是宗教革命的传教士。"为此古波斯帝王作战后，从未忘掉他们宗教的教律：宽忍与慈柔。柏拉图、斯库罗斯（Eschyle）视此为智慧最高的表现，希伯来人视大流士又为耶和华的特使。

波斯的祆教（Mazdeisme），自大流士后，渐具高尚的形式，受萨珊（Sassanides）王朝保护，发展非常迅速。阿胡拉·马兹达（Ormnzd）虽非唯一的尊神，却是神中的至尊者，以火象征。它是光，永存于太空，它教人为善，与黑暗（Ahriman）为劲敌。便是说要人"善思"、"善言"、"善行"，而善的最高表现为"洁"；这给予伊斯兰教一种很大的影响。诗人雨果（Victor Hugo）说："神之额为光，神之名为爱。"这是火祆教的神学。

九

现在的波斯是18世纪末年的产物，因为新航路的发现，交通工具的发达，我们觉着波斯生活在沙漠中，形成一个神秘的世界。在古代的时候，却不是如此，从居鲁士时代起，波斯是东西交通十字街口，各种神灵集会的地方。因之，波斯的宇宙观念与世界观念，较中亚、西亚、希腊、埃及皆特别发达，到珊萨王朝，此种动向更为加强。"位置在中国、印度、拜占庭三大帝国之间，有四世纪之久，波斯是人类精神交流的枢纽。"在宗教方面，更可看出这种情形。波斯钦崇的火祆教，逐渐失掉它的面目，形成摩尼教，含有婆罗门、希伯来各种宗教的色彩。

波斯的文化是肉感的，却没有罗马衰亡时那样的毒害。原因是它不失农业的基础，保持着质朴、忠勇、清廉的特点。希罗多德说："波斯人以说谎为可耻，借债亦属可耻，因为凡借债者没有不说谎的。"他们重家庭、爱子孙，与中国的伦理有许多类似处。波斯古经中说："家无子孙是最可怕的。"这与我国"无后为大"的思想，没有什么特殊的分别。公元前490年，波斯发动侵略的战争，节节失利，西方的历史走入一个新的阶段。因为希腊取得马拉松（Marathon）与萨拉米（Salamine）的胜利，发现了个人的意识，创造出"形的美"。埃及与中亚的文化，亦从此凋零。但是，他们将近四千年的努力，埃及的农业与灌溉、巴比伦的科学、亚述的军事、希伯来的宗教，借腓尼基的航船，由迦太基的协助，一一传到欧洲。而波斯的侵略更促进古代文化的传播，人在自然中已取得崇高的地位。

第五章
古代希腊文化之特点

一

在19世纪初，希腊受欧洲民族思想的影响，依普希兰狄斯（Ipsilandi）从事希腊独立的运动。其时欧洲许多知识阶级，寄予深厚的同情，如法国伏波野将军（Gen. Fabier）、英国诗人拜伦（Lord Byron）。他们爱希腊，因为希腊是自由的象征。当时有识之士，既痛恨梅特涅（Metternich）的反动，复追逐政治的理想，深希望希腊脱离土耳其，取得最后的胜利。

其次，在19世纪初，浪漫主义发展到饱和点，无论从形式与内容上看，这种文艺思潮与希腊文学很接近。西尼（A. Chénier）的诗内，充满了希腊的情绪；夏多勃利昂（Chateaubriand）对雅典有动人的描写。许多史学家竭力证明：希腊是西方文化的源泉，为了爱自己的文化，便不得不爱受痛苦的希腊。

现在的这次大战中，我们看到英勇的希腊人如何抵抗德意的侵略，败黑衫军于般德山（Mt. Pinde）中。希腊虽然暂时屈服，有心者又谁会怀疑希腊未来的光明？我们也要像拜伦所歌："……我来独为片刻游，犹梦希腊是自由……"

希腊蕞尔小地，自公元前 146 年罗马执政官马缪斯（Mummius）将之改为行省，失掉独立。为什么它有这样强的魔力，于每个人意识上激起一群眷恋的情绪？假使希腊是西方文化的摇篮，那么它文化的特点何在？而这种文化给予人类的贡献又是什么？对这些问题，我想概括地叙述己见，试与以一种解释。

二

雅典的立法家梭伦（Solon）旅行到埃及时，当地的一位神职者向他说："你们是些小孩子。"这句话正可形容出希腊民族的特性。我们不能说希腊文化是婴孩的文化，可是我们能说他是青年的。

希腊人（至少是古代的希腊人）是永远的青年，它一方面是好奇，不讲求效用，只探讨事物的本体；另一方面是快乐，不知老之将至，永远在幻想与做梦。从前一种出发，希腊建立起哲学与科学，从后一种出发，构成了不朽的艺术。所以罗郎（L. Laurand）论希腊民族时说："在世界上，希腊民族似乎是最优秀的。"这不是过分的夸奖，希腊文化充分表现出质朴、狂烈、和谐与精密，便是说希腊文化"均衡地发展人的伟大"。

在人类历史上，除中国文化外没有能与希腊文化相提并论的。辜鸿铭在《中国民族精神》一书中说："能够了解中国民族精神者，只有古代的希腊……"钱穆先生论中国文化为青年文化，其特点在孝，我们很同意这种解释。

爱形式的美，讲求健康，狂烈的冲动，喜议论，有时候自私自利，这是青年的独到处；也是希腊文化的特点。无论它有多少可批评的地方，它却是纯洁的，以养成"人的完美"：个性，表现人类最高的智慧。

三

希腊高贵智慧的形成，首由民族的健康。亚里士多德（Aristote）说："希腊人具有北方民族的蛮力与欧洲民族的聪明。"这句话的含义，指出希腊民族的伟大，系雅利安种的健康与古代中亚文化的混合。

从古代希腊遗留的瓷瓶、杯盘、浮雕上，我们看到希腊人的筋肉很发达，四肢非常匀称，线条很规则，眼大，放出强烈的光芒，发卷而下垂，鼻直与额齐，构成希腊人的特点，亦是人类肉体最完美的代表。

希腊人特别着重体育，在十八岁以前，每个儿童的精力，除音乐与文法外，完全置放在体格的训练上：搏斗、赛跑、跳远、铁饼、标枪、角斗、劈刺、赛马等。他们的目的不只在参加奥林匹克大会，夺取群众所准备的桂冠，而且在培养健康的公民，以负担城邦的重任。

希腊对肉体的训练，我们称之为"美的意识的觉醒"。色诺芬（Xenophon）说："只有在斯巴达，始能找出希腊最美的男人与女人。"这便是为何斯巴达首先注重体格，其次始注意伦理的思想。我们知道斯巴达国王阿西达马斯（Archidamos）与身体矮的女子结婚，民众要他受民法的处分，他们所持的理由是未来的国王个子矮，有损斯巴达的威严。

我们不应笑斯巴达人多事，他们需要魁梧奇伟的国王，始能统治他们的城邦。古代希腊民族，荷马与希腊传说中，都有许多资料可证明。如七位壮士反抗底比斯（Thebes），解释腓尼基的统治。古传说中的底比斯，系腓尼基人 Cadmus 所建立。荷马诗中最理想的人物是亚西勒（Achille），不只是美男子，而且是骁勇的武士。阿伽门农（Agamemnon）王是希腊强有力的领袖，他体格的健壮和他的英勇是一样的。

并非我们故意举斯巴达为例，实因它可代表希腊民族。米勒（O. Muller）说得好："虽说多利安人（Doriens）好勇斗狠，但是，并非如常人所思他们是野蛮的，事实上他们的特点与希腊其他民族一样的。"

多利安人便是斯巴达人。

因为重视体格,希腊人常过着一种竞争的生活,其结果形成一种个人主义。从希腊历史上看,希腊分裂成许多城邦,只有个人与城邦的意志,而缺乏民族与国家的意志,这是非常可惜的。

波希战争后,希腊取得意外的胜利,可是没有利用这个机会奠定统一的基础,其原因虽多,个人主义的影响是重要之一。便是雅典,它不能大公无私,结果仅只有六十年的强盛,这在一个国家的历史上是多么像"昙花一现"啊!

四

古代希腊仅只是民族的团集,从未组织成一个国家。它教育上最高的理想,追求"人"的完美,以实现灵肉的和谐。但是,我们要注意,希腊人重视灵肉,给予不同的态度,便是说先肉而后灵的。他们以人出发,以人归宿,其目的不在人类,而在表现"个性",为此他们的领导人才,首先要具有完美的体格。

希腊文化史上重要的人才,同时也是可以举鼎的壮士:悲剧家索福克勒斯(Sophocle)参加萨拉米(Salamine)战争后,狂欢地跳战歌舞;柏拉图(Platon)、克吕西普(Chrysippe)、地莫克来庸(Timocleon)开始都曾做过斗士,毕达哥拉斯(Pythagore)曾得过运动的奖金;欧里庇得斯(Euripide)曾夺取过运动的桂冠……

当我们说希腊讲求体格,并非说它忽视思想与灵魂,我们乃是说在古代文化发达的国家内,从未有谁像希腊人那样重视体格,将之作为最后的目的。

从希腊的神话内,我们更可看出它的主角反映出这种精神。希腊人受了自然现象的刺激,如海波的飞鸣、天星的运行、山间的清泉,发生奇幻的心绪,视为是一种超人的现象,将之人格化,予以健壮的身体。阿波罗(Apollon),降服彼东(Python),御金车于天空驰行;

赫拉克勒斯（Hercule）拥有无尽的伟力，取得十二种胜利，结果自焚在奥达山（Mt. Oeta）顶。这些英雄大半是苦痛与不幸的，力有余而智不足，成为命运的玩具。他们是希腊人崇拜的对象，且被寄予深厚的同情与珍惜。

这种丰富的神话不是迷信，因为希腊人重知，永远在探讨为什么。他们的神话亦是以人为基点，我们试做进一步的研究。

五

希腊首先与"人"以正确的观念，视人为一切的中心，而个人又是人的中心。这是彻底人本主义（Humanisme）写于"两无穷"之间，一方面将人比宇宙，有似虚无比无穷；另一方面，人体藏有无穷的原子，自身又成了一个宇宙。希腊人首先发现了人是一个哑谜，他们不能自止地要加解释。

古代文化发达的国家，没有比希腊的假设更多的。但是，任推理如何精密的假设，其结果仍是一疑问，因为是以假设解释假设之故。为此，德尔斐（Delphe）阿波罗庙上刻着："你要认识你自己。"

希腊文化以人为中心，其知识直接间接大都与人以解释。柏拉图伟大的地方，便在提出理性，视人类为一体。因为理性是人与人的连接线，它不只是普遍的，而且是自由的与平等的。

但是柏拉图所说的理性，不是纯抽象的，他虽未明言理性是否独立，然而从他的方法上着眼，他的思维仍是受数学的支配。

柏拉图在他创办学会的门首，刻着含有深意的一句话："没有研究过几何的学者，请不要进来。"柏拉图为什么如此重视数学？他重视数学，并不视数学可以解决实际问题，也不是着重数学本身的价值，乃在数学对人类思想所起的作用，从现实到理想、从个体到统一、从量到质的最好的桥梁。

柏拉图排斥个人主义，但他的基本思想仍然脱离不了"形"的影响，便是说希腊人所重视的体格。几何学探讨"形"和"数"的变化，实体虽不存在，却能使各种幻变的关系、复杂的外形，引入理想的领域。我们不妨这样说：有了那样实体的观察，始有他那种思维，从这方面看，他的"共和国"始有意义与价值。

亚里士多德体用的说法，即是柏拉图进一步的解释。他重视运动，犹柏拉图着重"几何"。比这两位思想家更进一步看重数学者是毕达哥拉斯，解释宇宙一切的现象是一种数的配合：有限与无限、单数与复数、正方形与长方形，由是而人间有善恶，有明暗，有昼夜，有阴阳……

从这些思想家的特点上看，我们看到希腊文化是形式的、匀称的、调和的，它的基点在"人"上。诡辩家普罗泰戈拉（Protagoras）说："人是度量一切的标准。"这是非常正确的。

六

哈斯（W. Haas）论希腊文化说："由希腊文化着眼，人的均衡发展，不只是他们重要的工作，而且是至高的目的。"人为至上，它是一切的标准。

有人形容希腊是美的世界，这种荣誉是指它的艺术而言。但是它的艺术特质亦是形式的、人的，乃至于数学的。雕刻家菲迪亚斯（Phidias）、米隆（Myron）、波利克雷特（Polyclete）等，他们所表现的人体，线条简朴，修短合度，不是部分的，而是整个的；不是人造的，而是自然的。这种形式的美启露出向上的情绪，宁静而和谐，满足智慧与情感的需要。

丹纳（Taine）在《艺术哲学》中，曾指出希腊艺术亦受数学的影响。雕像长短的比例、绘画色彩的调和、音乐声调的和谐，完全是数字的配合。这种美守着数学的法则，所以能引人入胜，修养崇高的灵魂。

福耶（A. Fouillée）研究希腊民族心理时也说："数学是希腊思想胜

利的表现，为理智的理智，由于数的特性、证例，在几何的形体中，发现了形的定律，爱和谐与序位的思想者感到何等的快慰啊！"从"形"的完美，发现了"和"的价值，这是希腊文化的特点。因为"和"是人性的要求、智慧最高的表现，巴岱农（Parthenon）的建筑，没有一柱一石不是表现和谐的情绪，使人无法增减。这雅典娜的庙堂，自希腊人观之，正如我们哲人所言："致中和，天地位焉，万物育焉。"

希腊首先追求的和是人与人的关系，他们不忍看米来（Milet）为波斯蹂躏，所以雅典要起来反抗；他们政治上可以发现民主，使每个公民可以过问国家的政事，取决和战。虽说这种政治有它的流弊，但是他们的动机却是高尚的。

便是在戏剧中，我们也可看出这种精神。试举悲剧为例：从形式上看，希腊悲剧的特点在合唱（Choras），它在悲剧中占重要地位，其价值在"和"。因为一方面是观众，另一方面又是演员，这样观众与演员合而为一，增加了剧的效果。如《俄狄浦斯王》（Oedipe Roi）中底比斯老人合唱队。若从内容上看，即发现使人头痛的悲剧，因为它不只是娱乐与艺术，它是整个人生的说明，却无法得到和的实体。外形的和较易求得，以对方是独立故，内心的和便困难了。

亚里士多德深解此意，所以他解释悲剧说："悲剧使人感到同情与恐惧，同时要解脱人们的情欲。"这便是说人生原当是美满的，而所以不能和谐者，因情作梗故，遂有使人怜惜、使人恐惧的各种事实。英姿多能的俄狄浦斯王，他有绝世的聪明，解答女魔的谜语，他却不明白自己便是弑父妻母的罪人！这是何等的凄惨！索福克勒斯以如椽之笔，简朴地刻绘杀死拉伊俄斯（Laius）是无知的，不只无知，而且是俄狄浦斯王所痛恨的。为此他将自己的眼睛剜瞎，将他女儿安提戈涅（Antigone）作为孝女的象征。从俄狄浦斯王没有眼睛后，始知有"命运"的存在，那知其然而不知其所以然的命运，是一种超现实的强力，非唯与"形"脱离，而且早已不属于"人"的领域了。

我们解释希腊民族爱好形式的完美，从他们诡辩派哲学的发达上更可与以证明。基于好奇的心理、政治生活的需要，他们将智慧与学术视为一种工具，重形式、讲修辞、斗意见，注重在技巧上，成为一种堂皇的辩证，便是说将推理变为一种游戏，多少滑稽的故事留给后人作谈资，所以柏拉图讥笑它们没有内容，将真理毁灭了。

七

希腊的这种文化，倘使有集体坚固的组织，其成就必更伟大。无奈希腊受环境的支配，特别是地理的，结果形成一种分裂局面。

古代希腊由海陆两部构成。陆地的希腊，全境多山，如般德、奥林普（Olympe）、奥达（Oeta）、般代里克（Pamtheblpue）、代若（Taygete）等。山势崎岖，构成许多特别的区域，如色萨利（Thessalie）、底比斯、雅典、阿哥斯（Agros）、斯巴达。山是一种防卫，同时也是一种障碍。各地居民的思想与生活，反映出一种孤独的色彩。从好一方面看，各区域有它的特性，爱乡梓、爱独立；从坏一方面看，他们眼光短小，偏执，不能接受外来的影响。

古朗士（Fustel de Coulanges）在他渊博的《古代城市研究》内，指出城邦形成的原因完全由于宗教。他说："若干居里（Curia）既可合为部落，若干部落自然亦可结合，只以各部落中仍旧保存固有祭祀为条件，这种结合成立之日，即城邦组织之时。"我们同意这种解释，但不能概括一切，原因是宗教也不能超脱自然环境，事实是非常显著的，毋庸多加诠释。

希腊每个城邦，如底比斯、雅典、科林斯、斯巴达，便是独立的国家，有自己的神灵与英雄，作为他们意识的象征。雅典的雅典娜即是好的证例。

为此，当希腊受外人侵略时，他们虽有团结，却并非全体的，亦非持久的。因为他们每个城邦，有自己的特性，不能形成健全的组织。在达流士（Darius）帝王军临希腊时，雅典向斯巴达告急，而斯巴达虽予以同情，却因月未盈满，不肯出兵。结果米尔西德亚（Milthiade）独支危局，孤注一掷，争取到马拉松（Marathon）的胜利。但是，自希腊言，斯巴达的行动并非不友好，他们所爱的，首先是他自己出生的地方。

再举一例，马其顿的强大便是利用各邦的猜忌与分离。当雅典觉悟联络底比斯，斯巴达仍是自私自利，在公元前339年，雅典大败于凯洛尼亚（Cheronee）。倘如我们视斯巴达无爱国的热忱，那便完全错了。只要我们回想德尔莫彼（Thsrmofyle）山谷的路碑："过路者，记着这儿有三百斯巴达的英魂是为服务正义而牺牲的！"我们便知道他的伟大，勇于牺牲。他们共同缺乏的是组织。

八

希腊所以割据的原因，缺乏组织，系受海的支配。但是海之支配希腊，与英国完全不同。英国受海的保障，促成内部的团结，隔绝外来的影响，形成强有力的统一。希腊亦受海的保障，因为岛屿很多，其本部与大陆相连，故海起了相反的作用。即是说海对英国加强了向心力，而对希腊却增加了离心力。

大陆希腊的面积约五万五千五百平方英里，而它的海岸线却有三千多英里长，每个城邦有自己的港湾、直接出口的海岸。所以希腊承继克里特、腓尼基航海的经验，建立了许多殖民地，握着地中海的霸权。从这一点上看，希腊与腓尼基对海的认识不同，希腊视海为领土、保障独立的工具，腓尼基却视海为通道、致富的方法。

在这一点上，没有比波希战争解释得更明白。当时波斯的海军，由埃及与腓尼基战舰所组成，却整个失败在萨拉米（Salamine）（前480年）。波希两国海军决定胜负的焦点，不在海军的质与量，而在薛西斯（Xerxes）大帝对海的认识。因为海战后波斯的舰数，仍较希腊为多，唯薛西斯视海军为奇事，不敢卷土重来，做反攻的计划。正如费格里夫（J. Fairgrieve）所说："非波斯权力所及。"波希战争是海陆的斗争，陆军国家不幸在海上失败了，正等于法国舰队毁在特拉法加（Trafalgar）似的。

因为希腊人视海为生命，给予海至上的价值。在他们天马似的思想上，"紫罗兰色的海"（荷马的话），变成了自由的象征。"自由人是爱海的"这句话正可形容出海对希腊的影响。唯其希腊人爱好自由，结果没有统一的纪律与组织。提洛（Delos）同盟，并不能组织爱琴海的岛屿，那些会员国家，仅只是雅典的附庸而已。

大陆给予希腊独立的精神，海洋给予希腊爱好自由，两者形成一种矛盾、分割的局面。我们可以说：希腊整个历史是海陆争雄的历史。

罗马也是海陆兼有的国家，它却能建立庞大的帝国，其原因在有集体的意志、严密的组织。有组织的斗争是一种生的斗争。相反的，在希腊历史上，斗争却促其灭亡。斯巴达与麦塞尼亚（Messinic）的战争，斯巴达从未恢复了它的元气；波希战后，希腊虽入昌隆的时代，雅典的自私、斯巴达的偏执，结果发生了伯罗奔尼撒（Pelopnese）的战争，两败俱伤，只给马其顿造成了统治的机会。

这是一条定理：统治希腊，须有健全的组织，控制海陆两种霸权。马其顿的兴起，便是菲利普二世（Philippe Ⅱ）组织军队与人民，亚历山大以陆地的霸权控制海上的霸权，形成西方旷古的勋业。

九

尤利斯（ULysse）说："看看许多城市，可以了解许多人的思想。"这句话含有深刻的意义。希腊人永远过着桃色的青春，对一切的现象感兴趣，爱新奇，喜幻变。有时有点自大，却反映一种天真。他们思想的丰富与想象一样，要在千万的幻变中，得到一个结论：致纯知。所以，修昔底德（Thucytide）说："希腊人似乎只有思想。"

致纯知的代表，没有比苏格拉底更恰当的。雅典失败，以其有伤风化，判处死刑，他在供词内陈述："如果余必停止探讨真理的工作，而后方准释放，则余宣布，余以求哲理为天职，倘使尚有生命与精力，余决不放弃此任务。凡余所遇之人，余必询问：汝不求智慧，而热心于富贵，汝不知羞愧否？"苏氏是希腊文化的灯塔，要在狂风暴雨的波涛上，照耀那迷途的舟船。

我们要注意，柏拉图说"智慧是死的默想"，不只有悖苏氏的训示，而且是反希腊精神的。希腊人视死不是解放，它是丑的与不幸的。斯宾诺莎（Spinoza）说得好："智慧是生的沉思。"智慧是真理的别名，可是希腊文化所表现的真理，是先艺术而后逻辑，先人而后神的。

我们已经说过：希腊文化的结晶为人的完美，而这个人灵肉并具，先肉而后灵的。我们不要估量这种文化的价值，我们只说这种理想的完成，乃在为"美的牺牲"，因为希腊人认为真便是美，美是精神的宁帖。

从这种观点出发，我们始可了解为什么荷马化忒弥斯（Themis）为正义；为什么赫西俄德（Hesiode）视锐斯为万物的原理，他是非常公正的，腓尼斯人的实利、罗马人的利用，自希腊人视之，虽不能说错误，却是次要的。

希腊人讲求美，不只是艺术的，同时也是伦理的。阿波罗忠告："要公正的裁判。"这便是说：心术须正，不能为外力所摧毁。为此，他们讲求动机，如果心正，一滴水便可洗净精神的污垢，否则沧海之水是无用的。

十

希腊的纯知是数学的。这种思想应用到政治上，希腊人发现了平等。他们很明白物是难齐的，人以理性故，可以平等；因为人不能离群而居，他天然地有种社会关系。所以亚里士多德说："人是社会的动物。"伯里克利（Pericles）手创雅典的伟大，曾警告雅典人说："一个人不为公共事业着想，我们便把他当作无用的公民。"

这也是为什么亚里士多德反对克里斯提尼（Cleisthenes）的政治。他说："如果克里斯提尼所树立者为民主政治，即这只是建立起新的部落。……因为他摧毁了社会的组织，将人与人的关系完全搅乱了。"

人与人的关系是平等的，因为平等基于正义，不在它的出生与资产，而在它的理知。伯里克利规定民主政治说："我们的政治称之为德谟克拉西，它是为大多数利益而设，非少数人私有的。"

在这种制度下，诡辩派与苏格拉底可以自由发言；奴隶受圣水后即取得自由人资格。苏氏向不敢在会议中发言者说："你怕什么？难道说你怕石匠，怕工商人、钉鞋匠、漂布者吗？你要知道会议便是这些人所组成的。"

这种政治要每个人以其最高的智慧，夺取政治的领导权，便是说每个人要表现出他的个性。

十一

个性的发现是希腊文化的结晶。

希腊为美的牺牲，正是为着培养个性。他们不产生罗马的禁欲派思想家，也不能接受基督教的主义，因为这两种思想摧毁个性，以社会为出发点，而希腊城邦的发展，是强烈个性的表现。

希腊历史上，我们看到了多少惊心动魄的人物！在萨拉米战役前，阿里斯提德（Aristeide）反对特米斯托克利斯（Themistocle）的海军政策，被雅典逐放，受贝壳制谪居海外。继而雅典陷落，希腊危在旦夕，阿里斯提德不顾法令，回来要求加入战争。他向他的政敌说："特米斯托克利斯，我们政治上的斗争，放在他日解决，现在我同你共同奋斗，看哪一个对国家的贡献最大。"

在萨拉米海战后，波斯遣使求和，雅典的领袖说："只要太阳还在天空中走着，雅典绝对不与波斯媾和。"当时阿波罗的神意有利于波斯，于是雅典的海军在米卡雷（Mycale）又取得一次胜利。

这种强倔的个性，有如帕尔纳索斯山（Mt. Parnasse）诸神集聚，俯瞰着向德尔斐问卜的人们。在希腊历史上，苏格拉底很可表现出希腊典型的个性，柏拉图在《裴顿》（Phedon）中，曾留下这位大师逝世的经过。

在夕阳将落时候，许多弟子环绕着这位大师。这时候，刽子手捧来一杯毒药，苏格拉底沉静地接过来，却以一种有力而详尽的眼睛看他，正如看普通人一样的。

"告我说，是否我可用这水献祭呢？"苏氏问。

"苏格拉底，你吃你所应该吃的。"来人回答。

"这个自然的，"苏氏说，"但是，至少要允许我向神祈祷，使我的旅程快乐，同时祝福我的行程，这是我问你的本意，要神满足我的心愿。"苏氏说完此时，举起毒杯，放在唇间，安静地吃下去。直至此时，我们（柏拉图自称）将眼泪停住，但是看到他吃药的景况，我们不能自主地哭出来了。……他向我们说：

"我的朋友们，你们在干什么？为着怕子女们动心，我将他们送走……你们要强一点啊！"

这话使我们内心纷乱，眼泪停止住了。他在地上走着，只觉得两腿麻木，渐次重起来。像普通人一样，他去睡下……身体逐渐发冷发僵；冷至心口，哲人便要与我们永诀了。那时候他说：

"克利顿（Criton）（这是他最后一句话），我们还欠阿斯克来彼奥斯（Asklepios）一只鸡，请你不要忘掉这笔债务呵！"

"自然的，"克利顿回答，"但是，你是否还有别的话来吩咐？"

这时候大师不回答了，过了一会，他动了一动，眼与口开着。克利顿把他闭住。这便是我们朋友的结束。我可说他是我们时代最明哲、最公正、最完美的代表。

十二

当希腊文化过度发展个性后,它想实现政治的帝国与唯美的艺术,因为政治与艺术表现个性最适宜。可是真正的天才与政治家,是稀有的。希腊的繁荣须经过六世纪,不到一世纪半,它便凋谢了。

个性强者,情感必然激烈。假使能够控制自己的情感,其成就必然伟大。无奈自伯里克利之后,为政者如克来翁(Cleon)之流,利用无知的民众,自私自利,将雅典断送了。亚里士多德看着这情状,曾竭力攻击当时的政客。福耶论希腊说:"内战与政治便将希腊结束了。"这是非常正确的。

但是希腊文化是宝贵的,它给人以正确的价值,平衡地发展人体、灵魂与思想,养成了崇高的个性。对希腊古代的文化,我们当说:"我爱,故我在!"这个爱的对象,便是自己完美的发展。

希腊文化是诱人的、可爱的。它没有神秘,没有说教,它教人认识,而认识的交点便是自己。谁要不研究它(至少在西方),谁就将感到自己有不可补救的缺陷;谁要接近它,谁就将视之为永远的伴侣。

希腊文化是人类的,假使从国家立场来讲,它之不能持久,自是当然的。第一,个性特别发达,好纯知、无组织,我们虽未敢说它是反国家的,但是至少我们看出它不能加强国家的统一。第二,希腊文化的基调是理性,理性是普遍的、人性的,便是说它超出国家与民族的范围。第三,希腊文化是古代文化的综合。布列赫(Brehier)说:"希腊人视为研究自然的方法、命运、正义、灵魂、神各种观念,其实都是来自东方;数与位的配合,也是东方思想的演绎,希腊没有发明了哲学,它只是一种混合。"我们认为不只哲学如此,文化也如此。

十三

自亚历山大死（323年）至希腊独立（1822年）止，希腊遭受各种痛苦，罗马一次出卖十万希腊人；美丽提洛岛，变为购买奴隶的市场，稍微有能力的希腊人，便移住在罗马。继后罗马帝国失势，蛮人侵入，焚毁斯巴达、科林斯、阿哥斯许多古名城，而阿拉利克（Alaric）来，又予以无情的抢劫。拜占庭帝国建立，希腊原始的生命早已不存在了。当年强倔的个性，正如蒋百里先生所说"牺牲个人，不牺牲个性"的文化，亦寿终正寝。

但是，只要人类有记忆，希腊永远存在人类的记忆中，所以拜伦作《哀希腊》，取马君武先生所译，作为我们这篇文字的结论：

莫说侲佃二族事，繁华一夕尽销沉。
万玉哀鸣侠子瑟，群珠乱落美人琴。
迤南海岸尚纵横，应愧于今玷盛名。
侠子美人生聚地，悄然万籁尽无声。
吁嗟乎，琴声摇曳向西去，昔年福岛今何处？

第六章
古罗马帝国的精神

一

当奥多亚克（Odoacre）攻陷罗马城（476年）后，西罗马从此灭亡，但是它光荣的过去，却永存在人的心内，无意识地支配着后继的人们。查理曼帝国、神圣罗马日耳曼帝国、拿破仑、墨索里尼，多少人以恢复罗马帝国为职志，结果都没有特殊的成就。有些更因为理想过高、能力薄弱，反而失败在他们的幻想之中！

401年，阿拉利克（Alaric）劫毁罗马。六年之后，高卢诗人纳马地颜（Rutilius Namatianus）咏歌这永城的不幸："罗马，你是万国之母……各国分享你的法律，组成一个城市；胜利的皮洛士（Pyrrhus）见汝逃走，无敌的汉尼拔（Haniba）最后也只有流泪……只要大地永存，天载繁星，你永远存在着，你的不幸正是准备你的复活。"

为什么罗马帝国会有这样大的潜力？为什么后继者运用各种力量，不能使罗马帝国再现？为什么罗马史充满了内乱与战争，而它竟能并吞八荒？换句话说，我们想在这一章内，探讨罗马精神的构成，指出它的特点，同时看到它对人类的贡献。

二

　　罗马精神是罗马文化的反映，概括地说，罗马的文化是意志的，一方面讲求实用，另一方面发明组织。而两者的目的在树立人与人的关系，建立强大的国家，以追求社会的完美。

　　在古代罗马作家中，国家与社会的意义没有明确的界限，是非常含混的。拉维斯（Lovisse）说："国家的观念是近代特有的。"所以，当我们说罗马文化的特点在寻找社会的完美，我们是指在集体的生活上，不分种族与宗教，罗马人能够发现它的共同点，以建立平等的关系。

　　罗马史的演变分外复杂，从台伯（Tibre）河畔、潮湿贫瘠的地方，能够应付环境，日新月异的改变。正如他们献祭时说："我吃新酒旧酒，医我新病旧病。"但是，它的变化是外形，它本质的独立性和统一性，却永远保持着。

　　罗马人在初期创造历史时，便能表现合作的精神，克制个人的欲望，服从公众的契约。他们能忍耐，爱劳动，从苦痛中换取经验与教训。所以，他们能继希腊之后，建立庞大的帝国，奠定欧洲文化的基础，克来尼（A. Crenier）说："罗马文化的特点，在逐渐吸收古代文化的实质，予以一种新的形式。便是这种新形式，罗马遗留给现代，至少是在西方，特别是拉丁民族的国家内。"这种新形式便是罗马精神的特征。

三

　　罗马野史叙述这么一件事：当修造卡皮托（Capitle）神殿时，工人从地下掘起一颗人头，不知凶吉，求巫人解释，巫人说："此处当为世界的首领。"这个故事，虽无确凿的根据，但是，它可说明罗马历史的动向乃在土地的侵略。

　　历史上新兴的民族，没有不是侵略的，可是侵略的方式与成就，很少的国家可与古罗马相提并论。多少治罗马史者，认为罗马特殊的发展，完全由于它的军事。诚然罗马的军团有很好的纪律，善于建筑工事，能以守为攻，无处不表现坚固与伟大。多马池维斯基（Domazewiski）叙述叙利亚南部军事建筑时说："在荒野中建设许多军事堡垒，保护公路，其坚如帝都，以自身伟大为目的……"

这种解释，自有成立的理由，却不能视为唯一的。西方的英雄们只羡慕罗马的侵略、顽强的军事，却不进而研究它的基本精神，结果那些英雄们变为悲剧中的人物，既惨且悯。罗马人善于组织自己的力量，不肯滥费，谨慎而有计划地运用。为此，他们能够从"力"出发，得到"秩序"的结果；他们的信心很深，从不肯改变自己的计划，及至计划实现后，施以法律公平的统治。从阿利西（Aricie）战争起（前506年），至布匿（Paeni）战争止（前146年），我们看到罗马的成功与其说是由于军事，毋宁说是由于政治。吕希利斯（Lucilius）说："罗马人常打败仗，可是每次战争的结果，却能够得到胜利。"

四

倘使我们分析罗马胜利的因素，首先发现的是地理环境的赐予。意大利是一个半岛，伸入地中海内，既便吸收古代的文化，又易控制地中海。因之，借海上的交通，罗马从埃及、腓尼基、希腊、迦太基等国内，逐渐学到工商业，特别是艺术与科学，以启发他们的智慧。我们看维吉尔（Virgilius）的《埃那伊德》（*Eneide*），从形式与内容上看，那是荷马史诗的再现。在公元前260年，执政官杜伊利斯（Duilius）鉴于海军的必须，用迅速的方法，模仿迦太基的战舰，在陆上教练水兵，终于取得米勒（Myles）的胜利。

不只如此，意大利北部有不可超越的阿尔卑斯山，有肥沃的平原，从最初的时候，罗马人以农立国，且有农人质朴的优点，如谨慎、忍耐、戒惧与计划。他们爱土地，日日与荒山池沼为敌，用人力来克服天然与人为的困难，他们明白最好的防御，在加强意志，共同合作。便是说：个人是无足轻重的，每个人须兼顾他人的意志与特性。罗马城，位置在台伯河畔，是海陆的划分线，到它意识觉醒、实力丰满时，它变为海陆两种文化的综合，以调和保守与进步的思想。

从这方面看，我们看出希腊与罗马的不同：希腊所重者是个人的完美，以发展个性；罗马却在集体的繁荣，以充实国家。当罗马向四周扩张，它能臣服各地，同时又能做必要的统治。斐格莱夫（Fairgrieve）说："罗马根本的观念，在使不同的各单位趋于罗马化，合而为一；同时承认各单位的差别。其进行程序，起始虽缓，但是却很彻底的。"因此在"领土扩张"固定的目的下，罗马逐步实现，构成庞大的帝国，只有马其顿能与之对抗。但是，我们要注意：亚历山大死后，帝国随之而瓦解，它没有罗马帝国的持久性。为什么？马其顿帝国的基础建立在人上；罗马帝国的基础却在政治上，即建立起中央集权的政府。

五

罗马政治的特点，在于国家与公民的划分，规定他们各自的权利与义务。国家是至上的，因为它可保障人民的权利，维持社会的秩序。国家虽可宣布法令，但是，法令的根源仍是来自人民。在帝王时代，独揽大权，可是在理论上，仍然承认人民是他们权威的授予者，吉达尔（R. G. Gettell）在《罗马政治思想》中说："凡公民都有政治上的权利，国家最后的主权属于全体的公民。"为此，罗马人视帝王特别尊严，并非他身上有不可侵犯的神性，乃因为他是人民的代表、国家的象征。所以，罗马公民唯一的任务，在服从政府与法令。外来者只要能履践这种职责，不问他的种族、宗族与阶级，说一句 Civis sum Romanus（我是罗马的公民），便可取得公民权利，与罗马人受同等的保障，由是而取得人权。

从另一方面看，在初期共和时代，罗马政治机构便能将职权划分清楚，这是罗马精神伟大的表现。政府职责，由执政官担任，遇有急变，即任命一人总揽大权，以便行使。其次有度支官、营造官、法官、监察官，各有专职，颇似斯巴达的政治。但是，我们进一步分析，便知罗马与斯巴达的政治不同，有如西塞罗（Cicero）所说："伽图（Cato）论我们的政治优于别的国家，因为别国的执政者，皆以一手一足来建造，如米诺斯（Minos）之于克里特，来克格斯（lycurque）之于斯巴达。可是我们的政治并非由一人所创，乃系多人的成就，宏图大业，积年累世所缔造成者。"

六

一直到公元前266年，罗马史上有两种动向：一种是对内的，有平民与贵族的斗争；另一种是对外的，发动无止的侵略，构成意大利的统一。这两种动向有一共同的信念，便是以国家为唯一的归宿，每个公民首先须服从纪律。蒙森（Mommsen）论罗马精神时说："罗马精神在使儿子服从父亲，公民服从国家，两者服从天神。他们只求应用，要每个公民在短促的生命上无止境地工作。……国家是他们的一切，他们唯一最高的理想在国家的发展。"

哈斯（Hass）论欧洲文化时，亦提到罗马国家的思想。他说："罗马的教育，开始便着重服务，要使人烟稠密、面积狭小的罗马成为庞大的帝国。"岂只教育如此，宗教亦不能例外。罗马人敬神，因为神可保佑国家，卡米路斯（Camille）征维伊（Veies）后（前395年），他将胜利品献给阿波罗（Apollo），以酬谢他的佑护。同时将雨农神（Junon）移至罗马来供养。

国家的观念虽与今日不同，但是没有神秘性，它具有至上的权威。为此，当儿子代表国家执行任务时，纵使是父亲，亦必须与以崇高的敬礼。布希野（Boissier）说："即使这是短促的时间，多少奴隶披上官吏的衣服，便得到人民的钦崇。"因为国家至上的观念，奴隶亦提高社会的地位，这是很有意义的。

倘如我们追问真正的罗马人为何结婚与生子，其理由必然是为了国家。做一个好公民与好士兵是罗马人最高的理想。在某种意义下，生命与幸福不能私有，它们完全属于国家。

由建筑与诗歌上，更可看出这种精神的表现。罗马的建筑，既没有希腊的和谐，又没有中世纪信仰的象征，它是堂皇的、写实的，同时也是笨重与冷酷的。试看罗马的斗场或巴拉丁（Palatin）的破瓦颓垣，便知道如何的庞大与坚固，国家（或者集体的生活）在每个人的意识上，占何等重要的地位！恩尼乌斯（Ennius）的诗亦是如此。纵使维吉尔推重他，我们感到深奥与沉闷，他没有引人入胜的情绪，但每句诗都是一种格言。

七

罗马思想的中心是国家，但是，这个国家的边界是无止境的。以贪欲与意志为动力，将各种不同的民族组织起来。这种成就——希腊多少次梦想过而未实现——并非是偶然的。吉尔斯（A. F. Giles）论罗马帝国的构成："是由自由市府的联合，一方面受皇帝和罗马法普通法规所约制，另一方面，每个地方则又保留其原有的组织和习惯，并得到皇帝颁给的自由权的特许状。"便是为此，我们看到罗马帝国的内部：统一与复杂、普遍与特殊交相并存，而社会随着武力的扩展，亦每天在演变。因为罗马帝国始终卫护法治的精神，造成平等的机会，证据是罗马原初的特权，一般属地也可享受的。

孟德斯鸠形容罗马帝国的繁荣，誉之为"人的对流"。自迦太基毁灭后（前146年），帝国的水陆交通开始建立起来。自不列颠至幼发拉底河、自高卢至埃及，到处公路宽宏，驿站林立，船舶便利，旅人们深感幸福。罗马人外出，到许多新奇的地方，遇不同的事件，他们的意识上激起两种变化：第一，吸收新的思想，常在日改月化地进步；第二，发生了同化作用，去异存同，逐渐发现人类的整体。他们看到种族与阶级都不能说明人的差别，因为每个人的行为同等地受国家来衡量，由是而产生了法律。

初期罗马史所发生的社会改革，便在消除不平的等级，建立人与人合理的关系。格拉古（Gracchus）兄弟的改革，便是要解决最棘手的土地问题，树立合法的制度。谁读到提比略（Tiberius）的演说，都能感到法的重要，直如水之于鱼。他说："意大利住的野兽，尚有一块藏身的地方，而为罗马奋斗而牺牲的人民，除过日光与空气外，一无所有。他们须带着自己的妻子到各处流浪。……人们誉之为世界的主人，但是这个主人没有一块立锥之地。"格拉克兄弟虽无成就，为土地法而牺牲，但是，他们尽了护民官的责任，这种护法的精神，却是不能磨灭的。

八

罗马史是一部法律史，罗马帝国的发展，由于它平等的法律。福耶（A. Fouillee）解释罗马心理时说："对于罗马人，法律是合乎理、诉诸武力的应用。不在追求理想，而在推动现实，其推动的方式，不是用顽强的武力，便是用顽强的法律。"

罗马法的特点，首先是与宗教分离，适应共同的需要。在罗马最古时，法律亦受宗教的支配，因为国王颁布法令，须受僧侣指导故。当国王废除后，僧侣的影响继续存在着。到奥古斯都（Auguste）全盛时，仍然要兼有僧侣长（Pontifix Maximus）的尊称，这可看出宗教的潜势力。

继后，在公元前449年，由十人委员会编纂《十二铜表法》，一半将原有的习惯法著为成文，另一半采取其他社团的规章与法典。从这些残缺的条文内，我们看出罗马法不受宗教的约束，文句简洁，没有丝毫的神秘。次之，国家对犯人的规定，多半要他自新，如盗窃是私人行为之不端，应由犯罪者沉痛地悔过。法律要顾到当事者的用意与行为，便是说证据。

罗马法的另一种特点，在确定法官的职权。法官是独立的职务，到帝国扩大，刑民诉讼日繁时，司法官由一人而增至十六人。法官的职权有三：提出诉讼令，指定陪审官，以参与有关案件的证明；依据法律叙述案情，凭陪审官判决；最后执行判决。

这种职权的规定，加强法律的信威，相因相成，而法学的研究更发达了。当时有句流行的话："人之可贵，乃在合法。"

九

蒙森说："罗马的精神是在人民服从法律。"其所以如此，一半由于实践的精神，讲纪律、重服务；一半由于禁欲的思想，处处要为国家牺牲。这两种精神动向，使他们发现了人类，可是人类的观念不是抽象的，而是现实的。因此，要保护集体的安全，唯一有效的方法，是用武力执行的法律。自罗马人看，法是集体的意志，它是强的、冷酷的，同时也是非常可贵的。

集体意志所护卫者是"公民的尊严"，这是帝国独立的象征，罗马人视为是神圣的。损害公民尊严的行为，都归在谋反罪内，可以判死刑，这是何等的严厉呵！为此，罗马法律教育，非常普遍与发达，西塞罗说："儿时所学唯一的诗，是《十二铜表法》。"

基于罗马平等的精神，罗马帝国的公民，不是种族的而是法律的，圣保罗即是一例。从罗马的法学家看，著名的法学家，大率不是罗马人。如尤里安（Servius Julianus）是非洲人，盖尤斯（Gaius）是小亚细亚人，帕比尼安（Papinianus）是腓尼基人，莫迪斯汀（Modestinus）是希腊人……这是值得我们注意的。到212年后，凡帝国内的人民，一律受《罗马法》的约制。

到后期罗马帝国，《罗马法》有两个重要的阶段：第一是狄奥多西（Theodosius）的法典，成于438年；第二是查士丁尼（Justinian）的法典，成于534年，《罗马法》便成了中古及近代欧洲的模范法典了。

十

远在纪元前8世纪，意大利的南部已是希腊的殖民地。因此，罗马的思想与生活，都可看出希腊影响的形迹。但是罗马所接受的，多半是毕达哥拉斯（Pythagore）的学派，未能形成一种巨流。自布匿战争后，由西塞罗推动，罗马狂烈地接受希腊的哲学与科学，然而他们的出发点，不是在"知"，而是在"用"，便是罗马第一流的学者，如瓦罗（Varron）与老普林尼（Pline L'Ancien），他们的精神生活仍不能独立，他们从哲学中所探讨的是伦理的规章，从科学中所要求的是对行为有利的结果。

往深处研究，真知须要有绝对的自由始可获得；现实仅只是真知的开始，而不是真知的结果。自希腊哲人观点言，思想是最高的现实，它是由具体与特殊事物中抽象的结果，逻辑的推理是思想唯一的方法，任何理论是不能阻止它的。罗马的思想家却反是，他们不爱抽象，只需要现实，倘若逻辑推理的结果与他们所希求的相反，他们宁可牺牲真理而不肯牺牲适用。

这便是为什么罗马的精神永远在矛盾中。它要前进，又要保守；它要禁欲，又要享乐。折中与调和是最高的理想，却是非常难实现的。黄金时代的禁欲哲学，那只是柏拉图与毕达哥拉斯思想的配合。罗马思想史上杰出的人物，如卢克莱修（Lucréce），仍然以用为前提，他的《物性论》（De Rerum Natura）博学精深，自成一家之言。可是他著此书的目的，不在探讨真理，乃是为医治国人们由蠢愚促成的不安与痛苦。

从科学上，罗马人也只找求现实，他们看科学是一种技术，是一种应用的工具，既没有理论，亦没有方法。他们接受了希腊的科学，尽管应用它，却没有消化，他们不明白什么是纯科学，正如克来尼斯说："罗马没有一个真正的科学家，因为他们不愿做一个纯粹的科学家。"

十一

罗马人虽不喜纯知，却善于探讨人的心理，因为他们从社会观点出发，需要分析人的情欲、性情与行为。他们精神上追求者是伦理的思想，他们认此为最显明的现实，其支配行为的作用，如同法律一样。

当希腊哲学思想初传到罗马后，西皮阿（Scipion Emilien）与他朋友们所注意者，完全是伦理与心理的探讨。特伦（Terence）戏剧的成功、讽刺诗的发达，其理由完全在对人性的反响。这就是古典派的作家，特别是莫里哀（Moliere）何以喜欢拉丁文学作品的原因。

罗马的散文作家，如西塞罗，亦完全以人为对象。他喜分析、善刻画，对情绪的进展或性格的演变，能够捉住基本的线条，精确地绘画出来。他首先着眼处是伦理，对人性有独到的见解，并且很透彻。唯其太善知人，他自己的思想与行为，反而变为不安与不定。

从罗马史学上看，我们更可见到古罗马帝国精神的特点。蒂特·李维（Tite Live）在罗马史中所表现者，不是民族而是个体，因为历史种种的演变，假如不以人为基点，他便认为是无足轻重的。自蒂特·李维历史思想言，史之可贵，在每个人情欲与行为所发生的悲剧，或行为受了下意识的推动，在社会上所激起的演变，为着精神最高要求是伦理的价值，这与我们的鲁史一样，寓褒贬于其间。

在塔西佗（Tacite）的史学著作中，我们看到情感的重要与想象的影响，因为多少流血的惨事，究其原因，乃是一二人的情感与想象所造成。因此，罗马史学家并不看重史料的搜集、史实的批评，他们仅只解剖人心就认为满足了。他们整个哲学的理想，在了解人性，"有用"于国家，以求社会的完美，他们不是没有智慧，可是智慧的活动，乃在服从精密的规章。

十二

罗马的宗教，正如蒙森所论，不是内心的，而是外形的；其本身并无若何重大的意义，只是达目的的手段；它是实利的，同时也是社会化的。

罗马宗教的特点，首先是它的契约性，介乎神人之间，双方具有确定的权利与义务。神虽有特殊的力量，却与人平等，人予神以敬礼，乃是因神尽他的责任，否则可以取消契约。希腊的神有他自己的故事，充满活力，罗马则反是，他仅只是事物的标志而已。其优点是没有迷信，所以罗马史上稀有宗教战争；其缺点是缺少纯洁的感情使哲学与艺术发达。

罗马宗教另一种特点是它的政治性。它象征国家，有庄严的仪式，国家是力的表现，所以朱庇特（Jupiter）是唯一有力的高神。到恺撒时代，有并吞八荒的伟业，逐渐神化，代表一种不可侵犯的权威。地耶尔（Tiele）说："每个重要的神是朱庇特，在各种不同的形式下，他的威严与帝王敬重相配，变成了帝国普遍的宗教。"这便是为何基督教初传到罗马时，纵使可以补救帝国精神的堕落，却不能阻止剧烈的冲突，因为基督教至尊的上帝，不能与罗马帝王相容，以祭神的礼以祭人的。

为此，我们看到罗马宗教的第三种特点在它的独立性，只要不搅乱社会的治安、国家的组织，任何信仰与仪式都可自由施行。同一行为，在希腊是不可原宥的罪行，在罗马是无所谓的。国家支持宗教，因为宗教可以教人为善，规范每个人的行为，其功用与法律相等。

因为法律平等的思想、禁欲派重理性的价值，罗马发现了人类，追逐社会的完美，这虽是一种理想，却因实事求是的精神，反给基督

教开创一条坦道。到313年，纵使帝王有宗教的尊严，也不得不承认基督教的合法地位。

十三

罗马城是罗马帝国的灵魂，正如蒋百里先生所说："罗马是一个文化之海，上下人类历史，纵横全地球，一切美术、哲学、宗教的巨流，都汇集在这里……"可是，自330年后，不复为首都，因为蛮人侵入，对阿提拉（Attila）等掠夺，已成了一种荒凉的回忆。

便在这破碎散乱的瓦砾上，基督教培植它的新生命，宛如枯枝上抽出的嫩芽。古罗马的精神虽崩溃，帝国虽然灭亡，但是它过去的伟大：公平的法律、集权的政府、牺牲与实践的精神、追求社会的完美，却永存在记忆中。它庞大的阴影时常刺激后起的野心家，可是只想侵略，而不模仿那公平法治的精神。

在12世纪时，高卢的主教来到罗马，想到当年的伟大，发出一种感慨：

> 罗马，虽几全毁，世无与汝相等者！
> 只此残迹，已见汝完全时之伟大，
> 岁月消磨汝当年的豪气，
> 今埋葬在池沼之内，
> 天神的庙堂，帝王的金城，
> 不敢妄加一语，
> 我只能说：罗马，你曾生活过……

我们在这篇简略的研究中，也有同样的感觉，我们也只能说："罗马，你曾生活过。"

第七章
欧洲文化的转型期

一

欧洲"中世纪"一名，创自库萨（Nicolas de Cusa），其时（1469年）人文主义者深感到新时代的降临，怀旧恋新，遂将这千年的时间——自西罗马灭亡（476年）至君士坦丁堡陷落（1453年）——语之为中世纪，意义非常单纯，仅欲说明连接古今，承上启下而已。继至18世纪，研究的风气日炽，德国学者们，步塞拉利教授（Prof. Cellarius）之后，中世纪成为欧洲历史分期的定名。

中世纪是一个特殊的时代，似当以10世纪为标准，划为两个时期。10世纪以前是欧洲文化的转折点，外表上是黑暗的、混乱的，失掉了重心。可是骨子里却非常重要，罗马帝国的灭亡，地中海的文化亦告一段落，以基督教故，我们看到一种新文化的形成。它的进展很慢，它的范围却很宽，便是在蜕变的时候，缔造成12世纪与13世纪的文化，正如伍尔夫（M. de Wulf）所说："12世纪为中古文化的春天，有似阳春三月，百草萌芽，各方面人类的活动，无不欣欣向荣……至13世纪，整个中古文化到极盛时期，显示惊奇的特色……"

构成中世纪文化的要素，概括地说，首先是希腊、罗马文化的遗惠，其次为新兴民族飞跃的活力，最后而最重要的是基督教对物质与精神的支配。这三种动力的接触，并非水乳交融，它们互相冲击、互相排拒，受五六百年时间的锻炼始冶而为一，产生了一种新的意识与秩序。

为此，对中古文化的认识，毁誉相半。誉之者看这个时代为光明的代表，人类智慧最高的结晶，如古尔斯教授（Prof. G. Kurth）的《近代文化的根源》；毁之者看中世纪是一个黑暗的时代，鄙视它的思想与文物。百科全书派的学者们，承16世纪的偏见，拘泥固执，薰莸不分了，这是非常惋惜的。

中世纪距我们很近，为何会有如是矛盾的认识呢？据我们的意见，首先是中世纪教育的落后，知识愚昧，仅有少数作家的著述，大都简陋与残缺。如格雷戈利（Gregoire de Tours）的《法兰克人史》、艾因哈德（Eginhard）的《查理曼传》，我们感到冗长、杂乱与支离。次之，中世纪人们的思想与行为，别具一种特殊的风格，他们处世接物，完全以精神的归宿为标准，现实的生活成了理想生活的过程，他们追求着精神的完美、无止境的进展，结果一方面是想象化，产生出多少幼稚的行动，别一方面是抽象化，不失之枯涩，便失之冷酷。所以柏拉图与西塞罗距我们虽远，而他们的思想与行为，却较加贝（Hugues Capet）与阿尔伯特（Albert）更为亲切。

不只如此，治中世纪史的学者们常犯两种毛病，违反最基本的历史批评原则。第一，每个时代有它的特性，学者不能把古人的生活习惯拟之于今人的思想与行为，更不能以一己之好恶，妄评千年的优劣。第二，文化是时代的反映，尽管分析各时代文化构成的因素，却必然要视为有机的整体，做综合的检讨，这样，我们才可看出它的演变、和谐与个性。所以，我们在这篇文字内，试想与这个被人称为"黑暗时代"的初期，加以一种解释，然后指出它的重要性，由是而发现这个时代虽不光明，却也未见得是如何黑暗的。

二

皮朗（Henri Pirenne）在《欧洲史》中说："于国家解体与分裂之后，在这些破瓦颓垣上以建立一种新的国家。"倘使一个国家的居民，血管内尚有生存的活力，纵使内外潜伏着许多危机，将必有克服困难的一日。这在罗马帝国分裂后可看得更明白。

当蛮人侵入罗马帝国后，唯一的希望寄托在埃提乌斯（Aetius）的身上，只有他可以抵抗外患。不幸瓦伦迪尼安三世（Valentinien Ⅲ）昏聩，将他杀死，刺激起蛮人无上的贪欲。在476年奥多亚克（Odoacre）废罗马幼君，将帝王的服装与徽章寄给东罗马皇帝，并写着说："西方不需要一个特殊的帝王，一个皇帝统治两地便够了。"外表上，罗马帝国似乎又恢复了他的统一，但是，这种统一是脆弱的，竟可说是虚幻的。

但是，在当时人民的心理上，认东、西罗马都存在着，古罗马帝国的幽魂，犹支配着西方人士的情绪。他们回想到车水马龙的时代，绝对不能相信帝国便这样寂然地消逝。便是那些国王的意识上，如意大利的狄奥多里克（Theodoric）、西哥德的尔利克（Fcuric）、法兰克的希得里克（Childeric），至少在法律上都自认为是东罗马皇帝直属的军官。试举两种证例：

当希尔供（Borgondes）王西吉斯蒙（Sigismond）即位，随即写信与东罗马帝王说："先人忠于帝国，陛下赐予爵位，引为无上的光荣，其爱护之殷较祖遗者更为珍重，躬率臣民，服从命令……"在另一封信内，他又说："自我父亲去世后，遣去一咨议，这是当尽的责任，因为初次治理，须要有你的保护。"（见《Avitus信集》）在《东西哥特史》中，约尔丹尼斯（Jordanes）述及蛮人对帝王的批评："……无疑的，罗马皇帝是地上的天神，谁要背叛他，谁将自取灭亡……"罗马人听到这种论调，心上激起一种不可捉摸的愉快感激。

从另一方面看，当时代表智识阶级基督教的哲人们，也设法建设一种理论，以佐证罗马帝国的永存。自从325年，基督教取得合法地位，而帝国元首，相继皈依基督教，不再予以仇视与摧残。

这些基督教的哲人们，受过希腊、罗马文化的熏染，深知古文化的价值。他们利用帝国的旧躯壳，以图宗教的发展，他们不明白基督教的胜利，便是古代文化的终结！相反的，他们受了历史潜力的支配，认古代文化的衰亡，便是世界的末日。

在这一点上，没有比杰罗姆（Jerome）解释《但以理书》（*Daniel*）的第二章更有意义的。当巴比伦王尼布甲尼撒（Nabuchodonosor）梦见一尊雕像，头为纯金，胸臂为银，腹胯为铜，腿足为铁与泥，一石飞来击之，像裂，化而为山。《但以理书》认此为四个帝国的象征，逐渐失其重要。杰罗姆释此，以象征巴比伦、波斯、马其顿与罗马四个时代，罗马代表最后的一阶段，罗马的完结便是天国的开始。

但是，尽管天国相距辽远，帝国永恒不能怀疑，那些感觉敏锐的人，如阿波里奈尔（S. Apollinaire）与加西道尔（Cassiadore）深感到内心的不安，在他们对帝国黄昏美丽的刻画中，泄露出一个最棘手的问题，究竟罗马帝国的命运如何？在5世纪，大多数西方人不会了解这个问题的重要性，同时亦不愿了解。他们有种微弱的希望，给自己一种幻觉，以图忘掉他们的恐惧。亚波利纳赞颂西歌德王尔利克，似乎维吉尔（Virgilius）向奥古斯都朗诵其巨著的诗歌，帝国升平的再现。

这种希望是脆弱的，有如风中的烛光，只要些微的不慎，顷刻便要灭亡。也是在这个时候，史学家约尔丹尼斯说："看到不断地更换帝王，国家飘摇不定，尔利克想征服西班牙与高卢，以建立独立的王国。"虽说这是例外，却可看出罗马帝国的惨状。

三

罗马帝国的灭亡是必然的，这不是时间的问题，这是帝国外忧内患交迫，形实分离，它的文化起了一种本质的变化。

罗马的社会，早已失掉了"好士兵与好公民"的理想，沉于一种肉的享乐。这种病症是实用文化必有的现象，满足官感自然的结果。他们没有理想，也没有纪律，外表虽然富丽堂皇，内部却隐藏着不可医救的病症。自帝王以至富人，都没有公德与私德。帝王权限扩大，却受武人与佞臣左右，宫廷成一块禁地，里边泛滥着无数阴谋的洪流。法是存在的，却以军队为后盾，武人知道他们的实力，爱这些流血刺激性的事实，加速度的竞赛、阴谋、暗杀、掠夺变成了一种奇幻的游戏。罗马只觉着无可无不可，假使他们想起西塞罗的《喀提林》(De Catherina)，真不知做何感想。

　　至于富人的理想，完全是在自己生活上着想，他们把精力集聚在物质的享受、无尽的田园、高楼大厦。佩拉（Paulinde Pella）举为议员后，描写自己的生活，从没有顾到人民与国家。但是，这些富人也并不幸福，因为他们权势与名望须付重大的代价始能树立。如城市的宴会、游戏、公共建筑的费用，皆由富人输出，这是一种变相的贿赂。当佩拉不能安于故居，迁至马赛后，他又写道："我的房屋非常精美，只有我的房子可以不住哥特人；这反成了我的损失，因为军队离开后，抢劫随来，没有人保护我的房屋……"

　　次之，经过蛮人侵略后，许多肥沃的地方变成了荒凉的草原，佃奴——原本自由，为贫困所迫，终身耕种一块土地——为大地主掠走，所有中产阶级的土地，任其荒废。他们自身，既没有健全的农业知识，又没有安静的生活，有专门职业的家庭，被高利率的捐税所压倒，米谷、皮革、布帛、人口，种种税务强课这些最节俭的中产者，他们感到消灭的危险，设法奋斗，或与佃奴结婚，或加入教会组织，或因特殊关系进入议员阶级。可是政府为了增加税收，采用了最不贤明的方式。即是说：绝对禁止中产阶级脱离他们的社会地位。这真是画地为牢，要他们合法地死去，而整个社会的活动停止了。

　　从政治上看，罗马帝国已走到割据的地步，失掉原有的统一，成了没有生命的躯壳，人民便是这个复杂机构中的零件。从社会上看，中产阶级日见消逝，形成贫富悬殊，失掉了社会的平衡。从经济方面看，因为蛮人侵入，搅乱了社会的秩序，破坏了帝国建立的道路，特别是桥梁，结果沉入冻结的状态，而构成古代经济中心的地中海，很少人做冒险的尝试。从文化方面看，我们觉着更为凄惨，既没有理想，又没有信念，有办法者只贪图肉的逸乐，没办法者只求偷安苟生。过去希腊个性的发展、罗马对社会的服务，现在已不存在了。

有些人称这个时期是"黑暗的时期"，并非没有意义的，可是我们不能以此概括整个中世纪。愈是黑暗，西人心理上愈求解脱，他们期待蛮人的侵入，而蛮人早已冲破藩篱，流入帝国的边疆与内部；他们渴望投入教会的怀中，而教会伸出慈祥的手，抚摩那些苦痛中的人们。

四

有人谓罗马帝国的历史，乃"消灭边疆障碍"的记录。这是它的光荣，在某种意义下，也是它的不幸。当帝国极盛时，瓦鲁斯（Varrs）征日耳曼人，三军覆没，奥古斯都感到刺心的悲痛，喊着说："瓦鲁斯，瓦鲁斯，还我的三军！"边疆的障碍，既不能消灭，便须要戒惧；而帝国的武力，由攻势转而为守势。

洎自伏拉斯（Flaviens）与安东尼（Antoniens）朝后，整个的国力应用在绥靖边疆的安全，特别要保卫莱茵河、多瑙河与幼发拉底河。我们知道马可·奥里略（Marcus Aurelius）皇帝，为手不释卷、潜思默想的哲人，可是他整个帝王生活却过在马背上。

自从汉朝的窦宪破匈奴于金微山后，匈奴西走康居，至窝瓦河与东哥特相连；东北部的游牧民族，经俄罗斯草原，向西迸发；日耳曼民族受了颠荡，便向南移，西罗马变成各新兴民族的舞台，我们逐渐看到有哥特人、汪达尔人、法郎人、匈奴人、龙巴尔人、萨克逊人、斯拉夫人等……自阿地拉（Attila）与阿拉利克之后，每个人都感到有新事发生，可是绝不相信与蛮人混合建立一种新的文化。亚波利纳在他的诗中，多么刻薄那些蛮人！他说："你想知道谁毁了我的提琴吗？我让蛮人的喉音把我吓倒了……"

蛮人侵入西欧具有两种不同的方式。一种是和平的，当帝国受威胁时，招募边疆蛮人，或耕地或从军，特别是日耳曼人。罗马人不只不拒绝合作，并且欢迎蛮人前来：他们耐劳、好战，还带几分愚蠢，这正可利用做生产与防御的工具。罗马人却不明白他们的环境，予蛮人一种机会。第二种是侵略的，如410年阿拉利克劫掠罗马，阿提拉建立帝国与罗马对抗。当时西方人过着流离失所的生活，便是最深刻的思想家奥古斯丁（Augustin）亦不能把握住时代的真意，看到罗马遭受蛮人的浩劫，他不想有效的对策，而以种悯人的慈心，著《论上帝之城》一书，安慰失望的人们。

因蛮人的压迫，西罗马已寿终正寝，而元老院的议员们，莫名其妙地幻想，认东罗马皇帝是帝国统一的象征，只不过人地改易耳。这是一种受了历史潜力支配的幻觉，可是多少人认为是一种事实！拉克坦斯（Lactance）是一位深刻的思想家，他预言说："罗马毁灭了，由拜占庭（Byzande）来承继，西方须臣服东方。"教皇亦犯了同样的幼稚病，506年，教皇辛玛古（Symmaque）写给东罗马皇帝阿纳斯塔斯（Anastace）说："教皇与帝王是人类的统治者。"这仍然是奥古斯都的思想。

蛮人侵入西欧的结果，首先破坏了罗马帝国所缔造的均势，政治与社会的机构都丧失了原有的作用，古代的思想与文物，须重新来估价。其次，蛮人带来了一种创造的活力，不为罗马禁欲与法律的思想所规范，纵使蛮人受罗马文化的同化，但是有权力者却想保持他们的特性，如狄奥多里克（Theodoric）与尔利克所刊行的法典。最后，罗马思想失掉了重心，追逐社会的完美，扩展帝国的版图，结果造成贫富不均的社会。基督教与以一种崇高的理想，教人互相友爱，没有贵贱贫富的分别。蛮人侵入造成的灾祸，反变为教会发展的绝好机会，而蛮人如克洛维（Clovis）与希加来（Reccared）相继皈依，他们的军队与民众都集体参加，打下了稳固的基础。

追怀古罗马统一的复活是绝对不可能的，唯一的原因是，这么多的蛮人完全是新的因素，有他们自己的历史与背景，构成了帝国离心的强力。真正西方的统一，乃自基督教始。它是新旧民族的连接线，在政治上没有造成坚强的统一，在文化上却发挥了惊人的力量。

五

中世纪初，希腊思想失掉作用，因为探讨纯知的精神，只有少数智识阶级接受，而群众是绝对不能了解亦不愿了解的，当西方社会在彻底转变的时候，群众所需要的不是静观而是行动，群众所发挥的不是理智而是本能，所以真与美是次要的，一切最高的估价是行为表现的善。

安布罗斯（Ambroise）是4世纪末的思想家，深解希腊与罗马文化的特点，因为自我的否认，以行为表现基督的伟大，他倡导苦修以建立精神的纪律。他以实际的行动摧毁了对骸骨的迷恋，他要顺着那时的洪流，建设新的文化：灵魂的完美。

希腊思想不能阻止罗马文化的衰颓，却给基督教强有力的赞助，因为希腊以哲学代替宗教，崇理性，抨击偶像的崇拜。基督教是反偶像的，他所钦崇的真理，便是希腊哲人们，特别是亚里士多德所探讨的，在这一点上，希腊给基督教奠定稳固的基础。

次之，罗马禁欲派的思想家，予智慧以无上的价值，提高人的尊严。不问他的出身贵贱，只要能够遵循理性，即可达到人生的真义。人皆可以为圣人，所以人是平等的，这与基督教博爱的思想吻合，以"人皆兄弟"故。

基督教补救旧文化所生的缺陷，希腊思维的方式、罗马政治的组织，使基督教走上了一条新路，哈斯（Hass）说得很正确："没有希腊与罗马的文化，基督教是不可思议的。从罗马方面，它得到一切外形的组织，而它整个的哲学与神学，完全建立在希腊的哲学上。"我们试取当时的名著，如拉克坦斯的《天怒》（*De Ira Dei*）或奥古斯丁的《忏悔录》，我们发现了希腊哲人的推理、罗马思想家的雄辩。也是在这种意义下，施努勒教授（Prof. Schuurer）于他《教会与中古文化》的巨著中说："基督教保存了古代的文化。"

基督教保存了希腊与罗马的文化，可是它的个性仍能自由地发展，不为历史的潜力所束缚。古代的宗教含有一种恐怖，常使人至绝望的地步，基督教将信仰的形式改变，由畏惧变而为敬爱，由失望转而为理想，常使人对未来生一种快乐的情绪。它没有地方性，它是全人类的！从此后，宗教不是祖先的产业，神职亦非世袭的官爵，它将"人"的观念扩大，因为它看精神有无上的价值，精神是普遍的。

古代政教不分，国家行政元首，同时亦是宗教的领袖，基督教要打破帝王的神性，恺撒与上帝不能混而为一，即是说凡人都是平等的，不能以祀神之礼祀人。经过三个世纪流血的斗争，基督教留下光荣的记录。

从此，宗教别具一新义，它不受时间与空间的限制，以人类整体为对象，是超时代与超国家的。这是一种精神的革命，政治不受宗教的束缚，结果政治取得自由；个人有独立的意识、绝对的自由，产生出公德与私德的分别。福耶（A. Fouillee）说"基督教与思想自由的发展功绩很大"，并不是没有根据的。

试举一个证例：古代宗教与法律相混，各宗教按照自己的经典与习惯自创法律。"基督教是不以法律自属的第一个宗教，它只管人类义务，而不管其利害关系……于是法律变为独立，它可自取条例于自然、于人类良心、于人类原有的公平观念……"（古郎士语）

基督教不能阻止罗马帝国的灭亡与古文化的衰落，相反的，既然古躯壳失掉他的生命，应该从速消逝，使新文化自由发展，以减轻它的障碍。在中世纪初期，蛮人搅乱了故有的秩序，社会在颠荡中，基督教成为一种向心力，它与各民族配合，培植原有的特性，有如狂风中播散的种子，有一日，自能成为一种奇观。

六

自蛮人大批侵入西方后，罗马成为唯一的目标，多少次受暴力的摧残与劫掠！百万居民的都城，到6世纪中叶，仅只留下五万了。教皇格列高利一世（Gregoire le Grand）看到罗马的凋零，发出一种哀鸣："到处看到是悲哀，听到是呻吟。罗马，你曾经做过世界的主人，而今压在剧烈的苦痛下，受蛮人的袭击，葬在你自己的破瓦颓垣中。何处是你的元老院？何处有你的民众？"

罗马狼狈的景象，现在转变到另一种使命上，成为宗教的中心。罗马的主教向居重要的地位，自尼西亚（Nicée）会议后（325年），它的重要性更为扩大，以有裁判信仰的全权，一切基督教的理论与仪式须依照它的意志为根据。继后圣本笃（St. Bensit）创修院制，一方面潜修，一方面工作。他尊重个人的意志，每一个入会者，须要三次重复听到这句话："这里是你去奋斗的规章，假如你能遵守，你进来，假如你觉着不能，你自由地离开。"西方人士，感到时局的杌陧，大家逃在修院内，虔祀真主，做一种悲天悯人的工作。施努勒教授说："圣本笃教其弟子不是在侵略世界，而是在传播新的文化。"

在这种情形下，法兰克人、日耳曼人，特别是爱尔兰人，相继皈依基督教，他们赞助政治的统一，使分裂的局面消逝；在文化上，他们保存了古代的科学与哲学；在伦理上加强生的信仰与内心的纪律。

教皇格列高利一世，纵使服从东罗马皇帝，事实上却是独立，逐渐形成教皇国家，拥有重大的领土。自龙巴多（Lombards）侵入意大利后，地方变成割据的局面，东罗马无法控制，格列高利应付蛮人，尽力保护苦痛的民众。民众爱护教会，在它固有神权上逐渐加增了世权，此事虽细，对中世纪的历史影响却非常的重大：第一，教会国家的发展，使政教不分，破坏了基督固有的原则。第二，教会既在西欧拥有巨大的资产与土地，正在国家形成之时，神权与世权不分，构成政教的冲突。第三，基督教绝对尊重个人的自由，在原初并非专制的。在9世纪初，渎神罪可用三十利勿（Live）赎之。但是从权力加强，常以宗教的权力解决政治的问题，如革除教籍。1226年，第一次因宗教而判处死刑。第四，教会财富增加，好处在培植中古的文化，孕育成近代知识的进步；坏处在注重物质，奢侈淫逸，失掉原初淡泊、安贫、清高等美德。第五，查理曼（Carolus Magnus）统一西方后，于八百年终至罗马，由教皇利奥三世（Leon Ⅲ）行加冕礼，从此他有皇帝的头衔，是奥古斯都的承继者，而灭亡了的西罗马，从此又复活了。

七

中世纪初期的文化，无特别的重要性，它实是一个"黑暗的时代"，自克洛泰尔（Clotaire）死时起（561年），至查理曼即位止（768年），我们看到的著述，只有一部《法兰克人史》，还是那样单调，所有抄本，错误百出，字体草率，非常难读。查理曼写给一位修院的院长说："不了解书写是可怕的，不了解字意是更可怕的……"

便是在政治上，亦是常在紊乱中。当墨洛温朝（Mérovingiens）时，大部分仍在割据，传至达高拜尔（Degobert）后（639年），国王只有虚名，"长发垂须，坐于宝位，宛若治理万机的样子"（艾根哈语）。继至查理·马岱（Charles Martel）出，击溃萨拉森人（732年），其子丕平（Pépin）得罗马教皇之助，建新王朝，到查理曼时，结束了这个黑暗的时代。

查理曼所领导的帝国，第一特点是宗教的，自从教皇利奥三世加冕后，西方帝王的概念，含有神圣的成分，而他们的举动与生活须遵从宗教的规则。第二个特点是古罗马帝国的复活。他追念罗马帝国的伟大，模仿他的机构，但是他却不明白，帝国的本质不同，平等的法的观念几乎不存在了。第三个特点是封建制度的形成。自从8世纪末，西欧已回到农业状态，地中海为萨拉森人封锁，大陆上交通处于破坏的状态，土地成了生活唯一的来源，自帝王与教会至百姓，完全依赖土地的生产。所不同者，一部分须劳动，另一部分征收财物，国家的行政制度、军队的征募，皆以土地转移，国家元首的最高权，名虽存在，事实上完全不能保障了。

封建制度是人与人之间建立的立体关系，也是中央权力的分裂，构成许多代理人，正因这些代理人有土地，他们便成了一种实力。这是都市与商业消失后，在离乱时末期必有的现象，自古已然，只不过范围与程度不同罢了。查理曼深知中央权力的薄弱，他必须认识现实，他说："层层必须服从，使政府的命令好施行。"

纵使中世纪初期的文化无特点，但是它十分重要，因为它是一个转变时期，基督教便在此时奠定下深厚的基础，开始启示出一种新的文化：提高了人的尊严。自查理曼死后（814 年）不久，帝国便分裂，进入封建时代，而同时亦有许多事实发生，如：962 年，建立神圣罗马日耳曼帝国；987 年，路易五世逝世，加贝建立新王朝，直至法国大革命为止；1066 年，诺曼人侵入不列颠，有哈斯丁（Hastings）的胜利；1077 年，政教冲突，亨利四世向教皇屈服；1095 年，教皇乌尔班二世（Urbain II）发动第一次十字军……我们看这些接连重大的事实，便知进入一新时代，便是说新旧交替，产生出真正中古的文明：追逐灵魂的完美，牺牲现在而不牺牲将来。在这种观念下，我们始能了解中古诗人的这句话："大地上没有停居的地方，任你到何处，你是一个旅人，你是一个过客。"

第八章
中古文化及士林哲学之研究

一

查理曼帝国分裂后，欧洲的历史与文化演变到新的阶段，构成真正的中古世纪。受内乱、战争、诺曼人的侵略，在紊乱中寻找秩序，不安中追求和平。布洛克（Marc Block）以一种敏感的直觉，语之为"几何形的社会"。

无论从哪一方面看，中古世纪的文化形式是"立体的"。中古的封建社会，弱者受强者保护，强者更有其主君，宛若金字塔。理论上国王居于全国最高的地位，事实上与民众脱节，只统治着二三诸侯，有时小国的君主反为大诸侯的附庸。从文化上看，中古最伟大的贡献，在于知识的分类：伍尔夫（M. de Wulf）说："13世纪的知识分类，正好用三级金字塔作比，底层是一般以观察为方法的科学，哲学位于其中，而神学居于顶点。"再从艺术方面看，建筑是中古艺术的特点，利用重力定律演进为哥特式的教堂，它尖拱的窗、双弧的圆顶，一点一线，无不表现它的对称、调和与均匀。但是但丁的《神曲》，其结构亦是一种建筑式，地狱、炼狱、天堂，正好像12世纪流行的社会观念："上帝的世界分三重：有战争者，有剥夺者，有劳动者。"即是说骑士、教士与臣民。

中古世纪的文化向为人所反对与鄙视，其理由非常简单，视文化为宗教的附庸，正如宗教被人视为蛮性的遗留，即这种浸渍在宗教内的文化，自然是可憎恶的。这种解释是偏见的，其错误来自不知，更因为将宗教与文化混而为一，不加辨别，遂形成一种传统的观念：中世纪的文化是落后的。

关于此，没有再比歌德对哥特式的建筑批评更有深意的。当他初至斯托斯堡时，他看不起那里巍峨的教堂，视为封建破败时代的遗物，不足一顾的；毕竟歌德是一位好奇者，一天偶然踱进去，他感到一种强烈的吸引力，从未经历过的。他说："轻视哥特式者，不知不觉间养成一种反感，认这种错综的装潢，适足以助成阴惨的启示。……然而在此，却感到一种新的启发，将鄙视一变而为惊奇，这种建筑迷人的优美，乃深刻吾人灵魂之中。"

歌德的自白，很可说明一般人对中古文化的态度。可是歌德是特出的人物，他具有清醒的意识，不为成见所囿，试问多少学者与专家能够独具只眼纠正那种博识的偏见呢？我们要记住：所谓某一时代的文化，乃在看它对身、家、国是否有一种向上的进展，使哲学、科学、艺术有无独特的发展，并非它是迟滞不变，一劳永逸而解决了一切。丹纳（H. Taine）说得好："假如别的星体上住有人类，来考察我们进化到什么地步，我们只有举出关于精神与世界五六个观念告诉他们，唯有如此才能给他们一个标准，来测度我们的知识。"对于中古文化亦是如此，我们既不能向它求绝对的完美，也不能求它解决一切，我们只能寻找它的标准，一方面看到它的特点，另一方面看到在全人类进化中，它所占的位置是如何。

二

我们首先要明白中古文化具有一种特殊的形式，希腊、罗马的文化，随查理曼帝国而崩溃。古代含有诗意的宗教，几乎是一种想象的娱乐，而今为基督教与回教所代替，这两种宗教其态度的肃穆、教义的森严，绝对不允许人任意解释的。其次，古代工商业的繁荣，经过蛮人侵入，逐渐衰落，而代之以一种农业文化。皮朗（Henri Pirenne）在中古欧洲社会经济史中说："8世纪末起西欧已回到一种纯粹农业的状态，土地是生活唯一的来源，是构成财富唯一的条件。……"那么一切社会生活，建立在土地占有之上，而国家官吏与军队，亦只有从领有土地者中选拔，这样产生了两个重要的结果：第一，国家元首的最高权力失掉保障，构成一种分裂局面；第二，古代城市消失，战士、僧侣与农民退居乡间，剧场与道路不复补修，而聚精会神所注视者，乃建筑教堂。便是在法律方面，日耳曼法蒸蒸日上，教会建立自己的法典，古罗马法典沦为参考的资料。与法律相关最密切的文化，亦失其普遍的作用，拉丁文成为学者与教会的工具，大众即用各自的语言，英德人操日耳曼语，欧洲南部操由拉丁演变出的语言。从这些事实上，我们看到古文化的消灭，而中古文化实别有其特点。

不只如此，中古世纪有几件事实使人难解。从1096年发动第一次十字军，至路易九世领导着第八次完结（1270年），共费一百七十四年，牺牲九百余万人。无论有多少人目的不纯洁，大体上总是为了耶路撒冷，因为断绝这块圣地，便是要断绝天堂路径。为什么那些男女老幼，不辨东西南北，而踊跃地参加呢？那些无知的妇女向骑士说："你们勇敢，你们去与敌人斗争；我们要与基督共苦痛，去侵略天堂。"（见 *Nogent Gesta Dei Per Francos* 第二卷）

当封建制度发展时，教会内部腐败，失掉领导作用，克吕尼（Cluny）修院立（910年），树立教皇选举制，从此便与政治发生剧烈的冲突。自1075年起至1266年止，共一百九十一年的斗争，前后三次冲突，虽说教皇取胜，却真是两败俱伤。在教皇要继持世权，当利用神权以达到个人的目的，结果教皇公正信威失掉，如路易九世之于英诺森四世（Innocent Ⅳ）；在德国与意大利，那便是无政府的混乱。为什么教会曾有广大的群众不能与帝王合作呢？为什么清一色的基督教社会，多少改革，而不能阻止将来的分裂呢？

最使人赞美的是中古所建筑的教堂，第一个哥特式教堂的代表，为巴黎圣母大教堂，建自1163年，完成于1245年，共费时八十二年。再举一史实：到中古后期，因承继问题，发生英法百年战争，自1340年至1453年，共费时一百一十三年。从贞德（Jeanne d'Arc）少女出，使查理七世振作勇气，结果英法恢复意识，明白各自海陆发展的使命。

从上面所举之史实看：第一，中古文化的色彩是宗教的，在这个时代，修会林立，宗派丛生，全部欧洲社会，其精神与物质的动态，无不以基督教为归宿，便是与教皇对抗者，如法之菲利普·奥古斯都（Philippe Auguste），日耳曼之亨利四世（Henri Ⅳ）与腓特烈二世（Frederic Ⅱ）等，也一致承认教会为社会的基础。中古史学权威者施努勒（Prof. G. Schnurer）教授，论到此时宗教与文化关系时说："此时宗教与文化关系最为密切，领导西方民众，使西方日进于高翔之域。"第二，中古人民的时间观念，只有将来而没有现在，这并不是说现在不重要或不存在，乃是说他们视百年如一日，将现在变为达到目的的手段。肯培斯（Thomas A. Kempis）说："既然没有你休息的地方，为什么你要左顾右盼呢？天堂是你的居所，大地的一切，你只是过路者所看到的……"第三，中古为封建的社会，向心力逐渐减弱，一切的机构成为散漫的，但是它有种强烈的倾向，一切要普遍化，建立一种永远的秩序。这是一种伟大的理想，中古的杰出人物，如叙热（Suger）、路易九世、格列高利七世（Grégoire）无不视"现实的世界乃上帝真实思想的反映"；每一个具体的问题，即刻便演为一种幻想，而这种幻想自中世纪人士观之，没有不可实现的理由；纵使遭遇困难，只要把时间延长，随时都可克服困难的。但丁是一失意的政治家，他并不悲观，他将深心郁郁的心绪，讴歌在《神曲》之中，这是"天声人语的合奏"，这是一部史诗，其真实性还在维吉尔《埃涅阿斯纪》（*Énéide*）之上。

三

"千年的恐惧"过后，太阳仍然放出美丽的光芒，世界亦未到末日，而人类仍旧过着他平凡的生活。西方人士感觉敏锐者，宛若初生的婴孩，大家有一共同的要求，即普遍秩序的安宁。因为各层的社会生活，皆受基督教的领导与支配，教皇格列高利七世，在1075年宣布教会的使命："要以基督的统治替代恺撒。"

这不是个人或教会狂妄的企图，这实是文化转变，达到一种新的境地，产生了一种新的哲学：士林哲学。士林哲学常被人误解，不认为是教会的工具，便认为是神秘的抽象，斗弄几个空虚的概念。事实上，士林哲学完全有它自己的体系，它的基调是"认识"，它的对象是"真"，当它静止的时候，构成一种新的理论；当它动的时候，又是一种方法。

人之所以有认识，以有"理性"故。理性的作用，自士林哲学者言，非特是知识的源泉，而且是生活的规范；它不只是逻辑的，而且是心理的。

从心理观点而言，理性是普遍的。唯个体为实在，而这种个别实在性之于人，便是"人格"，这是中古文化独特的表现，构成了个人的价值与尊严。人格为个人独特的本质，大家相同，"奴隶和主子是一样的"。当时的哲学家勇敢地向人宣布说："你的人格是属于自己的，它具有无上的价值，要自信，绝对不能放弃，只有自由的契约才能给你拘束。"这种思想的形成，由于基督教重视灵魂，同时亦由于封建制度，吴尔夫说得好："封建制度下人人皆欲求独立，附庸与君王的关系皆以自由契约而定，社会各阶层咸以独立为最大目的，这种倾向，得教会个人生命价值同等。救主为全人类赎罪之说益彰，便是本着这种精神，所以彼得呼其奴隶为兄弟姐妹。"

这种主张是承继柏拉图与亚里士多德的理论加以发扬光大的，可是他们的人性普遍论，舍形而上学的根据外，还有心理的根据。阿贝拉德（Abealard）解释：宇宙间只有个体独特的存在，唯每个人的心却有一种概括作用，使普遍化。心之所以能概括，因理性故。理性还有一种重要作用，即在个体上，揭去时间与空间的外形，得到个体独特的东西，如运动与生命等抽象的概念。抽象是由感觉得来，这是理性力量的表现，到那最高峰顶时，它也是普遍的。

13世纪最大哲人托马斯·阿奎那（Thomas Aquinas）说："没有知识不是由感觉得来的。"所以知识无论如何完全，都是受了限制，因而我们所追求的真理，亦是局部的，而绝对不能是整个。但是在人类思想生活中，多少思想发生积极独特的作用，如上帝（亦称绝对的真理）等概念，它完全超脱我们感觉之外，我们如何能以不健全的知识，而得到这绝对的真理呢？自士林哲学观点上言，理性的对象为真，它不只是认识，而且还是行为，整个宇宙寄托于其中。我们由类比的方法，推定绝对的真理，我们只知它是"实有"，却无法道出它的本体。托马斯说："我们对上帝所有的知识，只知道它超于我们一切拟想之上。"

但是，士林哲学的基调，完全在"理性"，科学亦是理性活动的结果，它的定律是必然的。科学的真理、哲学的真理以及神学的真理，不特不能互相冲突、互相矛盾，而且是相因相彰，只不过"种类"不同罢了。这比亚里士多德更进一步，亚氏解释知识问题，首当建立秩序，哲人的任务便在知识中建立秩序，托马斯将知识建立一秩序的系统，进而解释它的原因。

当托马斯说："于秩序中随在皆能发现人心的作用。"因为人心可以确定万物的程序，理智说明万物的特点，人心与理智是一个东西，绝对不能分割，只不过是两种不同的出发点而已。所以中古世纪是一个情感激烈同时又是爱好知识的时代。他们追求真理，狂烈地牺牲，正如让（Jean de Salisbury）所说："世界埋头于此问题之解决，其所费时间与精力，并不减于恺撒之征服天下。"

四

中古艺术史专家马洛（Male）说："13世纪的制像术，其目的在诉诸理智，而非诉诸情感，它充满了逻辑的成分，没有伤感与萎靡的情调，伟大宗教的作品，乃在动人心而不在动人情……"人心是理性的，人情却是感觉的。

这是了解中古文化的基点：从理性出发，建立兼容并包合乎人性的理论，中古文化的特质，便在它对人的生命与价值的确定。唯个人是实有，它受时间与空间的限制，以故非常脆弱，但是它的本质，却是历万劫而不朽。生命的可贵、人的价值，便是因此而判定的。

因为人有不可侵犯的尊严，在论理方面，便养成与弱者为友、与强者为敌的骑士行为。他们勇敢、侠义、牺牲，充分表现出封建时代的意识。如《罗兰之歌》，叙述查理曼如何的忠诚；路易九世贵为天子，亲身服侍穷人。"荣誉"成为骑士的口号，不爱"荣誉"者便不为人所齿。

我们必须认识理智是中古文化的中心，他们日常的问题归纳在几个简单的方式中：真假的辩论、个人与集体、统一与分裂。他们要求理智的证明，到不能证明时，便诉诸幻想。如中古学者，以地球为宇宙的中心；一切万有都是为着人而存在的；基督教为唯一的宗教，这样的假定很多，积而久之，假定成为真理了。从幻想代替理智后，我们看到中古有许多幼稚的见解：如印度女子没有灵魂说，让神长统治庞大的帝国，迷信点金术与符咒。多少人据此便断言中古文化的落后，未免太皮相了。我们试举几个证明：

第一，西方大学的林立证明这是一个爱好知识的时代。西方最古的大学是萨来诺（Salerne），于11世纪初期成立，以医科最著名，教授阿拉伯著述，但是它的影响并不大。到12世纪末，波罗尼（Bologne）、巴黎、牛津诸大学成立，西方学子，千里负笈，形成一种研究高深的学术的狂热。到13世纪初，各大城市含有封建意识，要有自己的教堂、宫殿与大学，摩德纳（Modena）、蒙彼利埃（Montpellier）、雷焦（Reggio）、剑桥相继成立大学，各有特点，蜚声四溢。便在此时，西方似乎有种大学传染病，1204年成立维散斯（Vicence）大学；1212年柏伦西亚（Palencia）大学；1222年，巴都（Padue）大学；1224年那不勒斯（Naples）大学；1228年维尔切利（Verceil）大学；1229年图卢兹（Toulouse）大学；1234年萨拉曼卡（Salamanque）大学；1245年瓦伦斯（Valence）大学；1248年泊来散斯（Plaisnnce）大学；1250年，阿雷佐（Arezzo）、奥尔良（Orleans）、昂热（Angers）三大学成立，到14世纪布拉格（Prague）大学成立（1348年）；维也纳大学系1365年成立；海德堡（Heidelberg）大学在1386年成立；科隆（Cologne）大学在1388年成立……

第二，从知识分类上，我们看到中古文化的成就。在12世纪以前，每个学校中有七艺的课程，文法、修辞与论理是谓初三艺，继有算术、几何、天文与音乐是谓高四艺。到12世纪后，十字军兴起，阿拉伯的文化、希腊古代的思想输入，如阿维森纳（Aviceune）的《医典》（*Canon*）；西利亚巴斯（Ali Abbas）《医学大全》十卷；亚里士多德、柏拉图等之著述，逐渐翻译，西方人士知识上起了很深刻的变化。那时候他们感到传统的智识分类非常狭隘，予哲学以确定的地位。哲学独立，遂奠定高深学术的基础。但是，中古最大的贡献，常为人误解，乃在哲学与神学的分离，哲学始有其完整的生命。因为哲学的出发点是理智，神学却是信仰。信仰固不能与理智相违，但是有许多教义见诸《圣经》，而不能为理智所解决。

我们曾经说过：中古文化是立体的，一般科学居于下，哲学位乎中，神学冠于上。一方面"按照建筑的定律"（哈斯语），另一方面，由感觉的观察进而为智慧的思维；便是说按照抽象的程度，将智识分为种类，各有其研究的对象与所从研究的观点。宇宙间错综的现象，每部分当予以特殊的研究，可是因为基础不稳固，常将经验与知识混淆，所以在当时学术上，常可遇到错误的结论。研究各部门的学问是无穷的，只要发现一个新的方向，或有新的需要，即产生一种新的科学。这需要大众的共同努力，有如建筑一所大教堂，完全是为了大众的。亚兰斯（Henry Adams）论到中古教堂时说："那些富丽的堂庙都是为着千万人造的，为着人类祝祷上帝求其赦免罪恶与免于饥渴而造的。"不只教堂如此，在知识发展上亦如此。

  进一步为哲学，哲学不是各种科学的综合，而在研究整个事物的关系，借理性作用，在全体中探讨那深入实有内容的某种特质。他们根据亚里士多德的分法将哲学分为三部：为真的知，它是理论的；为善的知，它是实用的；为美的知，它是情感的，含有浓厚的诗意。

  假如我们用中古习用的譬喻：一般知识乃游人所见城市中之古迹名胜、楼台殿阁、景物街衢等；至于哲学，乃登高山之顶，俯瞰全城的轮廓与景色；神学乃太阳之光，它照耀万物，没有它，人类永远是黑暗的。中世纪的人可以想象人类之绝灭，却不能想象上帝的不存在，这不是一个哑谜，这是根据矛盾律与效因必然的结论；只有承认它的存在，才能说明宇宙万物的变化。

五

  在某种意义下，文化是心理力量综合的表现，13世纪的特点，在加强个体，趋向统一，以建立广大完美的体系。世界是多元的，因为人类生活的需要，家庭、国家、社会是"集多数人而成团体，它的统一是外形的，并非自然的本质"（多默斯语）。假使从作用上看，团体是非常重要的。但丁著《王政》一书，拥护大皇帝出现，组织大国的团体，具有普遍的秩序。当时正在封建时代，王权衰落，无法实现。只有教皇，天下一家，他吸取古罗马帝国政治的机构，以博爱平等之说建立教会帝国，他有自己的法律，自己的领土，他居高俯瞰着当时的一切事迹的演变。因为法王菲利普·奥古斯都反抗教皇，英诺森三世说："各国君王有其邦土，而彼得地位驾乎一切君王之上，因为他代表基督统治着整个世间。"

为何反对教皇如亨利四世、腓特烈一世，他们也承认这种理论呢？为何他们一方面与教皇作战，另一方面又恭顺地参加十字军呢？从士林哲学解释：每个人有圣神的价值，他便是一个小宇宙，一个小上帝。每个人有双层目的，一为世俗的，便在这个世界实现，一为精神的，必须牺牲现世，始能达到。于是四世纪哲人奥古斯丁"上帝之城"便成了中古一代渴望的理想，每个人为着他自己的命运，都把死看成是一种快乐，苦痛是一种幸福。我们看13世纪的艺术作品中，常时表现"希望"与"力"。因为力可以支持苦痛，希望引人到极乐的境地。所谓人生的快乐，并不是感觉的舒适，而是"人格"的发展，使精神生命得到正确的归宿。

中古世纪是一个乐观的时代，当方济各会成立后，以快乐为一种道德，各修士们必须遵守的，圣方济各（St. Fransois）所著之《小花集》（*Fioretti*），每句诗中表现宁静快愉的情绪，有如托斯卡纳（Toscane）碧玉的天空；但丁的《神曲·天堂》中充满了和平快乐的心绪，有如在狂风暴雨后看到的郊野；乔托（Giotto）的绘画，以简朴的条线绘出内心的和谐，开始接近自然；哥特式的建筑，一点一线，显示出清醒合理的精神，四面满墙巨窗，镶彩色玻璃，在温柔的晨光中，每个人寻找他的安慰与希望，正像做着缥缈的梦。

在中古推崇理性运动之下，他们主张：善是每个人最小的目的，正如亚里士多德说："善为一切存在的理由。"可是求善之道甚多，如何能保证善之获得，而不使人堕入歧途呢？唯一有效的保证，便在合理，合理便是反省，由是而产生自由意志说。这便是如何个人为团体牺牲，其人格非特不灭，反而相形益彰。从这个观点出发，我们始可了解十字军的运动永远是牺牲现在而为着将来。

由是产生一个重要的观念：真理是永恒不变的，而宇宙却在日新月异之中，个人知识非常有限、非常渺小，只有全人类共同努力，加以选择、调整与组织，始可接近永恒的真理；从这里所产生的文化，才是真正的文化。吴尔夫说得好："中古人士认真理是座大厦，它是缓缓地建造起来的。"也是为此，他们不相信权威，不相信专家，他们只问接近真理几何，却不问是何人所发明！多少人嘲笑那些权威者，"权威的鼻子是蜡制的，扭之左则左，右则右"。这和今日有一技之长者，便沾沾自喜，真是不能以道里计了。培根说："一直到世界末日，人间的一切不会达到完美的境地。"又中古有句流行的格言："完美便是死亡的别名。"许多人以为缺陷的美是浪漫派学者的发明，那才是商人的瞎说，没有了解中古世纪的文物。

六

多少研究欧洲史者，以为希腊、罗马之后，欧洲沉入黑暗时代，至文艺复兴时期，忽放光明，宛如经过深长的暗夜而见旭日东升似的。我们并不否认文艺复兴的重要，但是文艺复兴却是由13世纪文化蜕变出来的。

13世纪文化的支柱，哥特式的教堂、士林哲学的经典，两者都表现人类理性的发展、追求灵魂的完美。这个社会虽然充满了战争、决斗、荒淫、苦困，但是他们基本色调却在与"人"以特殊的价值，追求永恒的真理，因为"现实的世界是真理的一层帐幕"（拜耳教授语），每个中世纪的思想家都想揭开，一窥内边的奥妙。一方面，他们的思想是情感的，另一方面又是理智的。他们着重个体，却要爱护全欧洲共同的教会。他们充满了封建的思想，依附有力的权贵，同时却要求意志的自由。我们看到了分裂与统一并存、现实与理想混合。

外表上表现出矛盾、古怪，有时候幼稚，而内部却是沉静、和谐与快乐。士林哲学与以完整的体系，给人类智慧一种坚强的组织。13世纪的哲学著述是《圣经》与希腊、罗马文化两种遗产的综合，到文艺复兴时，那是中古文化逻辑的结果。从这方面谈"人"的发现，那才不致到错误的地步。

第九章
16世纪新时代的分析

一

在文艺复兴与宗教改革之前夕，欧洲历史演进到最复杂的阶段，其可得记载者，有下列两种史事。

第一，当罗马帝国希腊领域消灭后，欧洲人的意识上产生了剧烈的不安。即千余年缔造之东方基督教文化，将为穆罕默德二世的武力所夺取，而发生"近东问题"。此问题使欧洲人陷入紊乱局面，至今仍无一正确的解决。西方人感到问题的棘手，匈牙利王英勇的防守，教皇庇护二世鼓吹十字军，结果威尼斯须将阿尔巴尼亚割让（1479年），土耳其将东地中海的商业完全独霸了。

第二，因伊莎贝尔（Isabelle）与斐迪南（Ferdinand）结婚，形成西班牙之统一。在1482年，成立审检制度，驱逐异教，成为罗马教皇强有力的凭依，君主政体奠定稳定的基础。他们英勇的航海家，即在此时发现了另一个世界。

第三，英法百年战争结束后，以少女贞德故，法国民族意识的觉醒。路易十一，以忍耐的外交，与瑞士缔结同盟，与英人重修旧好，使法国至隆昌地步。其政绩使人注意者：一方面要保护东北与东部的安全，另一方面树立万能的君权，君主即万物，为上帝一半的象征，直至法国大革命时，法国便是向这两方面推进。

第四，构成神圣罗马帝国之核心日耳曼有三百六十多分子，每次举帝王时，不是行贿，便是让予，这样道德与法权无法维持。那些王公卿相，利用联邦间嫉妒与矛盾，均不愿有一强有力之国王。于是，日耳曼人之爱国心，转移在模糊的民族观念与狭小的城市，而哈布斯堡（Habsbourg）依赖机智，将婚姻视为卫护政治权力唯一的方法。马克西米连（Maximilien）的政策，便是以婚姻夺取西班牙与新世界，而欧洲三百年的局面，便受这种婚姻政治的支配。但是，每个民族要求统一的政治，在任何分裂局面之下，无不竭力追求。日耳曼既不能有统一的政治，转而从宗教着手，在著名的沃尔姆斯（Worms）宗教会议，虽有查理五世（Charles V）的反对，结果仍然采取路德的路径。可是我们要记住：路德的宗教改革，不久变为政治与经济的改革。而希特勒不是视路德为他的先驱吗？

第五，自查理曼大帝加冕后，罗马教皇不只是精神的领导者，而且是政治的领导者。教皇自政治言，一为入世的君主，拥有丰富的资产，成为罗马贵族角逐的目标。有几位教皇、如亚历山大六世（Alexandre Ⅵ）的荒淫，朱尔斯二世（Jules Ⅱ）的野心，结果使教皇精神权威降低，而意大利变为斗争的场所，分裂成许多独裁的统治国。可是因为经济的发展，构成艺术与知识的复兴，其功绩在文化史中，留下最光荣的一页。

从上边史实看，我们见到：（一）欧洲统一的崩溃；（二）国家思想的发展；（三）宗教威信的降低；（四）个人意识的觉醒；（五）世界领域的扩大。而这些特点，实是近代历史的开始，凝结在文艺复兴与宗教改革上，我们想予以一种概括的研究，说明这是历史发展的结果，只有从民族性上，始可予以较正确的解释。

二

当英法百年战争结束时，西方旧社会感到新的动向，构成两种强有力的潮流：一种着重在智慧与艺术，另一种着重在宗教与伦理。两种都是对现状不满意的反响，期望改革，造成一种复古运动。从智慧与艺术方面，那些改革者欲使古代希腊、罗马的复活，从宗教与伦理方面，不满意当时基督教的堕落，返归到原始的基督教的生活内。

这种复古运动是外形的。自实质言，这是人类意识对集体强制力的反抗，造成了个人意识的觉醒。为此，我们看这两种运动，不是两种改革，而是两种革命，假如革命的意义不仅限于流血的突变与剧烈的斗争。

从史学方面看，个人意识的觉醒，并非16世纪所专有，圣本笃（St. Benoit）教其门弟子说："院长应该明了每个人的灵魂与个性，这个当用温言来劝导，那个当用严辞来责难，还有的宜用暗示来启发，须因才而教，深切了解每个人的聪明与特性。"次之，中古意大利与日耳曼分裂的局面，骑士制度的发展，封建造成割据的形式，都是构成个性发展的因素，而个性发展便是个人意识觉醒的表现。便是13世纪的士林哲学，提倡抽象无我的理论，可是个人的人格价值，始终没有忽视过。

施努勒教授（Prof. Schnurer）在《教会与中古文化》一书中再三申论10世纪新文化运动，始于蛮人侵入。他说："日耳曼侵入罗马帝国，使古代文化崩溃，也使日耳曼民族创立起新的文化。"

我们同意这种说法，因为史实的演变，绝非突然降生，它必有久远难以分辨的因素。可是有两点须加以说明：第一，中古的个人意识，其出发点是形而上学的，人格是它的价值、超性是它的归宿，由是而论，在不同中具有共同点。而16世纪由实用出发，形成个人主义，理性与感觉是并重的，即尊重形式，变为自我的崇拜。从这里始能明白蒙田（Montaigne）的"我知道什么？"笛卡儿的"我思故我在"。第二，通常论 16 世纪个人意识的觉醒，将之别为艺术的与宗教的。殊不知文艺复兴不必是古典的，它也可以是宗教的；同样，宗教改革不必是宗教的与伦理的，它也可以是社会的与政治的。

16 世纪新文化运动虽导源于中古，它的实质与中古完全不同，它范围的广泛，变化的剧烈，实为近代历史的总发动。本来"太阳下没有新的历史"，可是自因果而言，则每时代必然有它的特性。当封建制度崩溃后，政治转向集权君主，经济扩大范围，那种抽象与书本的智识，虔诚与缥缈的信仰，逐渐失掉作用，起而代之者，是以人为本的现实思想，以观察与经验代替了反省与推理。

三

16 世纪的思想，外表上错综复杂，宛如走到无尽的森林，而骨子里却有一共同的基点：个人主义所构成的人文主义。人文主义是欧洲精神统一破坏后的产物，要理智与信仰分离，每个人的意识，再不假借士林哲学传统的理论，要自己直接解决自己的问题，支配自己的行为。就每个人自身言，本能要求自然的地位，不再受智慧的约束；而个人生命的价值，仍以超性为本。可是不允许忽视现实，一反中古基督教的思想，不仅要牺牲而且要享受，不仅要服从而且要怀疑，要以自己的意识为人类行为最后的估价。

从空间方面看，无论在佛罗伦萨、巴黎、牛津、鲁文，我们看到有共同的思维，幻想古希腊、罗马文物的再现；从当时特殊人物看，即爱好虚荣的马基雅维利（Machiavel）、个性倔强的米开朗琪罗、虔诚而多疑的伊拉斯谟（Erasme）、国家思想狂烈的拉伯雷（Rabelais）、崇尚自由的路德与加尔文（Calvin），虽因环境的不同，各有特殊的发展，但是他们的基调——人文主义——却是一样的。

倘如从这种角度衡量胡斯（Huss）的死，便知不是一种偶然的事件。自威克利夫（Wyclif）提出关于宗教的理论后，便是许多信心坚固者，亦不能否认问题的严重，胡斯是典型的实践者，给今后的改革家一个榜样。正统的基督徒，深感到问题的重大，温和派由古代经典内探讨宗教的真理，以期校正传统幼稚的思想；激进派以军旅纪律，组织斗士，使基督教枯老的枝干上，抽出嫩芽，这便是罗耀拉（Ignace de Loyola）成立耶稣会的目的。

罗马帝国遗留的统一阴影，中古已感脆弱，现今被路德与加尔文破坏无余。路德以民族的力量，加尔文借逻辑的精神，他们破坏了旧教会的约束、阶级的统治，过去基督教会的普遍性，只成为顽固保守者的幻想，因为每个国家要有它自己的教会，再不能忍受"教会国家"所支配，不只旧教会颓废、贪婪与豪华，而且对人生、国家、命运等完全具有不同的意识。威尔顿（Wilden）论到宗教改革与文艺复兴时说："基督教时代的结束，也就是国家时代的开始。"这是非常正确的。

四

研究十字军的史学家，常时强调经济的因素。同样，在16世纪的大转变中，经济实为强大的动力，特别是在意大利。从十字军兴起后，意大利欲取得欧洲领导的地位，但是它遭遇到两种困难。第一，教皇正式参预政治，内部发生裂痕，因为神权与世权的冲突，使意大利沦为散漫对立的市府政治；第二，意大利每个城市为政者，如米兰之斯伏查（Sforza）、佛罗伦萨之美第奇，无不借助外力，以稳固自己权势，结果意大利变成欧洲各国角逐的战场，永无和平的时候。从政治方面看，意大利失掉统一，自难领导欧洲；从经济方面看，意大利与阿拉伯竞争，至少控制东地中海，恢复过去的繁荣，构成经济的中心。

中古经济的基础，建立在土地与手工业上。因为海外贸易，市场扩大，如里昂与日内瓦之竞争，那种迟滞的中古农村经济，逐渐失其重要性，起而代之者为资本主义，佛罗伦萨便是当时金融的中心。这是一种新的组织，资金运用、巨款存放、汇兑与利息，人人都感到方便。即是反对高利贷的教皇，一样协助这种组织的发展，因为这种新组织成了战争中胜利的因素、政治斗争的工具。

物质发展的结果，使精神起了剧烈的变化，一方面阶级代替了自由与不自由的区分，资产阶级变成了社会的中心；另一方面，质朴的生活改变，豪华富丽，养成一种现实与应用的精神，墨西哥与秘鲁的金银，大量地运到欧洲，过去的农村生活，渐为畸形繁荣的都市生活摧毁，造成一种经济恐慌；因为生活繁荣使生产降低，因而失掉购买力。在这种危机下，只促成唯物的个人主义。所以雷纳教授说："15世纪是一个唯物的世纪。"

从唯物的观点出发，我们更可看出宗教改革真正的动机。多少国家的王公卿相，其攻击教会的理由，不就是看到教会富有而想没收它的财产吗？那时流行的一句话"何处有钱，何处下手"，便是宗教改革口号之一。威尔顿说："……在德国，特别是在英国，托辞改革宗教，而实际上是在没收教会的财产。"

不只如此，改革者深知教会弱点之所在。首先教会物质发达，腐蚀了固有的美德：如淡泊与安贫，生活浮华与放荡，不能为人表率。其次士林哲学成了宗教工具，失掉内容，只留下空洞的形式，不能领导当时的思想。最后政治与经济改变，加强国家思想，破坏了中古政教合一的精神，形成分裂的状态。那时候虽有少数理想主义者，如萨沃纳（Savonarole），却只有冲动的热情，不能把握历史的潜力，甚至可以说是反时代的。

五

中古世纪末，欧洲人士感到不安与悲观，有时竟至失望。从那时的文学与艺术上，我们看到对"死"的眷恋。达·芬奇的《最后的晚餐》、米开朗琪罗《早夕日夜》的雕像，充满了阴暗与怀疑的心绪，失掉了一切的信心。他们不满意现状，可是并不愿与传统的伦理断绝，从古希腊、罗马的文化内，他们摸索到返归自然的途径。可是我们要注意，这个自然与浪漫派所憧憬者完全不同，浪漫派视自然是一个伴侣，它具一种魔力，可以使不安者宁贴、苦痛者幸福。而文艺复兴时的自然是人性的，以一种分析的方法，解剖那种内心的冲动与需要，我们可以说是本能的解放，不愿再受理性的支配。这便是为何当时文艺的取材，完全以人为对象，很少有自然的描写。这是一种为物质决定的个人主义，而将罗马政治与社会的观念、基督教受苦与淡泊的精神，逐渐摧毁了。所以，福耶说"文艺复兴便是伦理的毁灭"，这虽指意大利言，就它对欧洲普遍的影响论，亦是很正确的。

个人主义的发展是必然的，只就欧洲各地方言的崛起，替代拉丁语文，构成了一种离心力，使中古统一的局面，无法赓续。方言的发展，加强了地方性，而骨子内便是民族思想的自觉，但丁的《神曲》、乔叟（Chaucer）的《坎特伯雷故事》、维永（Villon）的诗、丁道尔（Tyndale）英译的《新约》、路德翻译的《圣经》，这证明每个民族，可用自己的语言同上帝对话，直接表现自己内心的情绪，这对当时的政治思想，给予了强有力的赞助。自1457年至1557年之间，《圣经》译本印至四百版之多。我们知道方言的发展，便是各个民族个性的表现，因为各个民族生存的需要，由自己所创造成功，并非外力以使然。

从政治方面看，每个民族的方言，便是每个民族团结与自觉的工具，它加强民族的思想与国家的观念。当时每个民族，要依据地理、语言、习惯等卫护自己的权利。所以国界问题、税关制度、国际外交的关系，先后成为国家的要务。其结果罗马教会的统一，中古代议制度，逐渐失其时效，而每个国家需要有强有力的君主，如裴尔迪南、弗兰西斯一世、查理五世……在君主制度尚未隆盛时，民族思想成为唯一过渡的桥梁，罗伯逊（C. Y. Robertson）说："自1450年后，吾人进入另一个时代，民族思想的发展构成近世历史演变势力之一，今日之民族思想，实起源于中古时期之末叶也。"

六

民族观念不是指血统的关系，而是指据有共同的语言、思想、风俗等，即据有心理的统一，受历史潜力的支配。也只有从民族观点出发，始能说明16世纪的重要，了解何以文艺复兴产生在意大利，而宗教改革发动在德意志，即是说它取决于历史环境形成的民族性。

欧洲的政治与社会，显然分为南北两部。南部是拉丁的，喜保守，尚形式，偏重世俗，一切从理智出发，怀疑与分析为精神上独特的表现。北部属于日耳曼的，喜改革，重宗教，致力于内心生活，其出发点为直觉，时而做梦，时而幻想，神秘与冲动为精神的特点，因而常在无止境的斗争中。

这两种不同的精神，自始便处在对峙的地位，而中古所以相容并存者：第一，罗马帝国的残影，犹笼罩全欧，幻想统一的再现；第二，基督教统一的思想，教会严密与普遍的组织，构成了强有力的向心力；第三，日耳曼南迁后，以文化较低故，接受罗马与基督文化，而神圣罗马日耳曼帝国的成立，便是一个好说明。可是到15世纪，这两种精神逐渐发展，破坏了中古的平衡，有时又互相冲突，即欧洲思想与国家思想斗争。

意大利是罗马帝国正统的承继者，昔日光荣的回忆、壮丽的事迹，支配了意大利人的生活。在他们的内心，维斯达（Vesta）庙堂、朱庇特神殿与圣彼得圣保罗致命地是一样的。当基督教变为欧洲普遍的信仰，古罗马的破瓦颓垣、孤坟残碣，含有特殊诱惑的力量。彼特拉克（Petrarca）在他的诗中，表现罗马的复活。施努勒教授说："由返归到黄金时代，永远青年的思想中，产生出文艺复兴。"

中古世纪末，意大利人民与国家独具一种风格，正像古代希腊的复活，政教冲突，意大利分裂许多市府，如萨沃伊（Savoy）、热那亚（Genoa）、米兰、威尼斯、波罗尼亚（Bologna）、费拉拉（Ferrara）、曼图亚（Mantua）、比萨（Pisa）、佛罗伦萨、那波里、佩鲁贾（Perugia）、西西里等，与古希腊分裂成许多城邦，从未统一，殊无多少分别的。次之，意大利人醉心于政治，却无政治的定见，以自己城邦的利害，互相忌妒，不能相容，不只意大利失掉统一，并且失掉是非善恶的标准，有如希腊内战时一样。他们失掉罗马组织的力量，团结的精神，却采取了希腊的文学与美术，追求迷恋的"美"，固然净化了意大利粗陋的特质，却领导意大利至享乐的路上。

只要看波提切利（Boticelli）、拉斐尔的画，我们看到他们从刺激着手，给想象上一种逸乐。他们完美的形式、鲜艳的色调，虽似希腊的作品，其质量却完全不同。因为希腊没有纯粹的艺人，他们的作品内，充满了正确的思想。可是意大利没有接受希腊的哲学与伦理，如有之者，那便是诡辩派的理论，无确定的是非。马基雅维利的言论，便是好的证例，他说："如果我教王公们如何做暴君，同样也教人民如何反抗暴君。"

七

与意大利相反的为日耳曼民族，它的历史很短，又非常复杂，没有丰富文物的遗产，也没有历史纪律的训练，却有生动的活力，充满了宗教的情绪。它以直觉出发，在宇宙与人生问题上，含有朴素天真的彩色。每个幻想，立刻要变为现实。自从基督教侵入后，它接受了罗马帝国的历史，不客气地负担欧洲统一的重任，恢复奥古斯都黄金时代。可是，它既没有确定的世系，又不放松意大利，结果非常不幸。在16世纪初，日耳曼内部仍有三百六十多单位，他们要找一出路，转向古代的基督教，正如意大利转向古代的文艺是一样的。

当罗马教会取得合法地位，其第一急务便是在恢复古帝国的统治权，树立威信，其精神与组织是非宗教的。因为基督教对人类最大的贡献，首在它一视同仁、平等的精神，同时也在它政教的分离，中古不能坚守这种原则，形成一种特殊的局面，而宗教反变成战争的因素。

我们看雨力二世、利奥十世（Léon X）的行为，正像罗马帝政时代的奥古斯都。就一般论，拉丁民族的宗教是批评的，他们爱堂皇的形式，井然不乱的序位，可是他们所求于宗教者，是逻辑的问题。这便是为什么产生人文主义？为什么从个人主义的发展上，仍然追求理智的统一，以希腊思想为基础，重新建立欧洲精神的统一！

日耳曼民族，倾向于希伯来主义，在神秘的天国上，建立宗教的个人主义。它是急进的、冲动的，它要求日耳曼民族有其独立的宗教，不能为教皇所限制。这不只是个信仰的问题，这也是一个政治问题。因为有民族思想的因素，始产生了瓦姆斯的悲剧。我们知道路德在议场中说："我所说的不加任何修改，否则便违背我的良心。便是那样，愿上帝保佑我！"德意志统一的基础，便在此放下第一块石头。

日耳曼成了新宗教的创造者，这是德国史发展自然的结果，便是路德也未梦想到的。

八

文艺复兴是拉丁民族演进的结果，其傲人的人文主义具体的表现在爱哈斯姆身上。这是一个怀疑者，精分析，善讽刺，没有定念，却能精密地批评；他具有最高的权威，却在两可中建立他的地位，极端地推重理智，并且相信理智的普遍性。因此理智做了欧洲新精神统一的基础，他们要求智慧的解放，破坏中古传统的精神。这是一种形质相违的理论，外表上扩大人的范围——为此米失勒在《法国史》第七卷中论"人"的发现——而骨子里，却是个人主义。

路德从宗教出发，否认理智的权威，因为真理与命运等基本问题，只有信仰可以解决。可是信仰不是普遍的，而是民族的，此种热狂、冲动、神秘的情绪，使路德要建立民族的宗教。威尔顿说："从我们研究的观点出发，宗教改革是国家情感对中古教会欧洲的对抗。"这也是一种个人主义，但它的外形是民族的。

从此，我们看到文艺复兴与宗教改革的相同与相异，相同点在于它们对时代的反抗，基于个人意识的觉醒。在1519年3月18日，路德致爱哈斯姆一信，要求他予以赞助，共举大业。但是这个善于把握时机的人文主义者，绝无此胆量，他以迂回的言词，拒绝路德的请求，他回信说："……向各方宣布，你我并不相识，从未读过你的著述，既不能赞成，也不能反对……我竭力保持中立，为着可以献身于文艺……"相异处乃在信仰与理智的冲突、分析与综合的失调、日耳曼与欧洲的斗争、国家主义与人文主义的矛盾。所以路德与教会断绝关系后，同时也与人文主义者断绝关系，路德与爱哈斯姆处在对立的地位，现在德国人视路德为纳粹的始祖，并非没有他的理由。

从16世纪思想演变中，我们看到现代的缩影，胡塞尔（H. Hauser）语之为"16世纪近代化"并非是过言。

第十章
法国旧制度时代的家庭情况

一

"家庭"的基础建立在两种需要上：一种是人性的需要；另一种是社会的需要。欧洲的社会与历史，从未忽视过家庭的重要性，它的宗教，特别是基督教，把家庭看作是世界的缩影。家庭的形成，始于婚姻，而基督教把婚姻看作是圣事之一，圣保罗说："丈夫们，要爱你们的女子，正像基督爱他的教会似的。"诚以夫妇的爱是绝对排除了"自我"，形成一种最密的团结，所谓一身而两形，有如管夫人歌咏者。欧洲自法国大革命后，个人主义受浪漫派的影响，日见发展，人性中精神的需要，以官感的刺激；物质的发展，受机械的影响，使旧社会到崩溃的地步，因而"家庭"遭受到最大的打击，致有一种错误的见解：欧洲是不重家庭的。

我想在这篇短简的叙述内，说明：在旧制度中家庭所占的地位与实况。第一，它接近我们，又是法国大革命时破坏的对象；第二，近代关于家庭的观念，变化最剧烈，由是而可看出旧时代社会与文化的基础。

二

所谓旧制度,包括路易十四即位起(1661年)至法国大革命时(1789年)止,有百年多的时间。在这段时间内,含着几个特点:(一)这是法国最光荣的时代,普王语之为"近代罗马帝国";(二)承科尔贝特(Colbert)提倡工商业,法国有特殊的繁荣;(三)思想发展很自由,相信无穷的进步,而科学的发明更予以一种证实;(四)这是一个彻底转变的时代,一切宗教、政治、文明、经济都起了质的变化。

旧制度是由封建社会蜕变出来,而封建制度乃自10世纪中叶法国旧家庭演变而成,便是说9、10两世纪蛮人侵入,破坏了旧家庭的组织,形成一种公共的组织。其时,民众离散在幽谷与深林,搅乱了社会的关系,成了一种无政府状态。在此时,支持社会唯一的力量,而也是最强最韧的,便是家庭,因为家庭的力量深植在不可撼拔的"人心"。家庭是紊乱的劲敌,它有种强烈的需要,便在保障它亲属的安全。于是,社会生活已为家庭生活所替代,国家的任务已为家庭所负担,他们田园的疏篱变成了不可侵犯的边界。

生于斯死于斯的家庭,是每个人的圣地,没有他人是无办法生存的。但是自10世纪后,家庭不只限于父母、妻子、子女与奴仆,它的范围扩大,团集族中人口,弱者与幼者,环集在"麦西尼"(Mesnie,意为家族,等于拉丁文的 Mansionata)之旁,有家长,据有特殊的权威。"麦西尼"有自己族中基本人物,同时也有最忠实的亲戚,其基本的精神,在家庭化,即是说把小家庭扩大了。封建时代的采邑,便是由"麦西尼"演变出来的。

家庭演为"麦西尼","麦西尼"变为采邑,小采邑扩充至庄园,由庄园构成诸侯的领地,集许多诸侯而形成王国。直至1789年,一方面有封建与地方的特殊的潜力,另一方面有传统家庭的力量,法国始终是个大家庭,没有国家正确的观念。弗拉赫(Jacques Flach)论法国根源时说:"君者父,君权的基础,树立在家庭的组织与封建的保护制度上。"

三

在法国大革命以前，法国的社会没有特殊的变更，所以社会不是个人的集合，而是家庭的集合，失掉这个观点，无法了解法国的历史，也是在重理性与爱家庭这两个观点出发，辜鸿铭言近代能够了解中国文化者只有法国。

布丹（Bodin）在《国家论》中开始便说："国家有治理许多家族之权……"什么叫一个家族？布丹又解释说："家族是许多人服从家长统治者。"又说："好家庭便是国家的一个缩影；家庭的力量便是国家的力量，治家如治国然。每个人在家中尽职，即家庭兴旺；每个家庭治理的好，即国家隆昌。"

雷蒂夫（Retif de la Bretonne）说得更明白："国家是一个大家庭，由许多特别家庭组织成，帝王便是众父之父。"在《百科词典》内，底得罗（Diderot）写道："家庭是一个社会，它是国家的基础，因为国家是由家庭组合成的。"

四

家长的权力很大，除子女外，弟弟们便是有了家庭，一样受家长的"统治"。在西方人视家长是一个神，帕基耶（Pasquier）说："看了父母对子女的种种，即可明白地上的上帝。"雷蒂夫说得更清楚："我服从活的上帝——父亲。"从历史方面看，凡受罗马法的影响者，对家长特别敬重，而家长的权力亦特别大。布丹看到世风日下，要求赋予家长"生死之权"，"否则，绝不要希望有纯正的风俗、高尚的道德与家庭的光荣"。

家长有特殊的尊严，常引起一种恐惧的心理，夏多勃利昂（Rene

de Chateau briand）在《墓中回忆录》内，描写他父亲说："高大而冷酷，他有鹰的鼻子，唇薄而苍白，深眼有海蓝色，正像狮子的眼睛或蛮人的眼睛似的。我从未见过那样的看法，在怒时，眼内放出的光芒，好像是枪子弹。""我父亲唯一所爱者，便是他的姓名，通常有种深的悲哀，除过发脾气外，永远是沉默的。永远希望有特殊的光荣，对绅士们高傲，对附属者苛刻，对家中专制。看着他所感到者，唯恐惧而已。"

雷蒂夫在《我父亲的一生》内，记载着许多事实，我们看到家长有绝对的全权，虽不像夏多勃利昂写的那样阴暗，却也可看出旧时父权的威严。父子乘马上市，两马不得并行。父不问，子不敢言。有天，雷蒂夫未禀明父亲，私向村女要一玫瑰花。其父从旁窥见，整日未言。次晨雷蒂夫去耕地时，其父要过皮鞭，无言而抽在肩上，雷蒂夫忍着。在上午，始向其母亲说："这是对恋爱者唯一的办法。"可是这样的父亲，却有慈心，当雷蒂夫负伤掘地时，忽然听见他父亲说："我的孩子，今天够了，你去休息吧！"雷蒂夫有生以来听到第一次"我的孩子"，全家充满了狂欢。

在某种情形下，举行一种仪式，家长可以解放他的儿子，使他儿子成为家长，外出独立谋生，家长是信仰、思想、家风的保护者，他承继祖业，负担一切婚丧大事，对内外有绝对的责任。

扬（Arthur Young）在《法国旅行记》内说："因为全家住在一起，巴黎的房屋特别大……当儿子结婚后，与父母住在一起，假如女儿非适与别家的长子，亦可住在家中，所以吃饭时非常的热闹……这种方式，在英国一定要失败的。"为什么？在18世纪末，法国仍然是个农业国家，而英国已工商业化了。

五

旧制度中家庭为一切的中心，每个家庭有它的地位、习惯与家风，因之婚姻一事，非特变得慎重，有时更专制。那时候基本的思

想：个人不存在的，一切以家庭为第一。钱穆先生论西方文化特点为爱，举少年维特为例，这是浪漫派运动的作风，绝对不能概括西方。麦西伊在他《巴黎的素描》内说："我们戏剧中少年向少女诉衷情，完全是错误的，关于此，我们的戏剧在说假话，多少外国人被它欺骗了。她们住在修道院内一直到结婚的时候，没有机会说出自己的心愿，普通人也看不着她们。中产阶级者的女子，也住在修道院内，次一点的也永离不开她们的母亲。是从她们父母的手里来接见丈夫，并不征求她们的同意，这是种契约行为。"

法国社会阶段分得很严，"门当户对"是他们婚姻唯一的金科玉律，假如地位不相称，新分子加入后，家庭必然变质，而社会必然发生紊乱。不得父母同意，自由选择的婚姻，要处死刑。1730年法王的布告中说："前王所定禁止自由婚姻，意在保障父权，阻止不相称的配合，因为社会地位不平等，有伤尊荣，许多家庭以之衰落。"解释此谕者说："自由结合的发动，可来自两方，而以弱者最危险，男女皆可处死刑。"

从这些事实上看，法国大革命前的思想是"光耀家庭为唯一的心愿"（米拉波［Mirabeau］语），不明白爱情是什么，原因亦很简单，如塔列朗（Talleyrand）说"个人尚不存在"，而个人为家庭毁没了。拉肖塞（Nivelle de La chaussée）说："没有爱情，一样可以爱他的女人。"所以家庭的幸福不齐，有许多真是不堪想象。蒙洛西埃侯爵（Comte de Montlosier）回忆中说："我的母亲非常聪明，有学识，敏感，想象丰富，很美，有高贵的灵魂，她慈柔的心从未了解爱情的美，当她结婚时，她并不爱我父亲，便是这样生了我们十二个……在孩子的时候，我们不知道爱。"17世纪悲剧作家高乃依（Corneille）在《说谎者》中说：

克拉利斯（Clarisse）：我父亲对我的心愿有绝对的力量。
卢克莱修（Lucrece）：一个女儿的责任便是服从。

这是两位少女的对话，虽说是剧词，却道出当时的真情。麦西伊（Sebastien Mercier）叙述父女的对话，很可看出当时的婚姻实况，因为女儿从佣人处得到她结婚的消息。

父：小姐，我看你眼内整夜没有睡觉。

女：不，我的父亲。

父：活该，孩子，结婚的时候是该美的，不睡丑得很。

女：我是不很美。

父：你以为忧闷与苦痛便可好了吗？……我要你强有笑容！

女：我不能。

父：不能？为什么？同一个可爱、有钱、出身好的青年结婚，对你有什么害处？

女：将自己交给一个不认识的人，总是可怕的。

父：好！是不是结婚后两人不认识呢？！你信我，孩子，自由结婚是最坏的，爱情比偶然更为看不清楚。

社会的基础建立在家庭上，家庭又以婚姻为支点，他们不问男女的意志，而只论门户的相称与否。拉比丹（Bussy-Rabutin）坦白地说："宁愿看他女儿有不规矩的行为，也不愿她嫁给社会地位较低的人。"这也够开倒车了。

当时法定成年的年龄，男子十四岁，女子十三岁。在七岁便可订婚。有些提出许多奇怪的条件，如脱利布地斯（Simon de Tributis）要娶律师的女儿，其条件为将来的男孩各个须研究法律。到法定年龄结婚，莫名其妙，完全是形式。但是也有例外，马伊小姐（Mlle de Mailly）十三岁结婚，十四岁便做了母亲。

布奔小姐（Mile de Bourbonne）十二岁与达梧（D'Araux）结婚，她的小朋友们向她说："达梧很丑的，假如是我，我不同他结婚！"布奔小姐回答："我要同他结婚，因为父亲愿意；但是我不爱他，那是真而又确的。"这些情形，现在不只我们不了解，便是法国人也不明白了。这是一百五十年前的社会。

六

旧制度的灵魂在保守，维系这种精神唯一的方法，即在使祖业完整，父传子，子传孙永远保存原来的遗产。祖业是神圣的，不只不能变卖，而且不能交换。古尔图瓦（Antoine de Courtois）在《理性之书》中说："我不能想象子孙们出卖产业，卖祖业便是出卖自己的姓名。不要以为卖出后可由别的来补上，试看多少交换祖业者，结果沦落到败家的地步？"

我们不妨这样说，旧制度的社会建立在这三种因素上：家庭、传统的习俗、祖业的完整。上自贵族公卿，下至乡村愚夫，无不在这方面推进。在1750年，奥利尧（Ollioules）的乡民说："所有我祖先的辛苦遗产，我绝不敢毁伤的。"

关于继承权，法国各地不同。就一般论，长子有特殊的权利，而长子也便要维持家风、保护遗产、使家声永远有好的声誉。在布列塔尼（Bretagne）是幼子继承祖产，倘如没有男孩，是幼女来继承。可是有一基本条件，须在家中不间断地住一年零一日，理由很简单，为着继承者可以明白家中的事务，耕种土地，维持家风。但是这种是例外。

长子权很大，领导弟弟们工作，出嫁姊妹，他的弟妹们须绝对服从他。但是人性的自私，常使长子滥用职权。

七

法国家族制度中，其特点要算"村家"了。其形成由于许多家室，各出财产，由一选举出的村长主持。村长有特殊的权威，位列首席，只有他可穿鞋，别人着屐，小孩便是赤足了。他有银钱，结在红绿毛织带上。遇有特殊要事，可以咨询他的会议，议员是由"村家"中选出的。

在荫满草地的橡树下，没有一点声音，较长而较精明者，选举"村长"。选出者，大率以才能、品格为标准，并不限于年龄与资产。同时也举出一位女的，专门领导妇女工作，如烹饪、纺织、洗染、缝衣等，如是即家庭永远保持统一，每家的姓上变为复数，在法国最著名的，有Janlts、Pinons、Pannes、Pelignats等。

据我们知道最大的"村家"要算麦斯来（Mesles）了。有三十二家住在一起，每家住处与过道相通，米失勒（Michelet）语之为"农夫结婚的修道院"。这种住处的特点为一很大的"暖室"，有巨大的壁灶，深冬，燃着柴火，四十多人很宽松地坐在旁边，谈论祖先光荣的事迹、地方奇突的惨案、治家种种的规矩。到九点钟，"村长"发令，各个立起，共同祈祷而就寝了。

这种"村家"成了大革命前农村的中心，他们能够合作，勤于作业，许多有六七处田产，每处用八条牛来耕种。彼能（Les Pinons）产业的价值，约六百万金法郎，所以他们对婚姻特别慎重。底任（Dijon）的议员为他儿子订婚，儿子表示不满意，他严正地向他儿子说："先生，你要过问你的事吗？"几月后，儿子只好同意他父亲所定的结婚。

到18世纪后叶，交通逐渐便利，改革的思想深入人心，证以科学上的发明，对这种"村家"制度，渐次加以攻击，在1783年，拜里（Berri）开会后宣布："这种制度是危害农业的。"

但是，"村家"有它传统的力量，它是法国大革命的劲敌，如费里尔（Ferrier）一直支持到19世纪末。在1898年，它尚有二十三家，"村长"在1897年举出，仅三十五岁。经过上次战争，"村家"已成了历史的资料了。彼能村家可以追述到查理曼（Charlemagne）时代，便是说9世纪的，可证明古代社会生存的强力。

八

　　一人的光荣便是全家的光荣，一人的耻辱便是全家的耻辱，为此，米拉波写信给他的弟弟说："我只是家中的一块而已。"从查理曼时代起，这种情感便很发展。当罗兰（Roland）由西班牙退回，路遇萨拉森人，罗兰所以不敢吹画角求援兵者，恐怕毁辱父母，败坏家中勇敢的风气。

　　在政治上因一人而全家受累者非常多，傅凯（Fouquet）被捕后，全家被逐放，由是财产充公是习所常见的。在1771年，莫布（Maupeau）要求取消这种法律，理由是"一人有罪不当涉及全家"。可是在家族思想支配的社会，无论哪一层阶级，都受这种思想支配。当亨利四世（Henri Ⅳ）遭暗杀后，拉瓦雅克（Ravaillac）亲属受最严厉的处分。著名的达米安（Damiens）暗杀事件发生后，在1757年3月27日的命令中，要逮捕"父亲、子女、妻子、亲友、家人"。因为一个人是不存在的，所存者乃是"家"。曼德农夫人（Maintenon）得宠后（对路易十四影响最大者），不大光顾自己的家属，现在都认为是她的美德，在那时却认为她是刻薄寡情。

　　法国家庭的观念是很深的，自法国大革命，受浪漫思想的影响，机械文化的摧毁，这种组织被人视为是封建的遗留。浪漫便是个人主义的别名；机械将人看作"物"的一部分，这与科学无关。多少社会学家，如勒普累（Le Play）追悔失掉这种组织，可是社会本身已变质，而家庭情感、集体尊荣都不存在了。如何在现在社会内建立适于人性的家庭，这是全世界急切的问题。

第十一章
《民约论》与法国大革命

一

近代欧洲历史上最重要的事件，当以法国大革命为第一，它的特征，一方面是国家的，另一方面又是社会的。国家的，便是说从此以后，人民替代了帝王，国家是至极的权威，它是绝对的。社会的，便是说加强农民的所有权，摧毁封建的专利，正如索雷尔（Albert Sorel）说，"1789年的革命是所有权的变更"，这便是为什么农民们眷恋革命，拥护革命。

许多人误认旧制度为封建制度，这完全是错误的。旧制度是封建制度的一种赓续，一种延长，其性质截然不同。当时社会组织与实际社会脱节，逐渐发生不可补救的裂痕，须加以彻底的改革，始能建立起它的重心。

自从路易十四以后，法国社会起了剧烈的变化，工商的发展，机械的运用，殖民地的开拓，新经济制度的确立，如纸币与信用贷款，这些新事物，绝非封建时代的机构所能应付，这儿产生了一特殊的现象：封建制度是有利于贵族的，自从16世纪起，君权扩张，得国家意识的赞助，贵族失掉政治作用，沉沦到苦痛中。黎塞留（Riche Lieu）的政治，使法国走上中央集权的道路，形成强盛与近代化的国家，如果帝王庸弱，不能有所作为，控制时代，即民众必然以革命手段，夺取政权，所以法国大革命是由他的帝王与重臣开始的。

革命所以能在法国成功的原因，另外有它的因素。革命需要理论的赞助，更需要领导的人才。在18世纪时，法国的法学家与知识分子，无不要求确定人权，使社会达到美满的地步；而资产阶级，自中古世纪以来，便参预政治，他们有钱，聪明，有清醒的意识，很明白他们所攻击的对象，所希望的是什么。

民众发动革命，以舆论故。思想控制事实，从未有18世纪那样强烈。莫内特（D. Mornet）以精确的研究，确定18世纪演变的阶段：起初竭力抨击宗教，认为是反理智，反人性的。自1785年后，政府与宗教不能分离，政府要支持宗教，因而将反宗教的情绪转移在政府身上。自1748年至1770年，许多人提议改革，只限于社会方面，然而社会的改革，必然波及政治。所以从1770年后，虽不倡政治革命的论调，可是改革声浪，逐渐提高，造成一种普遍的不安。这时候，那些名人的理论，小名人的宣传，推波助澜，产生了1789年的事实。

二

18世纪思想家影响大革命至何种程度，至今史学家尚无确定的解决。这个问题，因为时代的复杂性，恐怕永无正确的解决。18世纪是新旧两个时代的交替，他们有改革的思想，需要行动，却看不清楚目标，因为他们只晓得推倒什么，却不明白如何建设。他们有种强烈的要求，将思想实现，可是又怕实现后逻辑上的结果。

便是在这种徘徊的心理上，旧制度仍然有它的作用。路易十四的光荣，经济繁荣后的舒适生活，在那暴风雨快来的时候，每个人感到刹那间的逸乐，所以塔列朗（Tallyrand）说："没有在1789年左右生活过的人，不明白生活的快乐。"从思想出发，对政治与社会都有改革的要求，倘如提到革命，那些思想者又觉着可怕。百科辞典派便不相信民主政治，他们认为这种政治，只能在小国家实现，如日内瓦共和政府似的。法国大革命的成功，乃是由于拿破仑的独裁，这不是讥笑，他深明白当时民众的心理。

18世纪的精神是唯理的，那里面含有乐观的情调。他们相信单纯的思想与概念，希望一切都大众化。在这个一切成问题的时代，理智、经验、情感交叉着，经验与情感要校正理智的枯涩。理智却要建立它的体系，观察自然，破坏人的统一。情感开始反抗，摧毁唯物思想，赞助宗教与诗歌的发展。这三种的发展不是同时，起初是乐观的理智，产生了法国大革命，继而是19世纪初期情感的传播，形成浪漫主义，最后是经验的扩大，构成社会主义的唯物论与机械科学。

18世纪哲人们攻击时，从宗教着手，1781年4月3日，狄德罗（Diderot）写着说："如果冲破宗教可怕的篱笆，绝对不能停止进行，须要继续努力，以取得地上的主权。"便是拥护宗教者，他们实受时代思潮支配，深信理智与经验，所以约瑟夫二世（Joseph Ⅱ）解散旧教的修士会。他们不相信理智之外尚有真理的存在，对巴斯加尔的名言，"心有它的理智，而理智是不会了解的"，多少人含讥带讪的攻击。18世纪的哲人，竭力破坏久永情感的对象，不使它有过渡的时代，即刻要代之以人道、自然与人民。他们对理智有绝对的信任，相信无穷的进步，起初仅只是知识分子，继后深入民间，演变到不可收拾的地步。卢梭说："如果你忘掉果子是属于大家的，大地是公有的，那你就完全失败了。"这些话，使人们感到一种愉快。

从这公式内所得到的结论是："小孩统治老人，愚者役使哲人。"如何能使那些哲学家忍受呢？而知识分子又转向信仰，摸索新路。这些哲人的思想是勇敢的，他们的行为却是懦弱的。他们只能破坏，不能建设，可是1789年的事实已发动，断头台已竖立起来。18世纪的哲人们虽不愿如此，而这确是他们的作品。

三

哲人们影响法国大革命者，当以卢梭最为重要，他的《民约论》，深入人心。从个人到集体，无不烙印上他的形迹。他真是代表一个时代，他的理论，以一种病态与矛盾的方式，像传染病似的传播开。

"人生来是自由的，可是他受了束缚"：这是一种矛盾，卢梭要来解决。"社会秩序是神圣的权利，一切人们的基础；这种权利不是自然的，而是契约的。"每个人有保卫他生存的权利，家庭是自然组织，它的作用便在此。但是孩子对家庭是一种需要，到理智独立，便可自由。卢梭基本的假设，乃在自然状态，只有在自然状态中，始可生活，设如违犯，"每个人有反抗义务，否则人类便要灭亡"。为了加强奋斗，摧毁各种障碍，"需要团体，以保护公共利益，每个人总与团体集合，然而在结合中，每个人仍然保持着以往的自由"。

每个团结者是平等的，须要彻底团结，依从"集体的意志"，集体便是国家，它是绝对的。虽然卢梭说"服从集体，便是要个人自由"，可是个体实早已不存在了。这不是矛盾，卢梭分别个体在集体中有两面：主体与附属，以公民资格言，他是主体；以私人言，他是附属，因为集体是由个人构成，集体为个人谋福利，绝不愿危害个人利益，所以不需要保证。在此，本能要求的自由，转为法律的自由，以理智为基础，由国家保证。卢梭认为个人没有任何损失，因为大家是平等的。这种平等是武断的，同时又是数学的。大多数成为绝对，人民至上是空虚的外形，实质却是少数集体的意志。

这种理论，显然与卢梭的个人主义相反，如何解决这种矛盾呢？"只有一条法律，要求全体的同意"，这便是社会契约。"因为人民的结合是任意的，每个人有他天赋的自由，自己是主人，不得其同意绝对不能统治他的。"

"多数票强迫少数票"，设以意志自由者，又如何解决这种矛盾呢？各个不变的意志便是集体的意志，当向人民提出一法律，不是要他承认与拒绝，乃是问他是否合集体的意志，每个人用票来表示，集体意志便由此形成。再进一步言，集体意志完全由法律确定，法律又由人民公开决定，以保障自己的利益，民众是不肯违犯自己的利益。民众产生法律，政府只能执行民众的议决，所以政府是次要的，不论它的形式如何，只要依法治理，这便是共和政体。政府是介乎集体与个人之间，它没有绝对的权力，设如执政者使用绝对之权，政治必然发生紊乱，那时候集体可以干涉，这便是合法的革命。因为人民对政府有绝对的权力。

四

《民约论》与卢梭的个性相违背，因为他是一个个人主义者。

我们须从卢梭的生活与心理上着眼，始可明白他的矛盾。从孩子的时候，失掉母亲，没有家庭生活，所以他不明白家庭的重要。既长，到处漂泊，没有定居，处处遭受社会的刺激，所以他不明白社会。他以一种变态的敏感，对社会本质有错误的认识，而他又是诗人与小说家，想象非常发达，有自己的理想。他要求现实的社会也和他的理想一样，可是这样的时代，或者根本没有，或者早已过去了，卢梭按照自己的认识与要求，深信已成过去，所以也追悔过去的消逝，将幻想放在未来的身上。

卢梭常有这种矛盾的心理：当他同平民在一起，他瞧不起他们那种平庸，自己成为特殊的阶级；当他同贵族在一起，却又觉着自己是平民，积而久之，由心理现象变为哲学的理论。查本纪（J. Chapenthien），论卢梭时说："从原始人出发，他是个人主义者；从文化出发，他又是社会主义者。"这种矛盾也如他的作品一样，《爱弥儿》与《民约论》是冲突的。

《爱弥儿》是个人主义的代表，《民约论》却是集体的说明。按照思想的逻辑，《爱弥儿》是无政府主义，而《民约论》却是共产主义。

为此戈纳尔（Gonnard）说："或者个人主义与社会主义不是绝对矛盾的。"就卢梭而论，两者互为因果，没有明确的分别。卢梭的个人主义与社会冲突，与国家并不相反，从1789年后，他的《民约论》控制所谓前进的人物，而他也得到放在伟人墓中的报酬。

五

18世纪基本的思想，在追求幸福，可是他们所讲的幸福与柏拉图所言者，完全不同，没有精神作用，只求物质的享受与官感的刺激。他们看人是合理的，自然的享受是应该的，在现在的大地上，应当有剧烈的变更，用特殊的手段夺取，从没有顾虑到历史上的背景，造成了许多幻梦。这里我们已看到社会主义的萌芽。

18世纪的后半期，法国思想非常紊乱，可是共同不满意现实的状态。格斯纳（Gessner）想象原始牧羊人的生活，或斯巴达公共的制度；耶稣会介绍中国儒家的思想，南美土人的社会。哲人们根据这些资料，加以想象，以建立自己的体系。积而久之，形成一种主潮，公开要求：

（一）要求平等较自由更甚；

（二）同情弱者；

（三）从应用上反对宗教；

（四）自然状态较文化为优；

（五）改革社会上恶劣现象。

从这些理论上，他们要求切实，可是并没有提出具体办法，他们认为只要"动"，便会有结果的。

莫雷利（Morelly）在《自然律》中，曾认为原始时代的人是好的，继后所有权确立，将人的优点摧毁。现在补救的办法，只有发展哲学以申理性，借科学以繁荣物质，人类前途是很乐观的。摩布里（Mobly）是个复古者，他醉心柏拉图的学术，痛古人之不再。他以一种严肃的态度，攻击当时流行的思想，他积极主张平等，因为不平等是一切罪恶的根源。卢梭较前两位更激烈，他反对社会与制度，渴望恢复到原始时代，这是如何的幻想，将社会问题看作是艺术问题了。

18世纪相信国家的力量，产生了两种结果：

（一）国家是绝对的，这种观念与旧制度不能并立。一切要合理智，便是过去独尊的帝王，亦不能例外。那么，理论运用到事实，帝王与国家必然分裂，从此国家变成一抽象的名词，知识阶级不允许如是，结果便是提议改革，变为革命，因为国家是大众的，大众的目的在追求幸福。

（二）18世纪思想的结果为社会主义。当时英国自由主义的思想，孟德斯鸠的理论，都是促成社会主义发展的因素。一方面所有权是属于国家的，国家建立在人民上，由是形成了共产主义。另一方面，人的目的是在追求幸福，而个人有极端享乐的自由，如是对物质崇拜，形成了唯物论。

1789年的法国大革命是社会主义与唯物论的结合，《民约论》是有力的推动，可是到思想变为事实，形成客观的力量，思想反为事实控制，这便是为何帝俄接受法国18世纪思想后，产生了1917年的革命。

第十二章
论浪漫主义

一

无论从哪一方面看欧洲近代的文化，都会发现一种强烈的矛盾，那种极端的唯物思潮，过度刺激的享受，使感觉与精神受到不可抵御的压力，而心理的反应亦随之产生：逃遁在幻想内。

幻想是一种不安的表现。不安是内心与外物失掉了平衡，因为在剧烈转变的时代内，每个人感到过去是残酷的，现在是阴暗的，未来更是凄凉的。但是人不能不生，生必接受现实的赐予，而现实却又是那样无情，结果只想遗忘。遗忘吗？谈何容易！遗忘仍是一种希望的变形，希望在蒿草齐人的破瓦颓垣上，建立自己幻想的宫殿，那些平等、自由、和平等美妙的理想，仍然是一种空洞的希望。

克服这种心理现象，只有刺激神经，使心情麻醉。这种现象的根源，仍然是浪漫主义的遗物。事实上，自卢梭之后，欧洲没有解脱浪漫主义的影响，生活在这个特殊时代内。

二

"浪漫的"（Romantique）一词，不是代表新思想，而是代表新情感。它是时代需要的产物，表现对外界自然的情绪。自然亘古存在，但古人未曾认识它，中古亦未介意它，到文艺复兴时，意识到它存在，但丁、彼特拉克、西尔维厄斯（Aeneas Silvius）等曾加以一种推动。

自然刺激起的情绪，快乐中夹杂着悲哀，孤独中含着不安。它的出发点，摒绝传统理解的途路，代之以感觉。所以一个诗人或艺术家，在沉默与伟大的自然前，玩味那种孤独的美，深感到自己的神秘与超脱，由是而开始了个人主义。

中世纪末的语言中，有 Romanticus 一形容词，意为"罗马的"，其用法系以散文叙述骑士冒险的事迹，所以有 Gerta Romansrum 的文学。在此，我们看到浪漫的术语内，含有中世纪的意味。

17 世纪的法文中，有 Romantique 一字，指小说中所表现的思想、情感与动作。但是英文中的 Romantic 却形容小说中的景色，含有自然的意思，诗人亚德逊（Addison）、托马逊（Thomason）常运用这个字。18 世纪初期，这个"浪漫的"变为流行的术语了。

法国的 Romantique 是由英国转移过来的。批评索尔比野（Sorbiere）的《肯特旅行记》，"以浪漫的语来形容"。费内隆（Fenelon）将此字作"奇突情感"解，而狄德罗（Diderot）又用它解释景物。到 1777 年，卢梭著《孤独旅人的幻梦》，说比尔（Lac de Bienne）湖"是浪漫的"。卢梭的用意，系指从自然景物内所产生的新情绪，由是配着文学上时代的需要，形成浪漫主义。斯塔尔夫人（Mme de Stael）在《德国论》中，正式运用，以表现南北文学的不同。到 1878 年，法国《国家学会字典》中，始给它一个位置。

三

研究古典主义，我们发现它的原则与统一性，而浪漫主义却非常广泛。因为它的基调，建立在本能、直觉与想象上，换句话说，浪漫主义乃是由情感与个人所构成的。我们晓得社会中最易变者为个体，个体中最易变者为情感，因而浪漫主义的本身，充满了矛盾、冲突与斗争，现象非常复杂，很难以确定的。为此，我们论浪漫主义，首先要从它的心理现象与历史发展着手，始能明白什么是它的意义。

17世纪法国思想的结晶，形成一种"完人"的典型。完人便在理智与情感的调和，爱好伟大与雄奇，其动作深合社会的节奏，这是一个骑士，一个人文主义者，同时又是一个入世人。但是，理智与情感的调和，并非一件易事，当理智失掉控制情感力量时，完人变成了小说中人物。

到17世纪末，完人典型逐渐解体，笛卡儿理智与信仰划分的理论，构成当时精神的动向。纯理主义发展的结果，构成理智至上与进步无穷的两种幻梦，变为18世纪哲学思想的中心。这是感觉与应用的哲学，唯物论的基础。

唯物思想是枯涩的，无穷进步是虚幻的，物极必反，产生了情感与理智、个人与社会的斗争。这种斗争非常剧烈，情感与个人遭受打击，而想逃遁在自然内。在此，自然改变了它的原义，它不是心理的，更不是山川景色，它是要人脱离社会的羁绊、理智的约束，归真返璞，重新过那种原始与本能的生活，这种生活是自然的，也是最理想的。自然既好，人亦当好，人之所以不好，其过错乃在社会。卢梭捉住这种思想，向大家大声疾呼：回到自然的怀内。

自然有两种不同的景象：从空间方面说，自然是世界的外形，要从社会逃脱，藏躲在里边；从时间方面说，自然是原始时代，只有那时候，始有真正的幸福、平等与自由，我们倒退到原始时，便没有任何的烦恼。18世纪杰出的思想家，对这两种自然现象，采取两种激进的态度：一种要个人主义化，另一种要革命化。这是浪漫主义的神髓，推而至极，内心生活因之解体，失掉它的统一性，形成了一种精神变态：不安与不定。

四

代古典主义而起的浪漫主义，在文学上诗歌与戏剧皆有特殊的成就。可是它的广泛性，不只限于文学，政治、经济、宗教、社会都含有浪漫主义的成分。所以，我们的研究，着重在它表现的不安情绪。

从法国大革命后，欧洲沉入波动状态，旧制度虽然推倒，新制度尚未产生，而文化随之失掉均衡作用，社会与政治常在颠荡之中，革命与社会主义，应运而起，逐渐发展，便是这种现象的说明。

18世纪的哲学思想，无不以提问题为急务，有问题便要即刻解答，将方法认为目的，将幻想视作事实，将偶然变为定则，意见纷乱，思想交错，有如大海中失舵的孤舟，彷徨歧路，造成一种普遍不安的局面，这正是浪漫主义的色彩。

不安是烦闷的象征，当法国大革命产生后，个体冲破旧制度的约束，刺激了社会的组织，每个有抱负的人深感到孤独，宛如立在沙漠之上。果真能够忍受孤独，有勇气禁锢在象牙塔内，未必不是一种解决的方式，无奈人是社会动物，孤独是违犯人性的，结果加强破坏的力量，没有许微满足的事件，由是非的问题转为好恶的问题了。多少自命不凡者，以自由之名，反抗纪律与思想；以平等扩大集体的范围，那种变态心理：追悔、失望、不安，介乎幻变与不变之间，产生了抒情诗，有如春花怒放，这种浪漫主义，不是一种运动，而是一种革命。

1825年，维泰（Vitet）批评浪漫主义说："这种新革命乃是新百科全书派，人们语之为浪漫主义，他们要求绝对独立，任性所为……这是文艺中的誓反教。"从这几句话内，我们看到浪漫主义是18世纪哲学的承继者，其根源乃在人文主义与宗教改革，这方面是个体的解放，那方面是自我的觉醒，他们是并行的。

五

当先期浪漫主义发动时，便发生返归自然的理论。那些18世纪的敏感者，怀有快愉的情绪，相信自然的美德，无止境的进步，只要施以一种革命，即刻便能见到曙光，这是如何美丽的希望！可是，不幸得很，这种希望是一种幻想，内心中藏着不可医救的不安。对这些希望，采取一种消极的态度：找孤独，觅遗忘，放浪形骸于山水之间，渴望辽远地域，怀想原始的时代，他们憎恶社会，同时也憎恶文化。

这些新人物的精神是漂泊的，其心境是游离的。18世纪思想家推重的纯理，逐渐失其作用，旧制度的机构，开始倾毁，思想转为行动，心理上激起一种畸形的状态，少年维特真正的烦恼便在此。18世纪末的人士深感到这种失望，形成初期浪漫主义的心理。

到法国大革命时代，不安与不定的情绪，别具一种形式，因为当时最急切的问题，交集在革命与战争所引起的变动。如何建设新秩序，使人民与社会安定，每个人都感到它的严重性。便是为此，一反前此所为，对纯理的哲学，拿破仑的独裁，快愉的观念论，都需要检讨，发现无补于实际，应当斩绝的。当时所注重者，是行为与思想、新与旧的调和。然而时代特别伟大，人力渺小，不能控制，由是产生了一种不安，形成一种悲观，失掉了所有的信心，从而浪漫主义发展到另一个阶段。

当世纪痼疾刺激后，拜伦、歌德、夏多勃利昂是有力者，明白奋斗是唯一的出路，他们明白人的价值，不像前辈那样怀疑，却仍然含有怀疑的遗传。他们有宗教的情绪，却没有宗教的原则。看到当时紊乱、苦痛、忧闷的状况，一反那时革命的政治，拒绝宗教的信仰。

反信仰正是他们需要信仰的说明，因为他们不是伏尔泰，却是卢梭，正如爱弥儿在山顶望到日出，便视为上帝存在的铁证。这是一种冲动的情感，需要无穷来满足，于是人类、国家、自我、爱情、艺术都是信仰的对象，没有纪律，构成内心生活的总崩溃，他们所受的牺牲自然更大了。

六

浪漫主义者需要行动，对政治有深厚的兴趣，可是，结果必然都失败。原因非常简单，他们只能"感动"人，却不能"统制"人；他们喜欢群众，因为群众看他们是特殊人物。

更进一步，浪漫主义与19世纪社会相冲突。自从1815年后，经济成为一切问题的中心，形成资本主义。工商业的发达，殖民地的扩展，工厂与工人成了社会重要的骨干，文化重量不重质，以大众为归宿，这与浪漫主义的个人思想、自然观念是最不契合的，有时两方处在对立的地位。

雨果（V. Hugo）的政治生活，便是如此。他不满意资产阶级的作风；无产阶级亦不同情他。他对政治有野心，不能把握时代，而又有许多幻梦，盼望贵族与帝王来统治，结果变成是反革命的。

浪漫主义者，在政治上是波动的。他们讥笑自由主义，走向资产阶级的途路，却看不起新富；他们怀有种幻想，同情群众以重人道，却又不能降低优越的享受。叔本华（Schopenhauer）与哈特曼（Hartmann）的悲观思想，所以风靡全欧者便以此，这不只是自我的苦闷，乃是人生的不幸。

这种动向便是文化慢性的自杀，浪漫主义者走至末路，必然失掉生的信念，否定了人的关系，因为悲观的思想配备机械的理论，其结果必然摧毁人的价值，而智慧作用根本消失了。

七

欧洲 19 世纪是一个过渡时代，它的政治与社会表现不定，因而时代思想亦不安。新近史学家莫罗（P. Moreau）先生，论到浪漫主义说："两种矛盾的倾向占据了这五十年（指 19 世纪前半期），孤独的高傲与行动的需要，他们连锁在一起，表现出个性的特殊，世界的统一，这种矛盾在整个 19 世纪没有停止过……"岂止 19 世纪！现在我们仍可看到这种矛盾。希特勒不是在做拿破仑的残梦吗？

第十三章
社会主义的发展

一

　　18世纪哲学思想，演进到行为上，产生法国大革命。它的精神特点为个人主义与国家主义。这不是矛盾，晚近欧洲一切的演变，无非是个人与集体的斗争。

　　领导法国大革命的思想者，深信个人与集体兼相并存，因为两者是反旧制度的。1791年6月14日宣布的法令中说："禁止某些职业的人民为他们共同的利益集会，只有个人的利益或普遍的利益。"个人利益须设法保障，法国大革命时代，个人主义充分表现出来，较之罗马内乱时的斗争，尤为剧烈。但是个人主义不能见容于舆论，须加强国家——特别是政府——的权力，始能进行。结果对每个人的经济生活与私人生活，国家干预进来，个人意志的自由，压抑在集体意志之下，多数为一切标准，这是反旧制度产生的新事实，视为最神圣的所有权，逐渐落在国家手中。

　　法国大革命与社会主义的关系，究竟到何种程度，这个问题不只重要，而且是近代史上最难解决的。法国大革命开始时，是资产阶级与自由主义者所主持，当过激党得势后，竭力发展平等的观念，政府落在小资产阶级的手中。从逻辑上推论，当时革命演进程序，自当到共产主义的路上。但是，历史潜力很强，军事参预其中，对取消所有权的理论，有顽强的反抗，遂中止革命的行程。不只如此，法国与全欧作战，拿破仑扩大军事范围，致使外敌侵入法境，破坏了经济的机构，社会起了质的变化。因为军事问题，拿破仑须时时外出，不能专心政治，而政治便为资产阶级所操纵。这些资产者一方面反旧制度，另一方面又在反社会主义，致使拿破仑失败，路易十七不费特殊力量取得王位。从这方面看，法国大革命系资产阶级为首，首先是政治的，其次始是社会的。

二

社会主义在法国大革命时，虽肇生萌芽，却尚未形成何种力量，原因亦非常显明，普罗的意识未觉醒，组织未形成，特别是环境尚不适宜。我们知道此时机械与工业，草创伊始，尚未取得社会主要地位；经济学与社会学尚无精深的研究使社会主义有理论的根据。那时候经济上时髦的论调，仍然是重农与重商的学派。当时政治家口中习用的"人民"一词，是指农人、工人、小资产者而言，所谓社会主义的革命，实际上是中产阶级的社会主义，而普罗阶级，仅只是资产者利用的工具。这种情形，从1830年到1848年间，非常显明。

利用是非常危险的，资产阶级利用大批普罗阶级，结果普罗阶级意识觉醒，他们看到，解决政治问题，必须解决社会问题。因为政治的平等，应当达到经济的平等。18世纪末，城市生活日艰，革命时的急进派，便想解决此问题，与有钱者作战。1793年后，此种动向更为显著，至罗伯斯庇尔（Robespierre）失败始停止。虽照事实上无所成就，精神上已受刺激，所有权的原则，已摧毁了。证据是1793年的组织中，有明文规定说："所有权当属于全民享受，有如法律所确定者。"罗伯斯庇尔的政治平等，逻辑上当达到社会的平等。事实上，这时的革命已到小资产阶级者领导的地步。

小资产阶级的要求，着重在平等，与旧社会特殊阶级，享受同等的待遇；同时也保护他们的资产，急进者对此冷淡，而山岳党以卢梭理论故，幻想原始的幸福，竭力鼓动。巴贝夫（Babeuf）从1830年以后，煽动普罗运动，虽未形成政治主潮，他取消所有权的观念却深入无产者的意识内，他的口号是"平等与死"。

三

社会主义由法国革命思想形成，但是，它在社会上的地位，却须得英国的机械与工业赞助。直至17世纪，英国仍是个农业国家，虽然它制造许多毛织物与染料，可是它的工人阶级并不特别重要。到伊丽莎白时代，荷兰商业衰落，英国逐渐发展，与法国竞争，夺取经济与海上的霸权，从此工商业成了英国政治的命脉。

因为英国的领导者是工商界与银行家，所以远在法国之先，布尔乔的革命已经发生。这次革命经过两次阶段：一是克伦威尔（Cromwell）的共和（1642年）；二是奥兰治（Orange）组织的君主立宪（1688年）。可是英国的这种革命须要保障君主与个人的利益，同时又要保证战争的胜利与国家的统一。为此，英国有民主的需要，却忽视外形，经过短促独裁的时候，仍然演进到君主的制度。

约在1760年时，英国生产工具改良，那些改良者不是学者与教授，而是无名的工人。芒图（Mantoux）在其巨著《英国工业革命史》中说："在应用问题前，利用天然的聪明，较深的智识，以解决工业的需要。"生产工具机械化后，最显著的结果有二：第一，工人逐渐增加，人民因而亦增加。在1690年，估计英国居民有五百五十万人，其中一百五十万为工商人。迨至1801年时，英国与加来的居民，增至八百八十七万三千人，便是说在一世纪间增加了百分之六十。第二，人民集聚在城内，乡村凋零，田园荒芜，如曼彻斯特在1790年时，约有五万居民；1801年有九万五千人，岁增了一半。在兰开斯特，于 18 世纪初，每平方英里仅有二十至四十居民，过一世纪后，增至一百至一百五十人。生产改革后，引起社会最严重的问题，不允许采取冷淡态度，所以社会主义发生在英国，并非偶然的。

自宗教改革后，英国贵族取得教会土地，对农民施以压抑，农民起而反抗，投身至工业界。英国农业潜伏着许多危机，但是，它的封建制度却因而摧毁了。次之，18 世纪中叶前，英国工业是分散的与简单的，工人生活尚未改良，常有失业现象。当商业向外发展，取得海外市场，产生近代文化中最特别的东西：机器。

从前是商业推进工业，现在正相反，系机器推动工业，激起暴动。在 1796 年后，英国工人集合起来摧毁新的生产工具，要求政治与经济的平等，那时革命的口号是"血与面包"。1819 年曼彻斯特的惨案，次年伦敦亦发生，都是工人反抗机械的表现。须经过很长的时间，工人始知利用机器可以建立社会主义。

当机器摧毁了旧工业，从经济生活方面看，旧工业的工人受了最大打击。可是机器生产的特殊力量，工厂增多，工人势必随之而增加，其意识亦逐渐觉醒，进一步要求自由与平等，形成社会主义。机器运用后的别一种结果，便是资本主义的产生，形成阶级斗争。所以，英国的社会主义与自由主义是同时降生的。

英国的政治经济，受亚当·斯密、马尔萨斯、李嘉图推动，显然地由重商到工业化的地步。社会主义者利用他们的理论，如华莱士（Robert Wallae）、戈尔德温（William Goldwin）、霍尔（Charles Hall）等，渐次注重阶级斗争，欧文（R. Owen）出，从而集大成，社会主义在英国树立下不拔的基础。

四

社会主义的形成，由于英法两国的思潮。法国的哲学，追求现世的幸福，卢梭平等的主张，无不予社会主义以赞助。而大革命予以一种刺激，不能自止的要求有体系的理论。社会主义要求科学的根据，法国除重农学派外，其时未有真正经济组织。而英国正在工业发展时，给世人许多新资料，社会主义虽不喜欢它，却取之为例，建立科学的理论。马克思的著作受了亚当·斯密等的影响多而且大。英国工业发展，形成资本主义，而工人问题亦为当时最重要之一，他们指出多少具体事实，绝非往昔陈旧的理论所可解决的。

1848年将社会主义发展史划分作两段。是年以前，由法国思想家领导，如圣西门（St. Simon）、傅立叶（Fourier）、路易·勃朗（Louis Blanc）、浦鲁东（Proudhon），他们是情感的，同时也是浪漫的。自1848之后，截至俄国革命，由德国思想家领导，如马克思、恩格斯与贝贝尔（Bebal），他们是科学的，同时也是唯物的。

法国社会主义的特点，仍是赓续大革命的思想，追求平等，由社会组织变更，使个人幸福永存。法国的理论家如圣西门与浦鲁东，皆着重在社会哲学方面，承继18世纪哲人的希望，个体的解放。也便是以此，将世纪痼疾的情绪，人生的烦恼，引入对社会的理论内，从1830年后，如拉马丁（Lamartine）、雨果的作品，无不将幻想视为事实，不安为普遍的现象，这是浪漫的，社会主义向前迈进了一步。

自1804年后，法国亦走上工业与机械的途径，社会主义者视生产为社会唯一存在的理由，他们以为合作是必然的方法，以达到各尽所能、各取所需的理想，由是而产生了阶级的斗争，给德国社会主义者树立下很坚固的基础。

直至浦鲁东时，法国社会主义者不与"大众"接近，不予以组织，随时有革命的危险。路易·菲利普（Louis Philippe）利用普罗阶级即位，同时也产生了第二次共和。资产阶级知工人的重要，停止对旧制度的攻击，羁縻工人，工人意识觉醒，社会问题变为更重要，而阶级斗争变得分外显明。路易·勃朗在1841年说："凡是有资本与生产工具者，不依赖他人，为布尔乔亚；反之，即为平民。"这个平民便是普罗的别名。

五

《资本论》的刊行（1867年），使社会主义发展史进入科学的阶段。马克思憎恶浪漫的社会主义，可是他充分利用法国18世纪的思想，同时包括卢梭平等的观念。他久居伦敦，了解英国工业发展及社会问题，他将当时的经济、社会、革命等问题，作了有力的综合。《资本论》内主要的论旨，在阐明：

（一）历史唯物论；

（二）阶级斗争；

（三）劳力为价值；

（四）剩余价值；

（五）资本的增加；

（六）普罗阶级的扩张。

资本主义的社会不能支持，必然到崩溃的地步，其演进方式为革命，有如机械一样，这是必然的现象。马克思要以事实、数字，用算术的态度，以建立革命；他将人看作是一块"物"的变形，一架自然的机器。马克思对社会主义的影响，与卢梭对法国大革命是一样的。

马克思视社会主义为经济的理论；但是，自马克思之后，范围扩大，无不有他的袭击。马克思主义是社会主义的哲学，物质是人类最后的归宿，在他们看来，这不只是真理，而且是信仰的对象。

当社会主义有科学理论根据后，便开始组织工人，在1866年，国际工会成立。巴塞尔（Basel）代表大会（1869年），向旧社会宣称："社会自有权利废止土地所有权，而土地应归公有。"这已是1917年俄国革命的先声。

自是以后，社会主义的演变，形成两大类：一类是行动的，以列宁为代表，配备俄国民族的特殊性，推倒俄国旧政治，开历史上未有的局面。另一类为理论的，德国学者主张工业任其自由发展，各阶级间怨恨愈深，当今问题，不在创造财富，而在分配财富，故社会问题之中心，乃在有合理的法律解决。还有一种理论，在要求工业的自由，劳资关系，应任其自然，国家不得干涉，因为社会问题的实质乃一经济问题。

社会主义是欧洲文化中奇突的一页，从这种学术发生后，文化的动向亦改变面目。就最显著者言，俄国今日的教育、艺术、文学，均须以新事件来研究，其重要性，正不亚于机械的发明。这种运动的正确与否，不是理论问题，而是事实问题。各国有它自己的环境、历史与背景，绝对不能将人家的理论当作自己的真理。

第十四章
近代欧洲文化与机械

一

近代欧洲文化的特征,在它惊人的机械,控制人与自然。深究它之所以形成,无异议的是纯粹科学;因为它搅乱了固有的经济生活,使人更感到它的重要。

从机械发明后,我们看知识领域扩大,变得更为丰富,显微镜与X光,它们揭开多少自然的秘密!旧时的"关系",介乎人与人、人与物之间,渐次在无止境中变化。而这个"变化",配备着最高的速度,在人心上搅起一种恐惧与神秘的情绪。

许多新事物中表现出人类智慧之可贵,由观察以假设,借数学以齐物,从那伟大与无穷的自然中,发现了无穷的知识。培根说:"知识是我们能力的权衡",结果将自然所有的活动,人也在内,归纳到知识体系中。体系是一种组织,那里边含有经济作用,结果知识的目的不是求真,而是求用了。

因为能满足人的需要,有用变为一切价值的标准,形成机械文化的特点,影响到整个欧洲近代的思想。便是艺术,如果不以应用为目的，便有被淘汰的危险，失掉生存的意义。假如追想到古代列斯堡（Lesbos）岛上，于夕阳将落时，橄榄树下的舞蹈，或者中古时代，朝山路上盲诗人的歌咏，叙述英雄美人奇幻的冒险，这些事都使人感到一种快乐，却是没有用的。在现在的环境内，再不允许有那种奢侈的生活，而每个人确实也没有这种心情了。所以，从任何方面看，机械文化与经济作用的配合，是近代欧洲文化的特征。以最快与最贱构成的资本主义，任你恨，它都有存在的理由；至极，也只能改头换面而已。

二

构成机械文化的基础，第一是那种抽象的数理精神，第二是经济的组织。这两种精神，运用到自然上，形成辉煌的胜利，同时也付了很大的牺牲。

欧人数理精神，以纯逻辑方式，用因果律的演变，说明整个自然。当人类知识发展时，仰视天星丽于天，究其运行，取得惊人的胜利。继而由天文降至人类自身，与军事、商业、农业、建筑相配备，数学为最利的武器，支配人类与人类生活，如埃及、巴比伦、腓尼基、亚述等古国，无不重视数学，不只是应用，而且视知识为人类的目的，其本身拥有无限的价值。

也如其他实验科学一样，数学与实物接触，始能发展，只有希腊人利用经验与应用，将数学看作是求真的工具。希腊人精于知识的分类，认为物质有"量"与"质"的区别，他们深知数学是唯一说明感觉世界的变化。我们知道欧几里得（Euclide）的数学，自有应用的地方，但是这种应用是次要的，其重要的目的，乃在训练思维，使之正确，趋向自由之路。

希腊视科学主要的目的，在培养思想，柏拉图是最好的证例。他重视数学，因为数学是由现实到理想最好的路径，它是抽象的。所以，没有应用的目的，纯粹科学知识的发展，是何等困难，而其成就又是何等伟大。

数学是一切知识的基础，只有纯粹数学，在森罗万象的自然前，可以了解自然的变化。这种冷静对自然的态度，不杂有任何情感，是违犯人性的，而这种纯科学的知识，尽管它深奥，亦只是荒山中的宝石，没有价值的。为此，知识愈发达，自然奥妙彩色愈降低，而科学知识愈接近应用的道路。这加重了数学的重要，同时发动了控制自然的欲望。虽说这是科学发展后的结果，但是这个结果是必然的。

三

数学建立起人与物的关系，其态度与方式完全是新的。物是自然的变形，以数学理解自然的究竟，即自然必然失其"质"与"量"，如形象、数目与运动。只有用这种抽象的方法，自然始可成为数学的对象，取得正确的知识。它不是形而上的，它是自然的与物理的，亚里士多德便是采取这种态度。欧洲人以知识为智慧最高的创造，自然随即变为生活的中心，从而将自然视为"死物"，失掉它的生命。

西方古代的文化对自然持有不同的态度：有的看它有种魔术，具有奇幻的能力；有的将人生与自然相混，人的发展与自然完全一样；有的看自然具有人性，善恶兼有支配着宇宙；更有的视自然为神的最高作品。这些解释，各以经验与感觉为基础，虽说法不同，但都是视自然有生命的。

将自然视为没有生命，是纯数理发展的结果，完全是近代的一种新精神。中古时代的思想者，如阿克利巴（Agrippa）与加得拿斯（Cardnus）视自然有种活力，它是有机的，同时也是无机的。士林哲人派（Scholastiques）视自然有种意志，日月山川，草木鸟兽，无不有它的定则，正如人当皈依上帝一样的。所以，士林哲学中论运动，不是盲目的作用，而有一定的目的。自从牛顿之后，人们竭力着重数学，认为一切只有数学始能解释，运动仅只是变更空间而已。

理智与经验受数学精神的训练，逐渐改变旧有的观念，"生命"与"灵魂"等概念摒绝到自然科学之外，从此自然受数学无情的控制，走到精密组织的狭路上，而人也逐渐罗入组织自然中。因为人不是万物之灵，而是自然的一部分，同受数学定律来支配。当文艺复兴时，西方人狂烈地探讨自然，他们如何重视数学！达·芬奇说："数与量是控制自然的基础。"哥白尼说："真不是外形的，而是逻辑思想演用到自然现象中。"而伽利略说得更清楚："自然这部书是由数学写成的；事物的真相是由形、数、运动而得。"

　　这种致知的方式，如果只用于无机物中，自无可言；可是知识以精确为贵，只有数学始能达到；于是有机物与无机物等亦以数理来衡量。这样，他们处理心理现象与社会现象，同天体运行、潮汐涨落一样，可以用数字表现出来。这便是为什么统计成了近代知识的基础。

　　文艺复兴后，无论是谁，只要与学术接近，都须要对数学有精深的了解。哲人笛卡儿是一位数学家，他看从数学所得的知识，始有真正的价值。别一个哲人巴斯加尔，他对数学有伟大贡献，如何注重几何学，因为几何便是分析的别名。斯宾诺莎（Spinoza）运用数学态度，解释心理、伦理与形而上学，他最重要的作品，题为：*Ethica Ordine Geometrico Demonstrata*（《伦理学》）。

　　这种解释是不能持久的，18与19世纪的思想家，以因果关系解释自然，产生了机械论。他们虽将世界分之为物理的与生命的，可是同为"力"来支配是一样的。自卫是生物的本能作用，所以自我中心的思想是机械的，历史与社会，有如个体一样，也是在"竞争"的演变，它是机械的，同时藏有一种"力"的因素。

四

　　这种机械论以力为后盾，必将发生一逻辑的结果：个体为集体所消灭。从人言，人变为物的象征；从社会言，只有大众而没有个体，在此所重者为量而不是质，因为适用是必然的法则。再往深看，我们发现近代决定一切问题的经济，它与数学精神配合，控制西方人的生活，情感是第一个牺牲者。宇宙是一个死体，它只有按照物理作用分化好了。

科学技术进步，使人与自然的关系改变，而人原有的力量，逐渐降低。信仰、情感、偶然……被人讥笑，语之为反科学与封建的，而人类行为，受因果律支配，遗传与环境，亦可用数学表出，外力支配行为，其法则是数学的，完全是绝对的，而内在的生命力——如精神作用——逐渐从自然概念中消失了。欧洲学者眼中，无论是有机物，还是无机物，完全是没有生命的，生命是神秘的别名。

以机械统制自然，而日常生活亦由机械完成，除实用外，对人已失掉信仰，这是西人近代控制自然所付的代价。就事实论，人与自然相较，其力甚微，他控制的范围亦仍有限，所以，纯数理方法，绝不能解释思想与人生的本质，这是不可否认的事实。自相对论发明后，使几何失掉它正确的价值，可是机械日益进步，显着伟力，而数学的重要，仍然统制了欧洲的精神，这是它文化上最大的成就，所付的代价也很重。

五

佛罗伦萨国家博物院中，藏有文艺复兴时米开朗琪罗的一尊雕像，题为"胜利者"。雕像为一位美而健壮的青年，膝下压着一个奴隶，头向前伸，有似一条耕牛。这位英俊的少年，举起他强有力的臂膀，正要打时，他停止了，脸向后转，表现出厌憎、疲倦、无可奈何的神气，他胜利，他却失败了。罗曼·罗兰（R. Rolland）曾以此解释这位雕刻大师的生活，我们拿他象征近代欧洲的机械文化。

第十五章
结 论

　　欧洲文化将来的演变,我们不能妄加推测。从我们的研究上,所可言者有三:第一,必须恢复"人"的正常概念,绝对不能视为是"物"的象征;第二,必须与历史衔接,恢复欧洲统一的精神;第三,绝对不能以政治解决社会问题,重犯法国革命的错误。

　　20世纪谈"和平"与"国际"是最热闹的,可是它的开始便是战争。国家独裁的观念,被视为最平常的事实。欧洲人利用的机械的工具,经济的组织,不特搅乱了人与物的平衡,并且毁灭了人与人的关系,这是个人主义与唯物思想应有的结果,而也是这次战争的原因。

　　现在欧洲的英雄们,并不比拿破仑进步。拿破仑说"两年之后,我始生存",因为倘有一事未做完,一地未征服时,他不相信自己的存在。这样"我"是一切的总名,凡碍"我"的"自由"发展者,必须予以粉碎;从我的满足后,始有真正的和平。证诸现在欧洲的事实,和平是欺骗愚人的美名。达尔文的物竞天择,俾斯麦的铁血主义,谁能说这些理论内不是根绝和平的萌芽!我们要绝对认清楚,这不是科学的过错,并且这是反科学的。

　　从欧洲历史言,希腊对人的认识,罗马公平的法律,基督教博爱的精神，都是极可宝贵的遗产；如果欧洲人不加以发扬，与机械科学文化配合，创造新的精神，则欧洲文化将进入绝灭的阶段。我们毕竟相信斗争不是一个国家与民族的目的，只要看近二十五年欧洲的历史，即知欧洲尚不能做到"交相利"，更毋论"兼相爱"了。

我们看欧洲所走的途路，绝对不能起任何幻想，如复古运动便可补救它的缺陷。我们深知道任何复古是不可能的，因为时间改变，环境易形，而文化的"质"不同了。爱哈斯姆、马丁·路德都不是复古吗？其结果只促成革命加速度的发展，产生了个人主义与人道主义。后者是虚幻的，是基于情感的冲动，强暴者的遁词而已。我们不是刻薄人，我们是说"人道"一词内，仍然是含有浓厚自我的思想，多少人视殖民地不是在拿人道做一种掩护吗？在优越的地位下，始能言人道，这是不是一种个人主义？

欧洲最紧要的问题是经济与经济所引起的问题，他们要造成许多特殊的局面，不能推诚合作，摧毁了自然的秩序——奥古斯丁说："和平是秩序的安宁。"尽管物质繁荣，工具进步，可是"人性"永远是那样的。它"既不是天使，也不是禽兽"，它有生命，其价值相等，而且是不受时间、空间所限制的。我们古人释人："人者，仁也。"其意即此。欧洲人受过这次惨痛，我们深信必然会有觉悟，但是觉悟不是忏悔，须要认识他们的时代已死，有勇气接受新时代的降生：首先要"兼相爱"，必然收到"交相利"的效果。我们期待着这个新时代的降生，那才是真正的 20 世纪。

　　阎宗临著《欧洲文化史论要》，文化供应社 1944 年在广西出版，1948 年上海再版。部分章节先在《建设研究》杂志上发表。

欧洲史要义

绪 论

希腊古文 Ιστορία，意为"考问"，由此引申为"探讨"。到史学发达时，波利比乌斯（Polybius）与普鲁塔克（Plutarcus）用此字，专指"考究事物所得的结果"，他是记事的。到罗马时代，Historia 一字，最初指"记事"而言，继后凡属于人事沿革，记过去事物，皆称为 Historia，译言"历史"。如是习用既久，拉丁文中历史一字，含义有二：一为记事的文章，一为被记的事实。巴恩斯（H. E. Barnes）释史，与此意完全符合。①

西方学者与历史定义，几乎人各不同。②最明确者，当以拜耳（H. Beer）所言："历史为人类过去事实的研究。"③人类不能脱离过去，有如形之与影，基米索（Chimisso）曾想出卖他的影子，是不可能的。再造人类过去的活动，根据确实的事实，说明互相关系，其重要自不

---

① "史之一字有二义，一指过去种种事业及造诣之总相而言；一指此种种活动，笔之于书，传之于口记录而言。"

② Robert Flint："历史是一个人类的完全生命，社会全部的演进。" Arnold："历史是社会的传记。" Freeman："历史是过去的政事，政事为现在的历史。" Bordeaux："历史是研究理性发展的科学。" Humboldt："历史为已经发生事情的记述。" Creighton："历史为记载人类动作及其思想直接影响其动作者。" *Dictionnaire de l'académie Française: sur Histoire*："历史是值得记忆事实的叙述。"

③ Henri Beer, *La Sythése en Histoire Introduction*.

待言的。

历史如巨大河流，顺自然流去，它在行程中，有时遇岩礁激起怒波，有时在峡谷中曲折迂回，失其固定的方向。时而枯竭，时而泛滥，但是不舍昼夜逝去，幻变中却永远不变的。治史者，有如沿河而行，须明其总动向，然后观势察变，求其转捩点，始明主力之所在。

历史以时间为基调，它是相对的，因而是变化的。现在是过去演进所得，而支配行为的实力，乃过去的积累，"谁向后顾，谁知实际"[1]，即根据实际理解"现在"，始不为幻象所蒙蔽。研究人类过去的活动，并非将过去一切再现，时过境迁，那种企图绝对不可能，一切都知，等于一切不知。我们了解过去，完全借助资料，无论是遗物与记述，大抵支离破碎，非常残缺。治史者，只有竭其所能，改善其不利的地位，力求公正，错误与偏见自是不能避免的。"同样研究，在个别研究者手中，非特可有不同的解释与运用，并且还可得到相反的结论。"[2]只有那些幻想家，始相信自己是大公无私，"偏见是无可辩论的真理"[3]，所以留心自己与人家的偏见，非特有益，而是必须的。

欧洲是亚洲的半岛，试看地图，欧亚界限，随着时代演变，是非常难确定的。西方历史，最初无所谓欧洲。它以地中海为中心，受埃及与中亚的激荡与启导，逐渐演进，构成希腊与罗马的文明。古代希腊不是欧洲的，它是亚非欧海上的综合；到罗马时代，将地中海东西演进，变为南北的发展，它是一个联邦，并不像大陆的帝国，具有它的统一。

罗马接受了基督教，它以此保存旧文化，同时应付新移民，利用旧有的机构，施与精神的训练。一方面教人自主，自主便是自由；他方面要人互爱，以求兼利，将古文化加以净化，形成基督教统一时代，产生13世纪文明。欧洲肇生，虽有不同的认识，大致始于9世纪是

---

[1] J. Haller, *Die Epochen der Deutschen Geschichte*.

[2] Jacob Burckhardt, *Die Kultur der Renaissance in Italien*, *Indoduction*.

[3] Gaetano Salvemini, *Historian and Scientist*. 周谦冲译。

无疑的。因此，欧洲历史，在某种意义下，乃亚洲向西发展的结果。往昔波斯西进，腓尼基海上开拓，阿拉伯兴起，蒙古西侵，奥斯曼进至中欧，这些史事予欧洲历史重大的推动。所谓十字军，并非宗教问题，乃欧洲形成后向亚洲的一种拒抗。惟其无所获，故顺自然趋势，向西与南推进，新大陆与新航路因此发现，而世界面目，由欧人完成，这是人类历史上重大事实。

欧洲历史是意志努力的记录，从 16 世纪后，空间扩大，对自然采取一种挑逗的态度。要用人类的智慧，说明自然的秘密，从它的约束中，将人解放出来；进一步利用有效的工具，将自然组织，为人应用。人再不能囿于教条与格言中，此科学独特发展，构成空前未有的胜利。欧洲历史由向外的发展，变为向内的斗争。西班牙造成均势，为法国忌妒，而法国的独霸，由英国与之对抗。到 18 世纪俄国崛起，土耳其衰落，欧洲局面进入革命状态中。每个国家如果没有强力，即它的国民陷于贫乏，而海外地带成为决定盛衰的条件。专家、公司、工厂，缔盟结约，对内求均势；对外求掠夺。欧洲人民族主义，生存竞争的理论，逐渐使欧洲以外的民族觉醒，而别的地方也急起直追，日本便是好的证例。"地球是人类所共有的"，荷马的话，用之今日，非常正确的。

将西方重要的演变，概括在此短简的篇幅内。著者思如登高山，俯察陵谷变迁，江河动向，绘出一个轮廓。那里面有他的好恶，也有他的曲直，这只是著者的看法，妄加一种解释，并不敢必言如此的。将此书题为"欧洲史稿"，与专史有别，倘能帮助人多了解欧洲的发展，破除误会，那更是著者意外的收获了。

第一编　古代西方帝国

古代历史与文化起源，多在河流地带。释之者，以交通便利，经济繁荣。事实上，并非完全如此。黄河流域、尼罗河及两河流域，土质松软，耕种者以原始工具，便可作业，因阻力较少故。

埃及历史最古，远在四千年前，已有定形，氏族组织最发达。继后，以生活实际需要，约在 3000 年前，分全国为若干区。① 因为立国基础，建于土地上，遂形成中央集权制。

埃及与美索不达米亚，同为两绿洲，沙漠与山地环绕，四周皆系游牧民族。游牧者掠取粮食，夺获财富；埃及与两河流域，须起而抵抗，大埃及与大美索不达米亚，以事实需要，于历史上出现了。

此时，西方历史的动向，即在争取叙利亚与巴勒斯坦走廊。

两河流域下游，经萨尔贡与汉谟拉比统治后，建立巴比伦帝国，与叙利亚关系至密。时印欧民族移动，中亚安定秩序破裂，赫梯与喀瑞人，咸继入巴比伦；希克索斯人毁埃及底比斯王朝。

但是，这些民族，知识较低，虽起骚动，却无确定组织与政治上的成功。

由于反应，埃及复兴，名王辈出，图特摩斯一世、哈姆塞斯二世，争取奥伦与约旦两河走廊。埃及处境困难。叙利亚之强暴，赫梯人之骄横，巴比伦之忌妒，米达尼之竞争，然埃及以和平为职志，斗智而不斗力，树立外交，卒能克服困难，创立宗主权，施以宽大的保护。

---

① "埃及国家唯一区分，其标准为土地，不是人民。区为省之细胞，大国由此而生焉"，Mayer, *Hist. Antique.* 179 段。

地中海已为克里特人开发，与埃及、与西亚关系至密。阿卡亚人与多利安人侵入，埃及与叙利亚，因地中海之变化，失其领导作用。亚述兴起，横扫中亚与巴勒斯坦走廊，然以武力为基础，使人恐怖，其失败，自是当然的。

至纪元前6世纪，神权政治已树立深厚不拔之基础。代埃及与两河流域而起者为波斯；地中海流域，别树一帜，承腓尼基传统，希腊、迦太基兴起，城邦为外形，实利为归依。罗马为后起之秀，终于克服困难，建立帝国，代替埃及和平的理想。①

---

① 埃及与罗马同为帝国，性质不同，罗马帝国有如国际联盟，各民族平等的。Caracalla 谕（公元前213年）："Brunes qui in orbe Romano sunt civis romani efficientur."

第一章
埃　及

埃及的孤立是表面的。它受人类发展原则的支配，与邻人有深密的关系。从埃及有史起，埃及人种并不纯粹①，它有古老的文化，却并不单纯，因之，研究埃及史，必须注意及亚洲的演变；亚洲与埃及的关系，犹日耳曼对罗马似的。

埃及历史与文化，其发展有定形，求其原因，实自然环境的赐予，居民特别眷恋水土，形成农业富庶的国家，此希罗多德言："埃及为尼罗河的赠品。"

尼罗河出自维多利亚湖，经苏丹（Soudan），合加扎勒（Bahr el Ghazal）称"白尼罗"。既至喀土穆（Khartoum），汇亚拉克（Bahr el Azrak），称"蓝尼罗"。既至开罗，东西分流，如双臂，形成三角地带，为肥沃池沼地②。每年六月风起，七月开始泛滥，九月二十六日水位最高。继而水退两岸冲积黑色淤泥，居民感到狂欢、生命的丰富。

---

① 埃及史开始，人种有四：埃及人、利比亚人（Lybia）、闪种及黑人。前二种亦称哈种（Hamites），埃及语因素亦复杂，有南非、北非、闪种的因素。
② Delta 的面积有 23.735 平方千米。

埃及人既久习于此种环境中，尼罗河成为有力的导师，教埃及人了解合作的重要。筑堤、建坝、收割，无一不需要互助。尼罗河成为一种向心力，将许多区域（Hesep）团结起来，建立中央集权，并非偶然的。上下埃及统一，奥洛斯居于其上，建立"神权"政治，此欧西里斯（Osiris）故事，有深切的关系①。

埃及历法与农事配合，纪元前4241年，姁星与日并丽于天②，为世界最古的历学。前此埃及史，无精确资料，不能断言，但是在孟菲斯（Menphis）一带，文化高深是可断言的。

从锡尼（Thinites）王朝开始起（前3315年）至埃及为波斯灭亡（前525年）止，共二十六朝代，为时甚久，变化甚少。农业为立国的基调，美尼斯（Menes）最大光荣，系保护三角洲，不受水患。法老以锄破土，以镐凿河，以镰割穗，设五谷不丰，须废王。

基于此，帝王为人与神居间者，有绝对的意志，一方面表现恐惧；另一方面表现仪式，金字塔，象征不朽；太阳庙（Horus）逐渐增加，国王的地位增高了。

孟菲斯王朝，统治者与宗教配合，权力加强，政治渐有思想，而由于反射作用，宗教亦脱离唯物论③，死并非绝对可怕的。就武力言，埃及取守势，第五王朝（前2608—前2506年），建"西门"与"南门"，有七英里半之砖墙，乃在断由沙漠入埃及之路，保护财物，不为游牧者所觊觎。前1680，希克索斯侵入，使埃及混乱。降至图特摩斯三世（前1480—前1447年）与拉美西斯二世（前1300—前1234年），曾扩张武力至幼发拉底河边，一由希克索斯入埃及后，造

---

① 尼罗化身为 Osiris 与 Isis 结婚。Isis 象征肥沃，时 Seth 与 Nephtys 亦婚，不孕，于是借 Osiris，事为其夫 Seth 知，恨而杀之。Osiris 死，其妻悲，得 Anubis 助，收其尸，为地下神，其子 Horus 象征光明，杀其父仇。

② 姁星与日同出，天文学之起点，太阳历与年历差四分之一，每一千四百六十年只出现一次，就埃及史言，姁星与日并现于孟菲斯天空者，有四：纪元前4241、纪元前2781、纪元前1321、公元140年，每次在7月19日。

③ 第六王朝金字塔刻："王之死非全死也。"法老为 Ra 之子，Ra 神地位高，每神加 Ra 名：Ra-Sebek（鳄鱼神）、Choum-Ra（牡羊神）、Amon-Ra（Thèbes 神）、Ra-Horus……

成混乱，埃及国家思想发展；一由战术改变，利用车马，埃及可以从西亚，以建均势。

纪元前12世纪阿卡亚人向东欧移动后，东地中海起骤变，毁赫梯帝国，埃及受威胁。拉美西斯三世（前1200—前1169年），为埃及最后有为的法老，拒抗海上侵入，可是埃及无法保持领导地位。自是而后，埃及有四世纪，南北对峙，前945年舍桑克（Sheshonk）虽暂时统一，复分裂。同时有四个法老。前722年时，亚述侵入；埃及仍在挣扎中。至赛伊斯王朝，埃及动向转变，三角洲故，商业繁荣，转向希腊尼斯城邦集团，大陆脱难。波斯崛起，虽萨梅蒂科斯（Psammétik Ⅲ）之奋斗，终为冈比西斯灭亡。

亚历山大兴军，解放埃及，继后又为罗马所灭，埃及成为一茎枯苇而已。

第二章
加尔地亚

加尔地亚与埃及历史对峙，成为民族移动舞台，系两河流域。

古代中亚与西亚历史，至为复杂，在纪元前4000年顷，文化已臻高度发展，包括伊朗、苏美尔与闪种文化。证据是锡尼王夸（Qa）象牙柄（前3125年）刻称：闪族为"Setti"，意即"亚洲人"。

闪族散居各处，语言统一，发展却不一致。究其原因，没有天然环境，散居沙漠四周，形成一种分裂局面，此莫莱特（Moret）谓："闪族出现时已分裂。"①

闪种原始居沙漠地带，向外发展，于美索不达米亚，渐次转为定居。两河流域，土地肥沃，少石块，宜于耕种。闪种虽非中亚文化创造者，却为有力推动者，就古代中亚历史言，此种游牧民族侧立定居者边，构成不安与恐怖，由是城市合力拒抗，构成帝国的起因。

初居加尔地亚（Chaldea）者②为苏美尔人，讲求灌溉，凿运河，常有城与城的斗争。继闪族侵入，挟新式武器，精弓矢，于纪元前2675年，萨尔贡占据两河流域下游，建阿卡德（Agadé）王国。

---

① A. Moret, *From tribe to Empire*. 约在纪元前4000年。
② Chaldea 闪语谓"Shinar"，长62英里，宽12英里。城市有11座，阿拉伯边之绿洲。

萨尔贡采取中央集权制①，能拒抵外敌，唯承继者无能，古提（Gouti）南下，于前 2622 年，这个王国便结束了。

苏美尔人有高度文化，痛蛮族专横，起而反抗，形成高德亚（Gaudea）时代，奠定第二次苏美尔王国基础。吴安古（Our-Engour）集权政治，东基（Doungi）武力设施，皆足挽救一时。自前 2382 年后，闪族亚摩利（Amorites）人，由阿穆鲁（Amourrou）侵入，苏美尔灭亡。两河流域顿呈分裂局面，却满布着闪族的影响。

汉谟拉比（前 2123—前 2081 年）即位，统一告成，行中央集权制，加强内部组织，开发水利，与波斯海湾相通。其法典为古代珍贵资料，社会组织，婚姻制度，税务与现金兑换，皆有确定②，与埃及、叙利亚有密切关系③。

但是，赫梯民族兴起，前 1925 年入巴比伦，有一世纪久，两河流域下游处在混乱中。至前 1700 年，喀瑞人南下，闪族优越地位动摇。喀瑞人据有迦尔地亚，唯文化低落，不能建树，终为亚述取而代之。

---

① Sargon 分国为许多州，每州有六小时距离；州长称"殿子"。
② 医生失职，罚款有等级，病人为自由人：十个 Sicles；半自由人五个；奴隶只二个。每 Sicles 合 1.25 金法郎。婚姻为一夫一妻制。税征很重，每 6 方公尺地，纳二 Sicles。兑换比率，亚加德时代，金银比率为 1∶8；乌尔时为 1∶10；阿姆哈比时为 1∶6。
③ Brblos 出土的花瓶，除埃及影响外，尚有两河流域影响。

第三章
赫梯帝国

印欧民族起源，虽无定论，从政治、考古及人种方面言，当在俄南、聂伯河与咸海之间①，其文化特点，证诸语言学，政权握于男子，由游牧演为定居，宗教与伦理颇为发达。②

至新石器时代末，印欧民族已善运用车马，交通方便，向外移动，伊朗、中亚与黑海方面，皆有踪迹，而美索不达米亚安定秩序，突起变化，巴比伦为最大牺牲者。

纪元前1925年，赫梯人侵入巴比伦。

---

① 新石器时代，用车与马，文化很高，就语言学中，山毛榉、栖、枫等字传播甚广，自贝加尔湖至莱茵河皆相同。
② 家长：梵文为Dampati，希腊文为Despotes，拉丁文为Dominus。
村：梵文为Vic，波斯文为Vis，拉丁文为Vicus，希腊文为Oikos。
城：梵文为Pur，立陶宛文为Pilis，希腊文为Polis。
王：梵文为Râj, Rajan，拉丁文为Rex, Regis，凯尔脱文为Rig。
牛：梵文为Go，波斯文为Gau，亚美尼亚文为Kov，希腊文为Bous，拉丁文为Bos，爱尔兰文为bô。
羊：梵文为Ari，立陶宛文为Aris，希腊文为Ois，拉丁文为Oris，爱尔兰文为Oi，德文为Ouwi，南斯拉夫文为Ovinu。
上帝：梵文为Deva，波斯文为Daeva，立陶宛文为Děvas，高卢文为Dêvo，拉丁文为Deus, divi，希腊文为Dios。
天神：梵文为Dyauspita，拉丁文为Jupiter，希腊文为Zeus-Dios。

纪元前 1760 年，喀瑞人灭巴比伦。

纪元前 1680 年，希克索斯由叙利亚入埃及。

中亚即陷入混乱中，政治衰弱，形成割据状态。赫梯据多洛斯河最为有力；米达尼（Mitanni）王国，占据幼发拉底河上游；喀瑞人控制加尔地亚；巴勒斯坦陷入混乱中，只腓尼斯尚能独立，希克索斯人穿入埃及。

《圣经》言："汝父乃一亚摩利人，汝母乃一赫梯人"[1]，即赫梯活动颇早。从波加凯伊（Boghaz-Keui）出土资料研究，即其文化与中亚文化有关，采取联邦制。至前 1400 年，苏庇努里乌马（Souppiliouliouma or Suppiluliuma）即位，善利用时机，向叙利亚进攻。

此时，埃及为图特摩斯领导，国殷兵强，妒赫梯实力扩张，以保护巴勒斯坦走廊。赫梯帝国，至穆尔西里二世，前 1360—前 1300 年）时，东至西美尼亚，与亚述相接；北临黑海，有丰富产物；西至爱琴海，与克里特通商；南至加利利，握埃及门户。

拉美西斯二世即位（前 1300 年），继其父志，拒抗赫梯。前 1295 年 4 月，产生卡迭什（Kaclesh）大战，以哈莫塞斯特殊勇气，取得胜利。

赫梯与埃及议和，建立西方均势。前 1279 年，签订和约，由两国神灵保证有效，刻于阿梦庙堂。

刻约内容，双方信守和平，两国帝王平等，尊重已定边疆，遇有内乱外患，互相赞助，有罪逃亡者，双方不得收容。为加强同盟，拉美西斯娶阿杜西（Hattousil）女为后[2]。此约为国际条约先声，影响赫梯文化至大。赫梯民族重现实，得埃及理想调和，有远大进步。阿杜西死（前 1255 年），印欧民族移动——所谓海民的移动，赫梯以之衰落。

前 1250 年，亚述进攻巴比伦，赫梯不敢过问；前 1169 年，海民

---

[1] 《圣经·以西结》中之谚语。
[2] 女取埃及名 Maât-Hor-néférou-Rê，意为"看太阳神之美"。

将巴比伦摧毁，建拔石（Pashe）王朝，经一百三十年之久。

荷马歌咏之特洛伊战争（前1193—前1184年），实赫梯与埃及斗争之结果，阿卡亚人借紊乱局面，向亚洲侵略。利比亚与腓力斯坦相连，进攻埃及，赫梯虽有义务拯救，实无可如何。

此时，领导中亚者为亚述。它破坏了国际的平衡。

第四章
亚述帝国

当加尔地亚建立帝国时，亚述人占据底格里斯河，居亚叙尔，至古巴里（Assur-Couballit）时（前1350年），仍臣属巴比伦。

亚述地势优越，民悍性骄，自撒缦以色一世（Salmanasar I）发动攻势，形成一种武力政治，即帝王为神的仆役，有绝对意志，凡不从其意志者，须与之战，至屈服为止。蒂格拉特帕拉沙尔一世（Teglat-phalasar I，前1115—前1100年），两次攻巴比伦，侵亚美尼亚，赞其武功说："我为强力之王，恶人之摧毁者……"

撒漫以色三世（前859—前824年）即位后，亚述实力甚强[①]：西亚各国，如希伯来、大马士革（Damas）、西来西亚（Silesia），感唇亡齿寒之苦，结为同盟，拒抗亚述，形成一种均势。加尔加（Karkar）战，结局未定，便是说明。

蒂格拉特帕拉沙尔三世起（前746年），亚述再兴，前734年陷加沙（Gaza），城舍为墟，继向巴比伦进发，将之臣属。前722年萨尔贡即位，戡定巴比伦叛乱；放埃及法老于哈非亚（Raphia），定都杜

---

① 亚述军队组织最完密，其种类有步兵、骑兵、攻城队、战车队、箭手，而骑兵任务，在破坏通讯、作战时威胁敌人。

沙洛京（Dour-Sharroukin）①。

萨尔贡死（前705年），辛塞纳赫里布（Sennacherib，前705—前681年）继位，向西亚海边发动攻势，取腓尼斯，以未充分准备，攻三角洲而败，至亚述巴尼巴（Assourbanipal，前669—前626年）时，发动对埃及攻势，毁底比斯，前663年，赛伊斯始停止抵抗。

亚述巴尼巴自前648年后，为巴比伦王，声势雄壮，毁苏撒（Suse），欲树立集权政治，使侵略地带，不得自由，然亚述以武力为基础，虐待被征服者，米底与巴比伦联合，于前625年开始攻尼尼微，十三年后，将之毁灭，先知尼希米言："尼尼微之亡，成为焦土，有谁怜之。"

亚述亡，继之而起者，为第二加尔地亚帝国，名王尼布甲尼撒（Nabuchodonosor，前604—前561年）于前586年毁耶路撒冷，俘犹太人，武功赫赫，《旧约》中："吾复兴加尔地亚人，此残酷轻率之民族，将横行于大地上；占领所有房屋。其马捷于豹；骑兵奔驰，若飞鹰之掠食。"

是时波斯兴起，由西进发，于纪元前538年，巴比伦灭亡。②

---

① Dour-Sharroukin 意为 Sargon 城，1834年，Botta 发现，城甚坚固，有城楼，高四五公尺。
② 巴比伦帝国，仅八十七年，最后一帝为 Nabonid。

第五章
波斯帝国

波斯帝国介乎底格里斯河与印度河之间，有伊朗高原①，气候多变化，产良马，多花卉，居民为印欧人：米太与波斯人。

伊朗历史颇早，惜难探考。纪元前10世纪时，贵族锁罗亚斯德（Zo-roastre）改革宗教，门人追记，名《阿维斯塔》（Zend-Avesta）②，形成伦理的二元论，善者为阿胡拉·马兹达（Ormuzd），健康、光明与智慧属之。恶者为阿里曼（Ahriman），使人苦痛，导人罪恶。是二者不相容，常在斗争。阿胡拉·马兹达不具形式，品位至尊，取火为象征③，唐时流入中土，定名为祆教，从示从天，所以祀天也。④

波斯有繁盛河流地带，亦有不毛的草原；有凉爽绿洲，亦有枯燥的沙漠，自然永在对峙与搏斗中，形成一种矛盾，波斯即以此为宇宙定律，形成二元论的特质。

---
① 伊朗高原，面积约有1650000平方英里。
② 系波斯古语Zend写成，全书分二十一卷，写于一万二千牛皮上，由金线装钉，回教兴起，阿拉伯人至波斯毁之。
③ Herodotus说："波斯人不建神像，寺庙与祭坛，以此等无意义，非若希腊人以神具人形也。"（*Histoire*. T. S.）
④ 祆教入中土，南北朝时已有，见《魏书》。至唐时更盛，贞观五年，波斯人何禄来长安从事传教。

波斯史信而有征，较中亚诸国为晚。米底与波斯分据南北，互相对峙，于佛拉亚特（Phraorte）时（前655—前633年），始告统一。佛氏为米底英主，前633年反抗亚述阵亡，其子西亚沙（Cyaxare）立（前633—前584年），改变战术，建骑兵与箭手，于前612年，陷尼尼微。

此时米底与波斯相争，亚斯代若（Astyage，前584—前550年），以婚姻政策，消灭内部矛盾。居鲁士（Cyrus，前556年）立，提高波斯地位。前549年，并米底。攻吕底亚，取阿富汗、大夏、康居，继攻巴比伦，建立波斯帝国。[①]

居鲁士死后，子冈比亚斯（Cambyse）立（前529年），承其父志，征埃及（前526年），居埃及四年，波斯内乱起，前622年至叙利亚，死于途中。时，贵族大流士（Darius），发兵靖难，取帝位，创波斯最光荣之历史。

大流士绥靖米底，戡定两河流域下游，刻武功于贝希斯敦（Behistun）岩石，中有"朕连战皆捷，胜利凡十四次，降九君"。当侵印度后，渡鞑靼海峡，入巴尔干，征塞种（Scythes）[②]，波斯军不谙塞人游击战术，结果失败，仅取色雷斯（Thrace），于是，波斯建立强大帝国，划全国为二十州[③]。向西进，与希腊冲突，为希腊人挫败，此山民所接受亚洲帝国遗产，遂至停止状态。

---

① 吕底亚系纪元前546年；征阿富汗（Arachosie）、大夏（Bactriane）、康居（Sogdiane）系纪元前545—前539年，攻巴比伦为前538年。
② 据C. Huart言：Darius（前521—前486年）系七贵族大家庭之一，父为Hystaspe，系Hyrcanie省长。见 *La Perse antique*, pp. 60-61. N. 2.
③ 此数字系Herodotus所言，Seignobos于注中，言波斯题铭提及三十一州。

第二编　东地中海城邦

约在第四时代冰河时期，地中海系两个死海所构成，与大西洋并不相连，直布罗陀海峡，系一陆桥，尼罗河、红海、亚德里亚海以及希腊诸河灌进之。地中海为蒸发海，原有河流不敷蒸发，须有大西洋及黑海调济，始能维持水位[1]。关于此，怀特（Wright）有确论[2]。

海水侵入，漫没此盆地，此为人类历史大事，当安定后，地中海人移此，文化始发。

东地中海，岛屿满布，接近西亚与埃及，便于吸收文化，而大陆希腊，山势错综，构成许多区域，海上岛屿成为交通桥梁，陆地山岳却成了一种障碍，便于流动，便于贮蓄，普遍与个别，自由与独立，形成东地中海历史动向的特性。

东地中海岛屿，以区域论，可分爱琴海与伊奥尼亚海两类。在爱琴海，形成天然桥梁：北部岛屿，有 Thasso, Samothrace, Imbros, Lemnos, Ténédos 等岛；在中部，有 Skyros, Lesbos, Chios；至南部，即有 Andros, Lenos, Myconos, Délos, Icaria, Samos 等。至伊奥尼亚海，有 Argolide, Ceos, Cyros, Paros, Naxo, Amorgos, Astypalée, Kalymnos, Cos, Nissyros, Rhodes, Kythnos, Seriphos, Siphnos, Melos, Sikinos, Pholegandros, Thera, Crète。在这些岛屿中，以克里

---

① 里海汇入水量不足，日渐缩小。
② 怀特在 *The Quaternary Ice Age* 中说："地中海有二湖，其一为淡水湖，居东。泄入西方之湖，当水消海水灌入时，其景有趣。方其流入。初甚细，水道被蚀，海面高涨，其面积亦扩大。峡口若非坚石，必然溃裂，缘注入时长，溃裂为必然结果，形似空论，实根据，试取直布罗陀海峡图证之，即见有极大之谷，由地中海深处，经海峡，入大西洋沙滩，此谷即水灌入时所成也。"

特乌最重要，爱琴海文化即以此而起。

希腊大陆，内山岳构成平原，有 Thessalie，Epire，Arcanie，Etolie，Malide，Phocide，Locrides，Beotie，Attisme，Eubea，Megaride，Corinthe，Argolide，Achnie，Elide，Arcadie，Laconie，Messenie 等区域。

考古学者，以纪元前 6000 年至纪元前 3000 年间，克利脱岛已有高度文明，至希腊中部与北部，便在三千五百年后了。进入铜器时代，约纪元前 20 世纪，克里特领导东地中海。

中亚与埃及民族的移动，影响爱琴海，东地中海周缘，互相往还的关系，至为密切，通商、交战、军事协定，在纪元前 1500 年左右，已成为急切的需要。只是地中海自成一系统，以工商业为中心，形成城邦政治。

东地中海历史的演变，由克里特，进而为腓尼斯，最后集大成者为希腊，城市为社会组织中心，扩大家庭，解放个体，每个人对团体有独特的责任。

在最初发展时，语言与宗教构成团体的集合，并非由于政治。从游牧时代，忘其原始经历，仅忆及二三最近事实，创造成一种神话，表彰民族的光荣。东地中海的城邦，每个有创立者，与夫所崇拜之神，便是以此。

由于民族的移动，自然演进的结果，有三个家族合为一组，选择适当地点，易于防守者作为市场，亦为宗教与政治中心，城市以此而起。城分两部，上城为 Polis，下城为 Astu（住宅区），继后下城殷富，取 Polis 名，而守城即名"亚克波利斯"（Acropolis），希腊史开始时，多利安人有三处，伊奥尼人有四处。

第一章
克里特古史

铜器输入地中海时，克里特握有海上霸权。据伊文思（A. Evans）研究，在纪元前16世纪前，克里特向非洲、中亚及希腊大陆发展，文教与武术达到成熟的阶段。以故希罗多德等语之为"海洋帝国的建立者"①。

代表克里特强盛时期，自为传述中米诺斯时代，虽为神话②，却含有史实③。希罗多德所言：米纳斯死于特洛伊战前九十年，即是说，约前1370年前后。但是，从近时发现资料言，希氏所指者为朝代，并非人名。因米诺斯为克里特史长期演进的代表，为富强时期，约在前1750年，也便是为此，西方史学家，以米诺斯前，尚有阿斯忒里俄斯（Asterios）世系。

---

① Herodotus，Thucydide，Aristote 等皆言之。
② 米纳斯为 Zeus-Asterios 与 Europa 所生，有二兄弟：Sarpedon 与 Rhadamanthys，其夫人为 Pasiphaé，象征月亮，生三子：Minotaure，Ariane，Phèdre，又有一爱人 Britomartis，仇视雅典，逐 Carie 人，取 Cyclade 诸岛，建海上帝国。雅典每年以七男七女献 Minotaure。米所居者为迷宫，系 Dédale 所建，Dédale 有一牛，与 Pasiphaé 发生关系，生 Minotaure，事发，造肉翅，飞向西西里岛，死于海中。
③ 在 Laconie，Mégaride，Corcyre，Sicile，Syria，皆有 Minoa 地名。

分析克诺索斯（Cnossos）与费斯托斯（Phaistos）的宫殿形式与城市结构，得一个结论：时间愈演进，地方色彩愈少，介乎纪元前17与前12世纪间，米诺斯即失其地方特性，普遍化是证明。

米诺斯王朝与希腊传述颇多符合处①。此种文化，经济与政治关系，形成希腊迈锡尼（Mycene）时期。克里特为地中海人，脸长身高，举止敏捷，善航海，拥有强大武力，其霸爱琴海有一百五十年之久（前1600—前1450年）。在克里特建筑物中，发现有军事防御设备。

克里特人有艺术天才，室中有壁画，室外有雕刻，竖琴与笛子为习用的图案；城市与居室设备，妇女装饰，都富有现代性。次之，克里特工商业很发达，金属工业，在纪元前2000年前，已达到精美阶段。输出商品，以油与酒为大宗。

纪元前1450年后，克里特许多建筑物被毁②，富于幻想者，以为内战突发，克诺索斯毁灭其他城市。但是，考究毁后所建诸物，如海亚特亚大（Haghia-Triada）宫，已脱离地方色彩，受米加尔（Megare）影响，而此时米加尔为阿卡亚人集聚地。以故克里特之衰落，乃由于阿卡亚人之侵入。而米诺斯代表，须向西西里岛逃跑，克里特成为希腊大陆的附庸。

---

① 纪元前1533年？，Cécrops 开发 Attique；纪元前1466年，Danaos 开发 Argolide；纪元前1400年，Mégaride de car 与 Lebrex à Amyclées 开发 Laconie，Mégare, Locride Acarnanie；纪元前1340年，Cadmos 开发 Beolie；纪元前1266年？，Tantale 与 Pélops 开发 Peloponnèsse。以上所述，皆受克里特推动。

② 所毁者，有 Phaistos, Tylissos, Haghia-Triada，独克诺索斯宫存。

第二章
腓尼斯

腓尼斯位于黎巴嫩与叙利亚海间，为东地中海滨小国①。山上满植扁柏与杉木，与内地隔绝。滨海地带，曲折环抱，有良港，居民为闪种，善航海，精工艺，非常富于现实的民族。

继克里特后，腓尼斯为开发地中海者，然始终未建立帝国。每城有独立领土，由议会与国王合组之政府，每遇特殊重大事件，各城遣代表至提尔（Tyr），盖自纪元前13世纪后，提尔为腓尼基名城矣。

最初腓尼基城市发展者，为贝博洛斯（Byblos），至埃及出售杉木，换取制纸草。至纪元前15世纪，西顿（Sidon）积极发展，在孟菲斯设有商店，然其重要事业，乃在推进爱琴海商务，沿小亚细亚海滨，入黑海至高加索，无不有其足迹②。西顿成为富城，腓尼基人忌之，至纪元前13世纪，将之毁灭。

自是而后，腓尼斯入提尔时期，向西发展，横贯地中海，达到直布罗陀海峡，取麦、油、麻、银等物，建立许多城市，如犹迪克

---

① Phénicie 意为"棕榈"。长一百五十英里；宽二十四至三十英里。
② 入爱琴海后，在 Paros 取大理石，Mélos 取硫黄，Thasos 采金矿，Cythère 取红染料，直至克里特岛，由此北上，至黑海。

（Utique）、加代斯（Gadès），尤以迦太基为最重要。亦即古代发现欧洲之始，上古史为之一变。

迦太基系提尔贵族所建立者，纪元前9世纪时，提尔革命，建此殖民地，以其居地中海中心，逐渐繁荣，统治北非与西班牙，拥有强大武力，贪婪残酷，为人所痛恶。其政治实行两君制，权操于元老院①，由商贾组织，缺乏爱国思想。自纪元前6世纪后，势力庞大，在地中海称霸者有三百年，后为罗马所灭。

腓尼基善于经商，重利远去，由阿拉伯采购金、玛瑙与香料；由印度购置象牙、珍珠与鹅毛；由亚述采办棉花、沥青、中国丝绸；由黑海贩卖马与奴隶等。他们视天星航海，沿岸而行，秘其路线，宁死不与人知。锡为最珍贵之物，古人不知采自何方，至希腊人偶然发现英海岸产锡处，腓人经营此业已数百年矣。腓人远征队，自迦太基出发，循非洲岸至几内亚湾（Guinea）。《汉诺（Hanno）游记》至今仍视为地理文献珍品。

腓人外出，视地方文化与实力，有种种设施。在埃及只经营贸易；其未开化者，即据险以守，设堆栈，定期交易；于较繁荣处，如塞浦路斯等地，建造房屋，宛如今之殖民地。

腓尼基为文化传播者，精于模仿，缺少创造性，其时发生作用而影响于后人者：一为造船术，一为二十二个标音字母，分子音与母音，其功至伟。

---

① 元老院中，分两部：一为全体，共一百零四人；一为执行者，只有三十人。

第三章
希腊居民之移动

希罗多德言：希腊原始土著为"皮拉斯吉人"（Pelasgie）。纵使有学者否认，我们知道他不是幻想的①。至其由来，亦有不同的主张②，就希腊言，大约由陆地移至希腊，然后转向小亚细亚，其途径，由色萨利、比奥提亚、阿提卡、亚尔告利德、亚加地，渡海，侵入亚洲③。

继皮拉斯吉人之后而至希腊者为"阿卡亚"人（Achéens）。

阿卡亚人④沿河南下，一路由东北至色雷斯、马其顿与色萨利；一路由西北至伊利斯。既至希腊后，向内部移动，据守亚尔告利德与拉哥尼亚。此皆受地理环境支配，滨海者有纳非（Nauphie）与亚西

---

① 在 Thessalie 有地名 Pelasgiotide；荷马《伊利亚特》诗中，有"神圣的 Pelasges"语；雅典因 Pelasges 建立亚克波罗；亚加以的 Ion 人，认 Pelasges 族的存在；据 Argolide 传述，以 Pelasges 居 Larissa，而 Herodotus 即以为在 Lemnos，Samothrace，Chalcidique，Propontide。
② 有以 Pelasges 为北方民族，来自 Illyria 与 Albania；有以来自亚洲，与 Tyrsènes（Etrusgues）有关，古人将 Tyrsènes-Pelasges 并用；有以为闪种之一。
③ 在 Anatolia 地名语尾，有 -ssoa, -nda: Ariassos, Iassos, Sagalassos, Pedasos, Ephesos……Alinda, Calynda, Isionda, Oenoanda, Labranda……而希腊山河地名，有 -ssos，-ttos，-inthos，如 Ilissos，Kephissos，Parnassos，Brilettos，Hymettos，Gargettos，Ardetos，Tyrinthos，Probalinthos，Trikorinthos，Corinthos 等。在克里特，有 Tylissos，Praesos，为向亚洲移动遗迹。
④ "Ach" 在拉丁文为 Aqua，意为水。

纳（Asine）良港；内地即有地陵斯（Tyrinthe）与迈锡尼（Mycène）丘陵，易于防守。

迈锡尼为克里特文化中心，希腊所传，纪元前1266年时，珀罗普斯（Pélops）至亚尔告利德，为亚洲伊洛斯（Ilos）所逐①。自13世纪后，阿卡亚人取得主动地位，迈锡尼亦脱离克里特羁绊，形成希腊领导地位，雅典亦受其支配。

当阿卡亚人代克里特后，爱琴海起重大变化。与海上居民接触，所谓"江民"变为"海民"，向小亚细亚边岸发展。列斯堡岛已为阿卡亚人占据，与亚洲阿卡亚人②相接，造成包围特洛伊（Troy）形势，促成特洛伊战争（纪元前1193—纪元前1184年）。荷马取此次战争，咏为不朽诗篇。

特洛伊战后的六十至八十年间，有多利安（Doriens）新民族侵入③，在伯罗奔尼撒半岛，逐渐摧毁阿卡亚人实力，经五世纪久，始能缔造成一国家。

斯巴达代表多利安人，由三家贵族统治④，对待土人，不使之太强，惧其叛乱；不使太弱，恐生产力降低。自莱克格斯（Lycurgue）变法后，用武力保存既得土地，使政治贵族化，他给希腊生命的活力，同时也阻止希腊统一，成为一强有力的国家。

---

① Pélops 与亚洲 Achéens 关系，经 Boghaz-Keui，文献证明；亦只从 Phrygie 影响而言，始能解释巨墓建造，约纪元前1250年。

② Boghaz-Keui 史料，证明纪元前14世纪，亚凯人在小亚细亚发展迅速，如 Lycie, Pamphylie, Milyas, 拥有强大海军。

③ 希腊历史发源处，一为 Epire，即称之为 Hellops；一为 Oropos 山岩，有 Graikoi 拉丁人称之为 Hellènes；多利安人，即近 Hellènes 居。

④ 三家贵族为 Agiades, Aegides, Eurypontides。继后 Aegides 移至 Thera 岛（前1074年），只余两族，形成两王制。

第四章
希腊初史

希腊形似一枫叶，富于变化，居民复杂，沐于地中海和风中，养成生动与精明品质，想象非常发达，富有诗意。好奇，敢于探讨自然与人生，一切以人为基调，追逐完美，至纪元前5世纪，其文化发展至顶点，舍中国外，没有能与之比拟的。

直至纪元前6世纪末，由于宗教与语言，形成一种城邦政治，它是集团的，并非个人主义的。每个城邦有其传述与个性，家族成为重要的因素，特洛伊战争的诗史，便是这种说明。

家庭扩大的结果，形成王政，有两种不同的典型：一为米诺斯式，取埃及为法，含有神性；一为多利安式，以社会组织为基础，君即为民，如亚脱来（Atrée）[①]。

帝王由家长演出[②]，然亦有例外，如个人有特殊智慧与强力，亦可取而代之[③]。自纪元前9世纪至纪元前7世纪，王权渐衰，产生贵族政

[①] Atrée 系 Agamemnon 与 Ménélas 之父。
[②] 希腊文中 Basileus（王）与 Anax（主），在家族与政治上通用。
[③] 据 Boghaz-Keui 发现文献中，Koiranos 意为酋长，在荷马诗中，即为"将军"与"帝王"，说明武力夺取政权，使之合理化。

治，斯巴达、雅典与科林斯，趋向同一路径。

当贵族统治时，经济繁荣，城市扩大，工商阶级向外扩张，建立殖民地，政治不能专有，起而改革，形成一种民主政治。唯其意义与今日所言者截然不同。自纪元前6世纪起，僭主争霸，亦如齐桓晋文，取政以力，无法之制裁。

自利古格（Lycurgues）①变法后，于前750年左右，斯巴达统一告成，恃其强力，向美塞尼亚（Messénie）与阿卡迪亚（Arcadie）发动战争，奠立希腊大陆实力。政治重保守，行两王制，由二十八人组成元老院，复操于五位监察官手。重纪律，视战争为常事，造成"不为人模仿，便为人灭亡"的典型。

雅典初史，亦难信证。自纪元前11世纪始，社会阶级已形成，政治为贵族领导。至前628年，资产者与政客联合，夺取贵族政权，产生梭伦变法，取消债务，解放奴隶，按资产确定社会等级，将资产观念改变，不以土地而以现金，故能掌握雅典的动向。

然此种改革，造成一种困难，旧社会破坏，形成暴君政治，庇西特拉图（Pisistrate）为典型代表。

雅典民主思潮扩大，前514年推翻希庇亚斯（Hippias）②，经克里斯提尼（Clisthène）改革，走向民主道路，虽前451年废除财产限制，仍不能以人格为准，佃户、奴隶、外邦人不得参与。

希腊政治，促成两种特殊现象：一为偏狭城邦思想，缔结同盟，如雅典所领导者。一为分裂现象，希腊不能团结，内战频起，互争霸权，结果马其顿坐享渔利，而为罗马灭亡。

---

① Lycurgues 生于前880年，死于前804年，受Labôtas 王命变法。
② Pisistrate 有二子：一为Hippias，一为Hipparque，革命起，前者逃至波斯，构成波希战争起因，后者为人杀死。

第五章
罗马初史

于纪元前 8 世纪时,希腊开拓意大利半岛南部及西西里岛,称大希腊,与罗马人接触。罗马人亦系印欧民族,似与希腊人同时侵入西方,以罗马为中心。

罗马成立时,其史已至复杂阶段,北部有伊特拉斯坎(Etruscans)人,来自亚洲[①],居民多喜卜巫,实行集权制。中部散居着许多民族,其著者,如拉丁、沙班与萨姆尼特(Samnites)[②],语言宗教,大略类似,以地理环境,形成山民与平原的冲突。南部受希腊支配,启发古罗马人心智,使罗马承受古地中海文化。

意大利半岛,系海陆衔接地带,罗马为中心。拉丁平原土质坚硬,为火山遗迹,为一潮湿、恶劣的环境。人创造了土地,而土地亦训练居民意志,一方面有自强不息的努力,刻苦奋斗;他方面有集体

---

① 证以罗马名词,即知伊特拉斯坎人来自亚洲。
  伊特拉斯   Tule   Ceise   Marie
  罗马   Tullius   Caesius   Marius
  小亚细亚   Τυλοε   Κεισοε   Μαl-loε
② 小民族甚多,如 Umbrians, Sabines, Volscians, Aeguians, Hernicans, Marsians, Latins, Samnites。

的合作，理解组织的重要。前753年，罗慕洛斯（Romulus）创立罗马的传述，分明是民族意识觉醒的象征①。

罗马位于台伯河畔，七山环绕，是海陆的衔接地，亦为守攻的据点。当它的历史发轫时，所谓王政时代（前753—前509年），七王中罗马人居其三，沙班人居其二，伊特拉斯坎人居其二，这是一种混合。拉丁为农民，沙班为山民，两者合作，构成一种强力的推动，他们与伊特拉斯坎人对峙，终为罗马所统一。②

罗马家族观念很强，形成一种偏狭土地观念和爱国的思想。因为环境复杂，趋向一种政治斗争，破除种族、社会等差别，构成一种组织，基于法，以规定地方与中央关系。地中海城邦政治，约在前300年，缘亚历山大与罗马，逐渐消灭，此后地中海沦为次要的地位。

古代西方活动范围，由地中海向大陆移动，罗马完成这种巨难的任务，它不是一个帝国，它是一个联邦。到纪元前5世纪，为人赞美的十二铜表法，不受宗教约束，于公众场所公布，完全是希腊的精神。但是，它不允许地中海独霸的局面，它寻求海陆的均衡，至前146年，迦太基毁灭，科林斯焚毁，便是均势建立的结果。

罗马荷负着创造欧洲的任务。

---

① 城市的生命便是民族的生命，人民从城市与神的手中始有生存的权利。
② 七王：Romulus（前753—前716年），罗马人；Numa Pompilius（前715—前672年），沙班人；Tullus Hostillius（前672—前640年），罗马人；Ancus Martius（前640—前616年），沙班人；Old Tarquieu（前616—前578年），伊特拉斯坎人；Servius Tullius（前578—前534年），罗马人；Tarquin le Superbe（前534—前509年），伊特拉斯坎人。

第三编　西方均势建立

自纪元前 500 年时，波斯帝国与希腊集团不相并容，互争西方领导的霸权，结果波斯惨败，是乃历史奇迹。希腊从此独树一帜，综合古代西方智慧的成就，奠定文化基础。

　　但是希腊虽造成雅典海帝国，却不能支久，希腊内战，不能保其小亚细亚利益，波斯又恢复旧日局面，以金钱与诈术滋长希腊内乱。至阿尔塔薛西斯三世（Artaxerces Ⅲ）时，两次向埃及进攻，至前 345 年，埃及复变为波斯的行省。

　　马其顿兴起，亚历山大向亚洲进发，深惧波斯强力，危及希腊安全。但是由于发展过速，文化不同，未能树立深固基础，终于昙花一现。可是均势破裂，阿黑门尼德（Achéménides）朝由是灭亡，希腊亦成了罗马发展的对象。

　　罗马自前 509 年后，两种动力支配整个历史，一方面平民与贵族斗争，摧毁城邦政治，建立帝国。另一方面，罗马向外扩张，统一意大利半岛，向地中海进展，毁灭迦太基。波希东西的轴心，转而变为罗马迦太基南北的斗争，亦即海陆寻觅调和，终于集于罗马一身。

　　均势为两种不同实力的平衡，罗马独具实践政治才能，缔造成古代特有的联邦，因为基督教的降生，蛮人侵入，将古代文化结束。结束也如历史上其他事件一样，它是一种新的开始，西方走入转型的阶段。

第一章
波斯与希腊斗争

波斯帝国建立后，大流士攻塞种失败，占据色雷斯，留名将麦伽巴佐斯（Megabazus），其时吕底亚王国①已为波斯臣属，而希腊殖民地，深感到困难，因为爱琴海已变为波斯的内湖，希庇阿斯居间挑拨，企图恢复雅典的僭主政治。

希腊以语言与宗教关系，心理统一，对波斯怀有敌意，米利都僭主伊斯地亚（Histiaeus）加以煽动，又加阿里斯托哥拉（Aristogoras）准备②，前498年，萨尔狄（Sardes）城。为利益计，为尊严计，波斯须从事战争，是乃两种不同的意识，演进至成熟阶段，必然的结果。

波斯得腓尼基助，供其船只，向希腊进攻，于前490年，产生马拉松战役（Marathon）。人数悬殊，雅典独撑危局，以枪矛御箭矢，幸得米提阿底斯（Miltiade）领导，采取主动，袭其左右翼，波斯人不支，溃退，大流士声誉顿挫③。

---

① 纪元前8世纪，Gygès助埃及Psametik I反抗亚述，其孙Alyattes，在位七年，建吕底亚王国。Crésus立，惧波斯，与居鲁士战于Pteria，纪元前546年，Sardes陷落，Crésus被俘。
② Aristogoras为Histiaeus婿。
③ 据希罗多德所记："……人数少，又跑着作战，这是一种疯狂战术，转眼便覆没。但是希腊人很勇敢，值得纪念，在我记忆中，第一次跑着攻击，没有畏惧，大胆攻击波斯。"

前486年秋，大流士死，其子薛西斯继位，不忘乃父遗志，细心筹备，于前480年，海陆进攻希腊。波斯声势雄壮，希腊危在旦夕。

波斯军渡鞑靼海峡，由北向南，直趋色萨利。斯巴达国王利奥尼德斯（Leonidas），率三百健儿，固守狄摩彼（Thermopyle）山峡，三日不得下，挫波斯攻势。波斯得希腊人[①]助，获所示间道，将李军前后包围，为服存法令，斯巴达全军牺牲，感其事之雄壮，后人刻石曰："过路者，语斯巴达，吾人忠于法令，永守斯土。"[②]

波斯越此要隘，迫雅典城下，德米斯托克（Themistocle），智勇兼具，以其新建舰队，退守撒拉米湾，9月23日晨，希舰诱其出击，舰坚直撞，波斯舰队限于地狭，无法施展，互击沉没[③]。薛西斯睹其军败，急返波斯。陆军由马铎尼斯（Mardonius）率领，屯于色萨利，相持一年，死于普拉提亚（Platée），波斯残余海军，雅典追击，又败于米加洛（Mycale）。

希腊不毁于波斯之手，实历史奇迹，是乃东西争夺地中海霸权。希腊有民族意识，以故能渡此危机。约于前465年，薛西斯被刺宫中，波斯虽不能毁灭希腊，却运用经济与外交方式，滋长希腊内乱。

前449年，波希缔结《西门（Cimon）条约》：波斯放弃报复，取消小亚细亚统治权；军队距边界须有三日行程。雅典组织提洛（Delos）同盟，形成海上帝国，斯巴达忌，产生残酷内战，前后三十年。[④]

[①] 通波斯告以间道者，为希腊人 Ephialte。
[②] "Go, say to Sparta, you who come this way, that here, True to her orders, still we keep our place."
[③] Eschyle 说："如落网之鱼，以桨与木板击之，压碎波斯人，有如裂布一样。是时海浪助其哀鸣，夜神现其阴暗面孔，将之隐藏。"
[④] 亦称 Peloponesse 战争（前431—前403年）。

第二章
伯里克利时代

波希战后，雅典主持提洛同盟，又得伯里克利领导，形成希腊黄金时代，教人如何致知，净化自己的理想，追逐形式与实质的和谐，以达到人的完美。

伯里克利秉政后①，环集学者与艺人，走向民主道路。但是，"雅典民主政治，具有伯氏面容"②，他有高贵的理想，"我们都是爱美者，却很质朴，不使失掉人的成分……"

约三十余年时间，雅典变为艺术城，环绕亚克波洛（Acropole），有歌剧院、帕提衣神庙（Parthenon）、雅典娜像，善用透视法，非常调和，并不僵直。但是，伯氏理想，并不为时人了解，其政敌起而攻击③，雅典与斯巴达战起，失利，瘟疫大作，伯氏染病而卒，情至凄惨。

希腊哲学思想分歧，纪元前5世纪时，智人派流行④，重形式与修

---

① Pericles（前495—前429年）为名将Xantippe之子，自幼受哲人Anaxagore教导，于纪元前461年，得Aspasia助，环集许多名人，如Phidias……
② 系Winckler语，Thucydide亦言："事实上，民主政治徒有其名，此乃第一公民统治也。"
③ Phidias于雅典娜盾上，刻Amazon战图，将伯氏与己像刻于上，托此攻击，指其师Anaxagore为无神论者，复又诽谤其妻Aspasia。
④ 其知名者Protagoras，专教人巧言善辩。

辞，苏格拉底（Socrate）与之对抗，教育青年致知，由怀疑出发，节制冲动，凡不经最后严厉试验者，不能视为真知。苏氏招忌，阿尼图斯（Anytus）控彼"崇拜新神，败毁青年道德"，处死刑，时纪元前399年，柏拉图记于《斐多篇》（Phédon）中。

柏拉图（Platon，前427—前347年）重伦理，较其师柔美，脱离怀疑、妒忌，认为人力定天，故有理想之共和国，虽有想象，但他深信"自定乃命"。前387年，创立学院（Academia），有四十年之久，以对话方式传授真知，终身未婚，最后于喜筵中逝去。

亚里士多德（Aristote，前384—前322年）则别树一帜，用逻辑方法，探讨事物真理。彼有综合天才，开科学途径，将物类列，建立有秩序知识，其态度严肃，影响至巨。中古哲学，咸以为指南，培根爱之，树批评精神。

纪元前5世纪，希腊戏剧已至极盛时代，成为希腊生活必要者。其起因，源于宗教典礼，绕坛游行，祭酒神（Dyonisos），态度严肃。继后，表演英雄事迹，情绪紧涨，常在急变与矛盾中，构成悲剧，再现人类独特行为。喜剧含有滑稽与讽刺性，多取材日常生活。剧团、剧本与剧场[①]，色色皆备。演出时，有歌咏队协助，演员与观众合而为一。其时戏剧作者，名家辈出，有埃斯库罗斯（Eschyle，前525—前456年），索福克勒斯（Sophocle，前496—前405年），欧里庇德斯（Euripide，前480—前406年）与阿里斯托芬（Aristophane，前445—前388年）。[②]

---

① 相传Thespis首建剧场，纪元前6世纪人。
② Eschyle著《波斯人》，大流士后亚多沙（Atossa）与波斯士兵对话：
  亚：波斯人，告我说：雅典在何处？
  歌：我们主上所去很远的地方。
  亚：为何他要去征雅典？
  歌：要统治整个希腊。
  亚：是否雅典准备抵抗这么强大的实力？
  歌：他们军队有很好的声誉。
  亚：他们有无充实的财富？
  歌：他们有银矿。

雅典所表现的希腊文化，情感与理智均衡地发展，由形的完美以达到灵的完美，有残缺，有偏执，但是他真正从人性出发，丰富与和谐教育未来的西方。

亚：他们使人畏惧，是否因为有强大的箭手？
歌：不只有好的箭手，并且有精悍的战斗员。
亚：谁是他们的将领，谁来指挥他们？
歌：他们没有纪律，没有领袖，没有给他们发令者。
亚：那么，他们不能战胜我们。
歌：虽然人少，他们摧毁了大流士的军队。
亚：远征将士的母亲，听到这话是如何可怕呵！

第三章
马其顿：希腊向外的扩张

希腊忙于内战（前431—前404年），无国家与民族思想，囿于城邦偏狭观念。雅典败后，斯巴达领导。是时，斯巴达与波斯相连，取得黑海胜利，而波斯不忘旧耻，借此分化希腊。

当居鲁士三世争夺政权时，斯巴达出兵相助[①]，至纪元前396年，阿西拉斯（Agésilas）率军两万，渡海，陷沙德城。是时，波斯助雅典、科林斯等叛乱，斯巴达海军败于克尼德（Cnide），前394年，不得已缔结《安达西达合约》（前387年）：亚洲所有希腊城市，交给波斯统治，波斯又恢复昔日强盛的局面。

斯巴达统治十四年，霸权衰落，底比斯乘机兴起，称霸十年，与雅典及斯巴达鼎足对立，给马其顿造成兴起的机会。

希腊人视马其顿为蛮族。菲利普（Philippe，前382—前336年）自庇比斯还，深知希腊的内情与弱点。前359年践祚，即思改善，组织民众；争取出海口，繁荣经济；训练军队，以征波斯为口号。逐步实现，希腊分化，虽有狄摩西尼（Démosthène）焦唇敝舌，但囿于城

---

① 斯巴达出兵一万三千人，纪元前401年，居鲁士战死于Cunaxa。

邦观念，不能团结。前337年，菲利普开会于科林斯，组织泛希腊同盟，准备进攻波斯，次年为人暗杀①，伟业留给其子亚历山大。

亚历山大继位，年仅二十，美而健，喜读荷马诗，得哲人亚里士多德训导，好奇，自信而富于理想，需要扩大的空间。承其父业，戡定希腊内乱，前334年，率步兵三万，骑兵四千五百，饷仅七十达郎（Talent），粮仅四十余日，由马其顿出发，转战十年，战战皆捷。

前334年：败波斯军于格拉尼库河（Granique），陷沙德城。

前333年：向弗里吉亚（Phrygie）进发，败波斯军于伊苏士（Issus）。继南下，取叙利亚、腓尼基、希伯来，攻陷埃及。

前332年：建亚历山大城，成为埃及法老。

前331年：败波斯军于亚伯来（Arbele），陷巴比伦，取苏撒，统一波斯。

前330年：向东进，经阿富汗、大夏至康居。

前327年：与波拉斯（Porus）战于印度河，士兵思乡，不肯再进。

前324年：返苏撒，娶大流士女斯塔蒂拉（Statira）。

前323年：移跸至巴比伦，拥有"大王"尊称，发热而死。

吾人不知其漫游目的，然此三十三岁少年，足迹遍中亚，创立七十余城市，西方如亚历山大，东方如犍陀罗（Kandahar）、喀布尔（Kaboul）及撒马尔罕（Samarkand），对经济与文化，皆为有力的推动。亚历山大城变为西方文化中心，哲学与科学甚发达，其图书馆藏有四十万卷。②

马其顿帝国建立如是迅速，有若狂飙，其分裂为必然的。然就古

---

① 纪元前336年，菲利普为Pausanias暗杀，彼为Olympias情人。
② 当Callimachus任馆长时，有编目与提要等工作，纪元前46年，恺撒至埃及焚毁。

代西方历史言，东西竞夺，均势破裂①，希腊帝国，有若山洪暴发，转瞬间又成割裂局面。

自希腊史言，党派斗争，内战不已，民主党与保守党不能合作，造成罗马优势，宛如马其顿兴起前的局面，仅历史重心移至意大利而已。前147年，罗马毁科林斯，希腊以此灭亡，然其文化长存，仍有力地支配西方。②

---

① 自波斯兴起后，向西发展，失败；而希腊向东发展，虽有亚历山大战绩，终于亦告失败。
② 拉丁诗人 Horace 说："希腊以艺术击败罗马。"

第四章
罗马两种动向

自罗马建立至纪元前266年，罗马史上有两种动向：在政治上，有平民与贵族的斗争；在军事上，有意大利半岛的统一，两者并行，相因而成。

元老院为罗马政治组织的特点，开欧洲议会制先河。当王政时代，国王擢选议员，贵族充任；至前510年，执政官代替国王，沿旧习任命议员，平民①只有表决权，没有参政权。

王政消逝后，战争扩大，平民举债从军，不堪经济压抑。前494年，相率罢业，退居圣山与贵族对峙。贵族知内战不能解决政治，遣亚克利巴（Menenius Agrippa），允其所请，设护民官，取消债务。

平民资产散失，生活困难，前486年卡西乌斯（Cassius）提出土地法，结果以此丧命。平民受此刺激，趋于积极，贵族疲于应付，组织十人委员会，制十二铜表法（前450年），克劳狄（Claudius）任第二次十人委员会主席，袒护贵族，平民罢业，二次退圣山，克氏死于狱中。平民虽胜利，婚姻与政治仍未平等，前390年，高卢人入寇，

---

① 所谓平民，并非今之无产阶级，其资产约合二千五百元，生子女，注册。

曼利尔斯（M. Manlius）反抗贵族，被自达般（Tarpéienne）投崖，平民继续奋斗，至李锡尼（Licinius）制法改革，十年后，平民始有任执政官与贵族通婚权。

公民权虽然扩大，举行议会，却不能立刻行施，结果为元老院掌握，自纪元前89年后，凡意大利自由民悉为罗马公民①，纪元后213年普及全帝国。

另一种动向，自罗马城建立后，向外发展，至王政时代，拉丁平原已告统一。共和伊始，得希腊之助，拒抗伊特拉斯人侵入，取得亚拉西（Aracie，前506年）。继后与沙班、伊奎（Eques）、服尔斯奎（Volsques）战争，观其传述，便知战事艰辛。

前405年与维伊（Véies）战，经十年，将之臣服。四年后，高卢人南下，前390年7月，罗马军败阿利亚（Allia）河畔，名城被劫，予以金帛，罗马人坚持信心，复能合作，终恢复其实力。

罗马解除北方威胁，转向萨姆尼特，前后三次战争（前343—前290年），罗马采取分离政策，败之于降奎洛尼（Aquilonie）。八年后，伊彼（Epire）王皮鲁士（Pyrrhus）感唇亡齿寒，渡海征罗马，罗马累遭挫败，终取得贝内温图（Beneventum）胜利（前275年），三年后，夺取塔林顿（Tarentum），意大利半岛统一告成。

罗马富于现实，在演进中，对内贵族让步，对外形成统一，以法组织，故每次战争，罗马军事挫败，最后仍能取得胜利，深知集体与个体均衡的至理，以实现其所负之使命。

---

① 罗马公民，享有公权（选举权、任职权、行政诉讼权）与私权（财产权、婚姻权）。

第五章
罗马与迦太基

罗马军队有纪律，以守为攻，刻苦耐劳，纵使常常失败，却能取得最后胜利。以故自杜利雨斯起，逐步向外发展，与伊特拉斯坎、沙班、高卢、萨姆尼特、皮洛士（Pyrrhus）等战争①，于前266年，统一意大利半岛，罗马史转向地中海发展，遂启布匿战争。

迦太基②承袭腓尼基余力，握地中海霸权，殆至罗马统一意大利半岛，西西里岛成为两国缓冲地，亦为两国争夺的焦点。西西里岛原为希腊与迦太基共有，当叙拉古（Syracus）与麦西纳（Messina）冲突起后，希腊已无实力，罗马出兵相助，两军相持于阿格里真托（Agrigentum）间，继而迦军退守利利孛（Lilyboeum）（前261年）。

罗马海军脆弱，联络希腊，改其战术，舰端设吊桥，移陆军战术于海上，前260年，罗马获取米利都（Mylae）胜利。自是而还，勇气倍增，迦太基纵有海战传统，惨败于亚迦特（Aegatian）群岛（前

---

① 纪元前508年，与伊特拉斯坎战争；纪元前405年，征维爱（Veii）；纪元前390年，高卢入寇；纪元前343至纪元前290年，与沙莫尼脱三次战争；纪元前282至纪元前275年，与皮洛士战争。
② 参看第二编第二章。

241年）。战事经二十三年，迦太基摧毁其商业，割西西里岛，又赔巨款①。

罗马与迦太基相安二十二年，时迦太基政潮迭起，汉纳（Hanno）改组政府，守旧派控制，推行妥协政策。激进派哈米尔卡（Hamilcar），于前236年，率其婿哈斯朱拔（Hasdrubal）及其子汉尼拔（Hannibal）退西班牙。

汉尼拔生于前247年，军行告庙，其父令彼宣誓："永远不做罗马人的朋友。"②既至西班牙，努力开拓，前228年哈米尔卡逝世；前221年哈斯朱拔不幸为人暗杀，汉尼拔年甫二十六，独撑大局，发动第二次布匿战争。

汉尼拔进袭罗马，取道陆路，携军五万余，象三十七头，越比利牛斯山，渡罗讷河（Rhône），前218年10月，抵阿尔卑斯山麓。不顾风雪，冒险攀登。经九日至山顶，由上而下，更为困难，汉尼拔辟路，直趋波河流域，先后败罗马军于地桑与特雷比亚（Trebia）（前218年）河畔。次年，迦军渡亚平宁山，取特拉西米恩（Trasimene）湖胜利。罗马执政官瓦罗（Varro），将军八万，汉尼拔仅及其半，前216年战于坎奈（Cannae），罗马几全部被歼灭。

罗马危急，改变战略，取法比乌斯（Fabius）避重就轻之策。复遣兵至西班牙、西西里岛与非洲，断其补给，造成牵制，此种策略与汉尼拔致命打击。西皮阿（Scipio）出，力主积极，反对游击战略。罗马与努米底亚（Numidia）联合，直捣迦太基，迦太基急，召汉尼拔返回，前202年汉尼拔败于札玛（Zema）。迦太基求和，条约至苛：迦太基割西班牙与北非土地；献出战舰与战象；五十年内，赔巨款一万达朗；不得罗马同意，不能与第二个国家作战；交出汉尼拔。除最后一点外，余皆允诺。

汉尼拔遁至小亚细亚，组织军队，劝叙利亚王安都斯（Antiochus）

---

① 赔三二百达朗银，每达朗约合关银一千五百两。
② 事见Polybius叙述。

与之联合，恢复地中海实力，不为罗马垄断。安都斯纳群臣之告，拒其所请。汉尼拔不得已投彼地尼（Bythinie），罗马遣军围攻，汉氏睹屋被困，不愿落于罗马手中，仰药而死（前183年）。

迦太基战后，国家意识觉醒，罗马监视，复受伽图（Cato）偏执鼓吹①，任努米底亚欺凌，劫夺迦太基商旅。前149年，迦太基不能忍，实行自卫，罗马借口破坏《札玛条约》，发兵问罪，实则罗马武力发展，不允其独立生存。

迦太基知大祸降临，无法避免，居民团结，拆屋为船，剪发为弦，西皮阿·埃米利（Scipio Aemilianus）以封锁策略，断其给养，前146年城破，战六昼夜，全城大火，亚斯洛巴（Hasdrubal）殉难，罗马咒其地为不祥，宣布为行省。②

罗马恃其武力，向海外展开攻势，利用希腊内争的弱点，毁灭马其顿（前148年）。两年后，保罗·埃米利（Paulus Aemilianus）复回科林斯，地中海的两个城市：迦太基与科林，悉为罗马绝灭了。罗马向东进展，入古代东方区域，前129年，占领柏加马（Pergamum），彼地尼、本都（Pontus）相继臣属。波斯所期望者，而为罗马完成。均势破裂，地中海成为罗马内湖，西方历史进入新阶段，既非古代西方帝国的蜕变，亦非地中海系统的赓续；其实质乃罗马运用组织才能，兼具两者特有，奠立西方新基础。

---

① 伽图常言：Delenda est Carthago（应毁迦太基）。
② Polybius 言：当西皮云见火烧迦太基时，心中忽动，自言有一日罗马也要受同样的命运。

第四编　罗马帝国

布匿战争结束，罗马向外扩张，其转变剧烈，使罗马史走向新道路。其始，空间扩大，财富突增，农村经济破裂①，旧机构不能应付新局面，遂产生革命与军阀的斗争。两次三头政治，便是时代的产物，它不是偶然的。

恺撒代表的集权，与地中海城邦制的传统相违，其行也速，不能隐藏，死于非命。然政治单位扩大，旧日共和制是不能领导新帝国。奥古斯都调和，于集权的实质上，笼罩着共和外衣，是乃西方古帝国的复活，一系相承者将及三百年。唯其不陷于专制，缘地中海传统的市民团体，地方强烈情感，尚能维持。自此种事实言：所谓罗马帝国，系握有实权的皇帝，扩大自由市政府的联盟。②

自纪元前146年至罗马帝国分裂（纪元后395年）止，罗马史潜伏着两种洪流：一为基督教降生，一为日耳曼民族的迁移。前者教西方人如何理解人生与宇宙，结束古代西方文化；后者造成欧洲历史的主干，开拓大陆，政治中心逐渐向北移动了。

---

① Varo 在《农业论》中说："农民家长弃其锄犁镰刀，逃至城市，宁在剧场中鼓掌，而不愿耕种田亩。"以故奴隶云集罗马，四十六年恺撒调查，罗马一城依赖政府救济者，有三十二万人。Olde Pline 说："罗马之亡，亡于中产阶级消灭。"
② A. F. Giles 说："罗马个人特权，施及一般属民，造成帝国内一般平等的水平。"

第一章
共和政治的没落

罗马向外扩张，财富入贵族手，造成严重的社会问题，即有功于国家者，"须到处漂泊，贫无立锥的地方"[①]。自纪元前134年，提比略·格拉古（Tiberius Gracchus）举为护民官，图谋解决，终以此招忌，为暴徒击毙。十年后，其弟盖约（Caius）复为护民官，继其遗志，亦被暗杀于阿芬丁（Aventin）山林。此时理性沉没，所余者武力，党派利用此种机会，缔造为自己有利的局面。

前107年，马略（Marius）改组军队，普罗阶级亦加入，军队素质降低，只知领袖，不知国家与法令，野心军人视军队为私有，运用夺取政权。前102年，马略败日耳曼人，任第六次执政官，为民党领袖，与贵族对抗。元老院为自身利益计，举苏拉（Sylla）压抑民党实力。马略怒，前88年举兵暴动，苏拉带兵破禁入城，元老院赖以得存，酬其勋劳，任命至小亚细亚征米特里达德（Mithridate）。

苏拉既去，马留与西纳（Cinna）相结，发兵至罗马，劫杀贵族，（前87年），罗马政局又一变。四年后，苏拉自亚洲返回，马略已死

---

① 系提比略讲演辞，见 Plutarque。

（前86年），西纳以六军截击，失败，贵族借苏拉之力，恢复政权，封为终身独裁。自是元老院权力加强，人民集会只是形式，取消否决权，贵族可以高枕无忧矣。前79年，苏拉自请退位，次年逝世，葬于演武场。

苏拉死后，元老院虽复其位，却无实力，所遗四军团，两军受元老院支配。隶于庞培（Pompeius）与克拉苏（Crassus）；两军隶于反对党，受塞斯多利（Sertorius）及雷比达（Lepidus）指挥，四军皆非法组织，将领亦非执政官，即置国家利益不顾而循私人之所欲也。

元老院扶植军人，支持庞培，庞培为贵族，不善作战，却有运气，领导四次战争①，结果顺手取得。唯在政治，庞培性格柔弱，无定见，顺环境缔造自己地位。彼以元老院起，前70年，与克拉苏相结，反元老院，将军至小亚细亚，大肆掠夺，满载而归，遣散军队。

前63年，庞培自亚洲返，元老院予以白眼，得恺撒之助，与克拉苏联合，形成三头政治。克拉苏征帕提亚，纪元前53年被金液毒杀，庞培领有罗马与西班牙，忌妒恺撒，又倾向元老院，企图唯我独尊的地位。

恺撒出自贵族，倜傥不羁，有趣味，善生活，深悉罗马政治内幕；有野心，确知每件事实发生的作用；娶民党西纳女儿，周旋于庞培与克拉苏间，利用俩者财与力，建筑自己的事业，"没有像他更会得人心的"。

三头政治成立，恺撒被举为执政官，继为高卢总督，自前58年至前50年，戡定高卢，奠定西方历史发展前途，与亚历山大东侵相较，即知恺撒所为创造与开拓；而亚历山大仅只波斯史之复习。

恺撒征高卢，历时八载，羽毛丰满，庞培忌其功，欲夺其权，前49年1月7日，恺撒渡卢比贡河（Rubicon R.），袭取罗马，庞培屯军西班牙，未及调回，不能对抗，败于法萨拉（Pharsale），逃往埃及，

---

① 第一次，征西班牙，纪元前72年俘获Perpenna，系Sestorius部将。第二次，于纪元前71年，协助克拉苏Spartacus乱。第三次，靖绥地中海海盗。第四次，平Mithridate乱。

被埃及王遣人刺死。恺撒被任为独裁。

恺撒集权一身，为罗马至尊人物，对内政颇多建树，扩大元老院，议席增至九百；重新规定税制，免除官吏掠害；所征服人民，与罗马人平等，高卢亦可参加元老院；安定退伍军人与平民生活……

恺撒非特有军事与政治天才，且有文学修养，其《高卢战记》，至今犹为西方儿童熟诵文书，言辞简洁。① 唯不能控制内心，言行招人忌，于前 44 年 3 月 15 日，为布鲁图（Brutus）所杀，死于庞培石像之下。

恺撒死，集权政治并未衰弱，共和体制随罗马发展，亦已崩溃，后继者，如何取得城邦与帝国平衡，善于运用两种实力，此则有待于奥古斯都。

---

① 纪元前 47 年，恺撒寄元老院："Veni，Vidi，Vici."

第二章
罗马帝国

恺撒死后，恢复共和，系徒然努力。民众追念恺撒，安东借机缔造实力，终为屋大维（Octave）所败（前31年），他所眷念的埃及女王克娄巴特拉（Cléopâtre），事不成，次年亦自杀。

屋大维系恺撒养子，政变后由希腊归来，年甫十九岁，体弱胆怯，却有坚决的意志，复杂的头脑。方政敌去后，独拥大权，保存旧形式，却逐步实现恺撒遗志。他组织二十三个军团，分驻帝国边境。经多年内战，群众渴望和平，屋大维深解人心，竭力安内定外，造成一种信任，诚如诗人所言："信任吹散了疑云。"[①] 他不愿有帝王尊称，只取奥古斯都（Augustus）：意为"可敬者"。

奥古斯都统治四十五年（前31—公元14年），树立新政治，即中央与地方的均衡。这是一个联合的帝国，元老院仍存在，开始所谓"罗马和平"（Pax Romana），亦罗马文化登峰造极的时代，维吉尔（Virgilius）、贺拉斯（Horatius）、西赛罗（W. T. Cicero）、李维（Titus-Livius）、塞纳加（Seneca）等，相继辈出，形成古典文学。帝国如日中

---

① 系 Horatius 诗。

天，自罗马吹向四方"拉丁风"，到处接受它的影响①，质朴、简练，处处表现拉丁文化的特征：现实的美。罗马为首都，成为大理石城市，其建筑物，悉皆表现壮严，有容量。文化随政治传播，帝国繁荣，各省享受和平。

继十二恺撒之后②，为安东尼王朝，贤王辈出，为罗马史上升平时代。帝王承继，非由父子相传，于名将中，选任贤能，立之为嗣，然后由元老院批准。限制武人实力，发扬法治精神。哈德良（Hadrien）规定：凡中央与地方财务，须由受训练的自由公民充任，不是帝王仆役，而是大众公务员。帝王只是行政最高的长官，行政组织由骑士充当，效率特增。图拉真（Trajano）、马可·奥里略（Marcus Aurelius Antonius）为古代帝王表率。

这时罗马帝国的版图，东起幼发拉底河，西到不列颠，南起埃及，北至莱茵与多瑙两河，全境分四十八省，有便捷的交通，完善的管理，公平的法律，居民享受和平，诚如荷马所言："地球为人民所共有的。"

惟须注意者，所谓罗马帝国，非如埃及、中国与波斯之帝国，它是城邦与大陆的综合，它的基础是经济，而不是文化。就其效率言，它须借交通与行政组织始能推行；必须边防驻重军，内部始安全。在运用上是以拉丁文为工具，但是他们的思想与知识，却是受希腊支配，而希腊思想在衰弱之时，基督教很快地便取而代之。这也是为何罗马帝国始终不能跨过莱茵河，那里是日耳曼世界，纪元前9年，奥古斯都惨败；又不能跨过幼发拉底河，那里是波斯世界；图拉真深入，退却；哈德良根本放弃③的原故。

---

① 如 Seville，Tolède，Lisbonna，Lyon，Nimes，York，Caerleon 受罗马影响。
② Suétone 有十二恺撒，其名如次：1.Caesar；2.Augustus（前31—公元14年）；3.Tiberius（14—37年）；4.Caligula（37—41年）；5.Claudius（41—54年）；6.Nero（54—68年）；7.Galba（68年）；8.Othon（68年）；9.Vitellius（68年）；10.Vespasienus（69—79年）；11. Titus（79—81年）；12. Domitienus（81—96年）。
③ 图拉真征四新区（Armenia, Mesopotamia, Assyria, Babylonia），达伊朗山地，安息惧，将边界缩至（Zagros）山内。时埃及、多瑙河乱，图拉真速返，病死于西西里岛，哈德良即位，放弃新征服四区，将边界缩至幼发拉底河。

第三章
基督教兴起

基督教兴起，系西方历史中的重大事实，它是希伯来精神的赓续，将古代文化结束；也是西方精神的教育者，与古文化配合，创立欧洲。

当闪种向两河流域移居时，亚伯拉罕（Abraham）向西退，止于约旦河，以游牧为生，居民呼之为希伯来（Hebreux），意为外来者。不奉偶像，虔侍耶和华，自信为上帝特殊选民。

巴勒斯坦为甬道，地却贫瘠，相传约瑟率其民，移居埃及东境，渐次握有政治实权。埃及人忌，加以迫害。于纪元前13世纪中叶，摩西率希伯来人，退至西奈山，受十诫，创立宗教，借此组织民众。由游牧转为定居，经历长期混乱①，终推沙罗（Saul）为王②，不能作战，举大卫（David）组织军队，定都耶路撒冷。

继大卫之后，而为所罗门（Solomon，前975—前935年），经济繁荣，国势造极，然死后，希伯来分裂为二：北部为以色列王国，定都撒玛利（Samaria），于纪元前722年为亚述灭亡。南部为犹太王

---

① 《圣经》中说："以色列人无王，各凭己意行事。"
② 沙罗好战，与腓力斯坦、亚摩尼人、亚马来脱人战，撒姆耳告之："汝抗上帝，去汝王职。"

国，以耶路撒冷为都城，受宗教影响，前587年，为尼布甲尼撒灭亡，虏其民，囚于巴比伦者凡五十年。

希伯来人国亡，信守摩西律典，建树精神价值，上帝非特是义，而且是爱，教西方人了解永恒唯一的真理①。

罗马帝国繁荣，腐蚀旧日健全的伦理，道德堕落。罗马变为乞丐城，寄食者有三十万之众。洁身自好，不甘沉溺者，内心感到急迫的需要，求之宗教，罗马宗教是实利的；求之希腊思想，希腊思想导人怀疑；便是流行的禁欲派，亦只少数人理解，须有特殊的意志，非一般人所能为力的。

便在罗马统治的巴勒斯坦，耶稣降生，他以浅显的语言，教人博爱，没有畛域，无分种族，贵贱贫富，一律平等。凡人都是兄弟，应当相爱，不当相恨。那些安贫、嗜义、淡泊、谦和等美德，西方古人从未言及者，耶稣光大之。他提高人的尊严及精神价值。此种新思想，与希伯来选民观念相违，结果钉于十字架上。因为罗马伦理思想转变，造成一种烦闷，十二年后，罗马已有基督教组织。②

基督教将上帝与帝王划分，不能混而为一，此与古代传统的观念相违。支配人类行为最高律为良心；既不能以祀上帝之礼，以祀帝王；亦不能参加不义战争，服务军营。这样将宗教与政治，划分为二，截然不同。此耶稣名言："是恺撒的还给恺撒，是上帝的还给上帝。"

罗马政教不分，自难容纳此种思想，加以压迫与摧残，其著者有尼禄（Nero）、多米西安（Domitienus）、图拉真、奥勒良，特别是戴克里先（Diocletienus）③，将基督教友，不分男女老幼，施以极刑④。殉

---

① Deus est justitia 乃真理，Deus est Amor 乃生命。
② 基督教迅速发展原因：甲，罗马公民平等观念，取消种族界限，与新宗教人皆兄弟相合，弱者皈依。乙，希伯来一神教义与希腊哲学思想，给新宗教奠立基础。而禁欲派伦理思想，与基督教"良心"至上相配合，化知识为信仰，大众易于接受。丙，彼得与保罗等宗徒，摩顶放踵，舍身就道，故压迫愈烈，传播愈速。
③ 迫害最烈者，系64—68、95、106、165—177、303年。
④ 鞭挞、枭首、磔死、火烧、钉十字架、斗兽场斗兽、迫行违良心……用极刑迫人改变信仰。

道者详静就义，信友倍增，此尤斯丁（Justin）所言："人家愈压迫我们，苦痛我们，我们的信友愈增。"

基督教取得政治地位，是西方历史发展必然的结果。只有铲除了那些荆棘，始能使新芽成长。康茂德（Commodus）死后，帝国为武人割据，趋于分裂。君士坦丁大帝（Constantin）于313年宣布米兰谕："我们决定还给基督徒们自由，为着使上帝保护他们，同保护我们一样。"324年，帝国统一，政治中心东移，次年举行尼西亚（Nicea）宗教会议，定基督教为国教，从此新宗教有了法律基础，启西方历史新局面。

第四章
罗马帝国解体

罗马帝国的解体，系西方历史最重大的史事。

自192年后，武人支配政治，造成紊乱局面，在十四年间（254—268年），帝王更易者有二十九人。禁卫军长（Praetorians）成了制造皇帝者。旧有的"好公民与好士兵"的精神，因内外战争，已失掉了。代之而起者，是一群无归的游民，纯粹在私利，所谓"赠礼"（Donatium）实支配政治有力的因素。①

伊利利帝王立，虽能防御边患，却不能控制时代。戴克利先四人制（Tétrachie），亦仅幻想，与实际无补，不能挽回分裂局面。君士坦丁（306—337年）深悉帝国的趋向；利用基督教新力，恢复统一，可是改拜占庭（Byzance）为君士坦丁堡，与希腊政治、经济及文化一有力的据点；同时他也树立起君主政治，系希腊与中亚的混合，亦马其顿帝国的赓续。

罗马经济发生危机，中产阶级消灭，形成不平均，富者阡陌相连，挥金如土；贫者沦为奴隶，自君士坦丁大帝后，奴隶属于土地，不得移

---

① 因赠礼不足，Pertinax只做八十七日帝王；Didius julianus做了六十六日，并丧命。

动。而税重，货币贬值，结果经济崩溃，社会活动停滞，外族侵入进来，罗马帝国解体更迅速了。罗马城渐次失掉政治重要性；地中海边岸的繁荣，已沦为次要的地位。以故帝国分裂为二：395 年，狄奥多西（Théodose）将东方赐予长子阿卡迪乌斯（Arcadius），以君士但丁堡为都城；西方与次子霍诺里乌斯（Honorius），以米兰为都城。

罗马帝国所以分为东西者，地中海为中心，东西长而南北短，继后，恺撒征高卢，逐渐向大陆发展，帝国实质亦转变城邦特征，走向集权途路，复因东北两面，外族侵来，虽非毁灭罗马，却造成一种不安；政治向东北移动，便于处理：米兰、特来夫（Trèves）、尼哥米底亚（Nicomédie）最后至君士但丁堡。是时希腊文化仍有极大的潜力，故东西分裂，实必然的。

西罗马残喘 81 年，奥多亚克废小奥古斯都（Romulus Augustule），寄书与东罗马皇帝："一人统治两地便够了。"从此西罗马灭亡。

第五编　欧洲转型时代

自西罗马灭亡（476年）至神圣罗马日耳曼帝国成立（962年），是欧洲历史转型的时代。所谓"转型"，即是说由地中海的欧洲，转入大陆的欧洲；由希腊罗马的文化，转入基督教的文化。它们演进的程序，基于一种环境自然的要求，那便是日耳曼民侵入所造成紊乱的局面，皈依基督教造成的新意识[①]。

罗马帝国，从戴克里先、君士坦丁以及狄奥西多等，企图建立君主专制政治，先后失败，因为城邦形虽消逝，实力犹存。千年来地中海缔造成的思想与生活方式，坚不可破；然而他特殊与实利的观念，不能见容于陆地的欧洲，日耳曼新民族，必须罗马帝国灭亡，新的欧洲始能肇生，这件巨大的事件，经历五百年的时间，并非太长。

习惯上言此时期是"黑暗的"；这是一种形容，罗马文化与政治实力，始终未越过莱茵与多瑙两河，便是高卢区，虽受罗马支配，实是帝国边缘上强有力的离心力，故西方政治文化北移后，高卢成为决定欧洲动向的指标[②]。若以时代言，所谓"黑暗"，乃对希腊罗马古代而言，它并不是倒退，根本上莱茵河以北是一片荒地；以南是培植生机；它之粗陋，幼稚与原始自是当然的。就西方历史言，它是转型的；就现在欧洲史言，它始开始生命，虽然接受了古代丰富的遗产，

---

① 至16世纪，所谓宗教改革，是宗教复古的运动；文艺复兴是思想复古的运动。这在欧洲史发展上，不是突然的。
② 后期罗马帝国史，有人称为高卢罗马史。法国为高卢中心，故特别重要。Rowse（A. L.），"The character of the middle Age is given by the fact that the centre of gravity of civilisation had shifted away from the mediterranean, northwards to France and the Rhine."——*The Spirit of English History*

却与古代截然不同。

古罗马帝国的潜力，仍支配西方的人心；新兴的基督教，倡导普遍与独立的理论，保持人的尊严；而日耳曼民族的活力，成了大陆欧洲的主体。这三种主力冲击，弛张与平衡，以求离心与向心的均势，欧洲向着新途径发展。①

---

① 此东罗马被欧洲人视为东方历史，不予以重要的位置。

第一章
日尔曼民族的迁移

中国秦汉统一，于朔漠游牧民族不利。近黄河流域者，渐趋同化；漠北者受汉族压迫，如波推浪，匈奴逐渐西移。汉武帝进据塔里木河，匈奴步月氏之后[①]，向西发展，散居乌拉山与里海之间，其西为阿兰人（Alans），即纪元前65年庞培所进击者[②]。

匈奴不能定居，越顿河西进，与哥特人接触，哥特人为日尔曼民族之一，向西迁移成了自然的发展。

日耳曼[③]民族包含不同的种族。1世纪时，其分布概况：萨利克法兰克人（Saliens Francs）据荷兰，滨海法兰克（Ripariens Francs）沿莱茵河直至马因（Mayence），苏埃夫（Suèves）据多瑙河，布尔贡（Burgonds）与汪达尔（Vandals）据曼因河，阿拉曼（Alamans）据亚尔萨斯对面，东哥特（Ostrogoths）据顿河与第聂伯河之间，西哥特（Wisigoths）在黑海北岸，第聂伯河西，盎格鲁与萨克逊沿北海，据

---

① 月氏受汉压迫，越昆仑，入雅利安人居地，与大夏混合，形成大月氏，复南下至印度。
② 即雅利安蒙古族。
③ 日耳曼（Germany）意为森林人，亦为好战者。生活力很强，有力的开殖者。团体高于一切，善战，实权操于军事领袖手中。

丹麦至莱茵河滨海地带，而龙巴多族渐向南移动。

日尔曼民族西侵，并非一件新事实。① 但是罗马趋向分裂途径，民族迁入成为严重问题。 自236年，法兰克人突破莱茵河，虽有克劳狄（Claudius）② 与普洛比斯（Probus）③ 胜利，罗马失其主动的力量，以故亚拉利克（Alaric）为西哥特领袖，由马其顿，希腊至意大利，于410年，罗马沦陷。④ 继后，阿提拉（Attila）组织匈奴，与罗马对立。由东北西侵，与埃西尔斯（Aetius）战⑤，并未失败。452年入意大利。随即逝世，匈奴无人领导，同化于他族。 是时汪达尔人已入据非洲，其领袖任塞利克（Genseric）由北非劫罗马（455年），复进攻希腊。便在此时，东哥特领袖狄奥利克（Theodoric）有政治眼光，从东罗马境中，移向意大利，时476年。 奥多亚克废西罗马帝，倾力建设，企图建立政权，与狄奥利克战于维宏纳（Verona），败（489年），继为暗杀。 东哥特遂取意大利，定都拉维纳（Ravenna），东哥特施政贤明，注意民众苦痛，企图恢复西罗马，不幸狄氏去世（526年）⑥，三十年后，为拜占庭灭亡。

阿提拉侵入后，法兰克人协助罗马军队，拒抗异族。殆至480年，合高卢北部与东北部，建立高卢王国，罗马已无实力，鞭长莫及。 次年克洛维即位，与基督教合作，皈依新宗教（496年）⑦，有群众，这是个集团，并非国家⑧。至克洛维晚年（死于511年），法兰克实力南

---

① 纪元前390年，高卢人入寇罗马；纪元前102年，罗马执政官马略败日耳曼军。9年，瓦洛斯（Varus）带三军出征，全军覆没。
② Claudius 败哥特人于 Nish（270年）。
③ Probus 于276年，逐法兰克与阿拉曼于莱茵以北。
④ 亚拉利克死，Ataulf 率军退高卢，娶 Galla Placidia，如汉之和亲政策，419年，在亚桂登（Aquitaine）建西哥德王国。
⑤ 所谓 Champs catalauniques 战争，地近法国北部 Troyes。 埃西雨斯为罗马大将，受 St. Aignan 主教请。西人渲染此战，实阿提拉未败。
⑥ 参看 Avitus, Lettres 83-84。
⑦ Clovis 娶补尔恭王（Burgonds）Gondebaud 女克洛地德（Clotilde），她是基督教友。 当克洛维战胜后，在 Reims 集体受洗礼。
⑧ 史称此时为墨罗温王朝（Merovingiens），法国国史开始，这只能说是较有组织的集团，并非一个国家。

伸,达比利牛斯山,南部渐趋罗马化;北部仍保持原有风俗习惯。经百五十年后,法兰克集团裂为二:一为纳斯脱利(Neustria),操拉丁语,为法国雏形;一为奥斯脱拉西亚(Austrasia),操日尔曼语,别成一系统。

民族移植,并非要毁灭罗马帝国,相反的,他们赞赏罗马文化与生活。393年,亚拉利克为斯地利共(Stilicon)击败,着罗马衣,不敢组织政权,他讲和,他所梦想者,只"哥特文化的罗马帝国"而已。至亚地拉来时,451年战事,并非军事失利,证据是他仍能安然撤退。既至意大利,教皇利奥(Leon)讲和,究其所求,亦无具体目的。任塞利克亦无灭亡罗马雄心,唯将欧非割断,罗马退到布匿战前的边疆,地中海成了帝国的边缘。罗马实力已去,所余者,心理的统一与历史的潜力。①

日尔曼民族的移入,为数并不多②,可是他的影响是不可估计的。第一,这种移动,搅乱了旧社会秩序;除修道院外,几无文化可言,彬彬罗马臣民,亦变为蛮人矣。③第二,欧洲历史向大陆移动,造成许多新国家,给基督教发展的机会,两者配合,形成今日欧洲的基础。第三,新民族侵入,造成所谓黑暗时代,却带来一种活力,新的情绪,封建与骑士制度率皆受其影响。

---

① 476年,Odoacre废西罗马幼帝小奥古斯都,给东罗马帝王信中说:"西方不需要特殊的帝王,你一人统治两方便够了。"
② 在意大利的东哥特人,五百万居民中,东哥特人仅有两万战士;西哥特人在西班牙亦不多;汪达尔人在非洲,六百万居民中,约有八万;补尔恭人在虹河流域,约有二万五千人,五千为士兵。全罗马帝国,约有五千万居民,日尔曼人不能超过一百万,便在省区,亦仅占百分之五。
③ 法兰克时代,没有作家,仅可举者为Gregoire de Tours,著有《法兰克人史》(*Historia Francorum*)。

第二章
拜占庭帝国

　　罗马政治重心东移，君士坦丁堡重要性突增。451年加塞东（Chalcédoine）会议，宣布"政府与元老院莅临，与古罗马享受同等特权；即在宗教也要同样热忱……"处此民族移动时代，较罗马善于防御，无论军事与政治，皆有独特的成就。他承袭希腊罗马的遗力，屹立千年，在西欧尚未形成实力后，拜占庭成了东方防守的前哨。

　　查士丁尼（Justinien）即位（527年），蓄有大志，对内要恢复秩序，厘订法令①，对外要收复土地，恢复罗马帝国统一。得狄奥多拉（Théodora）之助，度过尼加（Nika）危机②。狄氏出自民间③，富于现实，深知中亚的重要，竭力同情原有的宗教，普洛告朴攻击她行为猥亵者亦正以此。

---

① 查士丁尼组织法典编纂委员会，将2—6世纪杂乱无章的条文与命令，成为四部巨著：一、《法典》，共五十卷，摘录二千余种著作。二、《令典》，共十卷，收集帝王旨谕。三、《法学导论》，一卷，以供学生学习。四、《查帝新谕》，一卷。
② 532年发生，系由赛马引起，查帝准备逃去，狄氏向他说："帝王，假如你要走，很好，有钱有船，海道大开，任君远去！至于我，我不走，我爱旧日格言：'皇服是最好的葬礼。'"查帝信心恢复，戡定叛乱。
③ 狄氏生于501年，父为斗兽者，527年与查帝结婚，死于548年。

查帝信任贝利沙（Bélisaire），率军收复失地，首先攻非洲（532年），毁汪达尔人实力，转向意大利半岛，536年至罗马，需时二十年，毁东哥特王国。西哥特闻风震慑，献南部地带。拜占庭西方成就，非实力过强，乃对敌太弱，其在多瑙河流域，受斯拉夫人压迫，如普洛告朴所言："从此之后，斯拉夫人逍遥在帝国境内……"

拜占庭帝国接受罗马帝国任务，本质上却是希腊的，它不能控制时代，常受中亚外力的支配，查帝一生政绩，除法典与圣索非（St. Sophia）教堂外[①]，失败强于成功，因为他不能把握那个重要史事：西方千年史是受波斯帝国发展支配的。

萨珊王朝兴起，得科斯洛埃斯（Chosroes Ⅰ，531—579年）领导，国富军强，争夺亚美尼亚，须纳贡请和（562年），政治不能找出一条新路。宫廷斗争，如佛哥斯（Phocas）与埃哈克利（Héraclius），各有派别；宗教上玩弄抽象概念，树党对立，只有人民忠于传统，效死勿去，拒抗斯拉夫人与匈奴侵入。拜占庭在叛乱与外敌压迫中，成了维持现状。这时候，除李唐外，西方沉入黑暗中，旧罗马无法复活，拜占庭也在转变中。

---

① 圣索菲亚大教堂，两万工人，建筑五年（532—537年），落成之日，查帝言："承天之恩，愿天接受此种作品，所罗门，你败了！"

第三章
伊斯兰教兴起与阿拉伯帝国建立

西亚阿拉伯半岛，系孤立的高原①，有不毛的沙漠、枯燥的草原及肥沃的沙田。沿海皆山，酷热，雨量很少。海地牙（Hadjaz）产宝石，也门产咖啡与香料，故富有诱惑力与刺激性。因为这种环境，居民度游牧与商旅队的生活，到处景色相同，使人易于沉思，趋于反省，深感到人力渺小，不能改变沙漠单调的环境；感到失掉自由的可怖。介乎能与不能之间，无所选择，只有行动来决定一切。在伊斯兰教兴起先，阿拉伯人有国家的要求，并未组织成一个国家。想象力强，崇拜喀巴（Kaaba），5世纪时，高洛伊契（Koraichites）族守护，阿拉伯人相率朝拜，麦加由是形成，居民约两万。

穆罕默德，陈宣帝太建三年（571年）生于麦加，六岁丧父，家贫，寄寓孀妇喀地亚（Khadija）家，协助经商，喀氏虽长穆十五岁，终结婚，生活有着落，潜思默想，创立伊斯兰教："世上只有一个安拉，穆氏为最伟大的先知。"诚如史克斯（Sir. M. Sykes）说："此新宗教非常优美，仁慈宽爱，简单明了，有沙漠间豪侠之风。"方新宗教创立，

---

① 亚历山大曾想征亚拉伯。前此，《圣经》中言及沙巴（Sabaea）后至耶露撒冷。

信者甚少，约五十二人①，时人多讥其愚妄，谋刺杀之，622年9月，穆氏逃往麦地纳，发动战争，八年后，胜利地还麦加，632年逝世②，其言行载于《古兰经》（Karan）中，为秘书查伊德（Zaid）收集。

穆氏曾言："谁要不相信真主与其先知，便与谁战争，一直到他们屈服与臣贡为止。"基于此，将回教发展与阿拉伯征伐，混而为一，我们觉着是错误的。伊斯兰宗教，刺激阿拉伯人军事情绪，这是无疑义的。但是阿拉伯武力所及，率皆沙漠田及沃州地带，含有流动性，土地观念薄弱，从634年至661年定都大马士革（Domascus），其帝国如奥古斯都时代③，是时，波斯与拜占庭积弱，在波斯建立阿拔斯（Abbassides）王朝，承萨珊王朝余业，走向繁荣的道路。在宗教方面，于661年后，阿里（Ali）为莫维亚（Moawiah）所杀，分裂为二：一为逊尼派（Sunites），一为什叶派（Shiites），两派斗争，阿拉伯在不安中。

东罗马内政紊乱，建立伊若利（Isaurien）世系，利奥取积极政策，要保持小亚细亚实力，与保加利亚联合，取西锐克（Cyzique）胜利（717年），在宗教上，思与回教妥协；伊亥纳（Irène）摄政，走希腊路线，放弃亚洲，将重心退缩至地中海，威尼斯肇生。拜占庭精神动向，既不能收拾西欧局面，又不能与伊斯兰竞争，但他教育斯拉夫人，构成回教向西发展的屏障。阿拉伯至西班牙（711年），继向北进展，查理马太（Charles Martel）败之于波纪（Poitiers，732年）。欧人特重此役，就事实言，拜占庭的勋绩④实超过万倍。

750年，巴格达代替大马士革；阿拔斯代替奥米亚（Ommyades），

---

① Ali，Othman，Abou-Bekr，Oman 为忠实信徒。
② 穆氏死，Abou-Bekr 为教主，逊尼派领袖。什叶派推阿利。
③ 634—636年，取Syria；639年，取埃及；642年，灭波斯；661年，奥米亚王朝定都多马色；711年，渡直布罗驼海峡；732年，波纪战争；750—1258年，阿拔斯王朝建立，都巴格达；756—1031年，Cordova 成为西方阿拉伯中心。
④ 678年，717年，阿拉伯两次攻君士坦丁堡，Constant Pogonat 与 Léon Isaurien 击退，将欧洲救出，并非732年波纪战争所可及。

帝国东西分裂，有如罗马帝国。回教主变帝王，圣战变为劫掠。故史克斯说："睹阿拔斯帝国强富……外表虽美，内容实含死亡文化之尘埃与灰烬也。"阿拉伯帝国逐渐衰弱，二百年后，突厥曼西迁，伊斯兰更趋积极，与基督教争衡。反观欧洲，拜占庭自成系统，而西欧在混乱中。

  阿拉伯努力所达地带，文化发达，蔚然壮观，综合希腊、希伯来与中国思想，构成科学、文学与应用。"零"的发现[①]，《天方夜谭》，造纸厂的设立[②]，皆足表现阿位伯文化动向。其文学富于幻想；其建筑，色调奇离，轻盈飘缈，哈康二世（Hakam Ⅱ）图书馆，尤为世人称道，藏书有四十万卷。

[①] 零的发现者为 Muhammad Ibn-musa。

[②] 唐天宝十年（751年），节度使高仙芝征伐石国（即现之塔什干），与大食战于怛逻斯（Talas R., 指附近 Aulie-Ata）。所俘国人，有制纸工人，巴格达即设纸工厂，以故西传。

第四章
基督教教会

欧洲历史发展初期，在罗马沉沦时，基督教的教会决定了欧洲的大动向。这件事，系君士坦丁大帝无意中奠基的。君士坦丁并不认识基督教的伟大，他看教堂与寺庙并没有分别，他只利用新宗教实力，缔造自己的事业，并未估计到后果如何。

当外族侵入罗马后，罗马凋零。"到处是丧衣与叹气，往昔景象，不堪回首，何处是元老院，何处是民众？光荣毁弃，只余蛮人剑下叹气……"[1] 当此动乱转变时期，教会负起双重任务：它负起教育外族的任务，也负起被征服者保护的责任。

因为圣彼德死在罗马，罗马成为教会的中心[2]。罗马区的主教，随着政治的演变，逐渐提高地位，由神权演向世权发展，约在3世纪初，成立宗教会议，第一次罗马主教表现特殊地位，系沙地加（Sardica）议会（343年），即是说别区主教的决议，须经罗马主教认可。因为教会必须统一，始能有积极作用。同时，教会自身系安定时局的力量。亚拉利克与亚地拉至罗马，系教皇救出的。加察东会议（451

---

[1] 系教皇格列高利一世语。
[2] "Thou art peter, and upon this rock I will build my church." Matt. XVI. 18.

年）即由罗马主教主持；526年，教皇若望一世去君士坦丁堡，皇帝亲迎，由于奥斯丁（Augustin）《上帝之城》一书，帝王不与教会合作，其错当由帝王负担的。①

此时教会名人辈出②，伽山（Mont-Cassin）修院由本笃建立，成为复兴的基础。东哥特亡后，意大利虽属拜占庭，事实上完全独立，教皇成为政治的领袖。格列高利（Grégoire I，590—604年在位）拒抗伦巴多（Lombards），遣教士至英国，不列颠皈依基督教，其实力已深不可撼了。至格列高利二世（715—731年在位），罗马已为教皇统治，构成世权起源③，他不只是教皇，而且是帝王④。

教皇与拜占庭关系，非常微妙，理论上合作，事实上背道而驰，至"神像问题"出，介乎利奥与格列高利二世间，已无法团结，关系以之断绝。此时基督教教会得法兰克王国支助，西方实力稳固，至751年，丕平（Pepin le Bref）得教皇查加利（Zacharias）同意，篡位，教会取直接行动。迨至800年，教皇给查理曼举行加冕典礼，时人认为是罗马帝国的复活⑤，实则启教会统治西方雄心。教会的任务产生了本质转变，成了西方政治的发动力，今后的历史动向，直接间接，都有密确的关系。

教会与加罗林王朝的结合，为欧洲史转型中最重大的事实。

---

① 圣保罗说："The powers that be are ordained of God."
② St. Ambroise, St. Jerome, St. Augustin, St. Jean Chrysostom, St. Paulin de Nôle, Innocent I, Leon I, Gregoire de Nazianse, Gregoire de Nyssa, St. Hilaire, Pelagius, Nestorius…
③ 教皇统治罗马，称Respublica，南北八十英里；东西四十英里。
④ 此系指其地位，教皇皇冠系自Jean XII始。
⑤ 所谓"Renovatio imperii Roman"。

第五章
查理曼帝国

771年，查理曼正式即位，承其父志，继续传统策略，加强与教会合作。"祭台与宝座"统治的理想，实为当时环境的产物，并非是古罗马帝国的复活。在位四十五年①，战争约有六十余次，究其原因，都有宗教成分。773年，征龙巴多，以教皇阿德利安一世（Hadrien I）受困故；继征萨拉森，前后二十年，累经艰辛，不与伊斯兰并立。778年，军至隆塞瓦克斯（Roncevaux），勇将罗兰牺牲，后人念其忠贞，作为诗歌②。……其征日尔曼，亦以宗教，危地康德（Vitikind）皈依，于804年始平息。教皇利奥三世，于800年圣诞节夜，在罗马彼得大堂，举行加冕典礼，群众鹄立旷场，欢呼："查理奥古斯都万岁！"时人意识上以为古罗马的再现。

查理曼大帝所以重要者，并非以他是个英雄③，而是他所达到时代的任务。西方在极度紊乱中，无法与东罗马统一——往昔联邦式

---
① 768年，Pepin将帝国分给二子：查理曼与卡洛曼（Carloman）。771年，卡洛曼死，帝国统一。
② 《罗兰之歌》（*Chanson de Roland*），系中古重要文学作品，影响甚巨。
③ Eginhard《查理曼传》中说查理曼"身体强壮，高而宽，眼大，鼻少长，头顶很圆，有美丽的白发。……声音洪亮，精通拉丁文，虔诚，爱好知识"。查理曼死后，即刻演变成神奇人物，《罗兰之歌》中萨拉森王说："惊赞查理曼，其寿似有二百余龄，满身伤痕漫游，永远胜利，击败了多少帝王，征伐何时终！"

的罗马帝国亦已解体。查理曼抓住教会与政治家的心理，与拜占庭对抗，他的措施，如最使人称赞者，监察使（Missi Dominici）及"五月会"①，与罗马传统精神不同。他是转型中有力的推动，这个帝国是新时代的开始，并非是旧时代的尾声。

查理曼帝国的本质是日耳曼的，他注重文化，设立学校②，其目的不是保存希腊罗马文物，而是要教育这大批的新主人，以"人"为本，建立人支配一切的新动向。首先他反对罗马"何地属何法"③的原则，这样始能容纳日尔曼的习惯（即特殊化）与基督教的理论（即普遍化）。也是为此，政治中心向北移动，莱茵河两岸成为活动的基点，定都亚克斯（Aix-La-Chapelle），而他签署文件为"查理，法兰克与龙巴多王"④。

查理曼死（814年）后三十年，帝国便分裂了。这说明帝国如何脆弱⑤，因为建立帝国的条件文化与经济条件尚未成熟，缺乏共同的基础。基督教在日耳曼区域是表面的；经济陷入停顿，封建制度加速度的演进，新民族强烈离心的因素，结果产生《凡尔登条约》（843年），帝国分裂为三：罗退尔（Lothaire）路易与查理，各主一方，此时，已显示新欧洲的动向，传统派如瓦拉（Wala）强烈反抗⑥，终不能阻止自然的趋向。高卢境中受拉丁熏染较深者，渐转为法兰西。莱茵右岸与斯拉夫之间，形成日尔曼集团。中部罗退尔所承受，拥有帝王尊号，不久便分裂，意大利成为独立区，洛林成为德法争夺地。

严格地说：查理曼帝国并不是一个帝国，那是罗马潜势力⑦，基督教理想的实施在新民族身上，创造新欧洲的起点，唯一具体的结果，便是罗马教皇的地位提高。

---

① 监察使由两人构成，一为主教，一为公爵，巡查各处。五月会，凡帝国内文武官员，宗教人物皆参加，借此与民间接触，真知实情，议会汇集，称 Capitulum，现存六十四种。
② 奥良主教说："教友子弟，必须去求学，修院不得拒绝，亦不得征收费用，完全是义务的。"
③ "Cujus regio, Ejus Lex"，以区域为准，查理曼反之，日耳曼法代替罗马法。
④ Caros, Rex Francorum et Lombardum.
⑤ 阿拔斯王朝至1060年亡，拜占庭1453亡，查理曼帝国仅四十三年。
⑥ 瓦拉为罗德参谋，反对分裂。
⑦ Florus说："每人只管自己，忘掉大众利益，国家如墙倒，石灰剥落，一齐倒下来了……"

第六编　基督教统一时代

从《凡尔登条约》至十字军结束，四百二十七年间，欧洲在基督教的孕育下，逐渐确立了它的面目。这个封建制度发展的时代，个人与地方因素特重，罗马教皇积极推展精神的统一，使伦理与意识具确定的标准。这种力量异常强烈，在它的运用上，发生极度的困难，致使弱点暴露，此所以有政教冲突，有十字军，有以后的宗教改革。

这不是黑暗时代，这是地中海的遗产，基督教的动向，与新民族结合的反映，形成一种个人与社会的新概念。这是一个创造的时代，教会地位，自格列高利七世（Gregoire Ⅶ）后，取得政治领导权，形成西方中古国际联盟的盟主，柔化封建与骑士的横蛮，树立崇高的伦理，哥特式的建筑，大学成立[①]，士林哲学[②]奠基，欧罗巴始有了它的生命。

基督教对人类的观念是统一的。由宗教激起的残杀与战争，不是基督教自身的错过，而是借宗教之名，西方人追逐自己私利，便是说基督教的理想与现实，相距甚远的。由于十字军与蒙古帝国西侵，各民族接近，世界的统一性，逐渐证实，蒙古马蹄，踏破了欧人睥睨的幻梦。此时欧洲历史，各大国相继成立，国家观念——主权属于民——开始推动，普遍与个别支配欧洲历史，今日欧洲史上的种种，仍可追溯至13世纪。

基督教的统一不是徒然的，在新民族与旧文化融化时，由地中海演进到大陆，基督教尽了它时代上的任务，非常有益。时过境迁，它必须守其岗位，退出实际政治，于是有宗教改革。

---

① 见拙作《欧洲文化史论要》第八章。
② 士林哲学（Scholastique），即经院派，以圣多默（St. Thomas d'Aquin）为集大成，著有 *Somme Théologique*。

第一章
封建社会

城邦政治解体,新民族侵入,造成长久紊乱。西方社会演进的结果,形成封建制度,"无系统意味,仅略具组织之混乱"。故各地发展不同,土地统制社会,构成"人格的依附"。

为了保证生命的安全,生活有着落,人民将土地献出,依附贵族。贵族不只是地主,而且是军事领袖,以战争为职业。因9世纪后,战术改进,骑兵居要位,有钱者始可胜任[1],"miles"与骑士无分别,造成主臣的关系,采邑的制度,使地位不平等。整个社会为之一变。

封建臣属关系,创于麦墨罗温晚年。查理曼时,需要军力,加强关系赐予土地。上下相分,别为许多阶层[2],于10世纪,确定采邑制度,有规定,举行公开仪式,建立法律关系,权利与义务确定了。此种采邑,臣属无自由处分权;因而,在封建社会内,有自由处分者,称"亚洛"(Alleu)。

---

[1] 一匹马等于六头牛的价值。
[2] 帝王为最上层。次为公爵、伯爵,拥有许多村庄,可以自由征集军队。再次为子爵,有几个村庄,一队骑士。最后为骑士,有一个或半个村庄,随主人作战,到13世纪,骑士也有随从。

臣属跪在主人前面，双手置于主人手中，自称系他的"人"（Homo），亦称系他的"忠实人"（Hommo Ligius），主人将之扶起，予以"和平的吻"，这种仪式是必须的，却是非宗教的。

但是，这个宗教极盛时代，宗教仪式随即加添，于《圣经》或圣物上，置放双手，以明忠贞，主人赐以土地，并剑、矛、棍等物，以象征土地转移，所转移者，非所有权，而为享受权①。

所确定义务②，必须谨守，设有改变，又须双方同意，这种动向是伦理的，并非法律的。伦理基础，系基督教发展使然，英法关系至密，诺曼为封建核心，至12世纪，两者已走向统一路径。而德国方面，由于萨克逊系统，受基督教支配，时起政教冲突，地方势力形成，封建制度在日耳曼扩张，形成许多封国。

从政治言，封建制度是形成国家的过渡，没有国家，没有官吏，它是罗马政权崩溃后的结果，一种氏族与土地的结合；从社会言，所有权失去作用，与古代对土地的观念相违。这是罗马所遗的社会与日耳曼社会的混合，它是欧洲史的开始，自然演进的结果。

对此，我们不当评其优劣，它富有创造形式，时间与程度不同，欧洲却经过同样的阶段。为此，西方进入君主时代，政治演进时，经济随着发展，改变欧洲史的局面。

---

① 设双方有死亡，继承者须重申献礼。臣属变为世袭，非法律的，乃习惯的。
② 臣属义务：甲，兵役服务，随主人作战；乙，每年四十天劳动服役；丙，纳两种税，继承税与四种税。主人对臣属予以保护。

第二章
神圣罗马与日尔曼帝国

《凡尔登条约》后，德国意识觉醒。只是天然环境不利；无重心，承袭查理曼策略，与教会合作。此种动向，使教会树植基础，非特德人接受基督教伦理，波希米亚皈依，特别教廷政治地位提高；而且基督教统一西方思想，恢复往昔罗马帝国，几乎是每个有为的教皇必趋的动向。

结束龙巴多战事后，962年奥托一世（Otto Ⅰ）加冕，形成"神圣罗马日耳曼帝国"，教会与日耳曼人的结合，完全是悲剧的。教会所重者军事，德人所求者向意大利的侵略[①]，理论与事实不协调，遂产生政教的冲突。

日耳曼民族非常注重实利。由教皇加冕，乃是帝王合法的手续，并非由教皇提出，即他们的关系是平等的，不是上下的。此时德国为欧洲北部的边缘，普鲁士一带尚未开发。由教会关系，向东南推进，它的政治演变，渐由萨克逊移至奥地利。[②]

---

① 意大利不统一，德国为实利，向南发展，所谓"抵抗极小，利益极大"。
② 教会与萨克逊合作，距离至远，于是帝国政治中心向东南移：Saxon, Franconia, Souabia-Autriche。

德国要在地中海有出口，吸取地中海与东方财富，威尼斯成了最富的商场，其事并非偶然的。迨至诺曼人侵入西西里岛（1038年）①，西方局面为之一变，即教皇南北有强力，联南拒北，自为罗马教廷必取的策略，在亨利三世时任命教皇者四次，每次皆以德人充任。1059年后，教皇与诺曼人妥协，为独立而奋斗，格列高利七世（Gregoire Ⅶ）立，教皇与帝王的决斗开始了。

克吕尼（Cluny）②发扬基督教精神，非特恢复教皇尊严，而且拯救出欧洲。格列高利出自这个改革的修院，任教皇后，即着手进行：第一，教廷要绝对独立，不受外力压迫；第二，禁止出卖圣爵，只有教会有叙爵权；第三，各主教服从教皇，只有教皇可召开宗教会议。

际此封建时代，主教拥有武力与资产，帝王利用与教皇对立，于是教皇选举权，移入枢机主教手中，位尊势弱，不易为外力操纵。这些改革，确矫正时弊，人民浸渍在基督教内，自愿俯首听从，而教会体制，由共和转为专制，在当时视为一种进步③，非常自然。

亨利四世立，不愿教皇过问德国教会④，格列高利正式宣布：（一）无论何人任命主教，教皇将之驱逐出教。（二）神职者如受教皇外叙爵，其职无效。亨利四世召开沃尔姆斯（Worms）会议，否认教皇，教皇对抗，将之驱逐出教。

此事在德反响甚大，亨利反对者借机作乱，内外被压迫，反抗即毁其政权，妥协，尚可争取时间，结果产生卡诺沙（Canossa）事件（1077年），帝王向教皇屈服。

腓特烈大帝即位（1152年），结束内部斗争⑤，他大胆，有力，步

---

① 1038年，诺曼人至西西里岛；1071年，取Palermo；1077年，罗马教廷与之结约；1097年，建Messina教堂。
② 910年，克吕尼修院建立，属于本笃会。
③ 此时，教会拥有两种有力工具，一为宗教法，一为各地为教廷捐款。
④ 不只德国不愿，英国亦不愿，威廉侵略者说："我很愿向教廷献款，只要教皇不视为臣属的呈贡。"
⑤ 因德国有Welf与Weiblingen冲突，Conrard与Henri le superbe争，腓特烈以其母故，综合两者。

前人遗业，南下意大利。此时意大利为危险区，教皇国、自由市、西西里王国、东罗马、伊斯兰等各种势力，交织成一种微妙的关系。腓特烈所赖者教皇，教皇有伦理与心理实力，却缺乏经济与军事，当教廷独立威胁时，即转向他方，亚历山大三世，得法国之助，败腓特烈于洛尼纳（Legnano）（1176 年），次年，结威尼斯条约。

亨利六世、奥托四世仍与教皇对抗，1211 年，教皇英诺森三世（Innocent Ⅲ）举腓特烈二世。英法斗争，英助奥托，法助腓特烈，教皇格列高利九世，以佛罗伦萨为中心，又启政教斗争。1250 年腓特烈死，德国又在混乱中，神圣罗马日耳曼帝国，就它成立的意义上完结了它的生命。

教会与帝国三百年的关系中，是理想与现实的决斗，是基督教的世界观念与日耳曼封建个人主义的矛盾。帝国完结，并非国家分裂①，而是欧洲肇生后第一次自觉的运动。即是说欧洲有其共同的意识，却不能有共同的组织，无论是教会战胜帝国，或者帝国控制教会，都只是昙花一现，遭受欧洲人拒绝的。帝国以统一为条件，故在此三百年中，它能够发动十字军，却也隐伏了宗教改革，没有时间与势力能够破坏自然形成的事实。

---

① 德史学家 J. Haller 言："帝同完结，便是国家分裂。"又言："这种分裂，由诸侯强盛，帝王不能支配。"实则德国从未成一国家，亦未统一，神圣罗马日耳曼帝国，只是日耳曼割据的力，披基督教理想的外衣，建立大陆欧洲的动向。

第三章
欧洲向东发展：十字军

古代西方历史，受波斯支配，殆至西罗马灭亡，阿拉伯兴起，西欧沉入混乱状态。中世纪整个动向，缔造西方统一，求之教会，教会缺乏经济与军事实力；求之日耳曼帝国，封建势力倔强，初生欧洲，羽毛尚未丰满。以故历一百七十五年之十字军，全欧参加，是新生欧洲统一的表现，政治意味远超过宗教，它是宗教政治化后神秘的结果，非常危险的。①

伊斯兰东西分裂，给塞尔柱人崛起的机会，中亚脆弱，巴格达与莫苏尔沦陷，阿拔斯采取婚姻政策，缓和危机。多克鲁（Togroul Beg）攻亚美尼亚，拜占庭感到深的不安。1071年，塞尔柱进攻叙利亚，取耶路撒冷，马利克（Malik Shah）②为一世雄杰，使西方震慑。

政教冲突，亨利四世失败后，教廷以西西里岛诺曼实力，领导西方，乌尔班二世（Urbain Ⅱ）召集宗教会议，应拜占庭之请，倡导十字军："舍开自己，背起你们的十字架，跟我来……"③

---

① 民众十字军，由彼得领导，两万五千人，能渡海峡者只三千，随即被残杀。
② 马利克为塞尔柱最强者，1071年为人暗杀，年仅38岁。
③ 1095年11月27日，在克来蒙（Clermont）议会完结时所言。

欧洲有基督教共同的意识，以圣地号召，必然成功的；拜占庭与西欧利害相同，今日戒惧塞尔柱，亦犹往昔对抗阿拉伯，理当取共同步骤。但是，探究内幕，即有不可弥补破绽。西欧政教斗争，英法冲突；东西罗马宗教分裂；西西里与拜占庭争夺地中海，威尼斯受拜占庭卵翼，变为西方不安的因素。于是十字军的命运，便看拉丁与希腊能否统一，而西方自身又是否可以合作，确实受教廷支配？

十字军为欧洲向外发展，高德伏（Godefroy de Bouillon）建"耶路撒冷拉丁王国"，西方胜利。拜占庭、十字军与塞尔柱形成一种均势，维持小亚细亚局面。拜占庭徘徊于东进与西向政策，趋而中立，结果十字军与塞尔柱对抗。东西罗马疑惧，洛哲（Roger de Sicile）欲控制地中海，雷纳（Renaud）夺取塞浦路斯，曼纽伊（Manuel Comnes）停止协助，倾向亚洲，以抗西欧，萨拉丁（Saladin）出，于1187年复取耶路撒冷。

耶路撒冷丧失，使西方团结，十字军失掉宗教的彩色，转为政治斗争与财富的劫夺。1204年毁柴拉（Zara），攻君士坦丁堡，建立王国，实为欧洲暴力的出轨。两者皆为基督教统治地，这说明教皇是无法控制的。① 经57年，米哲尔（Michel Paleologue）恢复东罗马，实质衰弱，所得利者为塞尔柱，宗教问题，已无人过问了。

蒙古帝国兴起，使西方国际局面改变，埃尔马来克（Elmalek）深感不安，变其与基督教敌视态度，与腓特烈二世签和约②，他要保全埃及，又要抵抗蒙古，蒙古指马西向，所向无敌，往昔东西罗马戒惧塞尔柱人者，今扩为伊斯兰与基督教合惧蒙古，欧洲遂裂为二：第一个集团为联蒙制塞，以宗教为重心，教皇英诺森四世、法王路易九世为代表。第二个集团为联塞制蒙，以实利为重心，腓特烈二世为领导，此乃国际

---

① 威尼斯王公Dandolo以取柴拉为条件，始建十字军，教皇英诺森三世逐威尼斯人出教，既取拜占庭后，大行劫掠，举Baudouin de Flandre为王，威尼斯取希腊，Boniface de Montferrat取色雷斯。

② 系1229年2月18日，所谓第六次十字军。

政治演变剧烈之时，没有文化与经济为背景，三种盲力的激荡。

1251年，旭烈兀（Houlagou）取巴格达，八十万人回教人士死难；路易九世进行第七次十字军，攻埃及，路易被俘虏。迨至第八次时，路易九世死，欧洲人士再不愿提及了。① 根本上，十字军是披着宗教衣服，一种对东方政治的活动，并不纯洁。② 十字军是新生的欧洲与世界第一次的会面，它看到老而更老的中亚、新而更新的蒙古，这使它心理上起剧烈的变化。便在路易九世死的次年，马可·波罗出游，仕游元朝，世界由他向西方人提出，麦哲伦证明，蒙古人为欧洲布置未来的行程。至于地中海经济恢复，东方文物西传，那是副产物，虽然重要，尚须时间始见功能的。

---

① 1479年，教皇Pius Ⅱ又倡十字军，无任何反响。
② "西方基督徒心理不一：虔诚者要去致命，贪者者去致富，商人要购置货物，贵族要封侯，英雄要战斗，好奇者去旅行。"每次动向，要以欧洲内部团结为条件，统一是不可能，结果虽八次十字军，都是徒然的。

第四章
蒙古西侵

　　成吉思汗组织漠北部落，发动西侵，征喀什噶尔、撒马尔罕至里海，南下者至拉哈尔（Lahore），北上者与基辅大公相遇，俘之，进至黑海之滨，拜占庭大震。1227年，成吉思汗死，窝阔台继之，得南宋之助，平金，西进毁基辅，入波兰，腓特烈二世与之战于列尼池（Liegnitz），大溃，欧洲沉入恐怖中。匈牙利遭受最惨，三年后，罗马教廷使臣柏郎嘉宾（Jean de Plans Carpini）过其地，"旅行半月，不见人烟"，基辅所留房屋，仅二百余所。

　　蒙古组织严密①，行军至确②，政略与战略有合理配合，"初非仅以兵多而胜也"③。是时，欧洲疲于十字军，教皇英诺森四世即位（1243年），举行里昂宗教会议，遣使蒙古，英国史家巴黎（Mathieu Paris）推定："蒙古人也是基督教徒，系犹太人十支中之一，许久散亡而仅存者。"蒙古人改变西方局面，形成一种国际政治，即联合蒙古，东西夹

---

① Leon Cahum 说："不是蒙古无纪律的可怕，相反的，正因为太有组织，使人可怕，到处所经者有三字：条例，公事房，驿站。"
② 进攻波兰，两军需时三十日，华沙会师，未差一时。
③ Bury 注 Gibbon 史："1241年春，蒙古军之蹂躏波兰及入据匈牙利，盖军略优长有以至之，初不仅以兵多胜也。"

击回教。

柏郎嘉宾奉命出使，自里昂至和林，需时约两年七月，途路艰辛，入中亚北部，"草木凋零，枯骨暴露，群山静立，深夜可闻鬼哭"[①]。1246年，由丞相镇海领导，觐见定宗，复书译为拉丁文，双方既无结盟之意，亦无皈依之心，以上国自居，视罗马教皇为臣属。

柏郎未成功，却带回蒙古消息；法王路易九世，发动第七次十字军，于塞浦路斯遇蒙古戍将宴只吉带使臣[②]，遣郎友漠（André de Longjumeau）东行。至蒙古，定宗逝世，觐见皇后，复书傲慢，1251年无结果而还。

是时，流言颇多，如拔都子沙尔达克皈依基督教、让神长与蒙古领袖会见。次年（1252年），二次遣吕柏克（Guillaume de Rubrick）。吕氏善言辞，善观察，取道克里米，经咸海北，渡妫水，至和林。1254年1月3日觐见蒙哥。蒙哥对法王所提，甚为冷淡。次年5月5日，吕柏克返至地中海滨，向法王复命，著有旅程行纪，从此路易抛弃了联合蒙古的策略。

威尼斯波罗一族，善经商，于布加拉（Bokara）遇蒙古使臣，使臣坚请孛罗兄弟去北京。忽必略即位，优遇波罗兄弟，予以护照，充其使臣，至元六年（1269年），返抵地中海滨。是时，教皇克莱芒四世崩，未能复命，归故里，尼克拉妻已死，子马可·波罗已十五岁。

格列高利十世（Gregoire X）即位，随即付以复信，1271年携马可·波罗东行，1275年5月抵上都，忽必略非常喜欢，尤爱马可·波罗，以其善解人意故。至元二十九年（1292年），伴送科克清公主，取道海路，至波斯，受合赞汗知遇，住九月，含泪别公主，于1295年返威尼斯，马可·波罗已四十二岁矣。

1299年，威尼斯与日纳战，波罗被俘，幽禁期间，向同伴鲁斯梯谦（Rusticien de Pisa）叙述，遂成不朽的行纪，圣伯丹（St. Bertin）

[①] 所经路：里昂，卜拉克，波希米，克拉哥唯，Astrakan，咸海，阿尔太山，和林。
[②] 1248年12月20日，路易九世遇波斯蒙古使臣二人：David 与 Marcus。

修士①将之收在《奇闻录》内，其影响于后世者，不可估计，哥伦布航行决心，是书为有力推动。

蒙古崛起，给亚欧两洲一种破坏，旧意识上有益的刺激。这是游牧民族需要统一的表现，是一种动力配合马与炮向旧世界的挑斗，它唤醒了潜在的力，直接受益者，一为俄罗斯，自基辅陷落（1240年）至伊凡第三（Ivan Ⅲ）独立（1480年），此二百四十年间，俄人理解政治的重要，失去自由的可怕。一为塞尔柱，使伊斯兰教发展，十字军无结果的退出，拜占庭灭亡的命运，已决定了。

蒙古西侵确定了近代史的动向，欧洲感到深的反省。

---

① 修士名 Jean le long d'Ypres。

第七编 欧洲之自觉

十字军无结果的结束，说明欧洲基础的动摇。基督教统一欧洲的企图，随政治的发展，渐次失败，而神圣罗马日耳曼帝国，转入哈布斯堡（Habsbourg）手中。封建社会动摇，思想已露曙光①，启国家意识，每个国家有其相称的君主，说自己的语言。这是一种自觉，却需有二百年的时间，在混乱中挣扎，始脱离旧时代的羁绊。

14世纪的百年中，守旧者尚有强力，不肯采取温和策略，保尼法八世（Boniface Ⅷ）对教会权力加强，前所未有；路易五世（Louis Ⅴ）又想到意大利，演胼特烈故事；而英法百年战争，封建势力，阻止两国正常的发展。多年战争，经济濒于危境；西亚奥斯曼（Ottomans）实力，向拜占庭压迫，至15世纪，这个防御欧洲的堡垒，已摧毁了。

在不幸中，健壮的欧洲发生一种自觉，短短的三十九年中（1453—1492年），欧洲已确定它的新基础。海外发展，缓和了当时欧洲的矛盾，同时也种下海外的争夺，形成国家至上，此时代表国家者不是民众，而是帝王。就精神方面言，彼特拉克（Pétrague）提出人文主义，培根开经验的先河，瓦拉（Valla）对宗教、政治与哲学坦率地批评。这便是说要从古今思维中，自然与社会内，用自己的意识去理解心理与物理的世界。这便是为何艺术走上写实的途径。威克里夫（Wycliff）与胡斯（Jean Huss）所提出宗教改革，并不次于马丁·路德，只以德国环境复杂，路德更重要了。

所谓文艺复兴与宗教改革，实此两百年欧洲自觉的成果。②

---

① St. Thomas d'Aquin（1225—1274年）建立士林哲学。Roger Bacon（1210—1293年）倡导试验与综合。Giotto（1266—1336年）擅绘画；但丁（1265—1321年）著《神曲》。
② 自1270至1492年，近世欧洲轮廓由此时形成。

第一章
教会衰落

教会企图统一欧洲，发动十字军，渐舍本逐末，俨然为帝王。精神与道德的威严，遭受摧折。克吕尼院长外出，有骑兵卫护，奢侈之风，漫弥西欧。此方济各（St. François）[①]与多明我（St. Dominique）[②]，肩负重任，以苦行挽救颓风，予当时社会与人心，影响至大。这是一种复兴运动，对现行教会是一种批评。李可多（Ricardo）说："即在蒙古人侵来与残杀时，天主复活了多明我与方济各两修会，以巩固与传播基督的信仰。"证据是1260年，方济各修院总数有一千八百零八处；1277年，多明我会共有四百一七处。

因为十字军与蒙古人造成的新局面，宗教仅具外形，这种改革系遁世与悲观的混合。负实责者，只求权力扩张，保尼法八世，以阴谋夺取教皇地位。复起政教斗争，所不同者，与教皇对峙者由德国移至法国了。

加贝王朝的政治，是稳扎稳打，腓力（Philippe le Bel）、得纳加来（G. de Nogaret）为加强王权，与保尼法冲突。1296年，保尼法函告法王："汝静聆父言，毋以无长工不受教王支配。"法国民众支持腓力，抗拒教会，1300年，保尼法又宣布："教会独一无二，教会为一

[①] 方济格生于1182年，死于1226年。有《小花集》（*Fioletti*）。
[②] 多明我生于1170年，死于1221年。

种团体,只有一领袖,即彼得继承者……"

政教斗争剧烈,腓力举克莱芒五世(Clément V),移跸亚维农(Avignon)(1309年),教会进入黯淡时代。至1377年,格列高利十一受加脱灵(Catherine de Sienne)请,始返罗马,从此教会受政治支配,形成大分裂①,欧洲基督教,第一次分门别户。法国、西班牙、苏格兰宗亚维农教皇;意大利、德意志、英国即趋向罗马。这种分裂,不是信仰消灭,而是教会自身发生问题,走入歧途,怀疑、烦闷、麻木成为一种普遍的现象。威克里夫与胡斯的改革,不介意出教令,以国家观点,反对意大利的独霸。

威氏系牛津大学教授,他认为神权与世权划分。教皇不得过问国事,教士须服从国家法令。教皇制是反基督精神的,不见于《圣经》者不为真理。将《圣经》译为英文,提议没收教会财产,英王查理二世(Charles Ⅱ)倾力支持,声势甚大。亨利四世即位,复与旧派相结,改革终止,传入波希米亚。

胡斯亦为教授,承威氏遗志,倡导改革。唯此时宗教问题,杂有种族仇恨,缘日耳曼人侵入捷克。夺取优越位置,捷克借宗教问题,咸欲脱离教会羁绊,罗马召开君士坦丁宗教议会,以异教罪,焚死胡斯(1416年),战争遂起。经三十年战争,始妥协,德捷间仇恨,至今仍不能泯灭。

教会自身腐化,使人失掉信仰。宗教改革,势在必行。不是反对宗教,而是反对教会不能尽职,降低了精神生活。教会铺张,荒淫,不断的争斗,使诚实者,失掉希望的信念。中古教会缔造的成绩,必须有一次彻底澄清,始能发挥它的效用。②

---

① 教会大分裂时,罗马、亚维农、比沙三地各选教皇。
② 君士坦丁宗教会议(1414—1418年),其参加者,教皇若望与六百随从,三十三位枢机主教,四十七位总主教,一百四十五位主教,九十三位副主教,三十七个大学代表,约两千人;三百六十一法学博士,一百七十一位医生,一千四百个文学硕士,五千三百修士与学生;三十九位公爵,三十二位太子,一百一十四位伯爵,七十一个男爵,一千五百骑士。因会议,这个小城市增加七万二千人;可是也有七百娼妓,这是知道的,不知者尚有许多。这说明其如何铺张与荒淫。见 Ulrich de Richenthal 所记。

第二章
英法形成与百年战争

诺曼人入侵英国后（1066年），与萨克逊人混合，英国史由此开始，最初无确定动向。威廉为诺曼公爵，同时又为英王，从此英法关系，日趋复杂。在封建社会中，所谓主臣关系，由婚姻所得土地，构成最难解决的问题。

法国自加贝王朝立（987年），施以集权倾向。由于十字军，法国居领导地位。至腓力·奥古斯都（Philippe Auguste）①时，采取分化英国政策，摧毁英国在大陆上的势力。英王约翰（John Lackland）联合日耳曼与反法封建实力②，阻止法国统一，1214年保维（Bouvines）之战，使法国皇室与人民结而为一，树路易九世（Louis Ⅸ）光荣的基础。

路易九世，忠贞英勇，为中古奇特人物，坐于芬森（Vincennes）橡树下，与民同乐。他嗜好正义，痛绝战争，1259年签《巴黎条约》，与英王亨利三世解决两国纠纷，虽胜利，将所得土地还英。③至

---

① 腓力·奥古斯都（1180—1223年）"有力，虔诚，判断很快，对有力者苛刻，分化诸侯团结……"*Historien de France*，t. XⅧ。
② 联合抗法者，有英王约翰、奥东皇帝、佛兰德伯爵、布洛尼伯爵、荷兰等。
③ 路易九世还英王：Limousin 与 Perigord。

腓力四世，着手经济组织，与教皇保尼法八世斗争，追求政治独立，开三级会议。

时英国演进，陷于王室与贵族矛盾。唯英国贵族，普遍而富有。社会地位并不特殊，鲜有排外性。当英国拥有大陆领土，与法国统一相违，战争不能停止，于是英人乘约翰失败时，1215年提出请求，尊重人民所有权：（一）非得国民同意，不得取其财货；（二）非依法审判，不得惩罚，以尊重人民身体自由……共六十三条，史称为"大宪章"。

1337年，英法百年战争开始，对两国发展有确定的力量。法国是初生欧洲的灵魂，其文化与财富，使英人趋向。昔日诺曼争夺，今即更为扩大，英人以承继问题，自佛郎德（Flandre）与波尔多（Bordeaux）发动南北钳形攻势，法国受此威胁，反发生一种自觉心，虽1346年克来西（Crécy）与阿让库尔（Azincourt）挫败。1420年特瓦（Troyes）条约①，法人仍能维持信心，加强国家观念。

贞德（Jeanne d'Arc）出，其几弱不禁寒风，不悉国事所趋，突然率军解救奥尔良（Orléans）（1429年），使查理七世加冕，奠定法人信心。1431年，英法人将之焚死，罪以女巫，但是她救出了英法两国。即法国受其激动，民众意识上起一种发酵作用，开路易十一（Louis XI）富强基础，推动欧洲大陆之发展。至于英国，自1453年后，抛弃大陆领土，转向海洋方面发展。它孤独的演进，承袭地中海传统潜力，将变为海上的帝国。

---

① 查理六世将其女凯瑟琳（Catherine）嫁与英王亨利五世。将由此为法王。由此约，法国变为英国之附属国。

第三章
拜占庭的灭亡

拜占庭有悠久的历史，又善运用外交技巧，先后渡过波斯、保加利亚与威尼斯[①]压迫的危机，但是十字军起，拉丁与希腊不能统一，互相猜忌，结果遭受1204年惨祸。西方虽统治拜占庭，没有政治与文化基础，保加利亚攻其北，希腊袭其东，米歇尔（Michel Paléologue）恢复山河（1261年），可是实力削弱，面目已非，只刺激起憎恨的情绪。为此，拜占庭与罗马决斗，宁愿毁灭，不愿与西欧合作，更不愿投降。在回光返照中，东罗马帝王举棋不定，更增加了他的苦闷，当杜桑（Etienne Douchan）组织帝国[②]，须着眼中亚，拒抗巴尔干的新势力，1355年杜桑之死，不只救出拜占庭，而且缓和了欧洲紧张局面。

奥斯曼[③]西来，臣侍塞尔柱，取尼可麦地（Nicomédie），拜占庭

---

① 拜占庭采取以夷制夷之策，Heraclius时，利用塞尔柱反萨珊王朝；马其顿帝王时，利用斯拉夫反保加利亚；又使日纳与威尼斯对立。
② 杜桑（1331—1355年）取马其顿与亚尔班尼，1346年拥有皇帝尊号，所谓"希腊与塞尔维亚皇帝"。
③ Osman系Erthogroul子，来自花剌子模，侍塞尔柱人，Orcan取尼可麦地，又进占Gallipoli。

遂有亲奥与拒奥①之分。亲奥者扶植新势力，踏入欧洲，拜占庭的命运已注定，土耳其人，有伊斯兰热忱，忠勇战士，非常宽容，对宗教与文化，并没有那种顽固的偏见。拜占庭人欢迎他们，因为没有欧洲人那种贪婪；威尼斯人也欢迎他们，因为没有热那亚（Genoa）那种阴险。莫哈德（Mourad）立，拜占庭的命运仅只一时间问题耳。莫哈德利用西方矛盾，树建自己的海军。

1387年土耳其与塞尔彼战争，拜占庭与欧洲袖手旁观，巴济札得（Bajazet）取科索沃（Kosove）胜利，实已开"近东问题"，拜占庭无定见。悔前时错误，大声疾呼，要欧洲合力拒抗。1396年，产生尼科堡（Nicopolis）战争，巴济札得虽损失六万，却取得统治巴尔干的实权。其所以不直下君士坦丁堡者，以帖木耳（Timour）故，欧洲又一次遭受蒙古威胁。骑士损失，失掉自信。

拜占庭又改变它的策略。它自定安全策略，既不肯与罗马和好，又不肯迁就土耳其。它将自己的命运，寄托在俄罗斯身上，此时俄尚为蒙古统治，迨君士坦丁堡陷落（1453年）后，苏菲（Sophie Paléologue）与伊凡三世（Ivan Ⅲ）结婚，可以说拜占庭的后事，完全托付与俄罗斯了。

1453年，穆罕默德二世（Mahomet Ⅱ），海路进袭拜占庭，需时仅五十四日，将之攻下②，大肆劫掠，文物弃地③。君士坦丁（Constantin Paléologue）英勇拒抗，与城偕亡。罗马震惊，教皇尼古拉五世（Nicolas Ⅴ）、庇护二世（Pius Ⅱ）知事实严重，欲组织十字军。但是教会统治时代已过，无人响应。庇护二世处于孤立地位，郁郁而死，这也够凄凉了。

拜占庭灭亡，初非一国之幸与不幸，实世界剧烈转变时，政治上

---

① 拜占庭拒奥斯曼者为Jean Cantacuzène；亲奥斯曼者为Jean Paléologue，两者斗争，结果Jean Cantacuzène入修院。
② 四月五日至五月二十九日。
③ 柏拉图与亚里士多德十本巨著，仅售一元。（Hammer, *Histoire de l'empire Ottoman*. Ⅱ.12）

重要一环，近东问题由是正式提出，使欧洲陷于混乱，幸赖匈牙利王若望（Jean Hamyade）防守，西欧仅免于难，地中海上的威尼斯亦寿终正寝，完结它海上的使命。自土耳其言，君士坦丁堡陷，实为致命毒手，诚如斯凯所言："……君士坦丁堡改为苏丹之都，已非旧物，市场凋零，文化远飏……而旧日之腐败如故，官僚、阉寺、特务、贿赂，奥斯曼承而有之，杂于淫糜逸乐中，夺取是城，乃弃学宫而就病院也。"①

---

① Sir Mark Sykes, *The Caliph's Last Heritage*.

第四章
精神自觉

政教冲突。罗马教廷移至亚维农,意大利成为战争场所,形成混乱的局面。然十字军取道地中海,恢复昔年繁荣,意大利城市复兴,宛如古代希腊,光耀夺目。它能忍受寂寞与遗弃,追怀往事,造成一种复古运动,但是这种运动是夸大怀古与商人实利精神的混合,含有戏剧性的。里恩佐(Cola di Rienzo)为冲动者,1347年,登罗马加彼多(Capitole)神殿,如庆祝胜利,宣布为罗马领袖,以恢复古代共和制,对保尼法八世是一种报复,却遭受贵族们的打击。

但是,复古运动不可能,却加强地方的情感,自士林哲学确定理性为知识基础后,波罗尼法学运动,蒙特白耶(Montpellier)医学倡导,形成一种经验的个人主义,这是人文主义的本质,对古代发生一种憧憬。1396年,希腊学者克利若洛拉(Manuel Chrysoloras)来佛罗伦萨讲学,多少少年随从,以期获见曙光。

与复古运动并行者为方言的倡导,中古教会统治时,以拉丁为知识的工具,摒绝方言,教会中人不思改善,致使拉丁文退化,深受语言学者指摘。但丁具有民族意识,要用自己的话,表现深心复杂的情绪。他在《方言雄辩论》①中，说明方言可为文学的语言，最适宜表现国民性的。他的《神曲》便是证明。

这是一种民族的自觉，对封建的欧洲是强有力的离心因素。它如强了对自己的认识，要从历史上寻找自己的生命，由是产生以语言定国界，构成国家统一的动力，政治斗争的因素。威克里夫、丁达尔（Tyndal）、路德等翻译圣经，但丁、乔叟（Chaucer）、维永（François Villon）文学作品，都在政治上发生作用。

复古促进一种收藏的风气，意大利争相竟夺，猎获古代的珍本。当孛洛齐利尼（Poggio Bracciolini）出席宗教会议，在圣加尔（St. Gall）修院发现昆体良（Quintilien）全集，克吕尼得到西赛罗演讲稿，教皇尼古拉五世于巴塞尔会议发现《德尔图良（Tertullien）全集》，这都使好古者狂喜，增强他们的信念。对希腊作品更是不肯放松。

奥利斯拔（Aurispa）环行希腊，收罗珍本，1423年返威尼斯，带回二百三十八卷稿本，水城引为无上的光荣。15世纪，孛留尼（Leonardo Bruni）译柏拉图、亚里士多德著述，西人始识两位大师的真面目。威尼斯圣马可图书馆，藏有七百四十六种希腊珍本，佛罗伦萨自1434年后，组织柏拉图学会，白沙利奥（Bessarion）与美第奇（Médicis）芳名，永垂不朽。

瓦拉（Lorenzo Della Valla）于巴洛亚教授修辞学，运用语言学方法，批评传统思想。得那不里王阿尔丰斯之助，抨击教会偏狭的思想，对欧洲思想运动，仍有力的推动。

复古与方言两种运动，造成重视古物与地方的情感。便是代表传统的罗马教会，亦卷入其中。尼古拉五世即位（1477年），不顾环境，要将梵蒂冈变为艺术城，创立图书馆。环集学者与艺人②，到亚历山大六世，肆力铺张，竞赛豪华，在石刻上，他说："罗马因恺撒光

---

① Dante, *De vulgari eloquentia*.
② 到教皇Sixte Ⅳ时，有天文学者Regio Montanus，史学家Sigismond dei conti，画家Cosimo Rosselli，Sandro Botticelli，Domenico Ghirlandaio，Pérugin，Melozzo da Forli。

荣，现以亚历山大登到光荣的峰顶，前者是人，后者是神。"

　　这种自觉，便是文艺复兴。其由来并非偶然，而是阴暗时代苦痛的产物。一种个人主义的运动，要撤销智慧发展的障碍，是基督教统一西方丧失效力后的结果。思想与艺术有独特的发展。[①]

---

① 思想方面：Pétraque（1304—1374年），Boccace（1313—1375年）；Bessarion（1393—1472年），Alde Manuce（1449—1515年），Rodolphe Agricola（1442—1495年），Erasme（1446—1536年），Guillaume Budé（1467—1540年）；艺术方面：Brunelleschi（1377—1446年），Ghiberti（1378—1455年），Donatello（1383—1466年），Fra Angelico（1387—1455年），Massacio（1402—1428年），Botticelli（1447—1515年），L. Di vinci（1452—1519年），Michel-Ange（1475—1564年），Raphaël（1483—1520年），Titian（1477—1526年）……

第五章
欧洲国家奠基

从罗马帝国分裂至十字军结束，欧洲民族移殖，基督教欲与组织。然以世界观念，地中海城邦潜力，未能形成一强固的国家。迨至 13 世纪，封建制度崩溃，欧洲开始分化，宛如中央高原，江河从此分流。1291 年，瑞士三州同盟（Schwyz，Uri，Unterwald），抗拒奥国官吏。揭自由旗帜，表现民族意识。继而斗争扩大，吕森（Luzerne）加入（1332 年），周近响应，形成十三州。1476 年取得莫哈（Morat）胜利，布告尼军溃败，奠定瑞士独立与自由基础，开政治的新局面。

拜占庭灭亡至意大利战争揭开，短短四十一年间，欧洲变化至巨，奠立欧洲三百年历史的演变，近世国家的政治与结构率皆导源于此。由于空间扩大，往日地中海世界，基督教世界观念，率皆击破，由种族团结，经济利益，代替了宗教优越与封建特殊的利益。此国家统一，成为必要的条件，"法"与"势"成为统一的原动力。以故文化较高者，国家结构愈坚固，统一的程度亦愈远。法兰西、英吉利、西班牙深受希腊罗马文化的浸渍、基督教的陶冶，故势力庞大，政治野心亦剧烈。只有意大利为例外。

意大利文物智慧发展，深受日尔曼摧残，迨帝国势衰后，受地中海影响，意大利造成一种繁荣，15世纪后半期有稳定的和平，但是此种和平异常脆弱，一方面罗马教廷所行政治，不能脱离；另一方面和平基础，系于复杂的外交与奇妙的阴谋，以故意大利成为各国争夺地。

法国正与意大利相反。1461年，路易十一即位，破除割据势力，与布告尼对抗，与瑞士相联，经十年奋斗，败于南锡（Nancy）。不念旧恶，慨然与英缔约，树立君主政权，推进东境安全政策，与奥争雄，历三世纪始告平息。此时，西班牙半岛，以费迪南与伊莎白（Isabelle）结婚（1469年），西班牙统一，忠于旧教，赓续十字军精神，1492年，逐退阿拉伯人。西班牙承袭地中海传统精神，向外发展，发现新大陆，海上重心移至大西洋；又承袭基督教统一观念，希图团结欧洲，结果产生法西争夺领导的纠纷。

德国分裂，含有三百六十多单位，有七个候选国、自由市与封建的侯国。他们没有确定制度，又有偏狭地域观念，结果反对任何中央集权。"宁愿做个有势力的公爵，不愿做个无力的帝王"①，国王沦为不要的地步。德国人是爱国的，但是却成了分离的护身符，布告尼的失败，德国极度分裂愈显露出来。便是在这苦痛，德国在奥德河与易北河间，推行移民政策，开发东北两方面，波罗的海与波兰问题从此提出，而德国的注意力，由南边移到北边。普鲁士的兴起，不是偶然的。

1438年哈斯堡拥有帝位，继承神圣罗马的理想，他推行一种世界政策，其实力却建立在机智的婚姻政策上②。1477年，马西米（Maximilieu）与布告尼玛结婚，取得佛兰德（Flandre）、尼德兰、布拉班（Braban）、卢森堡、阿图瓦（Artois）、法朗施-孔戴（Franche-comté），其子腓力与西班牙嗣女结婚，继承广大领土，造成一种独霸欧洲的野心。法奥在大陆上对峙，自是必然的。

15世纪末欧洲史事推进，当时虽未能解答，然今日重大问题悉已

---

① 此为Frederic le sage语。亦如席勒咏威廉退尔："为了不要君主，所以把皇帝当作君主。"
② "Bella gerant Alii, tu felix Austria nube, Namquae mars aliis dat tibi regna venus."译其意："任别国陷于战争，奥地利幸运地运用婚姻；别人以战神夺取者，汝以爱神而获焉。"

隐伏。凡宗教与民族不同者，如东欧，将有剧烈的争夺；争夺者，稳固自己利益，树植势力，以武力决定取舍胜负，是乃封建崩溃之余波，文化程度不同，国家制度尚未确使然也。以故欧洲战争特多，大陆均势为自然倾向，端赖技巧、继承问题、多瑙河航行、宗教自由，渐次支配政治，每个努力造成优越地位者，先后失败。16世纪真正获取实利者，厥为英吉利。

贞德使英国放弃大陆野心；两玫瑰战争①虽使英国蒙受损失，却使其封建残力不能复燃。以孤立海中，易使内部团结，不卷入大陆风云之中。承袭地中海与纳曼人之传统，趋于实利，无形中获取平衡纠纷的特殊地位，其取舍成为胜负的决定。

---

① 两玫瑰战争（1455—1485年）经三十年，为英国最残酷的内战，得杜多尔（Tudor）领导，英国国家渐次稳固。

第八编　欧洲发轫

欧洲文化史

自意大利战争（1494年）至《威斯特伐利亚（Wesphalie）条约》（1648年）签定，此一世纪半时间，欧洲充满了革命。所谓文艺复兴与宗教改革，在最初只是两种不同的复古，前者要追寻希腊罗马，后者要复现原始基督教，两者却以长期基督教的训练。新航线的发现，致使由改革转化为革命，对自然与社会的认识，起了质的变化：即弱肉强食。生存竞争的思想，初不待达尔文之证[①]。欧洲与世界接触，与自身演进，已充分表现此种特征。

个体对集体反抗，每个人要有他自己的意识；在政治上，基督教统一放弃后，理想的共和国亦无法生存，每个国家要以自己利益为前提，无论哪一方面看，都将走向个人主义与帝国主义。正因为欧洲明白只是世界一部分，即此世界如何支配；基督教是世界宗教之一，并非唯我独尊，即此人类将有何命运。这两种可怕的问题，迫欧洲人不得不解答。以故经济成为近代支配一切的动力，以最小的力收最大的效果。实用与组织，成为欧洲新动向。获得灿烂的成绩，为人惊叹。它带来繁荣与福利，也带来革命与战争，这是西方历史演进使然，并非何人与何国的错过。

欧洲不是自然的，而是人为的。为此此编名为"欧洲发轫"。

---

① 达尔文《物种原始》刊于1859年。

第一章
法奥斗争

法王查理八世（Charles Ⅷ）进攻意大利（1494年），是法国传统政治的破裂。因安汝系统（Anjou），法国要继承西西里王国；又因路易十二系维斯贡地（Visconti）之甥，要统治米兰。前者与西班牙冲突，后者与奥地利冲突，以故意大利战争，实欧洲近代史的楔子。

意大利文物昌隆，光耀夺目，无政治，赖阴谋结盟，查理八世须退出米兰（1945年）。路易十二即位（1498年），不惜牺牲，以保意大利优势，西班牙初欲与法分治，然两雄难并，战争又起。教皇亚历山大六世，联法制西；朱尔斯二世（Jules Ⅱ）继位（1503年），又作驱逐"外人"战争，西班牙夺取优势。罗马教廷已降为意大利城邦，随局势发展，定其趋向。克莱芒七世立，反西与英法同盟，然查理五世（Charles Quint）被举为皇帝（1519年），举兵直趋罗马，除威尼斯外，意大利悉为西班牙统治。意大利战争结束。法奥斗争，更趋剧烈。因查理形成一大包围圈，法国随时有被毁灭的危险。

弗朗西斯一世（François Ⅰ）欲冲破此包围，意大利为西奥两地之连接线，就战略言，异常重要，但是意大利深谋狡变，动向无定，以故巴维（Pavia）一役（1525年），法军惨败，签《马德里条约》，法王始获自由。

弗朗西斯为本国利益计，破坏传统政策，一方面与回教苏里曼（Soliman）结约，来攻意大利（1534年）；他方面与路德派联合，助以士兵与军火，制造帝国内乱，这说明政治利益优于宗教利益，与十字军时代相较，相去天渊。

土耳其海陆进攻，奥国东西受敌，意西海岸时为土海军劫掠；德境宗教革命，受法国滋助，日渐扩大，查理处境困难，不得已签《奥斯堡和约》（1555年）[①]，次年查理退位，帝国分裂为二：长子腓力二世，取西班牙、意大利、荷兰等地，次子费迪南拥帝号与奥地利。神圣罗马仅只一空名！

法王亨利二世立（1547年），承其父志，与奥对抗。他有现实政治才能，弃意大利而推进东北政策，提出法国"天然边界"。他注意亚尔沙斯，开法国今后动向，至今仍为强力作用。他以敏捷手腕，1559年4月，结《喀多干不列（Cateau-Cambrésis）约》，意大利仍为西班牙所有。

法奥决斗，摧毁了基督教统一的幻梦。查理五世，方其十九岁践祚时，梦想与教廷合作，建立有秩序的欧洲，法国为其自身利益，德国进行宗教战争（实质上是政治的），形成一种有意识的分裂，是足证明民族主义之强力。民族与国家混而为一，不能分割。

欧洲统一不可能，而欧洲在新世界中，实又为不可分割之单位，以宗教与文化意识相同故，如是，即欧洲均势建立，实为必然途径。法国联络土耳其与路德派，实图存中权力均衡的发展，此均势乃欧洲史中新的特征。

[①] 《奥斯堡和约》中，主要成就，为"主治者信仰，确定被治者信仰"（Cujus regio, Ejus religio）。

第二章
东北欧兴起

1453年，拜占庭陷落，东罗马实力移于奥斯曼手。1520年，巴格达回教所统治主权，亦为其合并。1569年，匈牙利须让三分之二，巴尔干半岛悉入其掌握，维也纳震动。法国利用此新势力，对抗哈斯堡；而奥斯曼即向西开拓，1543年，凯尔埃丁（Kheir-ed-Din）率舰队停泊杜仑（Toulon）予查理五世舰队有力打击。诚如芬来（Finlay）所言："奥斯曼乃众王国共主，三洲首领，两海居神。"① 其于欧洲发生两种作用：一方面使欧洲感到压力，须团结抵抗；他方面，土为游牧民族，为拜占庭腐化，启欧洲人觊觎，维持此病夫。以故近东问题至今未能解决，正说明欧洲政治分裂的理由。

乌拉尔山西，有深厚幽闭的森林，有单纯无障碍的草原，故地理反映在历史上，一方面缺少凝集力，别方面又易接受外来的影响，其出现于历史甚晚，在9世纪时，始有基辅王国。基辅受东罗马影响，贵族统治，不能持久，而为蒙古所控制，萨来（Sarai）成钦察汗国首都。俄人以金贿可汗臣妾，竞斗阴谋，唯一系维俄人者，即宗教权

---

① 奥斯曼版图：红海、伊朗、里海、黑海、多瑙河一部，巴尔干、希腊、小亚细亚、叙利亚、巴列斯坦、埃及、北非。

力，俄国教会与莫斯科同盟，以巩固自身实力，莫斯科大公瓦西里二世（Vasil Ⅱ），利用教会力量，树立领导权，这是1453年拜占庭完结的那一年。

伊凡三世立，驱逐蒙古人，1480宣告独立，扩张西境至第聂伯河，举行加冕，创立君主政治，结束了封建时代，完全取东罗马为法，配合宗教的理想。时欧洲剧变，教会分裂，俄罗斯教会独立。迨至与索菲娅（Sophia Paleologue）婚，以继承希腊自任。他反抗罗马的欧洲，反抗伊斯兰的土耳其，更反抗喇嘛的蒙古。他要建树自己的文化。伊凡四世立，取沙皇尊号（1574年），征窝瓦河中部，取里海门户亚斯脱拉干（Astrakan），向外扩张。欧洲东北边，有此新国，波兰与波罗的海的问题，与巴尔干及鞑靼海峡受土支配，同样严重。1613年建罗曼纳夫朝。

俄人西进，第一个接触者为波兰王国，以维斯杜拉河为中心，横跨东欧，若雅仑（Jagellon）^①王朝，矢忠罗马旧教，成欧洲东部的堤防。1572年，若雅仑世系断，波兰成了无政府共和国，却受贵族与教会剥削，无政治，无组织。然以俄人西进，土人北上，普鲁士兴起，波兰为广大平原，无险可据，结果波兰为矛盾的交点，其以后不幸的遭遇，并非偶然的。

不仅只此，波罗的海亦起变化。瑞典、挪威与丹麦联合（1397年），由丹麦统治。继至1523年，古斯塔夫（Gustave Vasa）发动革命，反抗丹麦，建立瑞典王国。^②有一世纪半为欧洲北部的强力。是时宗教改革发生，罗马支持丹麦，瑞典变为路德派；宗教斗争变为政治竞夺，丹麦卷入潮流，于1559年，同倾向新教。至三十年战争时，古斯塔夫阿多夫（Gustave Adolphe）^③，超绝群伦，擢瑞典为一等强国。吕岑（Luzern）之役，损此奇人，瑞典沦为次要地位。

---

① 源于立陶宛，其统治波兰、波希米亚与匈牙利，自1386年至1572年。
② 时丹麦王Christian Ⅱ以暴力统治，激起瑞典反抗。
③ 1611年即位，维护新教，称彼为"北方奇人"。

第三章
地理发现

由于地理知识的进步，航海工具的改良①，葡萄牙亨利（Henri le Navigateur）设航海局（1416年），经七十二年努力，迪亚士（Diaz）发现"风波角"。这是冲破埃及与威尼斯封锁政策努力的结果，西班牙自不能忽视的。

1492年，西班牙与葡国对抗，接受哥伦布（Christophe Colomb）建议，受马可·波罗影响，西行达到香料地带。8月3日由巴洛斯（Palos）起程，经三十三天努力，发现新大陆，地圆学者斯姆来（Wald Seemüller）将参加四次航行者亚美利加（Amerigo Vespucci）之名，赐予新地，美洲由是降生（1507年）。

葡人继续努力，1498年伽马（Vasco di Gama）抵印度，"经过多少恐惧"，始达到香料地带，次年伽马返葡京，虽牺牲三分之二同伴，却获利六十倍，葡王授予"印度洋上将衔"。从此，香料集聚地，移至葡京，1503年，威尼斯至埃及运香料者，空船返回，缘里斯本市价，较低五倍。②

---

① 葡人改良船，如Caravelle，每小时走十公哩。
② 自1504年后，葡国经常十二艘船东航，购买香料，地中海商场停滞。1506年，Priuli写道："近年来失掉对德国商业市场，造成威尼斯的不幸，完全系葡萄牙所致……"

阿布该克（Albuquerque）继向东推进，构成五千海里航线，1510年取卧亚，次年劫马六甲（《明史》作满拉加），是地为我藩属，不能援助，遂亡。① 马六甲为葡人东进基地，至香料地安孛纳，《明史》中说："地有香山，雨后香坠，沿流满地，居民拾取不竭。"1517年，葡人至广州。

　　西班牙人至巴西与中美后，印加（Incas）有文化，社会有组织。1512年，巴尔包亚（Balboa）穿达利英（Darien）土腰，证明哥仑布所发现者，纯为新大陆。忌好望角海路，麦哲伦（Fernao de Magalhaes）深信"不经葡人航线，亦可至香料地带"，因彼确知海洋统一性。1519年，偕二百三十九人，渡"太平洋"，喜其无风波，遂以"太平"为名，次年至关岛，推进，抵菲律宾，以志发现，遂以西太子菲律宾为名。1521年（正德十六年）4月，与土人冲突，麦氏牺牲，其船胜利号，由加纳（Sebastian del Cano）西还，仅余十八人。

　　旧世界观念，由新航路与新大陆的发现，逐渐动摇，许多"新事件"不能以圣经解决，圣经是信仰的宝库，并非知识的典籍，这在西方悠久基督教陶冶下，构成一种坚强的革命。

　　因为发现新地，产生主权问题，求罗马教皇仲裁。1493年9月26日，亚历山大六世宣布，自维德（Verde）岛向西一千一百一十里为线，东者属于葡，西者属于西，罗马教皇统治世界，这是最后的一次。从此后海权载入历史，国与国之间，海的争夺成为主要的对象。

　　西方人凭借武力，向海外发展，以劫掠方式，夺取财富②，其至东方完全侵略，平时课以重税，变时加以屠杀③，御史庞尚鹏论西人："喜则人而怒则兽，其素性然也。"

---

① 《明史》说："后佛郎机强举兵夺其地，王苏端妈末出奔，遣使告难。时世宗嗣位，敕责佛郎机，令还故土。谕暹罗诸国王以救灾恤邻之义，迄无应，满加拉竟为所灭。"
② 1531年，西人Pizarro取秘鲁，带回现金三百五十万磅，而现银尚不计。1545年开发Potosi银矿，大量银流入欧洲。
③ 西班牙人到吕宋，万历三十一年（1603年）屠杀华侨两万二千人；崇祯十二年（1639年）又屠杀两万余人。

世界整体发现，经济起变化，由是推动知识的进步。可怖的争夺，不在狮心王理查（Richard Coeur de Lion）式的勇敢，而在可怖的知识，由人心推出，有组织，有效率，以轻微的代价，换取最大的利益。英国为最成功者，伊利莎白女皇，保障航海公司，大西洋成为商业中心，霍金斯（Sir John Hawkins）以贩卖奴隶起家，在中国贩卖鸦片以经营印度，随着科学技术发展，构成一种奇异的时代。

在惊心动魄发现的时代，诗人咏葡国航海者：

他们驾轻舟，
在无把握的大海上，
寻找那从未走过的海路。
静观天上新的星星，
那是他们国人从未见过的。

第四章
资本主义降生

葡西两国地理的发现，欧洲经济突入革命状态，形成资本主义。

政治的发展，须以经济为前提，政府与金融家结合，构成近代化特征之一。当经济重心移至大西洋初，安维尔（Anvers）为商业中心。德国金融家经常住此。其著者有富若（Fugger）、魏尔斯（Welser）、来令若（Rehlinger）、高生普洛（Gossemprot）、伊莫夫（Imhoff），他们的组织，可与葡王对抗。

查理五世并荷兰后，魏尔斯为西班牙财政中心，1516年，查理向其借款：两万七千镑，出百分之十利息，以安维尔城担保。富若与魏尔斯成了政治上的重要人物，选举策动者。[①] 法国向意大利进攻，完全由里昂银行家支持。金融政治家，是最活跃者，杜其（Gaspore Ducci）为代表。

经济转变，首先产生者，为"信用贷款"。原始"信用"只是一种工具，现在他本身具有价值，金融交易成为主要的商业，与货物交易分道扬镳了。旧日商业机构已逐渐淘汰，1531年，安维尔建交易

---

① 直到腓力二世时，富若以经济支配西班牙政治。

所，门上刻着："此处为各国与各种语言交易而用。"①

16世纪经济转变别一种特色，为吸收游资，产生存款制度。1526年，霍赫施泰特（Ambroise Hochstetter）要囤积酒、麦与木材，运用存款方式，吸收资金。"王公们，侯爵们，贵族们，资产阶级男女，都向霍赫施泰特投资，收到百分之五利息。……有个时候，霍赫施泰特付出利息在百万法郎以上。"②教会反对这种制度，造成不义，而金融家又以此为慈善事业借以维持平民生活。

从此时起，银行为必要机构，控制大量现金。美第奇、斯脱落锐（Straggi）、富若、魏尔斯都成了普遍人物。富若为查理五世债权者，查理五世对十九万八千一百二十一杜加债务，不能偿还，须将皇家田庄抵押。放大款，囤积货物，如香料、铜、水银、棉花，垄断市场。这样，生活高涨、物价提高。杜莫林（du Moulin）在1524年说："从这年起，一切物价提高。那种高涨不是偶然的，而是经常的。"

物价高涨，货币论者，以筹码缺少故，各国冻结现金，交易入停滞状态。证据是16世纪初，各国改革币制，以利交易的活动。事实上，并非如此，物价高，正因现金多的原故。金融家操纵商场，1541年至1544年新大陆输入欧洲现金，有一千七百万金法郎，这样刺激物价。1568年波丹（Jean Bodin）说："自从六十年来，物价提高十倍以上。"

由商业到投资，造成无产者的恐慌，劳资问题发生。爱尔伏（Erfurt）、乌尔姆（Ulm）、科隆（Cologne）、里昂迭次发生罢工。教会宣道，竭力指摘资本家："……他们囤积酒，任其规定价钱，还说非此价不售，他们将穷人生活，置放在困难中。"经济统制，成为国家的趋向。胡椒一项，为葡王独有的专利。在安维尔，葡王派有半官半商代表，有如领事（1499年）。1510年西班牙有同样措施。③

---

① Rogers："说着各种语言，穿着杂色衣服，这是世界缩影。"
② Augsbourg 编年史学者 Saude 所言。
③ "安维尔如是繁荣，始于1503年，葡萄牙得到加利古王特许，将印度香料与药品运回，复从葡国转还于此。"见 Ludovico Guicciardini 所言。

16世纪经济革命，走向资本主义的道路，诚如亚来（Ashley）说："这是文艺复兴时的个人主义。"这种趋向，由地理发现促成，同时又推动向海外的扩展。争夺原料地，争取市场，卫护国家利益，空间扩大，使欧经济统一，加强每个国家财政，税关设立，成为国与国之间争斗工具，这促进国家的统一。人为的欧洲，更无法团结了。

第五章
宗教改革与反改革

基督教过度发展，卷入政潮，缔盟结约，渐失宗教目的。至15世纪末，已至必须改革地步。以故宗教改革并非反宗教，而欲恢复原始基督教精神，使宗教更严肃。教会不能解决民众苦痛，政治领导者利用臣民反抗教皇，而教会领袖，不能把握事实，信赖帝王与权贵，结果宗教改革必然发生，其所失者非王公卿相，而是虔诚的人民。

哈斯堡世界主义与日耳曼民族利益相违，这是日耳曼民族精神的动向，只是借特策尔（Jean Tetzel）推行赎罪券，不知名的马丁·路德[①]说出而已。当时知识阶级，如伊拉斯莫（Erasmes），在《狂之颂言》中，讥笑当时神职者，较之路德有过之无不及，只是路德所激起者，实德国人反西班牙问题耳。

罗马教廷，初不以路德重要，深为忽视，奥格斯堡会议，路德以圣经为据，要教会还给民众。他不愿离开教会，有腓特烈一世拥护，故在沃尔姆（Worms）会议中，不肯贬值，侃然说："便是如此，不能修改——愿上帝助我！"

---

① 1517年10月31日，在魏丁堡教堂，贴九十五条，反对赎券，如："要知以金钱赎罪，虽得教皇赦免，却得上帝憎恶。"

宗教改革，如潮怒涌，路德译《圣经》，聚集许多名士，如麦郎克顿（Melancthon）、慈温利（Zwingli）、胡吞（Ulrich von Hutten）等。查理五世着重意大利，忽视德国。与罗马教廷和好，态度却犹豫，及至发现他的利益时，改革实力已稳固。黑塞（Philippe de Hesse）、阿尔伯特（Albert de Brandebourg）、萨克逊（Saxon）公国兄弟，都以民族利益为借口，猎取教会财富，创"主治者决定被治信仰"（Cujus Regio, Ejus Religio）。由是，诸侯与帝王对峙，斯马加登（Schmalkalden）成为有力的团结，德国在混乱中。德国借宗教反抗西班牙，但它自身无政治定策。1555年《奥格斯堡合约》，诸侯胜利，却没有中央集权制，德国的行动，完全受外力的影响，德国仍在分裂中。

宗教改革是欧洲的，是对基督教统一欧洲的一种反抗。他不是否认耶稣的真理，它是基督教的一种复兴。教皇必须退出政治，恢复他伦理与道德的地位。宗教要国家化，每个国家以民族与语言为基础，即是说每个人，要用他的言语，直接向上帝祷告。加尔文发动改革后（1534年），以严密的逻辑，阐扬圣经的真理，不重视传统，以法律与纪律，建设政教合一的理论。他在日内瓦独树一帜，与路德不同。他不愿走中古那种理论，神权支配世权，也不愿将宗教为国家俘虏，然他求于人者过苛，群众无法接受的。

法国初忠于旧教，其态度也与路易九世时不同。他以实力为皈依，并不关心罗马教会①。处此巨变中，罗马教廷必须有改革，始能复兴，故耶稣会成立（1534年）。这个团体为人类组织中最完备与有力者。服从理性与良心，发挥人类价值，扩大智慧范围，不囿于偏见，罗耀拉（Ignace de Loyola）实挽救狂潮的最有力的支柱。1545年，罗马教廷召开特伦托（Trent）宗教会议②。改革当时的弱点，欲纳之于正

---

① 1516年，弗朗士一世与教皇利奥十世签订《波罗尼（Bologne）条约》，法国教会由法王支配，有大主教区十处，主教区八十三处，修院五百二十七所，这样巨大财富，落于帝王手中，对君主政治为有力保障。

② 特伦托会议，因事停止两次，第一次1547—1551年，第二次1551—1562年，1563始完结。

规。是乃梵蒂冈会议（1869年）前最大的宗教集会。

旧教信心恢复，与腓力二世①同盟，促进反宗教改革。是乃违犯时代趋势。外有土耳其，内有新教。致使海外事业停顿，威廉沉默者（Guillaume le Taciturne）联合十七省，树信仰自由基础，脱离西班牙，终于1609年，荷兰独立。这与反宗教改革最大打击，证明宗教不是一信仰问题，而是一政治问题。

法国宗教改革，虽亨利三世被刺（1589年），仍不能解决矛盾。是时，法国国家观念至强，既不愿西班牙干涉，培植居兹（Guise）实力，以维持旧教；又憎宗教战争，不能抛弃往昔宗教途径，以故迎亨利四世，改信旧教（1593年），以与西班牙对抗。

亨利四世是军人兼政治家，他握着时代动向，1598年4月13日，颁《南特谕》。这是法国史上大事，开明政策，保证信仰自由，新旧教平等，皆得参预国会，结束百年来由宗教引起的波动，是乃欧洲政治新动向。基于国家利益，不问其信仰，只以民族为前提，由是创立君主集权，权术运用，一切定于终结，公德异于私德。

罗马教廷在改革后，自不愿放弃往昔政治地位，所谴责者，纪律散失，信心动摇，并非政策错误，干预政治。但是宗教改革本质，实民族运动。英国亨利八世，自诩守护传统，突然置教会于国家之下②，瓦尔哈姆（Warham）会议，宣布英王为教会领袖，从此宗教斗争，只是国与国之间纠纷的借口，千年来企图统一欧洲的基督教，反变成分裂的因素，可是当时欧洲人，天真地期待一个查理曼或路易九世。

三十年战争（1618—1648年）并非突然的，这是民族斗争，均势建立，以宗教为口实，即是说宗教的决斗，深藏着可怖的政治野心。西班牙世界主义，引起新教国家反抗，英国为代表；同时法国

---

① Philippe Ⅱ（1556—1598年）在位四十二年，足迹未出西班牙，领土广大：荷、比、意大利南北两端，海外领地哈斯堡系统。
② 亨利八世（1491—1547年）以婚姻问题，与教廷冲突，威尼斯大使说："英人生活与信仰完全以君主定，绝对绝从，并非由于义务，而是由于恐惧，假如领袖相信回教与犹太教，他们必然跟着去相信。"

惧西奥包围，黎塞留（Richelieu）力主干预德国事件。方华伦斯坦因（Wallenstein）压碎新教同盟，达至波罗的海，法国与瑞典结约（1631年），古斯塔夫（Gustave Adolphe）以惊人才智，迭奏奇功，摧翻帝王所获战绩，挽救德国的生命。但吕岑（Luzern）一役，古斯塔夫死，宛若北方丧失流星，法惧西班牙再起，黎塞留布置大的联盟，以破坏反宗教改革企图，不与小国为难，专心击破西奥团结。《威斯特伐利亚条约》缔结（1648年），除宗教平等外，法国取得东北部利益，推进自然边界，德国沦为法之保护国。德国有民族意识，无民族政治，法奥争霸，以德国为斗争场所，毁其道德与知识，破其生产与经济。它的复兴，须向后移两百年，这是路德没有想到的。

第九编　欧洲集权：旧制度

三十年战争，结束古老的欧洲，它摧毁了封建制度，也摧毁了基督教的企图，从此后，国家代替教会，君主代替教皇，建立所谓"典范系统"。

　　大陆欧洲，树立均势，法国得天独厚，承路易十一与亨利四世的传统，经黎塞留势力，如众星拱卫，缔造路易十四大时代，即政教合一，以民族与文化为基调，追逐"秩序"与"光荣"。一方面完成查理曼之努力，他方面启近代政治的波动，即17世纪之欧洲，本质已变，"群众"争取政治，在英德两国境内，为势尤烈。

　　欧洲自觉，实古希腊罗马思想，复活于英德两民族心中，形成一种个人主义，个人主义实权利与义务的根源，英德以地理环境故，遂构成不同的发展。德国经宗教战争后，陷于绝境，瑞典与俄争夺波罗的海，奥土冲突于巴尔干，自身无中心可依，交织于帝王与诸侯阴谋之间，普鲁士者，发奋图强，模仿法国，志虽雄壮，羽毛未丰，倘俄法未有土耳其之矛盾，即普鲁士立即变为波兰，虽有费希特，也无法起死回生。

　　不列颠即反是，它受海保护，不违传统，接受海上任务。它有独特"海"的观念，与葡、西、荷、法完全不同。后者视海为陆，必争航线与港湾，即视海为私有，属于国家的财富。英人训练海员，建造船舰，不在空间的占有，而在航行的无阻，以故他能渡过革命的危机，击退联合的舰队。法国原来平衡欧洲的任务，渐移在英人的手中。七年战争，便是英国内外合一的成熟，它以此力将应付拿破仑。

　　路易十四晚年，"秩序"变为"专制"，"光荣"近乎"戏剧"，要做欧洲的统治者，却抛弃裁判者的任务，集权一身，自戕其身。所以，那时贵族，教会信赖武力，不肯放弃特权，而在民族与人权思想发展时，法之布尔奔（Bourbons）、奥之哈斯堡、普之荷亨曹隆、俄之罗曼纳夫、土之奥斯曼，竞相争夺，各为自己利益。结果所引起者为"革命"。革命非反对集权，乃反对此权隶于一人一家之手。旧制度由封建时代蜕变而成，倘若以法国革命，摧毁旧制度，即将蒙蔽现实。无解以后欧洲之帝国侵略也。

是时，势力成为立国至高目的。策动史事者，由宗教纠纷，演为经济争夺。富强之道，便在坚甲利兵；实用与技术，系立国必备条件。此种训练，必以民众为后盾。国王视人民为产业，人民随思想演进，起而斗争，继美国独立，法国革命的产生，实路易十四使然。

第一章
英国改革

17世纪的英国，并非保守的。将近短促的五十年间，有过两次革命，两次内战，一王处死刑，一王被逐走，政体改革，军事独裁，这些事件，在当时至为新奇，影响至巨，促成法国革命。为此，英人外形的迟滞，类似保守，实际内在实力，知有所不为，不断演进。

1603年，都铎王朝（Tudors）无嗣，迎詹姆士（James Stuart）为王，这个含有滑稽性的君王，不敢正视出鞘的剑，却要树立神权政治。旧教因此欲有所为，却以"炸药事件"[①]，使旧教失势，至1829年始恢复。詹姆士亦不能与清教徒合作，自1620年后，集队至北美，奠立殖民地基础。

查理一世立（1625年），受法国影响，趋专制途路，洛德（Land）与斯特拉福（Strafford），相依为奸。于十一年间（1629—1640年），英人不堪专制，向美移居者两万人，此皆国之精英，革命必然接踵而至。

英国国会有民权宣言，非得国会同意不得支配人民财产。从1642年后，内战已起，克伦威尔率劲军，马尔顿（Marston-Moor）之捷，

---

① 1605年，国会地窖中，藏有几桶炸药，当发现后，新教徒起恐怖。

奠定胜利基础，查理不明所处环境，且有双重人格，仍欲恢复专制，结果被判处死刑。其罪为"国家敌人"。英国宣布共和，废除专制，这是历史上大事，其早于法国革命者将近一百五十年。

1660 年，迎查理二世，他善于应付环境，与路易十四结约，取得财富，以度豪华生活。是时荷兰海军称霸，发动海战，英舰失利，拜碧说："方吾英舰被焚之时，国王正与贾士脱曼（Lady Castlemaine）晚膳，欢声笑语，共窘一可怜之蛾。"继而法军侵入荷兰，荷人决堤抵抗，查理二世又与荷兰，瑞典结约，以阻止法国势力的膨胀。

1685 年，詹姆士二世继立，新教的英国，拥有一旧教的国王，与民相龃龉。1688 年，生加来太子（Prince de Galles）[①]，英人绝望，不得不借荷兰实力，王婿威廉莅英，革命成功。国会代表人民的意志，政府不能与民愿相违。即国王如施行政策，须有国会同意。1689 年，威廉及其妻接受国家至上原则，与臣民协定，守护信约。英国走向代议制，根绝政治与宗教纠纷，开繁荣的道路。[②]

自 1695 年后，人民授权内阁，创立新制度，是乃历史上新事件。国王临御而不统治，即政治上责任，由国会与首相负之。国会有立法与课税之权，须国王批准，方能实现。国会由党组织内阁，由王委首相，推选同僚，首相以内阁名义出席国会，内阁以首相名名之。共同进退，得国会信任。内阁可求国王解散国会，新国会不信任现内阁，内阁必须辞去，因选民意志高于一切。

英国政治进步，以人民实利为皈依，不囿于成见，不泥于新奇，所以它能改善人民生活，使工商业发展，形成"产业革命"。这是敏

---

① 詹姆士生二女，长玛丽与威廉奥伦治结婚，次安娜与乔治（丹麦）婚，至 1688 年 6 月 21 日，其第二夫人生一子，即加来太子，其母为旧教，英人惧，迎荷兰威廉为王。
② 重要信约：
　　国王未得国会同意，废止法律为非法。
　　未得国会同意，不得增加赋税。
　　和平时代，未得国会同意不得创立军队。
　　不得干涉国会选举议员与言论自由。

感的法国人不能望其项背的。此时英国与荷兰团结，形成欧洲强力。其文化亦迅速成熟，莎士比亚之后，继之而起者，有洛克、贝尔克莱（Berkeley）、休谟、吉朋、亚当·斯密、斯格特，这些人创造了许多新精神，诚如在《仲夏夜之梦》中，所演的《暴风雨》。

第二章
路易十四

自路易十一以后，法国已走上集权与专制的道路，民族主义披着新教外衣发展时，法国有黎塞留、马萨林等努力，击破哈斯堡统一欧洲野心，造成法国优势。是时，欧洲自觉，法人于艺术与知识，登峰造极，形成典范时代，成为文化的中心，无论在哪一方面，法国成为安定欧洲主要的力量，它的动向，异常重要的。

路易十四幼年，由于两次"弗仑德"（Fronde）内乱[①]，心灵起变化，即须有自主的实力，始能行其所为。弗仑德内乱，乃贵族反集权的战争，其时贵族渐感势去，要做最后挣扎，不谙时代所趋，只图私人利禄。其结果反加强集权，路易得到臣民的拥护。

路易内心憎恨贵族，憎恨巴黎。贵族与巴黎市民相结，将必为王权致命伤，以故 1661 年 3 月 8 日，他宣布"要执行他首相的任务"，使贵族变为豪华的寄生；他不惜以四千万镑，建立凡尔赛。他所追求者，为如日中天的"光荣"。[②] 光荣那只是强力的别名，对内，彼之命

---

① Fronde 内乱有二次，一为国会的（1649 年），一为贵族的（1650—1652 年）。
② "L'Amour de la Gloire va assurément devant tous les autres dans mon âme."（爱光荣在我灵魂中超过一切。）

令即法令，亦即国家；对外，各邦听从，如星拱卫，彼乃欧洲的统治者，有如格列高利七世，查理五世所为。路易重用科贝尔（Colbert），发展工商业，使财富增加；彼信托卢瓦（Louvois），树立军事基础①，拥有强力，建国建军，都有独特的进展，只是路易误用这种实力，造成了法国的不幸。

路易十四初即位，"到处安静如恒"，反奥企图统一，达到自然边疆，接连发动四次战争②，1681年，取得斯特拉斯堡（Strasbourg）、拉蒂斯邦（Ratisbonne）休战（1684年），为路易权利达到饱和点，那种谨慎的保固政策下，隐藏着一种可怕的侵略，使全欧恐惧。1672年，荷兰决堤，人们在失望中求助海神，保障民族的独立与自由，法国的失败已注定了。

1685年，路易十四下令撤销南特令，即法国仍以旧教为本，排除异端。新教国家视路易所为，将必摧毁信仰自由，一百五十年的奋斗成果，将必毁弃，而与法国无妥协的余地。当时法国新教徒，约五十万，此巨大臣民，将无法律保障，摈绝于国境之外。同时，土耳其威胁解除，奥格斯堡联盟恢复（1686年），虽是一种防卫，却已说出奥德的动向，迨至英人迎威廉为王，英荷团结，卫护海上与宗教利益。路易十四款待逃走的詹姆士二世（1688年），启英人疑惧，于是法国孤立起来，卢瓦说："陛下，如果成语是正确的，单独对全体便是你了。"终于战争又起，经十年奋斗（1688—1697年），缔结《里斯维克（Ryswick）条约》。法国的实力停止了，操纵欧洲权力者移在英人手中。

1700年，西班牙王查理二世逝世。为了帝国完整，决定由安汝公爵（Duc d'Anjou）承继。这是一件极难处理的事件，接受与拒绝同样

---

① 路易十四的军备是经常的，1661年有三十二旅步兵；1672年，增至六十旅；1688年，增至九十八旅；到1701年，增至二百五十旅，在和平时，平均有步兵十二万五千人，骑兵四万七千人。
② 甲，相续权战争（1667—1668年）；乙，荷兰战争（1672—1678年）；丙，与奥斯堡联盟战争（1688—1697年）；丁，西班牙继承战争（1701—1714年）。

发生战争。就法国言，设不独霸欧洲，拒绝强于接受，可是路易十四向他孙儿说："第一个任务，你要做个好西班牙人。你要记得生在法国，维持两国合作，这是唯一的方法，使两国幸福，保障欧洲的和平。"

安汝公爵成为西班牙腓力五世，有一日也许法西两国合并，那欧洲的均势便毁灭了。马尔索洛（Marlborough）与尤金亲王（Prince Eugène）奋力决斗，1713年，签订《乌特来克（Utrecht）和约》，法国外形胜利，实际人财两空，法国毁了海上事业，致使人民苦痛，而真正的得利者是英国。

1715 年，路易十四七十七岁，统治了七十二年。他死后，圣西蒙说人民感到"一种狂欢，感谢上帝的解放"。他最后向继承者说："孩子，你不要像我大兴土木，也不要像我战争，努力减轻人民负担。而我不幸没有做到的。"人之将死，其言也善，假使我们问，谁是旧制度的破坏者，最正确的答复是路易十四。他有稀世的荣光，统治期间名人辈出[①]，但是他的人民却是苦痛的。拉封登（La Fontaine）在《樵夫》中说："生活有何快乐？谁能苦痛如我？妻子、儿女、军队迫我工作，我从来没有自由过……"

---

① 将相：Colbert，Louvois，Condé，Turenne，Luxembourg，Villars，Vaubarn；文人：Molière，Boileau，Racine，La Fontaine，De sevigne，Bossuet，La Bruyère，Pascal，St-Simon，Fénelon，La Roohefoucauld；艺人：Le Brun，Miquard，Girardon，Coysevox，Claude Perrault，Bruant，Mansart，Le Notre，Rigaud，Poussin，Claude Lorraine。

第三章
彼得大帝的改革

蒙古势力退出俄国后，罗曼纳夫掌握政权（1613年），侵略与改革，双方并进。形成欧洲的强力，使这个"欧亚"的国家，走上欧洲的道路，有三百年之久，欧洲史事都与它有密切的关系。

艾利克斯（Alexis）时代（1645—1676年），俄国即向西推进，从瑞典与波兰身上，扩张实力。瑞典强，不便侵入立沃尼亚（Livonie），但波兰有叛乱，乌克兰却为俄国取得。这是1667年事件，两年后，马特维夫（Artamon Matveyev）改革，确定欧化。

1689年，彼得大帝推翻其姊苏菲亚，执行政权，因他结识瑞士人洛弗（Lefort）、爱哥斯人高尔敦（Gordon），深感到俄国必须欧化，对内反传统的宗教与习俗，对外，须摧毁瑞典、波兰与土耳其的障碍，使俄罗斯与欧洲强国结而为一，诚如他说"开窗政策"。由他，俄罗斯成为欧亚的桥梁。

彼得大帝有很好的身体，晶明的聪慧含有蛮性，有计划，有忍耐。在不停止动中，他可以静赏曼德农夫人（Mme de Maintenon）[①]的

[①] 1717年，大彼得至巴黎，欲晋谒路易十四宠人曼德农夫人，圣西门与Mme de Louvigny皆有记述，最可靠的是曼德农自述："……他的访问很短……他曾接门帐幕看我，你想他可满足了。"见《曼德农夫人回忆录》第三卷。

美，盘算如何支配路易十四；也可在刑房中，用铁鞭击毙他的儿子。①机智、忿怒、大胆，他有蒙古人的性格，拜占庭的头脑，以故他所眷恋者，不肯放手。

彼得改革最成功处，是新式军队，其他都是外形的。外形亦很重要，对那些服从与无知的民众，只有用形式宣传。剃须、着西装、放浪的使刺激满足，道德混乱是必然的，但是没有关系，只要能从外获得土地，声威远播，那便够了。1695年，彼得攻顿河口要塞阿佐夫（Azov），土人失败，彼得加强信念，维新途路是正确的。

彼得幻梦，要建立俄国为海军国家，由是与瑞典冲突。瑞典王查理十二，年幼英勇，挫败俄军于纳尔瓦（Narva）。是时，查理不直入俄境，反卷于波兰问题内，彼得坚忍，重整军队，于1709年取得波尔达瓦（Poltava）胜利。②彼得声威远播，瑞典沦为北欧次要的国家。查理遁入土境，使土宣战，俄军失利，退还阿佐夫（1711年），可是东北欧问题，俄国成为主角。

彼得改革，使俄国社会趋向极端，工业化提高实业阶级地位，在那些旧贵族群中，又增加新贵族，随着17世纪潮流，贫穷阶级与统治者相去更远，不能融洽，结果俄国的问题，基本是社会问题而不是政治问题。便是说政治受社会问题支配，所争者不是自由，而是如何维持生命。为此，俄国的措施，不在合法与否，而在有无效果。此果所系，乃是阶层利益的夺获，支持彼得改革是那接受欧化的服役民众，与其他人民分离，形成一种特殊阶级。这要在三百年后，始见它的作用，便是说要用欧洲人的技巧，实现拜占庭的理想，完成蒙古帝国的事业，科学、宗教与侵略混而为一，这不是新的，而是一种蛮力的复活。秘密裁判所，便是最有效的武器，在1698年彼得创立，最主要

---

① 关于艾利克斯之死，有许多传说，按刑房记录，1718年6月14、19、24、26日共四日审判，每次甚长，用刑很残酷。见Waliszewski所著《彼得大帝传》。
② 在决战时，彼得大帝向士兵说："时候到了，祖国的命运要决定了。你们不要想是为彼得作战，不是，是为帝国！……彼得准备为祖国牺牲。"Rembrandt，俄国史。

的牺牲者是他儿子艾利克斯（Tsarévitch Alexis）。

俄罗斯兴起，就欧洲历史言，是一种离心力。欧洲的发展，从此后与俄罗斯有深切关系。它在欧洲大陆的地位，等于英国在海上，此巴尔干问题成了欧洲的烦恼，没有人可以放弃。

第四章
中欧局势与普鲁士兴起

从 16 世纪起,法奥斗争,谁也不能独霸欧洲。到查理六世时,为了女儿玛丽德莱莎继承问题,18 世纪引起欧洲的变化:即法国势力的衰弱,使旧制度趋于崩溃;奥斯曼进展停止,普鲁士兴起,使中欧与东欧起新变化,大不列颠向海外发展,成为平衡欧洲有力的因素,同时也掠获广大的殖民地。法国大革命以前,英法战争有五次,相距时间未及百年[①],这说明欧洲旧时代已去,革命必然降临。

卡伦堡(Kahlenberg)战争(1683 年),奥斯曼武力腐化,"驱逐奥斯曼"的口号,遍及中欧,终于收复匈牙利。这在欧洲史中,第一次启露出"东进政策",日耳曼与斯拉夫的争夺,已不可避免。波兰原不可一世,然以贵族不放弃利益,国王不能控制,结果走向将不能自主的途路。俄罗斯、普鲁士、东西夹击,南与奥斯曼冲突,继而奥国代之,波兰为旧教,环之者为正教、新教与回教,其唯一希望系于法,以法波相结,可以制普奥,但是到法国实力衰弱时,波兰变为俎

---

① 甲,奥斯堡战争(1689—1697 年);乙,西班牙继承战争(1702—1713 年);丙,奥地利继承战争(1740—1748 年);丁,七年战争(1756—1763 年);戊,美洲独立战争(1776—1783 年)。

上之肉，此俄普奥瓜分波兰（1722—1795年），用会议方式灭人之国，其凶残不可思议。斯拉夫专制的恐怖，使每个国家不得不考虑：用何种方式迎纳此暴力，这样维持奥斯曼帝国完整，成为必要的策略。

《威斯特伐利亚条约》后，诸侯领导德国，路易十四推行政策，俄罗斯兴起，使普鲁士感到它的任务，放弃传统政策，树立统一的基础。这完全是腓特烈一世（Frederic William Ⅰ）用意志创造成功的。普鲁士临波罗的海，东西受敌，在俄法压力之下，他要"废止特权"，"用自己的钱养自己的兵"，不要寄食，实行国库主义，到1740年，普鲁士已立下稳固军事的基础①，这是古斯巴达的复活，"不为人灭亡，便为人模仿"。

腓特烈二世（1712—1786年）继位，首即向玛丽德莱莎挑战，兵进西里西亚（Silesia），须有所获始承认继承奥室权利。七年战争起，与英同盟，证明普鲁士为强国，英国在印度与加拿大获得不可估计的利益；普鲁士却成为日耳曼民族的领导，与奥国对峙，构成南北的分裂，所谓德国未统一前的二元政治。此时，俄国从东侵入，奥普不能联合，结果产生了波兰分赃的事件，在此"可耻的事件"上，俄仍居领导地位。

普鲁士成为日耳曼民族的中心，伏尔德信札集中，保存着腓特烈二世的名句"这是改变旧日政治体系的时候"，他以开明策略，获取信任，这时候，普鲁士成了大日耳曼的支持者，在民族主义上，表现一种新感觉。

经四十六年统治，普鲁士由十二万方公里扩张到二十万平方公里，军队由八万增至十八万，它的财富、声誉、文化与英法平等。虽然拿破仑卷起狂风，普鲁士有如香草，在艺术与科学上，放出强烈的芬芳，所谓"狂飙与突进"（Sturm und Drang）。不久德意志同盟代替了神圣罗马日耳曼帝国。

---

① 到1740年，普军队由四万五千人增至八万三千人，凡生于普鲁士者都有兵役义务。

第五章
殖民地与美国独立

　　世界逐渐扩大，欧洲滨海国家，承袭古地中海传统，葡、西、荷、英、法向外发展，夺取市场，掠获财富，视为是一种专利，先后创立公司，政府委托私人经营；其著者有：荷人设立"印度公司"（1602年）；英人设"北美公司"、"麻萨诸塞公司"（Massachusset Bay Company）、"哈得逊公司"（Hudson Bay company）；法人创立"东印度公司"（1604年），"西印度公司"（1626年）、"美洲群岛公司"[①]……欧洲国家向海外发展，无形中构成欧洲的扩大。

　　殖民地发展，须以国力为后盾，始能控制海上利益。是时，法国困于欧洲大陆，路易十四战争，不能维持强大舰队；继任者，多鄙视异域；而英国彼得大臣（William Pitt）[②]，知殖民地的重要，必须与工商业求一出路，集全国力量，与法国决斗，结果于1763年《巴黎条约》，法国放弃加拿大与印度。英国成为海上的霸权，这是古代腓尼

---

① 此外，尚有：St. Christopher and Barbadoes Company，Café verde Company；Guinea Company，White cape Company，Orient and Madagascar Company，Northern，Levant Company，Senegal Company.
② 系 Madras 总督 Thomas Pitt 之子。

基、希腊、迦太基的复活。

英国繁荣，自是当然的，试举几种数字，便知当时经济变化。1700年，英国出口货物数为三十一万七千吨；到 1781 年增至七十一万一千吨。迨至 1800 年，增至一百九十二万四千吨。1715 年，英国进口货总值，约四百万至六百万镑；至 1800 年，增至四千一百八十七万七千镑。法国亦然，1716 年出口货物总值为一千五百万法郎，至 1787 年，增至一亿五千二百万法郎。

七年战争便是美洲独立的原因。英国军费庞大，欲从殖民地榨取，但是，英国民族非常实利，"无代表的纳税是苛政"，于是 1765 年所提出之印花税，遭激烈反抗，次年 3 月 18 日宣布废止。从此，美洲人士，知团结拒抗，始能解脱英之剥夺。法国思想发展，倡导人权与自由，又忌英扩张，欲毁海上英人势力，1773 年，波士顿反抗茶税，投三百四十二箱茶于海中，美洲独立战争逐起。

1776 年，杰斐逊（Jefferson）领导，宣布美洲独立，"These united states are，and have the right to be，free and independent"，美洲合众国由是降生。华盛顿领导，得法国赞助①，终于获得自由，这是第一个海外的欧洲国家。1783 年 9 月 3 日，签订《巴黎条约》，英国承认美国的独立。

但是法国大革命又加速了一步。哲人们所言的新政治，不是幻想而是一种现实。

---

① 法国在未正式参加前，由 Beaumarchais 主持商务，接济大炮二百门，帐四千顶，制服三万套，二百万现金，完全是政府借私人机关，从 1776 年便开始。

第十编 新欧洲：均势建立

法国革命并非突然爆发的。自三十年战争结束以后，欧洲走向君主集权，此权当属何人，论议纷纷。王受命于天，臣民服从；私人自由无保障，仅少数贵族为所欲为。如审检制，非法逮捕。教会与政治有密切关系，虽然两者本质不同，但是，"要达到攻击国家制度的目的，必先破坏为其基础的教会制度"①。这便是说，宗教改革后所发生的作用：个人主义，实为强有力的革命的推动。

基于民族的思想，以求国家统一，形成集权。此权操于人民，不受任何传统（反宗教与反君主的）外力（反帝国与反资本的）支配。于是欧洲自身产生许多问题：每个国家如何从不自由中争取自由？既得自由又如何保障？既有保障又如何去扩大，使自己的人民丰衣足食，变为地上的乐园？一切是进步的，在此过程中，弱肉强食，须有组织，始有效率。组织物的功能，使技术进步；组织人的结果，每个人须有政治的意识。两者都是实用的，结果精神为物质控制，个体为团体毁灭，从法国革命起，欧洲历史便踏上这条奇险的途路，如鹏怒飞，不知止于何方。

但是，这种动向，遭遇两种困难：欧洲有其历史遗传，它用革命剧烈方法，仅能毁其表面，不能戕其本质；次之，欧洲是世界的一部分，不能孤立，于是，欧洲的纠纷与矛盾，扩大到世界。那种海陆的对峙，政治与经济的恐怖，波及全世界。欧洲财富增加，文物进步，可是欧洲历史的动荡更为剧烈。这是新欧洲地中海与大陆寻求平衡，欧洲与世界的冲突；寻求生的均势，产生许多的革命。

---

① Tocqueville, *L'ancien Régime et la Révolution*, 1856.

第一章
法国革命

欧洲历史没有比法国革命更重要的。它的重要性不在于改变政府的形式,而是在每个人意识中,因革命引起了对人生与社会种种新的认识,即是说文艺复兴后孕育成的批评精神。哲人推崇理性,《民约论》刊于1762年,英国政治开明、中国六部组织、美国独立,刺激起法人解放的情绪,而财政危机便成了革命的导火线。大革命前,收支不平衡已成一种惯例,美国革命,耗费法国五万万法郎,唯一办法,即举债弥补。至1787年,收支相差一亿九千八百万法郎。到革命发动时,国库存款不及五十万,甚至无法应付最急迫的需要。

一切不幸,来自特权阶级的顽固,不肯放弃权利,而要利用政府弱点,加以支配。1789年召开三级会议,贵族与教士联合,抗拒平民。平民脱离,自行开"国民会议"与特权阶级冲突。巴黎袒护平民,国王让步,但是国王有武力可以解散。反政府渐次扩大,巴黎灾民攻巴士底狱(Bastille),瞬息焚毁,人民舞于废墟上,路易十六俯就民意,拉法夷(La Fayette)为领袖。

自是而后,法国政府瓦解,秩序混乱,农人起,反抗地主,各地响应。8月4日夜,国民会议合组委员会,草法案维持国内安宁,结束封建制度的赓续，旧制度灭亡①。立宪会议成立，十月发表《人权宣言》，开新政治，主权在民，实行制宪，1791年公布，国王宣誓遵守，依三权分立学理，中央与地方，势力悬殊，几至无政府状态。1793年，卢梭门徒建立"国民会议"，巴黎饥荒，妇女徒步至凡尔赛，迫王与后返巴黎，以期解决，王与后立刻发现被监视，形如俘虏。

法国革命虽受英国革命刺激，却与英国革命不同。法国革命乃在追求一种理想，取宗教运动形式，宪法中所列之人权，乃人人之权利。英国则反是，其所求者仅不列颠民众，并不要求普遍化。欧洲各国，恐法国革命蔓延，摧毁皇室，奥皇为法后之兄，举兵入法，法人怒创《马赛曲》，于1792年9月20日取瓦拉米（Valmy）胜利，共和成立。法王偕后欲逃，被捕，次年正月，路易十六上断头台，法后随之。战争蔓延，全欧除瑞士、丹麦与威尼斯外，无不与法国作战。

共和成立，政权落于激进者手中，海碧（Hébert）、丹东（Danton）、罗伯斯庇尔（Robespierre）领导，入恐怖时代。巴黎成为死城，互相攻击，罗氏握实权后，恐怖达到顶点。1794年6月10日至7月27日，七星期内死一千三百七十六人。这对法国激起国际的反感。

从1795年至1813年，拿破仑统治了欧洲。

拿破仑有许多神话，聪明有决断，并且有丰富的想象，他有缺点，却具有一种特殊的"魔力"，他人不知所以地追逐他。司汤达（Stendhal）叙述一个女子对他的印象："拿破仑是她平生遇到的最瘦与最古怪的人，散发垂肩，视线含有种阴暗，与发不相称。他是一个有趣味者，却引起反感：在傍晚的林中，不愿碰着他的。……好说话，充满热情，脸上表现出幽暗的沉静。不像是个武人。"这是一个行动的浪漫主义者，别人要叙述，他却要生活，他有高贵的智慧，如对教育的设施，法典的创立，文艺的保护，接受革命的遗

---

① 旧制度特点有三：（一）国王握全权，为专制元首；（二）国民有阶级，权利不平等；（三）政府任意处理庶政。

产，处处有独特的成就。只是他要做"西方的天神"①，他忘掉西方强有力的民族思想，忽视了海上，英俄两国，东西夹击如现今纳粹所遭遇者。

意大利胜利后（1797年），次年攻埃及，成金字塔的霸王，纳尔逊败法海军于亚布克尔（Aboukir），被围困。1799年，返法，任督理政府，制宪法，以3,011,007对1,562票通过。他成为时代人物，私愿不足，渐次为专制元首。1804年，加冕巴黎圣母大堂。他是天真的守旧者，以为古代复活，王政建立，只不过家族更换耳。拿氏憎英，1805年攻之，忍耐的纳尔逊毁法军于脱拉法加（Trafalgar），救出英国。次年转攻德，取耶拿胜利，神圣罗马日耳曼帝国灭亡，再过七十年德意志帝国取而代之。1812年，拿氏率十二军侵俄，内有六军系意、德、波、普人。既入莫斯科，天寒无法作战，同盟者弃法，法军溃退。英俄普奥联合抵抗，声言"非反法兰西，乃反对拿氏于法帝国外之统治"，即1793年法之民族战争，今为其对敌采用，以拒抗法国。1814年3月13日，联军陷巴黎，拿破仑退位，退居埃尔巴（Elba）岛。

拿破仑停居在岛上，筑路种树，虽说："这是退休岛，此后，我要做和平的裁判者，皇帝死了。我还算得什么？"他深心却禁不住寂寞。他晓得法人不爱路易十八，他也明白维也纳会议对他不利。便是"在和平，正义、均势与赔款声中"，于1815年3月1日抵法境，只有七百人，两纸宣言，向法国人民说："我回来了！"3月20日到巴黎。

英俄普奥在结盟抗法："拿氏为破坏世界的公敌，同盟国要协力剿灭之。"威灵顿任总司令，布吕希（Blücher）率军攻击，败拿氏于滑铁卢。放之圣赫勒拿岛，于1821年5月5日逝世。移约翰逊咏查理十二诗，为拿氏墓铭：

---

① 拿氏言："欧洲应有一帝王出，各国君王为其官吏，否则永无和平之日。"

其事业在海外战争,
他有使人变色的威名,
法律由他规定,
他的遗迹在诗歌中找寻。

第二章
法国与意大利统一

欧洲国家形成，实始于拿破仑，他是旧时代的破坏者。从维也纳会议以后，梅特涅（Metternich）竭全力摧毁新思潮，他眷恋革命前的旧时代，同时他怕民族主义发展，匈牙利、德意志、波兰将各自独立。因而，俄皇亚历山大一世发动神圣同盟后，奥普赞助，借"和平"与"均势"，俄国向西南发展，侵奥斯曼帝国。于是，拿破仑的梦移在克里姆林宫，民族与宪法成了危险的思想。梅特涅自1623年，利用此同盟与潮流对抗，终1848年奥国革命，所造系统瓦解。

时代不同了，德国经过拿破仑扫荡后，由三百六十个单位，变为三十九个小国，趋向统一的道路；在奥斯曼帝国内，希腊为独立斗争（1821—1829年），英俄法出而干涉，保证希腊独立；比利时不愿为荷统治，起而奋斗，由《伦敦条约》（1839年）保证比利时为永久中立国。法国自身仍在革命演进中，1830年七月革命，查理十世退位，举路易·菲利普（Louis Philippe），承认主权在民，然皇党未根绝，产生二月革命，退二次共和，举路易拿破仑为总统，1852年，经上院拥护，帝国恢复，是为拿破仑三世，1870年败于普，次年建第三次共和。法国文化较为统一与悠久，经此巨变，一方面建设帝国，与欧洲列强争雄；另一方面倡导政治思想，始于全民，树立人类政治生活的楷模，个别与集权，强力与公理形成一种矛盾。美国独立，希腊独立，比利时独立，意大利统一，都受到法国的赞助，它是海陆欧洲的连接线，古代文化的综合。

拿破仑在意大利的行动，摧毁旧日组织；民族思想，日益扩张。从那分裂的局面，由西班牙、奥地利教皇统治下，力谋解放，构成统一交点者，为西北部彼耶梦撒丁王室。

由于罗马教廷普遍的思想，由于地中海城邦市府的遗传，意大利交织在欧洲问题内，成为强力角逐场所，变成了一个牺牲品，这种错误不完全是意大利人低能与堕落，而是历史遗传使然，政治失掉积极作用。

从拿破仑失败后，意大利民众发生政治运动，初尚无统一目标，只觉着意大利不能忍受奥国割裂，须反抗。马志尼与撒丁王信，请其领导发动反奥国的运动。马志尼年仅二十六岁，组成"少年意大利"，这是浪漫主义时代，热情，有理想，狂烈地追逐人类幸福的梦。他的影响很大："爱你们的故乡，上帝赐予你们的土地……"教皇庇护九世（Pius IX）即位，政治开明，赞助群众所趋，于是奥国在梅特涅反动下，发兵攻伏拉哈（Ferrara）。撒丁王请教皇协助，加里波得自意南出兵，加富尔主编"*Il Risorgimento*"，成为最有力的宣传，教皇不许奥人经其地，那不勒斯动乱，1848年两西西里王国，发动反革命，结果退位。北意大利响应，米兰被围攻，奥国卷土重来，独立运动失败。究其原因，乃在意大利内部不能合作，亦建立中心，而将实力分散，但是意大利统一，又近一步，因撒丁王室拒抗奥室，成为意大利革命者逋逃地，也成为爱国者梦的寄托。

加富尔是一个现实的政治家，他拥护撒丁王室，推进意大利统一。当时流行的口号是："独立、统一撒丁王室"。他争取欧洲的同情，特别是法国，因为法国是革命的发祥地，而又是奥皇室仇视者。他知道拿破仑三世的同情意大利统一运动，1858年，加富尔秘密会见法王，得到法王军队赞助，撒丁王朝取得马进答与索非利纳（Solferino）胜利。奥国退出伦巴多以外。1860年，加里波的率1067人，取西西里岛，继至那不勒斯，以埃曼纽（Victor Emmanuel）名义统治、方准备进攻教皇国，加富尔谨慎，阻其进行。1861年3月17日撒丁王更为意大利国王，除罗马与威尼斯外，意大利统一告成。加富尔深知罗马重要，临死时（1861年）说："没有罗马，意大利统一是不坚固的。"

1866年，普奥战争起，意大利助普，取得威尼斯，又得力于拿破仑三世的援助，固奥国不肯直接与意，而拿破仑转予。当教廷感到独立受威胁，法国驻兵，加里波的欲以武力取得，碍于法国，不能如愿。1870年，普法战争起，法撤兵，意大利武力进攻，教皇庇护九世不与妥协，自视为暴力俘虏，支配欧洲的教廷，从此停止，迨至1929年，拉特兰（Latran）条约立，梵蒂冈教廷始恢复。

意大利统一是时代的产物。它的内部尚未健全起来，政治不能与人民配合。它的统一是外形的。罗马不是一天造成的，国家的统一也如是。

第三章
德意志统一

拿破仑是民族主义的支持者，耶拿战役，德国放弃旧路，开创民族的自觉，这是路德宗教改革后的产果。只交付普鲁士执行而已。哲人费希特时四十三岁（1807年），大声疾呼："我所言者，唯德意志人而已，不问其为何种何类何党之人……"又三年，吕登应歌德之聘，至耶拿大学讲德国史："我的精神与心灵最大部分放在德国废墟之下，只有把一件事放在人民与祖国身上。"一群大学生，感于时势所趋，名人辈出[①]，终于获得滑铁卢胜利。

新局势创造了德国，1815年德意志同盟代替了神圣罗马帝国，但是两者性质不同：支持德意志同盟的神髓是民族主义，其方法是经济的；而神圣罗马帝国，却含有基督教世界观念，其方法是伦理的。因此，德国历史所趋，首在寻找它的"祖国"，何处是德意志？凡是说德语的地方便是它的边界，这样要在散漫与矛盾中，德意志民众要创造他们的国家。

经济统一为政治统一的前驱，普鲁士领导，创设关税同盟，这与

---

① 如 Klopstock, Kant, Goethe, Schelling, Stein, Hardenberg, Niebur, Eichhorn, Blüchev, Scharnhorst, Gneisenau, Clausewitz, Fichette。

德意志无特殊关系，因为每个会员国不损它的主权，期满可以宣告废止，决议不经本国同意，不生拘束力，但是因为欧洲在强力演变中，经济扩大范围，自成为政治统一的因素，至 1834 年，除汉堡、不来梅、吕拜克外，余皆加入关税同盟。这时候，德国虽在分裂中，却走上统一的道路，一方面交通与工商业建设，争夺经济独立；他方面树立官吏阶级，不受政潮影响，这种局面，演进至 1848 年，梅特涅下野，俾斯麦开始他的工作。

普鲁士重整武力，含有几分蛮性，形成军国主义，以一邦降伏他邦，完全为了民族的利益。民族不是生物的，而是心理与政治的，它处在流动的环境中，东西夹击，普鲁士要用人力，创造成固定的力量，这不只是统一的方法，而是一种生活。① 为此，俾斯麦与自由主义为敌，他着手便看到：第一要有军事的胜利，始能于群邦中取得信威；第二要防止俄奥与俄法协定成功，处在孤立的地位。

1861 年威廉为普王，着手改编军队，自四万增至七万，后备军役为四年，有事立即召集四十万人，自己养此庞大数目，不举外债。1864 年至 1870 年，连获普丹、普奥与普法三次胜利，拿破仑三世为俘虏，1871 年威廉在凡尔赛为日耳曼皇帝，路易十四所取之亚尔沙斯、洛林两省，今复为德国取回，从此，德国为世界强国，它的问题不只是欧洲的，而且是世界的。

只是德国统一，并无基础，俾斯麦以其英智，以武力为后盾，创立国家，自使人戒惧，然而法国念念不忘，两年后（1872 年）法国发行五十亿公债，应者超过十四倍。俾斯麦惧，欲以外交维护得到的利益与地位。1888 年，威廉二世即位，欲独揽大权，两年后使铁血首相退职，德国承袭工业发展，向外开拓，追逐一种幻觉，产生 1914 年战争。德国的历史又起一次巨变。

---

① N.Henderson："具着高度发展牧人本能的德国人，到他穿了制服，步伐整齐向前进，成队齐声唱歌，那是十分幸福的。"

第四章
奥斯曼与欧洲

欧洲意识觉醒后，均势运动成为主潮，法学者格劳修斯（Hugo Grotius）刊行"战争与和平法律"（*De jure Belli et Pacis*，1625年），主张国与国之关系，亦犹人与人之关系，处理国际问题者，悉准是以行，后之学者视此为国际公法滥觞。唯土耳其在欧发展，以民族、宗教与文化问题故，欧人采取一种敌视，不与国际公法的保护。

巴尔干问题，始于1699年，匈牙利独立，奥国东进；俄取阿佐夫，启南下野心，黑海成为争夺目标，托宗教与民族口号，以求利益增长，于是有大斯拉夫与大日耳曼的冲突；到1763年，英法冲突告终，英取印度，于是奥斯曼帝国问题，变得更为复杂。英人不愿俄人南下，正犹普奥拒绝俄人西进，当法在大陆孤立时，即联俄拒抗；于此中复杂关系中，求均势安定，可能时夺取一点实利，或加增自己的影响。

奥斯曼政治与军事腐化后，俄罗斯野心勃勃，借保护宗教（亦犹今日借政治思想），使土耳其变为波兰第二。法国革命起，民族问题成为政治上实际问题，到拿破仑事业完结后，土耳其必然瓦解，以其自身无实力，必借外力维持，生存于列强矛盾之间，它已失掉自主，以故塞尔维亚与希腊相继独立。

从 1854 年至 1918 年，因奥斯曼欧洲而发生严重问题者有四次：第一是克里米亚战争，俄皇尼古拉推行大斯拉夫主义，视土为"垂死"病夫，南下进攻，英法联合撒丁王室，保存土耳其，卫护地中海利益，1856 年签《巴黎条约》，黑海变为中立，多瑙河自由航行，英法奥保障领土之完整。

次之，俄未能出黑海，壮志未酬，不能默受。为援助波黑（Bosinia-Herzegovina）二省，拒抗杂税，产生俄土战争（1875—1878 年）。由英之反对，马其顿归土；保加利亚自治；奥匈帝国代管波黑二省；蒙德内哥洛、塞尔维亚与罗马尼亚独立，这种处理，没有顾及民意，使欧洲近东问题更加复杂。

再次，1908 年，土耳其革命起，马其顿问题产生，德国在巴尔干影响突增，斯拉夫主义与日耳曼主义决斗。塞尔维亚向俄，反奥，对波黑二省受奥匈统治，深为不满，至保加利亚独立，战争几起，俄在远东失败，深感武力不足，认此为一种侮辱。少年土耳其兴起，压迫马其顿，巴尔干缔结同盟，思解放马其顿，1912 年 9 月击土军胜利，俄又扩张实力，与奥匈帝国一打击，1913 年 8 月《布加勒斯特（Bucarest）条约》，只说明奥斯曼帝国崩溃。由于外交平衡的牵引，协商与同盟，假技巧维持，偶一失调，必然变为全面的波动，此第一次世界大战，从塞尔维亚发动也。

最后，经四年大战，奥匈瓦解，巴尔干局面依旧，奥斯曼只保存君士坦丁堡了。土在凯末尔领导下复兴，图谋独立自主，俄即自身起革命，暂放弃了旧日政策，但是这块欧亚桥梁，海陆衔接地带，自然环境，历史遗传，又不能建树强力，奥斯曼退出欧洲后，苏联必取而代之。但是北部日耳曼冲突，南部与英吉利冲突，法国以时势演变，决其取予。土耳其仍然有支配近东的力量，那便看它自身如何了。

373

第五章
产业革命与机械

欧洲自觉，实欧人思维的成果，放弃了未来，重视现在，将自然当作研究的对象，运用纯理的方法，构成了革命，数学成为一切知识的基础。人再不是神的仆役，也不是自然的俘虏，他采取一种挑逗的态度，将那些"神秘"、"超人"、"无穷"、"奇幻"等概念，加以一种解释，施以一种组织，每个人都要他的意识，要支配宇宙与人生。这不是反宗教或者世界变为天堂，这是人类愚昧与贫乏，生存推动所创的途路。便是在宗教改革狂热的时候，我们看到多少人致力于抽象的数理工作，产生了科学，到科学与工业结合，运用在实际中，机械逐渐应运而生，在自然科学发展时，应用科学亦随之进展，单就英国言，在18世纪末，已有纺纱机、织布机、汽机、制金压薄机、压榨机、制纸机。产业革命生于英国，并非偶然的。

史蒂文森（Stephenson，1803—1859年）创立第一个火车头（1814年），伏尔顿（Fulton，1765—1815年）装置汽船在哈德森河（Hudson R.）航行（1807年），空间缩小，昔之需要十八小时者，今则一小时可达。[①] 到伏特（Volta）、法拉第（Faraday，1791—1857年）创立电

---

① 拿破仑自 Vilna 至巴黎长一千四百公哩，需三百二十小时，今四十八小时已足。

学，电报（1835年）、海底电报（1852年）、电话（1876年）、无线电（1893年），人类思想，迅速传播，一地发生事件，当日便传至全球。1897年，兰莱（Prof. Langley）发明飞行机，1910年已可越阿尔卑斯山，1927年飞渡太平洋，十年后越过北极，人类控制空间，达到快速专精地步，劳力与时间节省许多。

人类不能分割，世界不能分割，为着繁荣，世界建立许多重要的工程，如苏伊士运河（1869年）、巴拿马运河（1881—1914年）、圣高达隧道（1882年）、圣伯伦隧道（1906年）、西伯利亚铁路（1891—1901年）等，都使思想与物质有迅速的交流。它影响到人类生活，非常巨大。

生产机械化，使工厂集中，各部门分工，以期达到巨大的产量，工人问题，劳资纠纷，生产与分配，逐渐成为急切的问题，资本主义演进至高度，社会主义步法国革命后尘，图谋改善劳动者地位，1867年马克思《资本论》出，确定劳动者的信念，将人也如物一样组织起来，划出鸿沟，发动无情的斗争，产生1917年俄国革命。

论至产业革命，威尔斯说："机械革命，为人类经验中新事物，方其进行，初未知后日社会、政治、经济与工业之结果……"一切要组织，要经济，走向进化的大路——达尔文《物种原始》刊于1859年。生存竞争，物竞天择，学理上虽有破绽，西方人的心理上仍然受它支配。

这种辉煌的成就，陷人类于苦闷的地步，人统治自然，同时也脱离自然，人与自然脱离所遭受的苦痛，远超过鱼脱离水一样。那绝对不是人类的毁灭，那是一个新时代的降临，旧路已完了，须有正确的目标，踏上新的途程。

结　论

德奥意三国同盟，英法俄三国协商，外形上维持一种均衡，实质上经济与军事的竞赛，随时有战争的可能。1914年8月，发动第一次世界大战，德国在急切与恐惧之下，利用技术与军事的优越，它要独霸欧洲，走上百年前拿破仑的道路，结果失败，1919年，缔结《凡尔赛条约》。

《凡尔赛条约》是休战，并没有赢得和平，便是说领导和会的英法，只企图惩罚德国及其盟邦，要求再倒退到19世纪帝国的繁荣内。国际联盟虽成立，那只是英法等强国保证分赃的机构，亦无实力执行它的任务，虽然它只有十九年的寿命，签订四千五百六十八种条约，（但最终，）和平毁弃，形成第二次世界大战。

国际联盟的产生是现实的，世界进而为一，联合保证和平，亦犹百年前拿破仑所遗残局，维也纳会议后所产生的神圣同盟是一样的。只是时代不同了，19世纪的民族主义，必然产生资本主义，而20世纪的国际主义，其结果必演进到社会主义。事实上亦如此演进，1917年俄国革命，由列宁领导成功，由斯大林发动五年建设（1928—1932年）；生产、工业、文化与教育都吸收人类知识最后的成就。1922年，墨索里尼创立法西斯，以集体的福利为皈依；到1933年，希特勒在德国取得政权,建立纳粹政治。俄意德三者虽不同,其反资本主义,却是一样的。

在战后巨变中,土耳其意识觉醒,1922 年宣布穆罕默德六世退位,凯末尔领导,新土耳其降生,它夹在俄英德强力间,采取独立自主策略,终能免于浩劫,土耳其的复兴,实欧洲和平的保证。

西欧剧烈的矛盾,反映到远东,致使日本特殊有利的发展,中国受世界潮流激动,1927 年统一告成,使日本侵略政策遭受戒惧。1931 年,便发动"九一八"事件。列强囿于 19 世纪实利观念,不与中国支助,轴心萌芽在列强沃土上成长。1937 年,卢沟桥事变便宣示新时代的降生。中国始终信托国际联盟,因为中国信赖世界整体,结果赢得 1945 年联合国的胜利,世界整体以之加强,而人类历史又向前迈一步。

历史把"希望"留给我们,现在散播未来的种子,因为历史是一种"赓续",任何人都受过去潜力的支配;更因为生活是一种"合作",任何国家,特别是世界倾向一体的今日,绝对不能孤立。没有人能够挽回过去,未来的演变交集在如何避免人类的分割,欧洲历史,其特点不是自然的发展,而是欧人意志的努力,其科学的成就,生活的改进,都有辉煌的成就。空间已不能规范文化的不同,日本近五十年的史事,有类希腊的斯巴达;而美利坚虽为后起之秀,却是一个经济的独裁者——英吉利的扩大。

罗马帝国分裂后,西方政治中心转移,由南向北,止于莱茵河。迨至神圣罗马帝国成立(962 年),欧洲肇生,配合基督教普遍思想,受阿拉伯与蒙古推动,意识觉醒,在内求均势,在外求冲脱自然障碍,其所赖者,不是自然的财富,而是人类智慧的组织,以故对内求平等(政治的与宗教的),对外求掠获(经济的与军事的),以故随自然地理的趋势,开拓美洲与非洲,而地中海经济与文化的重心,自然的移到大西洋了。

德国与苏联,从欧洲史发展言,属于大陆系统,它们的合作在未来是异常重要的。既有"时间"与"空间",任何人力要统治世界是绝对不可能的，现在德国崩溃，苏联独力支撑，就欧洲历史言，有类普法战争后的局面。在两大实力冲击中，寻求合作，我们所处的环境特别困难，亦特别重要。谁能安定他的人民，使之康乐，即谁在未来中可以生存，未来的努力，乃在破除政治、文化、经济种种成见，那有待于优秀者为国家与人类共同的努力。

《欧洲史要义》为作者未刊讲义，撰于1948年。手稿外文部分经比利时鲁汶大学陈宜君、阎安审校。

巴斯加尔传略

第一
巴斯加尔思想发生的历史条件

一

今年是巴斯加尔（1623—1662）逝世的三百周年。世界和平理事会决定纪念他，以表彰他对科学与文化的各种贡献，这是十分有意义的。为了理解这位法国的世界文化名人，我们首先应该了解他思想发生的历史条件。

人们提到法国 17 世纪，总是把笛卡儿与巴斯加尔联系在一起的。他们像两座灯塔，照耀着法国的古典文化，他们同是反封建的，对资本主义初期的发展起了促进的作用。

巴斯加尔的家庭是普通的公务人员，家道小康，没有什么特殊的社会地位。巴斯加尔的天资十分聪慧，意外地早熟，有惊人的成就。十二岁独自发明了几何学上的基本原理；十六岁发表了圆锥截形论，引起全欧洲数学界的重视；二十岁创造成数学计算机，减轻计算工作的辛苦；二十四岁研究真空，验证了多利柴利关于空气压力的假设。他同名数学家伏尔玛长久通讯，奠定了或然计算率的原理。继后与任塞尼派接触，住到乡间皇港修道院，过着极简朴的生活。于 1656

年，因为与耶稣会争论，写出《与乡人之书》，开了普通人议论神学问题的先例，起了反宗教的作用。巴斯加尔一生体弱多病，常在苦痛之中，在 1662 年，年仅三十九岁便与世永别了。在死的前几年，他常好沉思默想，记录下闪光似的片断思想。1670 年，经皇港朋友们的整理，题为《思想集》，出版了这部未完成的作品，树立起法国散文的典范。

巴斯加尔是法国资本主义形成过程中的知识分子。他是一位科学工作者，观察事物，分析现象，一切是从怀疑态度出发的。他重视经验，在那封建意识笼罩的时代，起着进步的作用。但是，他受时代的限制，传统势力的影响，他的思想中有浓厚的唯心因素。

二

巴斯加尔的时代，法国仍是受封建残余势力的统治。可是在城市中，市民阶级开始掌握生产资料，有了资本主义的萌芽，但其发展是十分缓慢的。

17 世纪，法国尚未真正统一，经济却发生了重要的变化。封建行会制度解体后，新兴的企业主们感到发展的困难，要求废除不合理的制度。地方封建割据仍是严重的，各地设立关卡，货物运输十分困难。由洛昂到巴黎距离很近，却征收赋税十五次；由奥尔良到南特，征收到二十八次之多。城市有产者支持君主政治的理由，便是为了扫除封建的障碍。

17 世纪初期，在亨利第四统治的时候，法国已是一个君主集权的国家。当时，国内外的形势对法国是十分有利的。西班牙与奥国，由于长期战争，过度耗费人力与物力，使国家处于衰弱的境地。荷兰与英国向海外扩张，无暇顾及欧洲大陆。法国是一个农业国家，确立君主政权后，执行反贵族统治与封建割据的政策，城市工商业得到发展，法国的国民经济有繁荣的景象。

亨利第四统治的十六年间（1594—1610），积极发展工商业，开始了新经济的动向。法国建立呢绒丝织物工场，实行保护关税政策，奖励农作物，积极向加拿大发展，设立东印度公司，这些经济措施，有利于资本主义的形成。路易十三时代（1610—1643），惠石里继续执行亨利第四的政策，保护工商业的发展，占据加拿大的新法兰西，不断地向海外移民。国王经营带有特权的工场，给企业主们带来很大的利润。路易十四继位（1643—1715），年岁尚幼，政权为马萨朗所掌握，继续执行发展工商业、坚决反对贵族的政策。科尔培掌握财政，为人精明能干，协助搜括黄金，劫夺土地，并允许有产者创设工场，设立商业公司，猛烈地破坏了行会制度。有名的亚眠工场，专织军用布匹，规模宏大，有五千多工人。这时候法国的经济虽不及荷兰与英国进展得快，毫无疑问却是向资本主义过渡了。

三

16世纪末，法国君主政权的加强是政治上的特点。当封建贵族趋于衰亡，资产阶级开始形成的过程中，贵族与市民双方势均力敌，斗争无已，君主制度便是这两种势力妥协的表现。君主制度是封建国家的一种形式。可是17世纪的法国的君主制度，在某种程度上，却起了保护资产阶级初期发展的作用，同时促进了工商业的繁荣，扫清了封建的障碍。惠石里建议路易十三，赐予商业家某些特权，以示优待。法国变为一个强大的国家，伏尔泰以"路易十四"与"17世纪"为同意语是有深刻的含义的。工商业者需要有强大的国家，有力的君主，执行关税保护政策，不使荷兰与英国危害本国工商业的成长。

17世纪君主政权的加强，积极执行反封建贵族的割据，以保护海外的安全，维持国内的治安，这是新兴的工商业者所迫切需要的。惠石里与马萨朗两人在政治上重要的措施，最可称赞的是反贵族的割据。对玛琍皇后、奥尔良的客斯顿、蒙摩朗西公爵、投石党运动等，经过残酷的斗争，始镇压了封建贵族的割据。当时新兴的资产阶级要求有一种合理的社会制度。封建贵族的特权是不平等的，因而也就是不合理的。巴斯加尔反对贵族的特权，他以讽刺的语调说："贵族得到多么多的便宜。十八岁的贵族已成名，受到人的尊重，别人也许到五十岁，始能达到。贵族没有费什么力量已赢了三十年！"君主政治的确立是法国17世纪的要求，其发展形成了君主专政，即路易十四的"朕即国家"。路易十四是一个封建统治者，醉心于富丽的宴乐，豪华的宫殿。事实上他的继承者将为前进的人民所推翻。

<h2 style="text-align:center">四</h2>

君主政治的发展使财政感受到困难，宫廷的开支，军队与外交的需要，每年国家要支付大量的金钱。只有增加捐税，始能弥补财政上的亏空。惠石里执政时期，只人头税一项便增长了四倍①。农民借债纳税，包税者将利息附加在土地上，称为"指定地租"。承包捐税者为官绅与资本家，利润丰厚，任用的许多税吏，真是横征暴敛，欺压人民，其苦痛是十分惨重的。拉封登叙述樵夫时说："生活有什么乐趣呢？谁能像我这样的苦痛？妻子、儿女、军队强迫我工作，我从来没有自由生活过……"②这是当时劳动人民的实况，因而常掀起人民的暴动，反对陷害他们于破产境地的君主政治。

17世纪的前半期，法国各地发生了多次的暴动。1637年，诺曼底农民掀起暴动，杀死税吏。政府看到事态严重，派了四千多军队始镇压下去。1639年，法国各地发生"赤足者"起义，很快传播开，震撼了法国政府，经久始"平定"下来。1648年，巴黎发生投石党运动。议会向国王提出要求，凡增加赋税，事先必须取得议会的同意。

---

① 1610年的人头税平均为1150万里勿尔。到1643年便达到4400万里勿尔。
② 拉封登：《寓言中的樵夫》。

法国议会与英国不同，英国的议会为代议机构，而法国的议会却是法院。法国有产者购买议员位置，形成一种强大的力量，组织军队与国王对抗。他们武装市民，图谋夺取政权。有些地方农民行动起来，响应投石党的运动。

但是，新兴的有产者是软弱的，充分表现出他们的两面性。当他们看到人民行动起来后，又恐惧人民。他们即刻与贵族妥协，反对革命，拥护君主政权。这并不奇怪，因为资产阶级是从封建经济制度内发展起来的。新兴的有产者与贵族虽有矛盾，在拥护君主政权这一点上，却是一致的。正因为如此，17世纪40年代，法国仍有强大的封建残余势力，君主政权又延续了一百四十多年。

法国是一个农业为主的国家，在巴斯加尔少年时期，天灾与瘟疫给人民带来许多苦痛。1636年是灾年，只能下种，却不能收获。1637年，又是特大灾年，一个职员写道："人们吃园子里和田间的杂草。……死牲畜为极珍贵的东西。路上躺着许多垂死的人……有卖人肉者。"也是在1636年，政府军队侵入布尔告尼后发生了瘟疫，居民死亡甚多。经过调查，"只在伏拉西一村内，死亡男女老幼一百六十人，留下的还不到二十人"[①]。路易十四时代，因投石党引起的内战，"在洛昂发生瘟疫，一年内死了一万七千多人"[②]。因为有这些情况，法国的精神动向走上享乐与悲观的道路，给巴斯加尔少年时期留下深刻的印象。

五

17世纪法国的反封建者，有许多主张是空想的，带有宗教的色彩。他们常以宗教家的姿态出现，进行宗教改革运动。任塞尼派的发

---

① 鲁朴奈尔：《十七世纪第戎城市与乡间的居民》。
② 佛伊：《投石党时期的苦难》。

生与发展，反映了群众的愿望，以期有一种较好的社会风尚。这便是巴斯加尔参加任塞尼派的理由，这一活动占据了他的晚年生活。

从 16 世纪起，法国传统的信仰动摇了。1598 年，亨利第四颁布的"南特敕令"，规定天主教为国教，胡格诺派有信仰的自由，这是破天荒的大事，也是长久宗教斗争的结果。

17 世纪初，法国人口有一千五百多万。根据 1626 年的回忆录，法国有一百个教区，一千四百多修道院，一万三千二百多小修道院，六百六十七所女修道院，这些数字是十分惊人的。[①] 教会有广大的土地，大量的财富，却不重视教育，僧侣们几乎都是愚昧无知，过着腐朽的生活。圣西兰为任塞尼派的中坚人物，他曾感慨地说："自从五六百年以来，教会是一片烂泥滩。"[②] 17 世纪初期的群众，对宗教是淡漠的。1618 年，巴都的群众对新旧教都不相信。法国新起的知识分子，感于贵族生活的腐化，僧侣道德的堕落，为了复兴宗教，企图恢复原始的基督教。任塞尼派正是在这样的思想基础上建立起来的。任塞尼派是禁欲思想的发展，其目的在表彰道德生活的伟大，它的理论是与加尔文派相类似的。为此，耶稣会刻薄他们，称之为"加尔文主义的再沸腾"。

17 世纪前半期，任塞尼派在法国的发展，吸引了许多知识分子，巴斯加尔即为其中之一。任塞尼派否认意志自由的理论，含有宿命论的成分。这种宿命论的思想反映出当时企业主们的认识，他们认为工商业上的成功与破产，不决定于个人的能力，而决定于客观的各种情况。否定主观能动性的力量，当然成为机械的宿命论了。

任塞尼派与代表政府的耶稣会处于对立的地位，双方的矛盾是十分尖锐的。1638 年，任塞尼派遭遇到不幸。领导皇港修道院的圣西兰为法国政府逮捕。惠石里说："圣西兰比六支军队还危险。"从此开始了对任塞尼派的压迫，一直延续了七十多年。

---

① 阿维奈尔：《惠石里与君主专制政府》。
② 马来：《十七与十八世纪史》。

任塞尼派与耶稣会的斗争，表面上是宗教理论的分歧，实质上是对思想领导权的争夺。当 1656 年双方斗争剧烈的时候，巴斯加尔发表《与乡人之书》，揭露耶稣会道德的腐化。在政府的压迫下，任塞尼派是失败了；在社会舆论前却得到意外的成功。在执政者马萨朗的心目中，任塞尼派是宗教的异端，也是政治上的强敌，因为任塞尼派与其政敌雷池是有联系的，1660 年，经国家法庭审判，刑警焚烧了《与乡人之书》，封闭皇港修道院及所办的学校。便在这样的暴风雨中，巴斯加尔去世了。但是，斗争继续到 1710 年。任塞尼派尽管为君主专制政府所不容，对法国 17 世纪的影响却是十分巨大的。

六

17 世纪新兴的资产阶级迫切需要科学，不再求助于宗教了。自然科学的成就，可以促进工商业的发展，如远程的航海，殖民地的开拓，决定于科学技术的改进。如何提高天文、物理、机械等学科的水平，成为先进知识分子的中心问题。17 世纪前半期，刻普勒、伽利略、多利柴利等在科学上的贡献，给新时代带来强烈的信念：社会制度是可以改变的。

巴斯加尔是这时期的杰出人物。在科学与文学上都有出色的贡献。在这个过渡时期，他表达了资产阶级的意图，促进了资产阶级的形成。尽管如此，在他的思想上仍脱离不了唯心的观点，但是，巴斯加尔善于观察事物的变化，分析变化的原因，他在科学上的成就，对当时科学技术发展起了积极的作用。

巴斯加尔是一位实行者，一生在疾病与苦痛之中。他受到历史条件的限制，常与他的环境做斗争，更强烈地与自己做斗争。因之，他的作品与他的生活是分不开的。我们试从他的生活中，进一步了解他的作品。

第二
少年时期的巴斯加尔

于1623年6月19日①，布来斯·巴斯加尔生在法国乌勿尼省的克来蒙城。

这座古城的位置在倾斜的山下，苍黑的屋顶耸入天空。街道曲折而狭窄，起伏不平，有许多精致的水泉。气候变化较为剧烈，冬天严寒，夏天却很炎热。当春天来到的时候，旅人越过多尔山，可看见古城的周近，有许多栗子树、胡桃树，间杂着嫩绿的大麦。这种景象与四十多个火山遗迹相映照，形成一种壮丽的景色，唤起一种强烈矛盾的感觉。

克来蒙古城是爱国史学家克来古来（538—594）的故乡，他著有《佛朗王国史》，为研究墨罗温王朝重要的史料，反映了西罗马帝国崩溃后，封建制度开始形成的实况。克来蒙古城也是十字军侵略战争发动的地方。十一世纪末，法国封建势力达到强大的时期，教皇乌尔班第二于1095年秋，在克来蒙召开了人数众多的会议，借着向"异教

---

① 关于巴斯加尔出生的日期，有两种说法：一种是6月19日，是他出世的日期；一种是6月27日，是在教堂登记的日期。

徒"的战争，可以征收大量的捐税，掠夺东方的财富。这种不义的战争，经历了一百七十多年。

克来蒙是一座老而更老、新而更新的城市，充满了热烈与战斗的精神。巴斯加尔秉受着这样自然与历史环境的影响，一直生活到1631年，培育了狂热的心情和战斗的活力。锐豪说巴斯加尔具有"火山般的天才"。

巴斯加尔的家庭是古老封建的，受到地方上的敬重。从路易十一时代（1461—1483）起，便定居在克来蒙。他的曾祖父若望·巴斯加尔，以经商为业，为人十分正直。祖父马丁·巴斯加尔曾为克来蒙的税吏，继后做了里奥姆地方的会计。父亲爱基纳·巴斯加尔，生于1588年，系兄弟十人中的最长者，承受了法国传统的教育，爱体面，能吃苦，兴趣多端，特别长于数学。当巴斯加尔出世的时候，爱基纳为乌勿尼省的议员，为人勤慎，善于经营，累积了约有六十万佛郎的资产[①]。他关心子女的教育、爱好工作，在洛昂时，他写道："有四个月了，只有六次不在夜间两点钟后睡觉。"1614年，爱基纳与安朵奈特·拜贡女士结婚。

巴斯加尔的母亲仪表很庄严，虔诚而仁慈，言谈间表现出高贵的风度。巴斯加尔的外祖父维克多·拜贡，亦以经商为业，有作为，很早便住在克来蒙，逐步发展，1606年被举为地方的职官。可是不幸得很，巴斯加尔的母亲在他三岁时便去世了。

巴斯加尔的家庭没有封建贵族的色彩，却有古老传统的风味，自认为是有教养的。在封建社会解体的时候，巴斯加尔的家庭属于市民有产者的类型，有进步与软弱的两种性质，经常摇摆不定，很容易与传统势力妥协。

巴斯加尔有比他大三岁的姐姐锐白尔（1620—1687），长得十分大方。1641年，嫁给她表兄佛罗朗·拜里伊，系克来蒙福利委员会的

---

① 保略拜尔：《巴斯加尔及其在洛昂的家庭》。

委员。又有比他小两岁的妹妹杰克林纳（1625—1661），贤而多慧，性格十分顽强，到二十六岁上，便入皇港女修道院出家了。

巴斯加尔有中常的身材，体质多病，他说："自从十岁以来，每日在苦痛之中。"从尚白尼（1602—1674）绘的像来看，巴斯加尔发长而乱，额宽，鼻高，腮瘦，面色苍白，却表现出沉思的神态[①]。他有特殊的记忆力，爱分析复杂的现象，忘我地工作，当他制造数学计算机时，因工作过度，损伤了他的健康。

17世纪初，法国经过胡格诺战争（1562—1598）后，知识分子的思想意识起了深刻的变化。对中世纪的传统事物，常以怀疑的精神，分析研究，以发挥理性的作用。巴斯加尔从幼年时候起，接受了新的时代精神，锐白尔回忆她弟弟巴斯加尔的幼年说："只能接受他（指巴斯加尔）所认为是正确的，如果别人不给他说出充足的理由，他自己去寻找，一直到满足而后止。他做其他事情也是如此。"

事实正是这样。巴斯加尔十一岁时，有人在厨房内用刀敲击磁盘，发出声音。可是，当人将手放在盘边，声音便立刻停止了。他看到这种现象，始而惊奇，继而探索，寻找其中的原因，终于得到声学上震动的理论。

不仅只此，当笛卡儿（1596—1650）与其父争论数学问题时，巴斯加尔虽然年岁尚幼，却已懂得争论的原则，在数学与物理学上，应该如何去实证。巴斯加尔认为争论最高的原则是思想与事实的符合，而不是思想与精神的符合。也只有这样，事物的真相始能显示出来。巴斯加尔写给数学家巴伊的信，也重复了这种意念。他说："只能判断显明的事实，禁止承认不显明的事实。出乎这句格言外，人们是不会获得真理的。便是在这样恰如其分的当中，你胜利地生活着，寄托着你的幸福。"[②]

[①] 关于巴斯加尔的相貌，有四种材料：一为名画家尚白尼所绘的，二为多玛特以红铅笔在书皮上所绘的，三为爱德林克的铜版像，四为巴斯加尔死后脱下的石膏像。
[②] 《巴斯加尔全集》第3卷。

巴斯加尔的母亲去世后，他父亲爱基纳辞脱乌勿尼省议员的职务，带着他的三个儿女，移居到巴黎，专心培育他的子女。他决定在巴斯加尔十二岁前，不让他学习希腊文与拉丁文；十六岁前，不让他学习数学。但是，爱基纳深知巴斯加尔有数学的天资与爱好，为了不影响学好语文，不在他面前谈论数学问题，并将数学书籍隐藏起来。

锐白尔写的《巴斯加尔传》中，叙述了这样一件事情：有一天，巴斯加尔问他父亲，什么是几何学？如何学习几何学？他父亲回答，一般说，几何是作图正确的一种方法。介乎这些图与图之间，寻找它们相互的正确比例。接着不让他再往下追问，并且劝他不要去思索。但是，关于几何学的几句话，启发了巴斯加尔的思想。他回到别的房间内，用炭在地板上画图。将线叫作"棍"，将圆叫作"圈"，自己创造了些定理，独自发现了欧几里德几何中的定理。他父亲看不见他，到各处去寻找。及至到了这间房内，看到巴斯加尔正在地板上计算。他父亲问他做什么，巴斯加尔恐惧地说明棍与圈的事。爱基纳深为感动，一言未发，跑到他朋友巴伊的家中，含着眼泪说："你知道我多么关心孩子的教育，不让他学习几何，生怕妨碍了其他的功课，谁想他独自发明了几何学。"这时候，巴斯加尔仅只十二岁。

几年后，青年锐白尔已担任家庭的任务，管理弟弟妹妹的生活。1641年，她二十一岁了，与她表兄拜里伊结婚，过着极为简朴的生活，受到克来蒙居民的敬重。伏来西野回忆乌勿尼省时，曾提到锐白尔，说她是最合理的人。她女儿马克利特也写道："自从两三岁以后，我没有带过金银的装饰品，也没有在发上结过丝条与花带。"

杰克林纳别具一种风格。锐白尔说她妹妹从会说话时起，即表现出意外的聪明。杰克林纳爱诗，喜欢诗韵的节奏。在初认字的时候，她问锐白尔："什么时候你教我读诗呢？你让我念些诗吧，我能做出你要我所做的功课。"当古赞研究杰克林纳时，说她在八岁上曾作过一本五幕的喜剧，系同桑岛夫人的女儿合写的。儿童的剧本引起了巴黎文坛的重视。① 杰克林纳十三岁时出版了她的诗集，受到名剧作家高奈依的推重。她的诗很自然，不修饰，得过1638年诗的特等奖金，她不肯出席受奖，只好由高奈依代表她向大会致谢。也是在这一年，杰克林纳同桑岛夫人的女儿，在惠石里面前，表演过喜剧《专制的爱情》，获得意外的成功。

爱基纳在巴黎的物质生活是简朴的，精神生活却是丰富的。他有许多科学界的朋友，经常在家中讨论，这已打破教会垄断科学的藩篱。有时，他带着巴斯加尔去麦尔斯纳家中，听科学上的专题报告。经常遇到鲁白瓦尔、巴伊、加尔加维、哈尔地等。巴斯加尔从少年时候起，就了解到欧洲科学发展的情况，这对他的知识成长起了很重要的作用。他们尊重培根，但是对伽利略更为尊重。这是一个学术开始繁荣的时期，1637年，笛卡儿发表他的《方法论》，得到欧洲学者们的赞赏，巴斯加尔只有十四岁，已能理解笛卡儿的论证。

巴斯加尔语言的知识是丰富的，他能用希腊文与拉丁文写作，又懂得意大利文。巴斯加尔并不重视文学，也没有系统地研究过那种专门学问，掌握大量的资料。但是，他善于独立思考，能从实际出发，提出不可推翻的论证。

1639年，巴斯加尔十六岁了。爱基纳接受惠石里的任命，充任诺曼底省的总监察官，巴斯加尔全家移居在洛昂城，这是一次重要的变化。这年，诺曼底省的农民掀起暴动，社会经济受到严重的破坏，产生了尖锐的阶级斗争。"赤足者"与政府的斗争虽未获得胜利，却给诺曼底的社会留下阴暗的景象。巴斯加尔青年的心理上，并不理解这种变化的实质，却感到问题的严重，他认为是社会道德的堕落，这同他以后接近任塞尼派是有密切关系的。

---

① 古赞：《杰克林纳·巴斯加尔》。

第三
巴斯加尔的科学工作

16世纪的欧洲，经过地理的发现，宗教改革，它的社会变化是剧烈的。封建贵族的统治被市民阶级代替，最初出现于荷兰，继后实现于英国。这种新的力量是十分强大的，却不为法国统治者所理解，惠石里与马萨朗的政策，实质上还是维护君主政权，即旧政权的赓续。但是，对中世纪所形成的各种概念，引起新兴知识分子的怀疑，因为这些概念逐渐丧失了现实意义。如何理解自然，如何了解社会，什么是理智，什么是道德，这些问题经常使人感到困惑。所以蒙达尼自问："我懂得什么？"笛卡儿经过长期的研究后，始知"我思故我在"。巴斯加尔不断地沉思默想，最后认识到："我是可恨的！"纵使如此困惑，可是这些杰出的思想家们有种雄心壮志，企图从实际出发，不再为经院学派所纠缠了。

中世纪一切以宗教为中心，虽然经过宗教改革，到17世纪依旧占重要的地位，可是那种精神上的独裁，却被击破了。由于资本主义的发生，对远程的航行，采矿冶铁的需要，科学技术的提高成为发展生产的决定条件。自然科学再不是好奇，而是要解决现实问题。所以科学工作者不断地实验，寻找规律，形成了时代的精神。1666年，法国国家自然科学学会的成立标志着这种伟大的精神。

17世纪初，亚里士多德学派，代表传统，为政府所支持，仍居学术界重要的地位。他们的科学工作中仍含有迷信，脱离现实的需要。瓦尼尼倡导无神论，主张事物的和谐，被视为异端，于1610年焚死在杜鲁斯，为他的主张殉道了。培根重视经验，用分析方法，探究事物的实质。1620年，培根发表《新工具》，给予新的科学分类，置自然科学于首要的地位。当时最伟大的科学家为伽利略，不顾教会的摧残，坚持哥白尼的理论。在欧洲，这真是一个科学上百花初放的时代，哈维宣布血液的循环，笛卡儿建立解析几何，伽桑狄传播唯物思想。便在这样科学发展的时候，十六岁的巴斯加尔开始了他的科学工作。

封德奈尔写道："研究哲学的兴趣很普遍地发展起来。在这些学者之间，很愿意交换他们的意见。有五十多年了，在巴黎麦尔斯纳的家里，联系着一批欧洲知名的学者：伽桑狄、笛卡儿、霍布士、鲁白瓦尔、巴斯加尔父子、李仑德尔，还有别人也常去他那里。他们经常研究数学问题，做某些实验，从来没有见过那样关心科学，把几何与物理结合起来。"[①]巴斯加尔受到这样环境的影响，发明了"圆锥截形"的理论，便是说复杂的图形是简单图形的结合。

1640年，巴斯加尔写成"圆锥截形"论文，麦尔斯纳十分重视少年科学家惊人的创造，将论文就正于笛卡儿，笛卡儿却不敢置信，认为抄袭了笛沙尔克的理论。巴斯加尔对此深为恼怒，他说："在这方面，我承认很少接触到笛沙尔克的著作；以后，我努力模仿他的方法好了！"

巴斯加尔"圆锥截形"理论，形成了几何学中有名的巴斯加尔定理："对于任意内接于二阶曲线的六点形，它的对边的交点落在一条直线上。"[②]约在1676年，哲人莱布尼兹看到这篇论文，深为感动。锐白

[①] 碧特朗：《巴斯加尔》，第21页。
[②] 叶菲莫夫：《高等几何学》，下册，定理59。

尔写的《巴斯加尔传》中说："自从阿基米德以来，未见如是有力的作品。"又过了一百多年，白良松始做了巴斯加尔定理的补充①。

巴斯加尔的科学工作是从经验出发的。他认为"经验是真理的导师"，应从经验中寻找普遍的原则。巴斯加尔自信心很强，圆锥截形论文结尾时说："如果人们以为这事值得继续时，我们将要研究到这种地步，便是说神给我们力量来继续它。"

在洛昂住的时候，巴斯加尔看到他父亲计算工作的辛苦，他设计了一部计算机，以减轻劳动量。他坚信如果数学不能解决现实问题，那就是空想。巴斯加尔取算术的各种可能的变化，物理与机械的运动知识，寻找各种规律，成为有规则的运动，实现齿轮的机械计算。

17世纪法国的计算机仅有纳比式，以乘法变为加法，用签来计算。关键为操算者，由人操演，始能取得答数，有如我国的珠算似的。巴斯加尔计划的计算机是自动的，其模型现在仍陈列在巴黎博物馆中。用了两年的时间设计这部计算机，却用了十年的时间始将计划变为现实，制造成功。在制造的过程中，遇到了许多困难。巴斯加尔亲自动手，身兼数职，自己是设计师，又是工程师；是工人，又是采购，一直做了五十多种模型。1645年，计算机初制成时，献给司法大臣塞桂伊。1652年，计算机最后定型，献给瑞典皇后利斯地纳。在献辞中，巴斯加尔热烈地赞扬她对科学工作的支持与爱护。

1646年10月是巴斯加尔生活上重要的时刻。拜蒂总管法国的防御工程，系巴斯加尔父亲的朋友，来到洛昂，谈到多利柴利对真空的实验，巴斯加尔受到感染，即刻着手研究真空问题。

17世纪，无论是物理学上或是哲学上，真空问题是十分引人注意的。传统的哲人们，以形而上学的推论，视真空为"虚无"，"虚无"是不存在的，因为与"实有"相矛盾。如果认为"虚无"存在，那么

---

① 白良松举出："对于任意外切于二阶曲线的六边形，连接它的对面顶点的直线通过一个点"。见前著，叶菲莫夫：《高等几何学》，下册，定理60。

是谁创造了"虚无"？创造"虚无"者自身必然是虚无，始符合因果律的要求。其结论是虚无创造"虚无"，这又是显然不合理的。有人说真空与实有并不矛盾。问题是自然本身有怕真空的性能，客观上真空是不存在的。至于原子论者主张的真空，亦仅是一种推论，介乎原子与原子之间，要实验真空是不可能的。

但是，在1644年，意大利科学家多利柴利，为了解决佛罗伦萨的喷泉，他实验真空成功，推翻了当时流行的主张，这是一种很重要的发现。其法取一玻璃管，一端封闭，一端开着，管内满盛水银，塞住，倒竖在半水与半水银的盆中。随着提起试管，管仍留在水银内，打开塞子，则水银下降，管内上面露出了真空，下面仍满装水银。如果将试管提到水面，水即刻侵入，管内两种液体排挤，水银终于下落，试管为水充满了。法国知道这个实验很迟，只有麦尔斯纳知道得较早一点，因为那时候他住在罗马。当法国科学界知道后，对实验所发生的现象，却不能有正确的解释。

拜蒂视察底野朴防御工程后，回到洛昂已见巴斯加尔做真空的实验。为了置信于人，难以提出任何反证，巴斯加尔用各式各样的试管，如排气筒、抽气筒、风箱等；又用各种液体，如水、水银、油、酒等，面对着五百多群众，进行真空实验，其结果是十分完美的。试管中的空间是"真的真空，排出去一切物质"[①]。从实验中，巴斯加尔得出这样的结论：任何理论不及经验，任何概念不及事实。巴斯加尔宣布他的实验，1647年10月，出版了他写的《关于真空的新实验》，对当时的学术界起了推动的作用。认为真空不能存在的旧说法，在实验前面，不攻自破了。由于真空实验的成功，无神论者有了最可靠的武器，如解释运动等现象，不像过去归之于虚无或不可知了。

耶稣会士纳埃反对巴斯加尔证实的真空。他提出这样的意见：真空既然具有"物"的作用，那它便是物体了。这样似真空的物体何以

---

① 《巴斯加尔全集》第2卷。

能进入试管中？他又说，空气是由两种东西组合成的，一种是细微的，一种是粗陋的。当水银下降时，空气受到压力，挤出粗陋的部分，留下细微的部分。纳埃认为真空就是空气细微的部分，有如试纸上滤下去的水似的。

纳埃的意见是唯心的，他的论证是经院学派的默想。巴斯加尔答复说："在科学上只能相信感觉与理智。……凡是感觉与理智不能有任何怀疑的原理，这才叫作原理。凡是根据原理得出的结果，这才叫作结果。"关于真空实验的结果与纳埃的假设是矛盾的，这证明纳埃的假设是错误的。纳埃在物理学上屈服了，但是在哲学上坚持他的意见，著了本《实的真空》。真空的争论是新旧社会的斗争，是先进与落后的斗争，巴斯加尔胜利了，起了进步的作用。

巴斯加尔证实了真空的存在，进一步研究真空形成的原因。巴斯加尔认为真空系物体的重量与空气的压力所形成的。为了证实这种假设，巴斯加尔采用两种不同的方法进行实验。第一种方法是求异法：用两根粗细不同的玻璃管，互相套起来。如果粗管中充满了空气，则细管中的水银保持原来的高度。反之，如果粗管中成为真空，细管中的水银便降落下来。那么，空气的压力系液体升降的原因。第二种方法是同异相交法，即用同样的管子与水银，在同一时间内与不同的地点，或在最高的山顶，或在平地，以观察水银升降的情况。如果试管的水银在山顶较平地低，那是山顶空气稀薄的原故。1648年9月19日，巴斯加尔的姊丈拜里伊在多模高山做实验的结果，与其所预期者完全相同。继后，又在巴黎圣杰克教堂与有九十六级台阶的高屋，做过多次试验，巴斯加尔观察到往高处渐渐上升时，管中的水银便徐徐下降，与多模山的实验是完全相同的。

由于对真空的实验，巴斯加尔加深了流体力学的知识。他说："如果流体在两个管中，将管连接起来，互相沟通，即两管的流体互相平衡。"又说："如果一只船装满水，将门紧密封住。只开两孔，一个孔较别个孔大一百倍。每个孔子装上合适的唧筒。一个人推动那个小的，等于百个人推动那个大的，便是说要超过九十九倍。"物理学上的巴斯加尔定律，即"加在密闭的液体或气体上的压强，能够按照它原来的大小由液体或气体向各方向转递"。以后水压机便是根据这个原理制造的。

在1654年前，巴斯加尔总结他的实验，写了两篇论文：一为《空气的重力》，一为《流体的平衡》。两篇论文的刊行却在他死后，1663年。

由于过度的工作，巴斯加尔病了，身体受到严重的损伤。他在科学上的成就也引起些不愉快的纠纷。1647年9月23日与24日，笛卡儿来探望青年科学家，巴斯加尔病得很沉重，但是也谈了些科学的情况。1649年6月关于真空的实验，笛卡儿写给加尔加维说："我比你的期待更合适些。有两年了，是我劝他（指巴斯加尔）做这些实验。我虽然没有做，可是我深信是可以成功的。"巴伊特写《笛卡儿传》时提到此事，以为巴斯加尔不能专享他的发明，笛卡儿似应有一份的。但是，实验是巴斯加尔做的。法国国家自然科学院的创立者麦尔斯纳，写信给荷兰、意大利、波兰及瑞典的科学家们，赞巴斯加尔的实验，引为科学上重要的发现，既没有提到笛卡儿，也没有否定巴斯加尔的功绩。

巴斯加尔的科学工作是他生活的一部分，十分丰富的。他有强烈的情感，需要扩大他的生活知识，认识古老的社会，以满足他的要求。

第四
巴斯加尔思想的转变

17世纪的法国，在外表上，像是中古文化传统的继承者，生活与思想没有起什么重大的变化。但是，深入这个时期的社会实际，便发现时代精神是紊乱的，有强烈的反宗教的动向。

反宗教的动向的形成不是偶然的。欧洲经过宗教改革后，法国反封建贵族的割据，资产阶级开始得到发展，许多优秀的知识分子，沉醉于理性的发展，关心工商业实际的需要，用尽各种方法，通过君主政治的形式，建立一个强大的国家。因之，法国的反宗教运动出现了两种形式，有的是按照自己的认识，冲破清规戒律，以求得到思想的解放；有的是以宗教反对宗教，树立严谨的道德纪律。两种途径虽然不同，而反对当时的传统宗教却是一致的。

路易十三时期的哲人们属于前一种类型。加桑狄倡导享乐主义，要人掌握现实，不要幻想飘缈的未来；瓦耶尔主张不能迷信，一切要保持怀疑的态度。风行一时的笛卡儿派，从神学统治下解放哲学，表面上虽与传统妥协，承认上帝的存在与灵魂的不灭，实质上却认识到理智为最高的权威。因而对灵与肉，现实与理想的认识，需要有新的概念。当时的复古运动，特别是如何理解希腊与罗马的文化，重新建立人与人的关系，就成为每个新知识分子的要求了。这样，在文艺复兴后形成了人文主义。礼节、和谐、完美等特点成了时代的风尚，泄露出启蒙运动的曙光，这是十分宝贵的。

后一种类型为任塞尼派。他们主张以严格的纪律，树立道德的尊严，类似加尔文的主张。法国的宗教掌握在耶稣会的手中，对皇室是阿谀，对群众是压迫与放纵。任塞尼既反对耶稣会的权贵路线，将宗教变为一种形式，成为君主统治的工具；又反对追逐逸乐，降低了人的尊严。这已体现出新兴资产阶级初期的理想，一方面蔑视贵族与僧侣的特权，他方面鄙视劳苦大众，觉得他们愚昧与庸俗。任塞尼派有种抱负，要以禁欲的思想，挽救将要沉沦的人类。

任塞尼（1585—1638）是荷兰有名的学者，曾任鲁文大学的教授，伊普尔城的主教。感于时代精神的衰退，精研圣奥古斯丁的作品，要以严肃的生活，树立精神的纪律，振兴道德，恢复原始基督教的简朴作风。在17世纪的法国社会，占重要的地位，有广泛的影响。

巴黎近郊石弗洛兹山谷中，有所建立在1204年的女修道院，成为任塞尼派活动的场所。塞维尼夫人写道："皇港修道院是埃及的隐居处，是天堂，是一块荒地。"久已荒废的修道院，在1608年，安杰利克·阿尔纳出任院长，进行改革。1626年，皇港女修道院移入巴黎圣杰克区。继后受圣西兰指导，接受了任塞尼派的理论，发展禁欲派思想，度着一种严肃刻苦的生活。

乡间皇港修道院，在任塞尼派的发展下，成为知识分子爱好沉静隐居的地方。皇港隐居者不是僧侣，也不属于修会，他们有理想，以伦理道德反对中世纪的迷信。任塞尼派的学者们，如兰塞洛、勒麦特、尼可拉、阿尔纳以及后来的巴斯加尔等，他们坚信人类精神的价值，科学的真理，以为普通人可以体现出宗教家的生活。这种思想反映出宗教改革后的过渡时期的精神，奠立了个人理性的权力，成为人文主义的基础。他们办了一所学校是法国教育史上的奇花。他们教儿童首先要学好祖国的语言，其次是古典语言，特别是希腊文，最后是自然科学知识，逐步加宽加深。拉辛在皇港学校学习，是他们教养成功的，后来成了著名的戏剧作家。

由任塞尼派特殊的成功，领导了法国的知识界，耶稣会利用政府的权力，竭力加以摧残。法国执政者是仇视任塞尼派的。为了避免政治的分裂，必须镇压任塞尼派。1638年，首先逮捕了圣西兰；1656年，禁止任塞尼派活动，封闭了所办的学校，放弃乡间的皇港修道院。此后斗争十分激烈，起伏不平，终于在1709年，解散了皇港女修道院，次年又铲平了皇港修道院，路易十四不允许有不服从的表现。任塞尼派法国17世纪精神动向的主潮，影响很深，当时人们敬仰的乡间皇港修道院，现在成为潮湿与荒凉的山谷，除猎人外，很少有人的踪迹。巴斯加尔思想的转变，并非如布脱户或石瓦里等所说的"皈依"，而仅只是与任塞尼派的接触，树立一种新型的道德，其过程是十分曲折的。

1646年正月，为了阻止野蛮的决斗，巴斯加尔的父亲爱基纳在冰上跌伤，调养在德斯兰的家中。德斯兰为圣西兰的朋友，坚信任塞尼派的主张。这样，爱基纳在病中，通过德斯兰的关系，也便接触到任塞尼派的理论。他认识到每个人应该有正确的归宿；荣誉与财富为身外之物，是暂时的，不能满足精神的要求。

1646年，巴斯加尔二十三岁了。虽然体弱多病，却已成为欧洲知名的科学家。看到他父亲思想所起的变化，巴斯加尔也受到感动，亦接触到任塞尼派的著作。他还向他妹妹杰克林纳宣传，那时候，她二十岁了，正在考虑婚姻问题，因为巴斯加尔的劝说，她放弃了。我们觉得这时候的巴斯加尔，并未深刻理解任塞尼派，他只是好奇地拥护这种理论而已。

1647年9月，巴斯加尔由洛昂回到巴黎，不久便病了，医生禁止他工作。在养病期间，笛卡儿带着孩子来看他。笛卡儿比他长二十七岁，却像是老朋友，劝他多喝水，静睡在床上。他们的谈话常涉及科学问题，管中的水银不上升的地方，笛卡儿以为不是真空，而是有种玄妙的物质。巴斯加尔正相反，坚持是真空。他们开始有礼貌地争论起来。因为争论得很深刻，竟至巴斯加尔忘掉了头痛。巴黎深秋的阳光，无力地照在窗上，室内分外沉静，谈论的声调时起时伏。正午的钟响了，笛卡儿停住谈话，站起来告辞，因为有人请他午餐，须赶赴圣日耳曼的约会。

雷布尔与圣克兰亦常来看巴斯加尔，他们是任塞尼派的拥护者，有深厚的友谊。巴斯加尔很坦白，承认对任塞尼派有好感，比较是接近的，对耶稣会却是有距离。雷布尔认为任塞尼派是正确的，应当以道德为主。耶稣会依附权门，使用权术是使人憎恶的。巴斯加尔同意这种看法。

爱基纳·巴斯加尔病愈后，辞脱了洛昂的职务，于1648年5月回到巴黎，看到他的孩子们，察觉出孩子们思想上有了变化，而变化剧烈的是杰克林纳。爱基纳的挚友桂洛白尔，系任塞尼派的笃信者，与皇港修道院隐居者过从甚密。由于这种关系，杰克林纳接近皇港女修道院，动了出家的意念。爱基纳赞成任塞尼派的主张，却不愿他女儿出家，因而父女间的思想斗争，或显或隐是十分剧烈的。1648年11月，杰克林纳写给给她姐姐说："你知道因为出家这件事，怎样地扰乱了家中的安静呵！"

17世纪法国所谓有教养的家庭，子女出家认为是光荣的。事实上，却是违反自然的。1649年5月，为了改变环境，以期转变女儿的思想，爱基纳带着他的儿女回到克来蒙。杰克林纳住在故乡，思想未起什么变化。她过着简朴的生活，剪短长发，着低跟鞋，穿暗色的衣服。这些琐事却表现出她的决心。爱基纳看着女儿的这种情况，苦痛地说："我的生命不会久远了，你忍耐着些吧！"①

过了一年后，1650年5月，爱基纳带着两个孩子回到巴黎。生活是安静的，思想却是沉重的。到1651年9月，爱基纳病了。杰克

---

① 锐豪：《伟人们的姊妹》，第28页。

林纳尽心看护，十分劳累。锐白尔因为临近分娩时期，不能离开克来蒙。在这年9月24日，爱基纳病势沉重，挽救无术，便与世永别了。

巴斯加尔心情十分苦闷，精神疲累，既感到丧父的苦痛，又受到杰克林纳出家的威胁。锐白尔分娩后，于1651年12月底来到巴黎，看护她的妹妹，但是杰克林纳决心离开家庭，到巴黎皇港女修道院出家。

锐白尔以简朴的笔调，叙述杰克林纳离开家庭的情形。她说杰克林纳离开的那一天，"要我在晚上向我弟弟说清楚，不致使他（指巴斯加尔）感到意外。尽我所能，我慎重地告知他，只说去住几天，稍微了解点那里的生活。可是弟弟不能不感动，悲哀地回到他的房中，也没有去看妹妹。那时候，妹妹躲在别间房子内，不敢出来，怕伤着他的心。弟弟走开后，妹妹出来，我告知她那些最动人的谈话。以后，我俩都睡觉去了。虽然我满心赞许她的行动，我相信这是一件好事。可是，这样重大的决定，如是感动我，精神被侵袭，竟至通夜失眠。早上七点钟，妹妹尚未起来，我想她也没有睡着，又怕她是病了。我到她床边时，她还睡着。声音将她惊醒，她问我什么时候。我告知她，并问她的身体怎样，睡得怎样。她说身体很好，睡得很好。她起来，穿好衣服，便走了。也如平时一样，她的动作表现出从容的态度与安静的精神。怕我们难受，她也没有告别。当我看到她要出门时，我将脸掉转过去。便是这样的情形，她离开了家庭。这是在1652年1月4日，那时候，她二十六岁又三个月"①。

17世纪法国的知识分子，反抗封建的传统是广泛的，只是态度有所不同。莫里哀所讽刺的人物与拉辛所赞美的人物，处理不同，反映时代的要求，却是一致的。杰克林纳的行动教育了巴斯加尔。她的行动是时代现实的反映，走出家门到皇港修道院说明了她的选择，是以自己的生活对传统生活的一种反抗。在这一点了上，巴斯加尔并不理解杰克林纳的行动，希望她在家再停留两年，杰克林纳拒绝了。1652

---

① 拜里伊夫人：《关于杰克林纳的回忆》。

年3月7日,杰克林纳写信给巴斯加尔说:"你不要夺掉我那你不能给我的东西!……我尽心请求你的同意,并非因为这件事非得到你的同意不行,而是你同意了,这件事做得愉快些与安静些!"

最后,巴斯加尔屈服了。巴斯加尔理解现实的真实是从实验中所得的真实。从接触任塞尼派后,通过杰克林纳的行动,巴斯加尔思想起了变化,接触到精神的动向常受"心"的支配。如何理解这个"心"的真实,首先要深入社会,分析现象,累积经验,最后他发现"心有它的理智,而理智是不能了解它的"[1]。

---

[1] 巴斯加尔:《思想录》,第277条。

第五
巴斯加尔生活范围的扩大

巴斯加尔做科学工作的精神是十分严肃的。1648年2月,他写给巴伊说:"要想一个假设是正确的,只是与所认识的各种现象不矛盾,那还不够。因为,如果假设与一个现象有矛盾,而这个现象是我们不认识的,那这个假设便是错误的。"因此,深入了解事物,说明事物发展的必然性,这是他工作中的要求,也是当时科学工作者共同遵守的法则。

自从巴斯加尔的家庭起了剧烈的变化,他感到生离死别的苦痛。由此,他认识到"物"的世界之外,还有"心"的世界,而他在这方面的知识是十分贫乏的,须要扩大他的生活的范围。事实上,从克来蒙回到巴黎后,巴斯加尔已经开始了这种转变,只是尚未意识到这种转变的重要性。

《乌特来克杂记》中说:"因巴斯加尔杰出的天才和精湛的科学知识,有两个人同他亲密地往来,一个是洛奈兹公爵,一个是多玛。"[1]

洛奈兹公爵约生于1630年,虽是知名的贵族,却没有封建传统的

---

[1] 《乌特来克杂记》,第272页。

习尚。他父亲死于战争，母亲又不大关心家事与子女的教育，所以洛奈兹从幼年起，便任性所欲，兴趣多端，有种豪放的气概。他住在巴黎圣麦利区，与巴斯加尔住的圣杰克区只隔着两条小路。由于爱好科学，于1651年他们结为朋友。巴斯加尔的甥女马克利特·拜里伊说："在我舅父与公爵（指洛奈兹）之间，有一种深厚的友谊。……科学成为他们的快乐和谈话的资料。"①

在1652年6月，洛奈兹要回他治理的领地巴都，约巴斯加尔与麦来骑士去巴都旅行。麦来年岁较长（生于1610年），熟悉当时的风尚，他笑巴斯加尔脱离社会实际。麦来说："洛奈兹是个有数学修养的人。为了旅途不寂寞，邀请了一人做他精神的粮食，那人是大数学家，他所知道的仅只数学而已。"②

在旅行中，巴斯加尔感到不协调，他所认识的现实是单纯的，又不善于同他们谈论，但是他能运用科学方法来观察现实，分析现实。深入到社会的内部，他的认识逐渐起了变化。麦来告诉巴斯加尔说："数学法则不能认识社会的真实。慧眼所见到的东西，实证是无法说明的。所以有两种方法认识真实，一种是实证，一种是感觉。"但是巴斯加尔并不能理解麦来的意思，相反的，他认为一切以理智为主。他说："理智比权力更强固地统治着我们。不服从权力的后果是不幸，不服从理智的后果却是个蠢货。"

巴斯加尔深入社会，感到自己社会知识的缺乏。麦来写给他说："你要尽心倾听人们给你叙述宫廷与军队，丰富你的精神世界。"③麦来有渊博的知识，自负是有教养的。懂得希腊与拉丁古典语言，也懂得意大利与西班牙语言，他喜欢游历，到过英国、德国与美洲等地。他有许多独特的主张，推崇如希腊的演说家狄摩西尼，认为其价值在荷马之上。他交游很广，往来的朋友又很复杂，如米敦。米敦受了蒙达

---

① 见马克利特·拜里伊所写的回忆。
② 麦来：《论精神》，第100页。
③ 麦来：《通讯集》，第107页。

尼学派的影响，以期做一个正人君子，实质上有时是古怪的，有时又是虚伪的。巴斯加尔与米敦接近后，启发了他对"我"的认识。巴斯加尔用逻辑式的语言，表达对"我"的理解："我是可恨的，米敦，你常站在我上，所以你是可恨的。"

在巴都旅行生活的锻炼中，巴斯加尔受麦来的影响，感到细微的事物也含有不可捉摸的真理。枫德奈宫收藏的两幅画的背面，有巴斯加尔写的诗，系感谢一位妇人，其中有一节这样说：

> 在此胜地，可爱的年轻主人，
> 你给我绘出了一幅肖像，
> 我要随着你那纤纤的手，
> 到你所绘的地方。
> 天空中绘出了这些天神，
> 为了使仙女更可爱而美丽，
> 为何不将你的容颜给了她？[①]

这首诗可以说是巴斯加尔所作的唯一的诗，是十分宝贵的，因为反映出他内心的激动与含蓄，这是一反巴斯加尔往日的性格的。事实正是这样，在巴都的旅行中，巴斯加尔思想起了变化。麦来以后写道："自从这次旅行后，他（指巴斯加尔）再不去想数学问题了。"[②]

17世纪，哲学仍受神学的支配，是没有独立地位的。可是新兴的知识分子要求哲学脱离神学的羁绊，独立成为一种科学，特别着重在伦理方面。在此时期，巴斯加尔开始研究禁欲派的思想，强调意志的重要，灵魂的伟大，这是一方面；另一方面，却要深入社会，理解现实生活的意义，使自己的知识丰富起来。为此，巴斯加尔对社会持

---

① 引自布脱户：《巴斯加尔》，第57页。
② 锐豪：《巴斯加尔英雄的生活》，第73页。

一种深思好奇的态度，有急切体验现实生活的要求。1652年底，巴斯加尔回到克来蒙，按照伏来西伊的记述，巴斯加尔认识一位女学者，别号为沙弗。当时的习尚，沙弗自视为风雅人物，憎恶粗陋，巴斯加尔能符合她的风趣，说明他已不是纯粹的数学家了。

巴斯加尔逐渐认识社会，对这方面，他思想上重视起来。"善于生活"是17世纪的时代精神。麦来有丰富的生活经验，懂得如何满足人的要求。他写给巴斯加尔说："除去我们感觉到的自然世界外，还有一个看不到的世界，在那里你能找到最高深的科学。沉醉现实世界的人，往往不善于判断，落在粗陋习俗之中，如你所推重的笛卡儿……你晓得在看不见的世界内，深藏着真理，可以找着事物的原理、理智、妥帖、公正、相称等……"[①] 毫无疑问，这些思想启发了巴斯加尔对事物的观察。巴斯加尔认为人有两种精神，一种是几何的，以原理衡量各种现象，属于理智的；另一种是精致的，直接概括各种现象，深入事物的本质，属于感情的。

不仅如此，麦来深入到社会，接触到人的现实。对中古那种玄虚的、技巧的理想，常引起一种憎恶与苦恼，而想解脱。他在《通讯集》中说："在巴黎，我时常寻找孤独！"[②] 他又说："一个美的白昼与温和的夜都使我快活。"[③] 这种醉心于孤独与自然的意识，已超出古典主义的范围。或者说，这是古典主义中的浪漫主义。巴斯加尔与麦来等往来，阅历既多，观察又深，使他感到人心的复杂，常在不安与恐惧之中。他对自然所持的态度，已失掉自然科学工作者的那种冷静，表现出诗人热情的惊赞。他说："无尽空间永久的沉静使我恐怖。"[④] 宇宙是沉默的，人心是敏感的。宇宙的不变，人事的幻变，使巴斯加尔感到苦痛。所以他又说："觉着所有的东西消逝了，那是最可怕的。"[⑤]

---

① 锐豪：《巴斯加尔英雄的生活》，第74页。
② 麦来：《通讯集》，第78页。
③ 同上书，第163页。
④ 巴斯加尔：《思想集》，第206页。
⑤ 同上书，第212页。

巴斯加尔的这种思想反映出资产阶级初期的意识形态。在渺茫的大海上，带着许多幻想向外开拓。到不认识的地方后，忽然致富，转眼又失败，这种变化使人感到深刻的苦闷。

巴斯加尔生活范围的扩大，理解到"真"不是唯一的，因为如果将"真"绝对起来，它会使人感到疲倦与烦恼。为此，人们所找的不是真，而是爱，因为爱是生命的跃进，常在动荡之中。但是，他又认识到动与静不是绝对的，而是统一的，问题是如何统一起来，对此，巴斯加尔并未得到正确的解决。由于同麦来的接触，巴斯加尔受到很深的教益。麦来的思想，已超出古典主义的范围，他说："现在我另有一种快乐安慰我的缺陷。我爱丛林中歌唱的小鸟，我爱清澈与流动的溪水，我爱草地上叫喊的家畜，这些都使我感到自然的端庄的美。"①

麦来虽生在17世纪，却已启示出卢梭对自然的憧憬，并希望有良好的社会制度，改变那些束缚人的法令。的确，对传统的权威与秩序，需要重新估价。麦来叙述一件事实，已反映出新的意识形态。在一位高贵的妇人家中，有许多宾客谈心。忽然有一位穿破衣的穷人来了，举动粗陋，要求会见主妇。主妇出去，知道是远方的亲戚，亲热地拥抱，邀请到室内，介绍给那些客人。她坐在他旁边，问他家中的情形。麦来在叙述完后说："她从来没有比这次更可爱。"②

巴斯加尔深入到生活实际后，扩大了生活知识的领域。但是，他与麦来的思想有所不同。麦来理解的生活是外形的，有中古骑士的风格，充满了修饰与学究的气味。巴斯加尔继承了优良的传统，敢于正视人的弱点与残缺，不将人美化，这又是人的可爱与伟大的地方。

---

① 麦来：《通讯集》，第107页。
② 麦来：《论愉快》，第53页。

第六
巴斯加尔艰苦的摸索

17世纪，法国的文学已开始了光辉的一页，形成了古典文学。1634年，法国国家学会建立，进行纯洁法国语言的工作。吴若拉刊行了《关于法国的语言》。1636年，高奈依的《瑞德》在马莱剧院上演，标志着戏剧的革命。1637年，笛卡儿发表《方法论》，是思想方法上的一次跃进。1646—1658年，莫里哀在乡间巡回演出，不久成为巴黎人喜闻乐见的剧作家，至今人们仍欣赏他在艺术上的成功。1656年，巴斯加尔发表《与乡人之书》成为散文的典范。这些变化，表面上趋于完美与和谐，实质上却表现出剧烈的转变，即是说由封建制度向资本主义的过渡。路易十四（1643—1715）开始统治之时，年岁尚幼，马萨朗执掌政权，加强"朕即国家"的专制政治。1648年与1651年两次投石党运动，说明新旧派所拥护的君主政治，已开始失掉"妥协"的意义，不只罗马教会与贵族受到猛烈的攻击，便是当时法国的耶稣会与君主政权亦受到反抗。巴斯加尔为任塞尼派的中坚分子，反抗耶稣会，受到政府的镇压，那是完全可以理解的。17世纪经济文化的发展，给启蒙运动准备了改革的各种条件，资产阶级又向前发展了一步。因此，在17世纪后半期的动向，社会制度成为分析与研究的对象，反映出新旧势力矛盾的加剧。法国的君主政权像建立在一座壮丽的桥上，奔腾澎湃的时代思潮，有如洪水从桥孔中涌过去，再过一世纪，经过1789年的革命，这座大桥便摧毁了。多少人视巴斯加尔为封建制度的卫护者，以为他卫护了基督教，殊不知罗马教皇视他为异端，巴斯加尔的主张，代表了任塞尼派的主张，法国政府禁止他们的活动，因为他们阻碍了君主专制政权的发展。事实上，巴斯加尔是被人误解的，他有局限性，放松科学的研究，以宗教来反对传统的宗教，但是他不是封建制度的卫护者，不能因为他谈基督教，便说他是这样或那样，而要看谈怎样的基督教。巴斯加尔所谈的基督教是原始的、奴隶时代晚期穷苦大众所信仰的基督教，也就是说公元4世纪圣奥古斯丁以前的基督教。因而他的主张不能见容于当时的政府与教会。这在他的《与乡人之书》中表现得十分清楚。他首先是一个科学工作者，他反对盲目地服从传统，他要人克制情欲的冲动，以彰伦理道德的伟大。

大约在1652—1653年间，巴斯加尔写了一篇《爱的情欲论》，内容十分新奇，却没有引起当时人的注意，这是很可惜的。1843年，古赞发现了原稿后，做了精确的考证，发表在这年的《两个世界杂志》上，引起了许多争论。这篇论文开始说："以爱情开始，以雄心终结，这种生活是最幸福的生活。倘若我要选择，我便选择这种生活。"巴斯加尔认为伟大的灵魂，不是自我的陶醉，常沉溺在爱中，而是在强烈的爱中，不要自私，却要泛滥出去，震撼或填满了别人的灵魂。

巴斯加尔为何写这篇论文？是否有切实的对象？论文中反映出有实际的体验，如："不敢说出爱的幸福是苦痛的，但是也有些美味。"又如："有时去她那里，情绪高涨，超过在自己的家中，可是不敢告知她。"那么，谁是巴斯加尔所爱的对象，至今仍是个谜。米邵是研究巴斯加尔的专家，他引用哈瓦特的话说："巴斯加尔真爱过一个女子。很显明，他受到感动，才写出这篇文章来。可能她没有看到这篇文章，但巴斯加尔写出就像是她已看到了。因为在那里边，他可写出当面不敢说的话。至于要猜这个女子是谁是不可能的，而我也不愿去猜。"① 以后，马克利特说到她舅父巴斯加尔，有一个时期想结婚，曾找寻过对象。

法国17世纪的婚姻是不自由的。父亲有绝对的权力，女儿的责任是服从。沙夏说："没有爱情，一样可以爱他的女人。"巴斯加尔的家庭属于中上层类型，自然受当时习尚的约束。相反的，他的《爱的情欲论》是冲破封建的藩篱，是对传统爱情的一种挑战，要求解放人的情感。巴斯加尔认为人的特点是思想，思想又支配了人的行为。但是在现实生活中，事物变化无穷，抗拒我们的思想是困难的，却又是必须的。变与不变是不能对立的，而要统一起来。要有爱的情欲，我们始能有满足，因为爱的情欲是动的思想，能够满足人心的需要，而这种需要又非理智所能控制。

按照巴斯加尔的思想，爱情的对象是美，而美须寄寓在似自己而又非自己之中，那只有异性者始具备这个条件。巴斯加尔说："各个人有特殊的美，在世间人们寻找自己的类型。妇女们具有特殊的美，对男子的精神领域有特殊的力量。"② 在爱情上是变化无常的，这没有什么重要，因为"真的或假的愉快，一样可以满足了精神"。但是，巴斯加尔又说："因为怕失掉一切，在爱情中不能侥幸，应该前进。然而谁能说出前进到哪里？"③ 17世纪的转变中，即使是进步学者，仍然脱离不了封建思想的束缚。巴斯加尔经过实际生活的锻炼后，认识到很难用数学来解释情感与理智的矛盾，这对他是十分新奇的。

巴斯加尔认识洛奈兹公爵后，同时也认识了他妹妹洛奈兹女士。当古赞发现《爱的情欲论》手稿后，经过他的研究，便断定是为洛奈兹女士所作的。法国的学者们对古赞的意见有不同的看法，却不能否定巴斯加尔和她的关系及给她所写的九封信。从那遗留的九封信内，也可看出巴斯加尔同她的关系，即使没有爱情，至少也有深厚的友谊。

---

① 米邵：《爱的情欲论》序言。
② 巴斯加尔：《爱的情欲论》。
③ 同上。

洛奈兹女士和她哥哥一样，没有受过严谨的教育。她很急躁，有时却又忧闷。她二十三岁时认识了巴斯加尔，待之如长兄，她曾征求他的意见，以解决身心的烦闷。巴斯加尔写信给她说："没有受苦痛是摆不脱现实的。圣奥古斯丁说得好：当人愿为别人牵连时，不会感到镣链的苦痛；可是，如果开始反抗和离弃时，苦痛变得分外沉重。"① 他关心洛奈兹女士内心的发展，真是体贴入微。巴斯加尔告诉她说："尽我的所能帮助你不去苦恼，要把眼光放远些，我相信这是一种责任。不这样做，那便是犯罪的。"② 洛奈兹女士很理解这种心情，而她的心情随着平静下来。巴斯加尔愉快地写给她："对于你，我十分放心，我有种意外的希望。"③ 有时候，她埋怨巴斯加尔不写信，他回答说："我不清楚你对我不写信为何苦痛？我同你和你哥哥是永远不分开的，我经常想念你俩。你看已往的信，还有这一封，我是如何关心你啊。"④ 他们这种纯洁的友爱，是十分珍贵的。那时候，巴斯加尔正写《与乡人之书》，为了正义，反对虚伪的耶稣会，在暴风雨般的斗争中，这种友谊是一种力量，是一种高贵的安慰。

洛奈兹女士受到巴斯加尔的影响，成为任塞尼派的坚信者。于1657年7月，没有告知她母亲，便离开家庭，进入巴黎皇港女修道院。耶稣会忌妒任塞尼派的成功，利用政府的权力，打击任塞尼派的威信。他们压迫洛奈兹女士返回巴都。在离开修道院的前夕，1657年11月2日，她将头发剪去，发了出家的誓愿。既回巴都后，她穿着朴素的衣服，完全与乡人一样，过着简朴的生活。巴斯加尔死后（1662年），她自行取消前愿，嫁给伏亚德公爵。婚后的生活是不幸福的，她生了四个孩子，常在疾病与痛苦中。自1671年起，她又与任塞尼派的旧朋友们接触，往事不堪回想，这时巴斯加尔去世已九年

---

① 见1656年9月24日巴斯加尔给洛奈兹女士的信。
② 见1656年10月巴斯加尔给洛奈兹女士的信。
③ 见1656年10月巴斯加尔给洛奈兹女士的信。
④ 见1656年11月5日巴斯加尔给洛奈兹女士的信。

了。1683年，她五十四岁，在这年，她含着悲愤与悔恨的心情与世永别了。

在1652年以后，巴斯加尔深入社会后，并未放弃数学的研究，他发现了"数学三角形"——前此四百多年，我国宋朝杨辉著的《详解九章算法》已有数学三角了。巴斯加尔的"数学三角形"为"或然计算"的基础，这种方法是"既具体而又普遍的"。巴斯加尔经常与伏尔玛通讯讨论。那时候，伏尔玛住在杜鲁斯，写给加尔维说："我将我的原理与初次的论证，一齐寄给巴斯加尔先生，我先告诉你：从那些上面，他会发现不只是新的事实，而且是惊人的事实。"① 在法国，这时是数学与物理创始的时代，数学三角形用处很广，可用于或然计算与微积分中。以后统计学中高斯定律，亦可以此解释。巴斯加尔将成就告知麦来，麦来谦逊地回答："我坦白地说，这些知识超出我的能力，我只能赞赏，请你抽时间完成它。"②

巴斯加尔在科学上的成就，原应使他得到满足，达到幸福的境地。但是，事实并不如此，所谓幸福，又能增加什么？杰克林纳在写给她姐姐的信中说到巴斯加尔："自从一年以来，他（指巴斯加尔）憎恶这个世界，尤其憎恶住在里边的人们。"③ 是在两年前吧！杰克林纳要离开家庭时，巴斯加尔阻止过这种行动。当时，法国有地位的家庭是鼓励子女入修道院的。杰克林纳以一种倔强的言辞向巴斯加尔说："你不要拒绝这种光明，你不要阻止别人做好事，而要你自己也去做。如果你没有力量来追随我，至少你不要阻挡我！"④

人总是要发展的，相距两年多的时间，巴斯加尔变了，身心感到空虚与不安，对科学与世界，他觉着不是眷恋的对象，"要从情欲的对象上，逐步解脱"⑤。他觉着人是伟大的，却又是脆弱的。巴斯加尔在

---

① 摩里亚克：《巴斯加尔与其妹妹杰克林纳》第10章。
② 摩里亚克：《巴斯加尔与其妹妹杰克林纳》第10章。
③ 见1654年12月8日杰克林纳给锐白尔的信。
④ 见1652年3月7日杰克林纳给锐白尔的信。
⑤ 《乌特来克集》，第258页。

摸索中，以实证的方法，对理想与现实，永久与暂时，理智与感情，做了严肃的分析。在 1654 年 11 月 23 日深夜，他发现了他所应遵循的道路，找着了他的上帝，"不是那些哲人与鸿儒的上帝"。他所要坚持的是真理，而这个真理既不是传统所说的，更不是教会所宣传的，他需要解脱情欲的束缚，抛弃心上的一切。"经验是物理学中唯一的原理"，他用这个原则，解决人的问题。几年的经验，强者压迫弱者，权贵扑灭真理，耶稣会利用政治地位，打击任塞尼派，1653 年 5 月 31 日，罗马教皇伊诺森第十，为了讨好法国的政府与教会，宣判任塞尼派为异端，而任塞尼派，正是巴斯加尔所要走的道路。这种转变，实质上是脱离了封建思想，进入一个新的历史时期，纵使如此，巴斯加尔仍然是属于唯心的。

也是在 1654 年，巴斯加尔经过长期的斗争后，发现了他所摸索的真理。他说："既然没有比你（指真理）更永久的，也就没有哪种爱抵得过你。"他觉着他所眷恋的都是些偶像，应该毁灭掉。

家庭、财富、声誉等都是偶像，自 1655 年初，巴斯加尔要从这些羁绊中逃脱。1655 年 1 月 7 日，他接受了圣克兰的劝告，与吕伊奈斯公爵走上任塞尼派的道路，他们不是出家，也不是入会，他们在乡间皇港修道院中，只是爱好沉思默想，度着简朴的生活。亲自收拾自己的房间，取送自己的饮食，一切由自己料理。这种剧烈的转变，锐白尔说她弟弟"取消了生活上一切无用的东西"[①]。杰克林纳经多次接触后，看她哥哥变得十分谦虚，说巴斯加尔藐视自己，想毁掉人们对他的敬重。事实正是如此，简朴与谦虚永远是人类灵魂伟大的标志。他不是说过吗？"在一个伟大的灵魂中，一切都是伟大的。"[②] 这就是为何任塞尼派虽受政府与教会的摧残，却得到当时广大群众的拥护。道德的威力战胜了传统的信仰。

---

① 拜里伊夫人：《巴斯加尔传》。
② 巴斯加尔：《爱的情欲论》。

关于此，在《思想集》中巴斯加尔举"人之子"耶稣为例：耶稣在最后的夜间，苦痛在橄榄园中。在这个可怕的时刻，据传述他的三个弟子却在那里睡觉。巴斯加尔说："耶稣至少想在他最爱的三个朋友中，寻找点安慰，可是他们睡觉了。他请他们帮助，而他们却毫不关心，没有一点同情心阻止他们睡觉……在这样可怕的夜中，他忍受这种苦痛与这种遗弃……"

这样一幕悲剧，巴斯加尔以"火山似的情感"寻找他的真理。仍是在《思想集》533条中，巴斯加尔似乎觉着耶稣对他这样说："我在痛苦中想你，我为你流了那么些血。……你想不流点眼泪而常耗费我人类的血吗？……"

巴斯加尔的摸索，最后他所找到的是"人之子"，而这个"人之子"的"灵魂悲哀得要死"。这里可看出17世纪过渡时期中，像巴斯加尔那样顽强探讨真理者，他所追求的是个体解放，他所得到的是深刻的悲观。他沉醉在渺茫的传说内，摸索到"人心"的幻变，增加了他悲观思想的发展。

第七
《与乡人之书》

1656年1月27日，巴黎街上叫卖着八页的小册子，题为《与乡人之书》，获得意外的成功。这种形式的信，陆续发表了十八封。第十九封方开始便中止了。作者巴斯加尔，化名蒙达尔脱，将任塞尼派与耶稣会的斗争，向社会公开，要求群众来判断，这种做法是不寻常的。

这次剧烈的斗争，是法国宗教改革的继续。耶稣会卫护君主政府的利益，随其所好，使社会道德日趋堕落。任塞尼派鉴于道德的崩溃，生活已走向不健康的道路，失掉意志与理智的支配，任塞尼派认为这是法国的危机。17世纪新兴的资产阶级，反对粗暴的决斗、对妇女的轻佻行为、自私的高利贷，迫切要求新的道德来振奋人心。为此，对任塞尼派的申理智、重意志、树立严肃的生活纪律，是十分需要的，而且也是有益的。正因为如此，耶稣会忌妒任塞尼派的威信，憎恶他们的严肃生活。任塞尼去世后，他的朋友们于1640年刊其所著《奥古斯丁》一书，耶稣会惧其影响，利用巴黎大学，即刻采取反对的态度。阿尔纳为任塞尼的拥护者，发表两种著作为任塞尼辩护，得到社会的同情。耶稣会将《奥古斯丁》一书归纳成五条罪名，利用罗马教皇的权力，限制此书的流传。任塞尼派认为这是耶稣会的陷害,不能从书中逐字逐句找出来的。因此罗马教廷处罚五条的罪行,不能涉及任塞尼本身,因为他是没有这样说过的。

阿尔纳为任塞尼派的领袖,任教巴黎大学,有很高的资望。根据这种论证与耶稣会正面冲突起来。耶稣会千方百计罗织罪名,欲打击阿尔纳的威信。利用宫廷权力,于1656年1月14日撤销阿尔纳巴黎大学的职位,并宣判阿尔纳为异教徒。阿尔纳回到乡间皇港修道院,向朋友们申诉,朋友们为之不平,并说:"你让他们如对待小孩似的随便处罚你吗?你不该站出来辩护吗?"

阿尔纳的自尊心受到创伤,当朋友们这样鼓动他时,他便用三天的时间,写出他的辩论,向皇港诸友宣读,巴斯加尔亦在座。大家听完后,空气沉闷,默然无声。阿尔纳伤感地说:"我清楚,你们以为这篇东西写得不好,我相信你们是对的。"

阿尔纳在苦闷之余,转头看到巴斯加尔,恳切地向他说:"你年少而好奇,你应当写点东西!"巴斯加尔在沉默中接受了这样的重托,潜心著作。因为他不是神学家,所以他不去争论神学上特定的概念。他以一个普通人的姿态,根据常识来论证神学上的问题,运用如剑的利笔,解剖争论问题的实质。这在当时是一件破天荒的大事。自从一千多年来,神学的问题只有神职者可以议论,而今普通人亦可提出自己的意见。这种变化不是为了教会,而是为了社会;不是为了宗教,而是为了伦理;不是为了信仰,而是为了理智。因此,维尔曼说:"皇港的隐修者,表面上讨论经院哲学的玄妙。实质上,他们仍是自由意识、实践精神、爱好正义与真理的代表。"事实正是这样,皇港隐修者所关心的是道德堕落,巴斯加尔揭露耶稣会的罪恶对当时社会恶劣的影响。写成第一封《与乡人之书》,他向大家宣读,阿尔纳惊喜地说:"写得十分好,这才值得读,快些印出来!"

十八封《与乡人之书》的内容,概括起来,前四封是讨论阿尔纳的问题,并分析反对阿尔纳的理由。他指出,耶稣会所以反对阿尔纳,不是为了真理,而是为了忌妒。从第五封到第十六封,谈道德问题。道德是社会的反映，巴斯加尔申述原始基督教的伦理思想，意识到与封建时代不同，即反对中世纪的迷信，痛斥耶稣会的虚伪。最后两封转到神学问题上，辩论任塞尼派是否为异端，应该如何处理所存在的问题。

巴斯加尔不懂得神学，却成了有利的条件，因为没有受经院学派的束缚。当时辩论神学与哲学问题者，咬文嚼字，纠缠在玄虚的概念上。巴斯加尔一反这种方法，从现实生活着手，以严谨的逻辑，生动的语言，向群众说明问题的真相，同时也便有力地发动群众，要群众关心这次的辩论，所以第一封信便得到意外的成功。

《与乡人之书》出版后，得到文学家夏伯兰与仑克维尔夫人的支持，认为任塞尼派的主张是正确的，压迫阿尔纳是不义的，巴斯加尔爽直地说："这不是神学问题，这是人的问题，如果阿尔纳离开巴黎大学，一切问题便解决了。"

巴斯加尔的写作是十分认真的。他研究各种资料，对证引用的原文，反复修改写作。第十八封信，修改了十三次。这种严肃认真写作的态度，运用现实生活中所反映的资料，巴斯加尔无情地揭露言行不符的耶稣会士的罪行。他说："你们穿上僧侣衣服，向人民说道，而自己心上却充满了仇恨！"

耶稣会在初期感到惊奇，束手无策，只好抱着沉默的态度。继后出来辩驳，仅只诘难引用原文的不准确，空洞叫喊渎神，却又举不出实证。巴斯加尔忿怒地说："为何说我渎神呢？难道不该讥笑假道学者吗，谁能禁止攻击错误而用讽刺的手法呢？你们想要例子吗？看看你们的著作，你们会得到无数的证据。你们是强者，我是弱者；你们人多，我只一个；你们用武力，我只有真理！奇怪的争论！武力要消灭真理！"

第十四封写得最为尖锐。耶稣会首长纳埃特读后，竟至晕倒，丧失了知觉。第十七封信，揭发了耶稣会的虚伪，说他们不敢攻击圣奥古斯丁，却攻击阿尔纳。耶稣会缄默，不敢出来辩论，却种用罗马教皇来压制。巴斯加尔并不屈服，他说："你们使罗马将我问罪，但是上天将向你们问罪！"

1656年4月，法国政府解散了皇港修道院，取消附设的小学校。巴斯加尔在忿怒中，毫不退让，他静待着大屠杀。1658年《与乡人之书》译为拉丁文后，注释中偶然涉及路易十三，借不敬的罪名，将书焚毁，逮捕译者尼可洛。在暴力压迫之下，任塞尼派失败了。可是在群众面前，巴斯加尔的著作却是胜利了。耶稣会从创立以来，从未受过这样惨痛的打击。巴斯加尔很明白他的行动，也明白他所写的价值。在他死的前一年（1661），他正在病中，有人和他谈起《与乡人之书》，并问他是否追悔写了这些东西。巴斯加尔胜利地说："追悔？远些吧！如果我再写，我要写得更强硬些！"这不是高傲与负气，而是意识到他的写作，对耶稣会的揭露是有深远意义的。

启蒙运动时期的反对耶稣会，是巴斯加尔精神的继续。伏尔泰不喜欢巴斯加尔，却继续了反耶稣会的活动，这从他的《路易十四的世纪》中得到证明。为了政治的目的，耶稣会用各种方法取悦于人，使人感到轻松，滋长了享受与自私的思想。生活严肃者在当时的风尚中必然是同情巴斯加尔的。事实正是如此，17世纪的法国避免了走上西班牙精神衰落的道路，任塞尼派的运动是主要的力量，《与乡人之书》起了决定性的作用。1656年，洛昂神职界集会反对耶稣会，巴黎也有同样的举动，提出38条罪状。1658年，巴黎神职者受《与乡人之书》的影响，向议会控诉耶稣会，反对道德的堕落。这证实巴斯加尔所起的作用。耶稣会较有价值的答复，系1694年达尼耶所写的，可是已经晚了四十年，这说明了《与乡人之书》的正确性。推翻耶稣会的活动继续进行着。1773年，解散了耶稣会，仿佛搬掉了人民身上的一座大山。其理由之一，就是耶稣会使道德堕落，即百年前巴斯加尔所指责的。

《与乡人之书》的写作是客观的，文体简朴，立论严谨，坚持说理的风格。有原则，又必须有充实的证例，否则，巴斯加尔是不提出的。他的方法是数学的，以数学方法解决神学问题，今天读起来依然感到作品的美丽与新鲜。他坚持了说理，有情感而又诙谐，树立起古典散文的典范。他不谈作者，而只谈所讨论的题目，不杂幻想，以清楚为首，使人能理解。巴斯加尔争取到了当时广大的正直者。《与乡人之书》的语言，是马来尔孛理论的实践，马来尔孛主张语言"要来自群众"，巴斯加尔是法国散文中第一个表现出质朴、单纯、精确、清楚，特别是合理的特点。朗松认为巴斯加尔的散文在希腊狄摩西尼之上。①

当1657年3月对任塞尼派禁令发表后，皇港隐修者感到苦痛。巴斯加尔正执笔写第十九封信，才开始向耶稣会神长安那特说："你安慰吧！你恨的人在苦痛中。"这封信就这样停止了。《与乡人之书》也便这样结束了。巴斯加尔的作品从来没有写完，无论是科学的还是哲学的，都是中途而辍，留下断简残篇。多少人曾推测巴斯加尔放弃战斗的原因，我想是徒然的。圣贝夫评论《思想集》时，以为没有完成比完成更为伟大。对《与乡人之书》也应当如圣贝夫对《思想集》的看法。

---

① 朗松：《法国文学史》，第463页。

第八
巴斯加尔最后的生活

1657年3月底，巴斯加尔刚开始写第十九封《与乡人之书》便停止了。他感到苦痛，同时也感到乏味。他觉着这个世界是虚伪的。他希望得到安静，可是事与愿违，他只感到混乱。他多病，身体衰弱，牙痛使他不能成眠。有一天夜间，巴斯加尔牙痛，坐卧不宁，为了减轻痛苦，思想专注在转迹线（亦称旋轮线）上，这个深奥的问题是麦尔斯纳提出的，任何人尚未解决，而巴斯加尔用立体几何的方法在病中解决了，得出不少的积分变换公式，随着牙痛也便停止了。

巴斯加尔接受洛奈兹公爵的建议，1658年6月公布了转迹线问题，广泛征求解答，期限为一年半，并附有奖金。一年半过去了，没有得到任何答案，只好公布了自己的解法，以奖金印了他的作品。1660年，他写信给伏尔玛说："数学可以做试验，费力则不必。"这并不是轻视数学，而是数学不能作为人的归宿。他很谦虚，称赞伏尔玛当代科学界的第一人。

巴斯加尔是微积分学的建立者之一。莱布尼兹微积分学的成就与巴斯加尔的转迹线是分不开的。17世纪，数学仍然是哲学的一部分。巴斯加尔认为一个连续的变量中，有无尽不同的蕴度，其中蕴含关系，相互影响，有如点和线一样。在有尽的量中，可看出是无尽量的合成，而每个无尽量又可以当作初量是有尽的。他把这种关系归纳到一句名言："一切是一，一切是变。"

自从 1657 年的暴风雨后，皇港修道院又恢复了正常的状态。政治上他们处于劣势，社会上却得到信任。耶稣会掌握实权，得到政府的支持，怀着忌妒的心情，必置任塞尼派于死地。到 1661 年，也就是巴斯加尔死的前一年，任塞尼的旧问题又重新提出，因马萨朗视皇港修道院与其政敌雷池有联系，须予以彻底的打击，因而要求皇港有名望者签名承认自己的错误。

巴斯加尔的妹妹杰克林纳是一个叛逆的女性。现在要她签字，否认她所追求的真理，她的思想是通不过的。她反对这种虚伪与欺骗，她不能向当权者屈服。她忿怒地说："我们怕什么？解散、放逐、充公、监狱以至于死，要怎么办便怎么办！这不是我们的光荣吗？这不是我们的快乐吗？"人们以她是出家人，应当服从。她听了这种论调，更为忿怒。她说："我很清楚，几个女子是不能保卫真理的。但是，主教们既然有女子们的勇敢，女子们也应该有主教们的勇敢。如果我们不能保卫真理，那么我们也要为真理死去！"①

杰克林纳的倔强性格，使她反抗法国古老的社会。圣贝夫赞美她说："她不允许人们讥笑她。"②她勇敢地反抗，但是她失败了。她周围的人们屈服，她很明白可以反抗敌人，却不能反抗她的同伴。因而她为同伴被迫签字。但是，她也明白签字就是死亡。签字后，她苦痛了三个月，于 1661 年 10 月 4 日，死在乡间皇港修道院，活了三十六岁。

我们不知道杰克林纳病的情形。她死的时候，巴斯加尔亦在病中。再过十个月，他也要与世分别了。当他听到妹妹的死，态度十分镇静，简单地说："好，她死了。"自从杰克林纳死后，巴斯加尔不肯

---

① 见杰克林纳于 1661 年 6 月 22 日写给安吉利克的信。
② 原文为摩里亚克所引用，见其所著《巴斯加尔及其妹妹杰克林纳》。

提到她，因为语言不能形容他的苦痛。当他看到阿尔纳与尼可洛等妥协，他也感到忿怒。阿尔纳采取妥协的态度，想挽救他们的组织与财产，而巴斯加尔却要卫护真理，不使失掉社会的同情。他内心苦痛，看不起这些怯弱的人们，他说："如果皇港的人们缄默，石头要起来说话！"① 巴斯加尔与他的朋友们展开了斗争。他甥女马克利特说："巴斯加尔多爱真理，许久以来患着头痛病，当他要皇港先生们了解他的主张时，一种剧烈的苦痛侵袭进来，竟至失掉了语言与知觉，人们惊慌起来，急速救护，恢复知觉后，大家便退出去了。……我母亲问他怎样产生了这种变故，他回答说：'当我见这些人既然懂得真理，就应该保护真理，谁想他们动摇与妥协，我感到一种不能支持的苦痛，便晕倒了。'"②

杰克林纳的死，与朋友们的决裂，这些剧烈的苦痛给他精神上深刻的创伤。1661年10月以后，巴斯加尔与皇港的朋友们断绝了关系。从此，他的生活变得更孤独，更简朴，而他的健康已至绝望的境地。有时，由于禁欲思想的发展，竟至有意识地损毁自己的健康。

四五年以来，巴斯加尔经常在病中。锐白尔关心弟弟的健康，注意他的饮食，使口味合适，增进他的食量。但是巴斯加尔从来没有说过对饮食的意见。每到新水果上市时，锐白尔给他买来，他吃完后，也不说一句话。偶然锐白尔问他："你喜欢这种水果吗？"他简单地回答："你该早点问我，现在我想不起来了。实在说，我一点也没有留心。"③

巴斯加尔的家庭是克来蒙中等富有的家庭，生活简朴，没有浮华的习尚，他的家庭承袭了尊敬穷人的传统。那个时代，贫富是命定的，还没有认识到是阶级压迫的产物。富而不骄是难能的，至于热爱

---

① 原文为摩里亚克所引用，见其所著《巴斯加尔及其妹妹杰克林纳》。该保护真理，谁想他们动摇与妥协，我感到一种不能支持的苦痛，便晕倒了。
② 《巴斯加尔全集》第1卷《马克利特的回忆》。
③ 见锐白尔著的《巴斯加尔传》。

贫穷，那更是稀有的了。在最后的几年中，巴斯加尔认识到贫穷是锻炼道德品质最好的方法。生活上非必需的东西，一概取消了。他常说："倘使我的心也如我的精神贫穷时，我是何等的幸福！因为我确实认为：贫穷是解救自己唯一的办法！"他觉着穷人的灵魂是伟大的，也是纯洁的。他劝他姐姐锐白尔，佣人以贫穷者为最好。当时的习俗视施舍为美德，巴斯加尔无止境地施舍，钱不够了，将他甥女的衣服也送给穷人。巴斯加尔在死前，他同洛奈兹公爵和克来南侯爵发起公用马车，成为巴黎交通运输重要的企业，第一条路线，自圣安东门至卢森堡，1662年3月18日试车，每张票25生丁，解决了交通的困难。这件事，说明巴斯加尔的精神时刻联系着现实，反映出新型知识分子的动向，从他的数学计算机起，这种现实的精神是一贯的。① 他曾借支过一千佛郎送给孛洛哇穷人。

　　巴斯加尔热爱穷人不是虚伪的慈善，如以后的传教士，施以小恩小惠，而实行更强的掠夺。巴斯加尔认识贫富的悬殊，不是天然的，而是社会的。1660年，吕奈斯公爵的长子十四岁了，受巴斯加尔的监护。有一次，巴斯加尔对这个青年说："你所有的财富是偶然得来的。就你和你的实质而言，你无权力占有这些财富。财产是你祖先们遗留给你的，那是一种制度。船夫和公爵的灵魂与肉体并没有什么区别。你的自然情况与别人一样。"巴斯加尔藐视贵族，在一百多年前已启示出卢梭的思想，是十分可贵的。

　　巴斯加尔死前的三个月，做了一件让人想不到的事情，精神上得到很深刻的安慰。一个早上，巴斯加尔在街上走着，遇到一个约有十五六岁的女子，举动活泼而端庄，向他要钱。巴斯加尔问她的情况，知道她来自乡间，父亲死了，母亲病着住在医院中，家中无法维持生活。巴斯加尔怕这女子受骗，送她到一所修道院内，留下钱，嘱托院长照顾她。以后，派去佣人给她做衣服，将这个流浪的女子嫁给

---

① 拜里伊夫人于1662年3月21日写给般保纳先生的信。

一位诚实的青年。巴斯加尔始终未向她说出姓名。是在巴斯加尔死后，佣人和院长始告诉她，将这件事宣布出来。

巴斯加尔晚年的生活变得很拘谨，有时几乎是不近人情的。他的甥女马克利特特幼时，对她母亲亲昵一点，巴斯加尔看着便感到苦痛。他认为爱的方式很多，何苦要亲昵抚摩呢？杰克林纳死后，锐白尔提及她时，巴斯加尔觉得是多余的，不应该眷恋死者。有时候，锐白尔从街上回来，无意中说："我看到一个美丽的女子。"巴斯加尔听着便发怒起来，并向他姐姐说："在杂人与青年面前，你不应该说这些话，因为你不知道在他们思想上起什么作用。"在日常生活中，他们的认识逐渐有距离了。锐白尔不理解她弟弟的思想的变化，有时便疑惑起来，以为巴斯加尔不爱她。她感到十分的苦恼，却又无可奈何，只好忍耐着。

巴斯加尔的病一天一天的加重了。旧病之上又加膀胱症。他意识到死的来临，有如一匹灰色马在他眼前奔驰。他觉着个人是无足轻重的。他不眷恋别人，也不愿别人眷恋他。他说："纵使别人眷恋我，那是很不对的。因为对眷恋我的人，我将欺骗了他们！我不是人的归宿，我不能满足他们，我不是快死了么？他们眷恋的对象要死去的！"

巴斯加尔的这种思想是消极的，他不敢正视现实，或者说已无能力理解现实了。他放弃了往昔科学的实证态度，而想逃脱现实，这正是往后19世纪初年浪漫主义的萌芽。对人无所眷恋，亦即对人无恩怨，巴斯加尔丧失了与耶稣会战斗的精神。有时候，朋友们偶然提及别人的流言蜚语，他一笑置之，并不申辩。他说："你们不要奇怪，这不是由于道德，而是由于遗忘，我什么都想不起来了！"果真想不起来吗？不是的。在17世纪的转变中，个人对旧社会的实力的斗争太微小了。他同耶稣会的斗争，虽然取得社会的同情，可是皇港的朋友们并不能坚持下去，由于时代的局限性，他也不能坚持下去，他们失败了。

巴斯加尔多年在病中，睡在床上，不能动，成为孤独者。在死的前几个月，为了减少孤独，常时希望有穷朋友在旁边，他接待了一家穷夫妇住在他的寓所，不收房租，供给他们燃料。可是住了不久，新居者的孩子出天花，病势很重，锐白尔感到十分为难。她既要常来看她弟弟，予以照护；她却又有孩子，怕天花传染。如果要新居者移走，孩子的生命必然要有危险。在这样困难的情形下，巴斯加尔决定离开住所，向锐白尔说："移动住址，对我是没有危险的，我应该离开。"1662年6月22日，巴斯加尔移居在他姐姐锐白尔的家中，一直住到死的时候。

巴斯加尔住在他姐姐家中，病势严重起来。他以极度的忍耐，勇敢地与病魔斗争。朋友们看到他挣扎的苦痛，不能帮助他，他微笑地说："你们不要同情我！"

巴斯加尔守着中世纪的传统，穷人是高尚的（这是封建统治者虚伪的道德），他想找个穷苦的病人，同住在一起，死在穷兄弟的身旁。这当然是一种幻想，绝对不能实现的。当巴斯加尔知道不能实现时，他想移住到医院中，实现死在穷人身旁的理想。医生坚决不准移动，巴斯加尔感到恼怒。

巴斯加尔的病势变得分外沉重。8月14日增加了头痛。17日病势急转，到了半夜，死去，又还复过来，语言已不清了，只是等时间而已。又苦痛了一日半，在1662年8月19日上午一时，巴斯加尔结束了战斗的与苦痛的行程，活了三十九岁又两个月。过了两日，巴斯加尔埋葬在巴黎圣爱基纳教堂中[①]。

[①] 1699年，名剧作家拉辛死后，也葬在这所教堂内巴斯加尔的旁边。

第九
余论——写在《思想集》之后

17世纪，欧洲在资产阶级形成的时候，个人主义得到迅速的发展。每个人要求脱离中世纪传统的理论，从现实出发，解决自己的问题，支配自己的行动。如何尊重理智的独立，如何解脱信仰的迷信，如何恢复人的本来面目，成为当时急切需要解决的问题。那时候的法国在经济与政治上有特殊的地位，其伟大来自生产力得到发展，并非来自被人誉为太阳的路易十四。因为这个封建王室已临近黄昏的时候了！另一方面，法国的伟大，在于那一群古典的作家，如笛卡儿、巴斯加尔、莫里哀、拉封登、波绪伊等，他们敢于反抗封建的传统，大胆的怀疑，形成一种新的精神，巴斯加尔便是这种精神体现者之一。

巴斯加尔的寿命不永，活了三十九岁。他是世界上最智慧的人之一，他有科学的天才，在数学与物理学上有独特的贡献；他是一个思想家，他证明纯粹的科学不能消除漠视道德的悲痛；他是一个杰出的作家，用人民的语言，准确的言辞，表达出情感最深刻的要求。总之，巴斯加尔是一个不平凡的人，他既反抗封建的迷信，又揭露耶稣会的虚伪。在法国资产阶级发展的初期，他认为信仰与理智并不是矛盾的，这对于启蒙运动是一个有益的启示。巴斯加尔承袭了文艺复兴时期的精神，一切须从理智出发，分析现实，将伦理生活置放在首要的地位。《与乡人之书》便是对当时伦理思想的一种批判，从而开创了反耶稣会的运动，起了决定性的作用。1764 年，法国统治者被迫解散耶稣会的论证，基本上是巴斯加尔所提出的。耶稣会的解散是法国近代史上的一件大事，距 1789 年的法国革命，仅只有二十五年了。

巴斯加尔死的前几年，经常思索有关人的问题，随时散乱地记录下来，内容非常复杂，也没有组织系统。1670 年，皇港的朋友们及其家属，为了整理出版，不致引起风波，将原文修正，致使许多地方，丧失了作者的原意，题名为《思想集》，冠以他外甥拜利伊的一篇序文。在 1776 年与 1779 年，《思想集》相继再版，并未校正内容，对理解巴斯加尔起了阻碍的作用。到了 1842 年，古赞提出异议，认为流行的《思想集》与原稿不同，应该重新研究，根据原手稿反映出巴斯加尔真实的思想。从 1844 年起至 1899 年止，许多学者竭尽心力，有的倾毕生的精力，如米邵等认真校对，恢复作品的原状。从此研究巴斯加尔者有了可靠的版本。

巴斯加尔曾说，《思想集》一书，需要有十年的时间始能完成，不幸事与愿违，巴斯加尔寿不永年，仅留此残缺的作品。但是仅此作品已足见作者的才华与作品的奇突了。

《思想集》表现了 17 世纪的新精神，巴斯加尔认为信仰和理智是没有矛盾的。他深入研究蒙达尼的著作，特别是《雷蒙·德·斯本的辩护学》，认为一切的理智都须以感觉为基础。巴斯加尔首先是一个科学工作者，经验与分析起着重要作用，形成了他的思想方法。因此，巴斯加尔企图解决宗教问题，证明宗教是可爱的，与理智是和合的。可是，巴斯加尔的这种企图失败了，并没有解决了宗教问题。他所运用的资料是陈腐的，他的论证是薄弱的。但是《思想集》的重要处，是在对人作了深刻的分析，推动了思想的解放。这样，说明人是可以研究的，不能盲目地当作神的仆役，巴斯加尔急切地希望解决人的问题。

根据巴斯加尔的手稿，按照每条的内容，孛宏斯维克最后编写十四类，924条，成为现在习见的《思想集》。这部名著有如一座森林，历来见仁见智，认识非常不同。既然巴斯加尔与萨西的对话中，涉及对人的分析，也便是《思想集》的提纲，我们试想从这座散乱与无尽的思想森林中，寻找出他对人分析的要点，也可看出法国的古典文化是如何开始的。

解决人的问题，巴斯加尔认为是最重要的。他这样说："每个人应当懂得自己。懂得自己，即使找不到真理，至少可以确定自己的生活，再没有比这个更真实的。"（66）① 真正懂得自己是不容易的。唯心者视人披着神秘的外衣，将人的真实性隐蔽起来，自古是如此的。所以，希腊最早的哲学家说："你要认识你自己。"对着这个问题，巴斯加尔自然脱离不了唯心的范畴，因而在他分析这个问题时，遇到难以克服的困难。他说："我不清楚谁把我送到世间，也不清楚这个世界是什么，我自己是什么。对一切事物，我是在可怕的无知之中。"（194）他又说："我所晓得的东西是我不久要死去。但是，我所最不清楚的是这个不能避免的死。"（194）

巴斯加尔对人的问题，果真是这样无知吗？不是的。巴斯加尔根据他的思想方法，认为了解人的首要条件，是从人的身体着手。他这样推断：我的身体便是我自己。我的身体的存在是真实的，不能置疑的，因为身体是一个实体，非常具体的。既然是一个实体，它便占有一个位置。这样的位置，我们便认为是宇宙的中心。但是，将视线放到无尽的天空，人的"视线停止住了，想象已到无尽的空间"（72）。于无数星体之间，我们所见的太阳，也仅只是微弱的一点，那么我们所住的地球，更是小到无可形容了。既然在宇宙的深心，"有形的世界只是一条看不见的线"（72），那么我们的身体所占的地位，真是微不足道了。如果我们的身体与地球相比较，不过是"一个微弱的小点"；如果

---

① 文中括号内的阿拉伯数字，系指孛宏斯维克所编《思想集》中的条数。下同。

与宇宙相比较，几乎是一个虚无而已。这样，我们很难认识自己的身体，身体变成了一个难解的谜。事实上正是如此，在无垠的空间，宇宙是无尽的。如果我们的身体与宇宙相比较，真是成了"虚无对无穷"（72）。但是，从另一方面看却又相反，成了"无穷对虚无"（72）。谁都知道我们的身体是由无数原子构成的，而每个原子又含有无数的电子，每个电子又含有无数的世界，每个身体的复杂性并不亚于我们现实的世界。那么，我们的身体又成了"一个世界或一个万物"（72）。由此可见，我们的身体一方面小至无穷，他方面又大至无穷。我们的身体兼有两种并存的无穷，不是相互堆砌，而是浑然为一、不可分割的整体。于是，我们的身体成为一个不可思议的怪物。

除过物质之外，人是否还有别的东西？对于这个问题，巴斯加尔觉着很难解答。尽管如此，可是巴斯加尔又追问：为何我们会意识到自己的身体呢？更难理解的是为何我们会判断这个或那个的是非呢？这些问题迫使我们必须理解现象与实质的关系，也就是"量"和"质"的关系。

人是一种物体，可是与其他物体不同。巴斯加尔说："我可以想象一个没有手，没有脚，没有头的人，却不能想象一个没有思想的人。如果不是，那将是一块石头或者是一只野兽。"（339）笛卡儿说："我思，故我在。"人能思想，这是十分真实的。但是，人是为思想吗？思想是人的实质吗？对于这些问题，巴斯加尔保持了慎重的态度，需要深刻地观察。

当巴斯加尔观察人的特点时，他发现人是变的，复杂的，根本上是矛盾的。人希望幸福，得到的却是不幸；人要求快乐，得到的却是苦痛；人爱好动，却又要静。为了满足自己的欲望，人有种种要求所设想的各种方法来工作，转瞬间却又被别一种欲望代替，永无止境地纠缠在矛盾之中。为什么会有这些矛盾呢？巴斯加尔是唯心地理解矛盾的，并不认识到矛盾是事物发展的法则，而认为是想象所构成的。想象使我们要求幸福，而我们却得不到幸福。想象有强大的力量,不仅能制造出美、正义与幸福,而且"能将虚无扩大变成一座高山"(85)。

当巴斯加尔深入分析后,他又认识到想象的作用是局部的,不能解决矛盾的问题。如果探究矛盾的由来,人们会认为是来自天性。但是,巴斯加尔又指出:"习惯是第二天性,第二天性可以毁灭了第一天性。"(93)他又要我们知道,习惯来自模仿,其实质是偶然的。倘如人的实质是"思想",思想自身是非物质的,那么有谁能说明精神的模仿是来自偶然呢?这样,人的实质问题并未得到解决。

笛卡儿的"我思,故我在"对人实质的解释,巴斯加尔是不同意的。巴斯加尔认为"人是一茎有思想的芦苇"(347),人是脆弱的,却又是伟大的。但是,当人们观察时,常放弃了思想的本身,而只谈思想所起的作用,当然这是不能解决问题的。比如为了卫护正义,国家制订了法律。如果考察正义本身,所得到的结果却正相反,执行的法律却是非正义的。人民相信法律,那是很正确的。但人民看到法律执行下去,却又是非正义的,或者是武力的变相。由此而得到认识:人间是没有正义的,而仅有暴力。因此,所谓正义实现后的和平,那只是武力的成功。巴斯加尔说:"当强的军队占有它的财富时,它所占有的在和平之中。"(300)巴斯加尔自然不理解法律是阶级斗争的武器,他却说出在阶级专政中,法律所起的作用。

巴斯加尔根据这样的认识,认为道德同法律一样。如果人们不盲从,深究善是什么,道德家们是禁不住追问的。他们只能引用古人的理论,作为他们主张的论证,其结果他们会认为:"真正与唯一的道德是恨,因为情欲是可恨的。"(485)

感觉也不是人的实质,因为感觉常是欺骗我们。为此,巴斯加尔理解为"人是充满错误的东西"(83)。笛卡儿的"我思,故我在",巴斯加尔认为正相反,应当是"我在,故我思"。当笛卡儿说"我们是些思想的东西"时,他丢掉了物质,便是说他只看到普遍的一面,却没有看到特殊的另一面。关于人的问题的争论是很古老的,巴斯加尔将争论归纳为两派：一为怀疑派，一为定理派。

怀疑派认为世间只有一个真理，可是这个真理是靠不住的。因为认识真理是思想能力的体现，而人是没有这种能力的。当我们说这是一尺长，同时附带着个条件，要假定尺的存在。要判断这个事物，首先要假定那个事物。事物是相互关联着，正如石子投入大海，必然要波动全面。如果要真懂得一粒小砂，需要有全部宇宙的知识。但是有谁能具备全宇宙的知识呢？又有谁能依靠思想而能认识真理呢？

定理派反对这种怀疑的态度。他们主张："人不能怀疑自然的原则。"（343）怀疑派的主张是没有基础的。怀疑一切吗？"如果烧你或钳你，你感到苦痛，那也是做梦吗？"（434）世间有许多事是不能证明的，而它本身也不需要证明的。怀疑可以引人探讨问题，却不能解决问题。怀疑多久，问题不能解决，世间果真没有解决过一个问题吗？那又是不可能的。

对这两派的主张，巴斯加尔认为"他们的原则是对的，他们的结论是错了"（394）。一切不能证明与一切不能怀疑，这种矛盾正好说明了人的本质。这两种理论虽然不同，却有共同的地方，即共同认为是思想的表现。但是，思想的活动是理智的体现。那么，为何我们要思想？为何我们要受思想的控制，即要这样或那样运用理智呢？对于这些问题，巴斯加尔觉得很难回答。可是有一事实是很明确的，即我们时时刻刻在运用理智，有时是自发的，有时又是有意识的。这种强力迫使我们自然与不自然地运用理智，巴斯加尔认为是"我们的意志，要我们如此而不如彼"（99）。理智是受意志的支配，如果丧失了意志，人类行为也便停止了。

意志的实现是一种运动，因为"人的本性是在动，纯粹的休息便是死亡"（129）。动是有目的的，因此人的行动常在追求目的的实现，又想脱离开自己的现实，转入新的境地内。人究竟在追逐什么呢？巴斯加尔认为"想跳舞，吹笛子，歌唱，作诗，划船，做皇帝"（146）。每个人有他追逐的对象，争取成功。可是意志的领域是广泛的，满足意志的要求也是困难的。

这样，我们的生活常是复杂迷离的变化，使人感到苦恼。巴斯加尔说："在各种情况中，我们的本性使我们苦痛。欲望所要求的幸福，即刻便感到达不到幸福的苦痛。当我们得到幸福时，我们不愉快了，因为又有别的欲望提出我们新的要求。"（109）不能满足意志的要求是苦痛的，因之，我们的行动常是错误的。巴斯加尔分析到这里，感到无所依存，似乎走入绝境。一方面他觉得"我是可恨的"（455）；他方面又觉得"无尽空间永久的沉静使我恐怖"（206）！当巴斯加尔感到无能为力之时，不可避免地踏上经院学派的旧路。他认为善是意志的对象，独立长存，含宏万有，永久不变的。这个善是事物的本体，是经院学派所称的"上帝"。

关于上帝存在的问题，巴斯加尔认为应该赌它的存在与不存在。在这两种肯定认识的前面，不能采取旁观的态度，必须选择其一，含有强制性的。赌博中要计算胜负的次数及得失的代价。巴斯加尔运用或然计算方式来推算，创造了"赌的论证"，以证明上帝的存在。巴斯加尔认为赌上帝的存在，便是赌永久幸福的有无。假使赌上帝存在所赢次数少至一次，而所得的代价却是无穷的，其方程式为：$1 \times \infty$；假使赌上帝的不存在所赢的次数，多至若干次，作为 n，而所得的代价是有限的，作为 a，即其方程式为：$n \times a$。两式相较，应该赌上帝的存在，因为所得的代价是无穷的。

巴斯加尔深知这样的论证是不能服人的。人们依然不肯赌上帝的存在。他分析这种现象的原因，以为要赢得永久的幸福，必须放置赌金，即使这点赌金是微不足道的。赌上帝存在的赌金，不是金钱，而是要去掉阻止道德进步的情欲。巴斯加尔认为去掉情欲，信仰便能产生了。由此可见，巴斯加尔的宗教论证是传统的。以或然计算的推论，实质上是一种怀疑。当理智拒绝所怀疑的对象后，又不能从传统势力中自拔，其行动采取了禁欲态度，这种方式是完全可以理解的。但是，像巴斯加尔情感那样丰富的人，由禁欲思想引起的自我摧残是十分剧烈的。所以，蒲鲁东说："巴斯加尔的信仰仅只是一种奇突的苦痛。"所谓奇突的苦痛是怀疑的折磨，其方式是禁欲的。

《思想集》的内容是复杂的，各个学者对它有不同的认识。有的看巴斯加尔是虔诚的基督教徒，守着传统的风尚；有的看他是怀疑者，运用科学的实证，揭露出深心的矛盾。17世纪的思想家，不可能理解矛盾是事物发展的法则，总是唯心主义的。但是，巴斯加尔以生动简洁的言辞，准确地分析人心，给事物做了综合，说出深入细微的、却又是剧烈的苦痛，树立起法国散文不朽的典范。沙多布里扬语之为："可怕的天才。"①

巴斯加尔死后，他的影响扩大起来，莱布尼兹与拉孛留耶等，尖锐地刻画社会的苦难，大胆地反对传统的教会。伏尔泰认识巴斯加尔很深，只觉着过早生了一百年，错误地理解了人的本性。在法国革命的前夕，1776年《思想集》再版后，龚多齐责备巴斯加尔著作中的迷信，有损良知。卢梭正相反，他赞扬巴斯加尔对人心深刻的理解，将感情置放在重要的地位，给浪漫主义者起了有益的影响。

法国革命进行的时候，沙多布里扬视巴斯加尔为浪漫的，因为他要冲破纪律的约束。又视他为悲剧的，因为理智与情感经常是矛盾的。沙氏在《基督教特点》一书中，备极推重巴斯加尔，并非因为巴斯加尔对宗教的卫护，而是因为那样伟大的天才，却受疾病的折磨，嫉恶如仇的战斗，对事物抱着怀疑的态度，内心永久在苦痛之中。

不只沙氏如此，1862年，蒲鲁东读完《思想集》后，在他日记上写着："巴斯加尔，你属于我了！我爱你，我深入到你心里，我在你思想上思想。如暗夜深沉的悲哀，由于你充满了微光，请你指导我，我有无穷的苦痛……"蒲鲁东视巴斯加尔是战斗的，从他的《思想集》中，找到摸索真理的途径。勒麦脱却是另一种情况，对事物持着阴暗忧闷的态度，也有战斗，却是悲观的。勒麦脱说："在埋着你（指巴

---

① 沙多布里扬：《基督教的特点》第3卷，第6章。

斯加尔）的理智、光荣与天才的墓中，你树立了一个十字架。但是，在这些活的残骸堆下，充满了恐怖的深渊揭开了，救主的十字架像芦苇那样发抖。"①

19 世纪 40 年代，古赞研究巴斯加尔手稿，揭露出许多错误，恢复巴斯加尔的面目。许多学者，如哈瓦特、拉维松、米邵与锐豪等，对巴斯加尔做了认真的研究，一致予以最高的评价。巴斯加尔受到时代的限制，他是唯心的，却也是前进的，反中世纪迷信的。他有科学的天才，在数学与物理学上做出不朽的贡献，但是他又证明科学不能解决漠视道德的悲痛，他坚信任塞尼派的理论，狂烈地反对耶稣会，建立新的道德，这正是法国资本主义兴起时所需要的。他是一个哲学家，他又认为不重视哲学者才是一个真正的哲人；他是一个杰出的作家，他又认为舞文弄墨会使读者厌倦。他理解人不是神秘的，人是一切的中心，是无限大与无限小的连接线。但是也要明白：无穷与虚无是物的两个极端，是逻辑的推论，却不是现实的。巴斯加尔相信人类是前进的，伟大的灵魂使人类事业不断地前进。在前进的过程中，有退，也有进。前进不是循环的，巴斯加尔又说："前进的事业仍为前进所代替。"

---

① 布脱户：《巴斯加尔》，第 199 页。

附录

欧洲文化简释

一

佛罗郎斯国家博物院中藏有文艺复兴时米该郎（Michel-Ange）一尊雕像，题为"胜利者"，其形象是一位美而健壮的青年，膝下压着一个奴隶，头向前伸，有似一条耕牛；而这位英俊的青年，举起他强有力的臂膀，正要打时，他停止了，脸向后转，表现出厌憎、疲倦，无可奈何的神气，他胜利了，却也失败了。罗曼罗郎曾以此像解释这位雕刻大师的生活，我们现在拿它来象征欧洲的文化，试加一种解释。

二

尽管欧洲每个时期的文化都有它的时代特点，但是却有一个共同的倾向：在人与人、人与物之间，要用分析的方法，于复杂中求统一，施以一种精密坚固的组织。这便是说：在社会与自然的前面，他们要追问一个根底，寻找理智的满足。

为此，希腊亚波罗的庙堂上，刻着"你要认识你自己"。苏格拉底要说："你不探讨真理而热心于富贵，你不觉着可耻吗？"达尼在随笔中说："我知道什么？"欧人不只是重知，而且将"知"当作是一切的归宿，从希腊到现在，无论是哪一个时代，或哪一位学者，他们所致力的不是逻辑，便是数学。这两者是说明人与人、人与物两种最锐利的工具，只有从这两方面出发，始能得到真的知识。

三

希腊人对知的探讨的立足点为人体是一切的中心。他们不像埃及与中亚，以宗教来解释人类的生活。他们对社会不愿逃脱，对自然不起恐惧，他们由肉体到精神，由现实到理想，无时不在追求着对称、平衡与和谐。他们由个人至城市，由城市至社会，由社会到人类与宇宙，无时不加以逻辑的控制与数学的说明。因为这两种工具，虽说是抽象的，却是形式的。正等于他们所追求的美是局部与整体的调和与对称，是非常有分寸的。雕刻与建筑、竞赛与宗教的仪式，无处不表现于形体的美，便是亚里士多德——那样一位精深的哲人，而他最大的贡献不是形式逻辑吗？

古希腊是文化的十字街心，不只人种复杂，语言习惯不同，而且地形起伏，受海与陆的支配，进而形成独立与自由的精神。他们诅咒命运，憎恶神秘，因为这对于个性的发展，是一种斩不断的障碍，而将晶明的意识完全掩蔽了。他们要明白自己的一切，积而久之，自己便是衡量人与物唯一的标准，正如人之最可凭恃者为形体，所以他们把一切的神，都有健壮的筋肉，独立的性格，永远在斗争与冲突之中。他们综合了古代人类的知识，予以一种形式的表现，可是这种形式是个体的，有机的，现实的。这里边藏着不可思议的美，却不是希伯来人的天国，而是希腊酒神的剧院。

四

希腊发现了人体是一切的中心，罗马却发现了社会。这个孜孜不息的拉丁民族，爱土地，重所有权，较量锱铢，一切集聚在意志上，他们所推重的是利害，他们所拒绝的是美丑，即是说他们推重理性而拒绝情绪，这就是为什么他们最古的文献是十二铜标法。

当罗马人在海陆发展时，所遇的敌人是很顽强的，但他们能够一一克服，与其说是由于军事，毋宁说是由于法律。他们能够履契约的规定，因为契约维持人与人的关系，正是实用精神所要求的。自从罗马立国起，便用众志成城的方法，向四周扩张，以法来控制自己，以法来支配他人，便是神也不例外。拉丁的哲人说："人之可贵乃在合法。"法是公平的，同在社会上，为何能以种族、地理、语言等将人分做种种等级呢？便是这个缘故，革拉古斯（Grachs）兄弟为平民来奋斗与牺牲，也是这个缘由。大多数法学家并非罗马人，如该雨斯（Gaius）是小亚细亚人；巴比尼斯（Papinius）是腓尼斯人；毛德斯地纳斯（Modcstnus）是希腊人。

罗马帝国包含着许多不同的民族，为了维持帝国的安全，需要有共同遵守的法则，他们认定人生的目的在服务于牺牲，以便社会到完美的地步，帝国是集体意志的象征，帝国的光荣便是社会的安乐。因之他们重社会的设施，如道路、剧院、澡堂、水道，这些设施无处不为集体来着想。这只看安东族统治下的帝国，便知道法律的效用。所以孟森说："罗马的精神是在人民服从法律。"

五

古代罗马的理想是在组织健全的帝国，这个帝国便是社会的别名，他的人民，每个都是好士兵，同时又是好公民，在法律面前一律都是平等的。到纪元后二三世纪，这种古代罗马的精神变质了。一方面，受蛮人的侵入，使旧社会起了一种波动，混合与同化，即是说古代罗马的理想，不得不屈就现实，随着现实来推进；另一方面基督教降生，发现了灵魂的价值，使得每个人知道：这个世界是靠不住的，每个人只是过客。

这两种因素使古代罗马社会失掉它的平衡。罗马人怀念着当年的辉煌，可是不明白：何以基督徒自奉简约，快乐地视死如归呢？过去希腊人所恐怖与诅咒的命运，现在要拿上帝来解释，它不是可怕的，而是可爱的，所以他们说上帝是爱。爱的实施便是要爱人如己，因为人不止在法律面前是平等，在神的面前更是平等的。为此，基督说："你们要互相爱，因为你们是兄弟。"

六

中世纪受基督教的支配，形成精神的个人主义，狂热地爱未来，以养成不可摧毁的个性。刚比斯（Ibomas de Kambyse）说："虚幻，一切都是虚幻！"他们视人生的最高价值是灵魂的完美，各种生活几乎都含有一种孩子的气概，在十字军东征时，多少人去耶露撒冷是为着死而去的。他们看死不是灭亡，乃是生的降生。正如十三世纪哥特式的建筑，由罗马式的笨重与暗淡，一变而为清明与玲珑。

便是因为这样思维的方式，我们觉着中世纪很难了解。我们觉着多默斯（St. Thomas）的哲学比亚里士多德更为奇突，但是，中世纪讲求灵魂，结果使思维术推进，树立起科学的基础。多默斯在他的巨著（*Summa Theologica*）中，处处以问题出发，提出反证，得到结果论，完全是几何形式的。但丁《神曲》的结构，仍然逃不脱中世纪的影响，也是数学式的。其所以不同于希腊者，是因为希腊以人为归属，而中世纪以神为归属。

七

中世纪文化的基础，建立在信仰，信仰需要仪式、堂庙、教会来支持，便是说实质与外形的调和。正如哲人精神的特点在"知"，当知的范围扩大，旧的外形便不能保守了。东罗马的灭亡，新航路、新大陆的发现，便将时代划分，产生了文艺复兴与宗教改革。

这两种思潮，起始仅只是两种运动，继后合而为一，变成一种革命，开创了新的时代。他们同是要复古，但这个"古"，既不是拜里克来斯的希腊，也不是圣保罗的罗马，而是埃哈斯姆（Erasme）与加尔文（Calvin）所想象的希腊与罗马。因为他们觉着空间扩大，每个人要拥护自己的意识，做理智的信证。这一点，从《圣经》译为多种语言看，更觉意义深长。在理智上坚认上帝的存在，但要用自己的语言来对话。

八

从这种大转变中，他们要求解放，追寻似乎已失去的自由；他们要求对自然的认识，加以一种控制。他们的思想以纯知为目的，但是，从前的纯知便是上帝的别名，而现在却是人的了。

这种思想的演变，不是偶然的。因为他们以人为中心，用分析的方法，怀疑态度，产生组织自然、应用自然。在组织与应用上，没有比数学更合适的了。文西说："数与量是控制自然的基础。"哥白尼说："真不是外形的，而是逻辑思想用到自然现象中。"加利莱更进一步说："自然这部书是由数学写成的；事物的真实是由形、数、运动而得。"

九

观察自然的程序是唯一控制自然的方式。每次观察所得便是经验。每种新的经验，建立起新的假设。假设实验而没有例外，便是真的知识。培根说："知识是能力的权衡。"这便是说知识愈丰富，能力愈强大。因而探讨知识成了西方人士唯一与最高的目的。

17世纪就是受了这种精神的支配，外表上虽详静，而内部却很紊乱，形成 18 世纪科学惊人的进步。数学有：Menge，D'Alembert；天文有：Laplace，Lalance；物理有：Franklin，Volta；自然科学有：Buffon，Cuvier；生理有：Haller；解剖有：Hunter；医学有：Laennec，Pinel，Avenbwgger，Corvisart。

18 世纪科学的进步，使人感到物质幸福的可贵，嗟叹失掉的自由，憎恶那种人为的社会。这样人与自然的斗争转变为人与人的斗争，从此产生了法国大革命。

十

法国大革命带来资本主义的发展，起初是不自觉的。因为在大变动平静后，当时浪漫主义正达到强盛的地步。浪漫主义不是文化的，乃是社会的；他是一种彻底的个人主义，每个人都是不过时的英雄，因为他们的出发点，是个人幻变的情绪，他们所追求的是自然的幻觉。可是生活不是虚幻的，而是实有的，所以他们尽管诅咒，但不得不迁就现实，可是他们没有得到自由，却将宇宙的统一破坏了。

十一

自从 18 世纪以后，机械与殖民地的发展，将人变为生产的工具，成了经济人（Homo Economicus），便是说幸福与繁荣合而为一，这种理论是由亚当斯密所提出的。因为无止境的进步，一方面增加了欲望，别一方面生产过剩，人受了机械的支配，结果造成本欲控制物质，反而为物质所控制，马克思不是视人为机器吗？我们看到疯狂的争夺资源，贪婪的制造生产，结果在纺织厂内有受冷的痛苦，在面包铺内有饿死的危险。

这种矛盾的现象，我们不能归咎于科学，科学在求真理，以扶助人类的幸福为职责。但是现代文化却在排演一套最惨的悲剧，这是为什么？

现在文化的病源，在人失掉正常的概念，即是说人是一副国家机器或阶级机器中的一个小零件，他没有智慧，没有思想，这种机器愈复杂，愈进化，而人的意识愈降低，结果是一个总崩溃。这不是科学的错误，这是"文化不以人为中心必有的现象！"正像米该郎的雕像，他胜利了，却也失败了。

你不信吗？你看现在的战争，除过那外表的因素外，还不是现代文化的病症发展的结果？时间会给我们一种正确的说明。

原载《前锋》第 2 卷第 2 期，1941 年。

哥德与法国

毛豪（Pierre Moreau）讲　阎宗临译

> 瑞士伏利堡（Fribourg）大学于哥德的百年纪念日，特请本大学法国文学教授毛豪（Pierre Moreau）先生演讲《哥德与法国》。先生博识精深，著述丰富，举其要者：*Bossuet et L'éloquence sacrée au dix-septième siècle; Chateaubriand; Le victorieux vingtième siècle*；新近将出版的 *Le classicisme des romantiques*。
>
> ——译者注

历史上，有幕不可遗忘的剧，便是前世纪法德两国最大伟人的相遇：拿破仑与哥德。这出剧是象征的，因为两个民族相异的天才彻底地认识了他们的不同，可是又击中了他们深心相似的秘密。拿破仑皇帝向诗人说："哥德先生，你是一个人。"——"你是一个人"之一语，我很清楚人们曾辩论过它的意义。有些人，想在那句话上，只看到是赞扬哥德美的仪表。对于他们，这句名贵的赞言，却等于"何等身材！何等相貌！"但是，不是如此！拿破仑赞扬哥德，乃是因为他是一个人类的天才，他是一种庄严澎湃之力，在这种力上，各个民族会发现它自己的伟大。哥德"是一个人"，这便是为何法国敬仰他。所以"哥德与法国"一题，再没有比它更丰富而动人的。

外则，巴氏（Fernand Baideusperger）精深广博地研究过"哥德与法国"，我们如来重新研究，那是枉然的。我们只加添些新的材料，来谈谈法国人爱哥德的是什么，他们为何爱哥德。

应当承认，法国人所以爱哥德的，常不是哥德本人，尤其是在初期的时候。法国人所以爱哥德的，乃是从他身上所形成的思想。一个诗人能够深入到别种民族的文学与想象之中，同时不失掉他真实的相貌与特质，那是很稀有的。自从 1774 年 12 月，哥德的名字，在《百科日报》上，为着介绍《克拉维戈》①，第一次落在法国读者眼前，后期的风尚与趣味，将哥德形成些冲突与不求甚解的影像，因为人们起始看哥德，只是一个维特，只是一个浮士德。

维特，便是说在 18 世纪的暴风雨中，一个叛逆、野心与失望的灵魂，他是那些躁急与热情少年们的朋友，因为他们曾梦想着一个较好的世界，正如这位炮队的官长，拿破仑，兴奋地读他，到后来成为名将，掠有光荣，而将他，带到埃及。多少小说家，用他们自己的体式来写维特，如嘉本尼②一直至纳继野③；多少敏感的诗人们，将他们的音韵与角色，转相分赠予夏绿蒂与维特；多少善感的梦想者，追逐着，如莱格外即④于 1798 年写道：

扁柏在她的面前，手中持着维特。

在 1801 年 2 月，补尔惹的法国图书上说："只就维特一名，已唤起一众温柔与惨痛的感觉。"这正是时髦的时候，少年们穿上维特的衣服与革履，可是要想将这种时髦做到尽善尽美，须要人们像维特一样地自杀去。那么，人们可以了解，在这种发热与痉挛的事实之前，那

---

① 即哥德 1774 年所作悲剧《克拉维戈》（Clavigo）。——编者注 [本文注释均为编者所加]
② 即法国政治家、地质学家、植物学家 Louis Ramond de Carbonnières（1755—1827 年）。
③ 即法国小说家、诗人查理·诺迪埃（Charles Nodier，1780—1844 年），又译夏尔·诺迪埃。
④ 法国诗人 Gabrie Marie Legouvé（1764—1812 年）。

些冷静与明哲者之反抗，如买力买的讥刺，缪塞以一种轻灵的姿势，将这种高蹈的丧衣掷开而返到《七日谈》①去：

同着纳瓦尔皇后，我以维特来安慰。

不久，以同样的热狂，人们注意到《浮士德》，只是稍微模糊与缥缈一点。因为对于《浮士德》，他们只看到些梦魇，中世纪的彩节与邪术。我们不要笑这种愚直的影像，将一本书约纳成一个人物，一幕戏剧，正如将之全部刻印在石板之上，集聚画册之中，这是何等容易的！对于群众，马克利脱②的纺纱车，便是全部《浮士德》；米宁的舞蹈与追悔橘子树开花的地方，便是全部《威廉·麦斯特》③。当其一首诗词译出了个人的情绪，用了一种较易的韵脚，而在普通群众的想象中，那个真实的人物，仅只留下一首诗词了。都莱王与乌奈王对于哥德在法国的光荣，较之哀克漫或白利芷给予他的光荣更大。④

我很知道将一个伟人弄成一首诗词，是件很无奈的事情。以为懂了古饶或者米西奈⑤，用不着去研究哥德了，这种态度是可痛恨的。作者哥德，名已传遍法国，我们可以轻视这首蓝色花之诗么？自从1818年，拉杜石将《魔王》⑥译成法文，多少法国浪漫派的文人，于晚霞将

---

① 即法国作家玛格丽特·德·纳瓦尔（Marguerite de Navarre，1492—1549年）的《七日谈》（*The Heptameron*）（由72个故事组成）。
② 即哥德诗剧《浮士德》的女主人公玛格丽特（Marguerite）。
③ 即哥德小说《威廉·麦斯特》（*Wilhelm Meister*）中的《迷娘曲》（*Mignon*）。
④ 都莱王（Roi de Thulé）、乌奈王（Roi des Aulnes）均是《浮士德》中的人物；哀克漫，即哥德的助手、《哥德谈话录》的作者爱克曼（Johann Peter Eckermann，1792—1854年）；白利芷，即法国作曲家艾克托尔·路易·柏辽兹（Hector Louis Berlioz，1803—1869年），作有歌剧《浮士德的沉沦》。
⑤ 即法国作曲家查理·古诺（Charles Gounod，1818—1893年），1859年创作歌剧《浮士德》；米西奈，即法国作曲家儒勒·马斯内（Jules Émile Frédéric Massenet，1842—1912年），1892年创作歌剧《维特》。
⑥ 即哥德叙事诗《魔王》（*Der Erlkönig*）。

落的时候，在那里寻找魔鬼！自从西奈多来①明白他后，追随着德国的诗人而歌："一天夏夜在湍急河岸之旁，多少人们梦想着做一个渔人！"

在法国某种时期的人们，梦想着夏绿蒂的牛油面包，将它割开，分散给那些孩子们。他们咀嚼那块带有诗意的面包，启露出美的牙齿。他们以这种敏感，将那浪漫朴实熏香起来。如果加纳尔瓦在郊外，听到水泉之旁洗衣妇们谈话与歌唱的声音，他会联想到他所亲爱的小说。这个敏感哥德的影子是少许平凡点，但却是很动人的。

自然，更为感动的是那个无感觉的哥德，有多少人们曾在这上面想象过。人们将哥德构成的特色，有时竟像诗人的半身像，为安日而②所雕成，那么名贵，那么壮丽，但是在不朽的伟力之间，却稍微冷酷一点。在岱司向③办的《国际与法国研究》④杂志刊出高郎特的未婚妻后，伊非若尼⑤于"杜利得山崖之上"表现出人生最高的概念。正如巴来士⑥所说，引起了对于人生堕落如是纯洁的叹息，人们相信偶像教又复兴了。有些人——便是《浮士德》的译者加纳尔瓦——找到这个哥德太古典派，太庄严了。尚有些人，在这个无感觉伟大的德国人之上，有种残酷存在。因为他开始说，行为为首，他们却相信他以武力来结束，可是，他们错了，他们忘了盲目与卑劣的武力是破坏的，没有不与和谐、丰满、服从精神律的行为不相冲突的。

我们要承认：哥德的一部分难以进到法国天才之中，或者竟可说完全没有进去。在这一方面，没有再比史达暧夫人⑦的判断更耐人玩

---

① 即法国诗人查理-朱利安·利乌·德·谢内多莱（Charles-Julien Lioult de Chênedollé，1769—1833年）。
② 即法国雕塑家皮埃尔·让·大卫（Pierre-Jean David，1788—1856年）。
③ 即法国诗人爱弥尔·德尚（Émile Deschamps，1791—1871年）。
④ 即 Etudes française et étrangères。
⑤ 伊非若尼，即古希腊神话传说中的阿伽门农和克吕泰涅斯特拉之长女伊菲革涅亚（Iphigénie）；"杜利得山崖之上"则源于哥德剧作《伊菲格涅亚在奥利斯》（Iphigénie en Tauride）。
⑥ 即法国小说家、散文家奥古斯特·莫里斯·巴雷斯（Auguste-Maurice Barrès，1862—1923年）。
⑦ 即法国作家斯塔尔夫人（Madame de Staël，1766—1817年），原名安娜·路易斯·热尔曼娜·内克（Anne Louise Germaine de Necke）。

味的。她以美的膀臂与尊严的姿势，长吁短叹地排除开一切关于哥德的解释，因为鲁兵松①要想使她明白哥德最难懂的东西。然而，《威廉·麦斯特》《亲和力》②与第二部《浮士德》仅只是为几个哥德派中杰出分子所享受。虽然人们曾经精细地研究过《赫尔曼与窦绿苔》③在法国的影响，但是他没有在法国形成一个派别。这种情形，自然是使人惊奇的，但是法国的文字不允许将体式混合，以弄出笑话来。因而这些作品，都超出群众生活以外。

可是，介乎德国的天才与法国的精神之间，那些介绍者逐渐增加起来。这是那些逐放者，到哥德故乡的旅人们；这是那些瑞士的文人，因为他们生活在文学坦路的十字街心。哥德在法国的光荣，瑞士曾给予最高的赞助，如在1775年的西奈而或者岱维东一直到史达暧夫人。

固然有时候法国爱哥德是因瑞士，但是它也直接爱过他，法国爱哥德，因为哥德爱法国。在1827年7月，哥德说："对于法国人们，我是没有任何挂念的。他们在世界上，站的位置很高，在这个国度里，精神是不会窒息的。"法国爱哥德，因为他曾吸收了拉丁、希腊、地中海不朽的空气；法国爱哥德，因为他曾生活在怨恨的时期，但他却遗忘了这种怨恨，便是说，在暴风雨之间，于艺术上，他找到了和平，即是那人类纯洁的宝库，高纪野说：

在横蛮的炮声中，
哥德做了西方的天神，
艺术呼吸了清鲜的苍苔。

人们爱哥德，还因为他从18世纪出来，带有18世纪的色彩。这

---

① 即以日记闻名的英国作家、律师享利·克莱布·罗宾逊（Henry Crabb Robinson，1775—1867年）。
② 即哥德剧作《威廉·麦斯特》（Wilhelm Meister）与小说《亲和力》（Les Affinités électives）。
③ 即哥德叙事诗《赫尔曼与窦绿苔》（Hermann et Dorothée）。

位老人，迎接少年作者与新的时代。他明白后起的人们将做何事，从远处追随着，超过国界，到国外的灵魂之中，以唤起一种诗的波纹。

不只是人们爱他，人们还要向他请求些教训，纵使这些教训常是各异的。在他的作品中，冷静者要求精明；自我者寻找"自我"的方式；守旧者，却回还这句名言："不要损伤，不要破坏。"这句话对巴来士是多么珍贵呵！可是有两种特色，大家都来赞赏，因为他们看到了欧罗巴真实的高贵。

第一种特色是他普通的性质。拉马尔丁[①]在他的文学史中，看到"服而德[②]与哥德，是同一个人物"。那些享乐者、博识家以一种不同的趣味，自相诧异，游散在哥德的灵的世界之中。在修院内，罗南研究哥德的作品；太纳指出19世纪最大的思想家是"黑智儿与哥德"。

第二种特色是他的平衡。在哥德本人，他像是一位行为与梦想分离不开的人物，他像是强有力的导师，在弟子们的灵魂上，创造出些英雄的想象。巴来士说："要当心错认了他的伟大。较之任何人，他善于启发伟大艺术的坦路。为着要产生卓绝的美，他给我们指出秘密，便是说完善我们的灵魂。哥德不停止地工作，以发展……他的生活较之他的作品，对我们更为有益。"

普通与平衡的精神，这是哥德的特色。但是对于这两种精神，我们可用绝顶的紊乱与深深的欲情来对峙。实际上，巴来士的思想完全建设在拜伦与哥德之上，始而由于天才的破坏与天才的保守，即是说超绝的紊乱与超绝的秩序。继而哥德与巴斯加尔的相对，宛如大理石的雕像与花岗岩的雕像，一个以其无尽的好奇拥吻世界，别个以一种难以医治的不安深入在无比的深涧。巴来士又说："谁要懂了这两个人物，将达到人类最高之顶点。"我从没有听过比这句话更有力，更强硬而更丰富的。

---

① 即法国诗人、作家阿尔封斯·德·拉马丁（Alphonse de Lamartine，1790—1869年）。
② 即法国哲学家、史学家、文学家伏尔泰（Voltaire，1694—1778年）。

一个世纪过去了，在法国感到伟人的消失。当哥德死了后，全世界觉着丢失了精神的领袖。一种不安侵袭了人们的灵魂。桂奈[①]曾疑问谁将继哥德而起，以完成这种使命。当巴尔比野[②]接到哥德死的消息，那时候，他住在罗马，伟大诗人的回忆，侵占了他的想象，趁着一种冲动，他作出如是深痛，配得起哥德尊严的诗来：

呵！哥德，呵，伟大的老人，日耳曼的王公。

经过一世纪，我愿意复听到这种呐喊，这位日耳曼的王公。智慧如是高贵，爱人类在一切之上，对于我们的世界，是何等急切必须呵，法国对他的友情，当向这位不朽的"伟大老人"重新申述出来。

原载《中法大学月刊》第 2 卷第 1 期，1935 年。

---

① 即法国历史学家爱德加·基内（Edgar Quinet，1803—1875 年）。
② 即法国剧作家、诗人亨利·奥古斯特·巴比耶（Henri Auguste Barbier，1805—1882 年）。

论法国民族与其文化

一

19 世纪末，法国史学家罗南（Renan）论到当时的悲观思潮，向狄洛来得（Déroulede）沉痛地说："青年，法国正在弥留的时候，请你不要搅扰他啊！"看到法国现在遭遇的种种，谁能不联想起罗南的话，为之太息呢？

纵使我们不如是想，深信法国仍有它光明的前途，但是，在这种剧烈转变中，遭遇到最大的危机，这是不可否认的。当波兰受第三次瓜分时，布尔克（Burke）以一种讥刺的语调说："看了欧洲的地图，我们发现一块很大的空白，那便是法兰西所占据的地方。"

自从法国这次屈服后，沉默忍受未有的苦痛，宛若已不存在，谁能说布尔克的话不是法国今日的写照呢？深怕真正的法国人也有这种说不出的感觉吧！便是为此，在今日论法国民族与文化，觉着更有意义，我们试想说明：何以那样优秀的民族与文化，竟会沉沦到这样凄惨的境地。

二

说明法国文化的所以,是非常困难的,它既具有幻变莫测的形式,又有丰富复杂的内容。它有精密逻辑的智慧,可是这种逻辑的方式,深受直觉的力量所支配,因此巴斯加尔(B. Pascal)说:"心有它的理智而理智是不会了解的。"笛卡儿是善于分析者,他树立起怀疑的精神;一涉及信仰,便不允许加以批评了。假使我们想到细菌学家巴斯德(Pastear):他的生活何等虔诚,在他神秘的宗教情绪中,不只不能阻碍他科学的发明,而且予以强有力的赞助。法国真是米失勒(J. Micielet)所谓"老而更老,新而更新"的国家。

法国民族天才中绝对不会产生哥白尼(Copernicus)与加利来(Calilée)的,并不是法国文化落后,乃是它的文化中心别有所在。居曹(Guizot)在《法国文化史》中说:"法国文化的神髓,端在发展社会与智慧……"社会是普遍与外形的条件,智慧乃是人的别名。就我们的观察言,法国民族的精神,便在发展人性中的社会性而将之艺术化。

欧洲历史上,有一幕不可遗忘的剧,是法德两国最大的伟人相遇:拿破仑与歌德。这幕剧是象征的,两个民族的代表,彻底明白了他们的不同,而又猜中他们深心类似的秘密。拿破仑向诗人说:"歌德先生,你是一个人!"

对于"你是一个人"一语,多少人曾辩论过它的含义。有人看这句赞言,系形容歌德的仪表,等于说何等的相貌。但是,我们不做如是解释,拿破仑的赞扬,乃是看歌德是一个人类的天才,象征庄严伟大的力,从那上面,拿破仑发现了自己民族的缺陷与伟大。歌德善于启发艺术的坦路,创造卓绝的美,向拿破仑皇帝泄露出灵魂的秘密。

歌德生在德法怨恨之际,他了解法国文化的价值,在1827年说:"对于法国人们,我们没有任何挂念。他们在世界上占有高贵的位置,而精神从未窒息过。"歌德爱法国,正因为法国爱歌德。从诗人身上,法国人发现了希腊罗马的遗痕，地中海不朽的空气，艺术化的人类精神，那样普遍，那样均衡，正是法国所追求而与其他民族所不同的。高纪野（Théophile Gautier）赞美歌德说："在横蛮的炮声中，歌德做了西方的天神，艺术呼吸到清鲜的苍苔。"这正是高纪野对自己国家文化的赞咏。

三

就欧洲民族而论，法国人没有英国人坚强的意志，没有意大利人敏锐的感觉，没有德国人过度的忍耐，可是他有清晰的头脑，善于生活，最了解人性的需要。我们不妨这样说：法国民族精神，最使人注意的，是他们的社会性。恺撒在《征高卢记》（*De Bello Gallico*）中，形容高卢人"爱说话，爱喝酒，喜欢交集朋友，却非常勇敢……"法国产有许多的美酒，成了他们生命的象征，它是愉快时生命的活力，所以民众现在仍唱：

> 朋友们，坐在圆桌旁，
> 告我说这酒如何……

它又是苦痛时的一种麻醉，波得来尔（Baudelaire）不是说："啊，苦痛的瓶子，呵，伟大的沉静！"所以，佛郎克林（Franklin）说："法国是最善于生活的一个国家。"

因为其社会性发达，所以法国人最怕丑陋与横蛮，处处要施一种"技巧"，形成一种礼貌，以维持人与人的和谐。只要看他们的歌台舞榭，沙龙酒馆，便在一般生活中的社会生活，又如何发达呢？法国产香水最好，衣样最多，斗角勾心，并不是一种肉的逸乐，而是要它变作一件艺术作品，施以一种精细的修饰。当诗人石尼（A. Chenier）咏达朗脱少女（Ia Jeune Tatantine）不幸时，他所追悔者，乃是"美的香水没有洒在她的发上"。

将自己作为一件艺术作品，看重外形，要线条色调与自己配合，发生一种和谐的节奏，使人鉴赏，从别人的心目中，反映出自己的影像，这是如何美妙的快乐。正如达绮斯（Tháis）对着镜中的影子说："你告我，我是否是很美的！"

法国人怕丑，却爱滑稽。柏格森在《笑的研究》内，指出滑稽是笑的因素，含有高度的社会性。法国文学中，不善于幽默，却善于滑稽，从哈伯来（Rabelais）小说中哄堂大笑，攻击社会；经莫里哀戏剧的刻画，一直到法朗士轻松的讥刺，无处不与反社会性者作战，他们不允许社会上有孤僻与奇突的现象。

法国人也有冲动，如谬塞（Musset）的诗；法国人也有冷酷，如拉伯里野（La Bruyére）的散文。但是这两种情绪与英国人同意国人有本质的不同，他们的出发点是社会，冲动与冷酷是一种方式，证据是他们将自己常作为滑稽的对象，都德（A. Daudet）在《小物件》中，便是这种态度具体的表现。

符野（A. Fouillée）论到法国社会性时说，"我们不能孤独地思想，也不能孤独地生活"，像主张超人的尼采与天神自比的希特勒，法国人不但不会了解，简直视为一种滑稽。

四

罗曼·罗兰论歌德时说："我爱，故我在。"罗曼·罗兰语此，在表现他人生的理想，他认为爱的价值远在真以上，因为他所看重的是行为与生活。从这方面，我们又看到法国民族的特点，端在心理分析，解割人心。

路易十四时代的文物，交集在"人"上，服尔德指出这个时代的特征，在"各个艺人能够捉住自然的美点"。因为美是爱的对象，它有种强力，使人不能不受它的约束。正如波得来尔诗中说：

> 呵，有死的人们，我很美，像石块的幻梦。

但是，我们要注意，自然不是山川草木鸟兽，而是指人心以及人与人的关系。莫里哀、拉辛（Racine）的戏剧中自然是人心的分析，便是拉凡登（La Fontaine）的寓言内，所谈的猿猴、秋蝉、乌鸦等，又何尝不是当时人物的写照呢？塞维尼（Sévigner）夫人，看完拉辛名剧《爱斯德》（Esther）后，叙述她的印象说："一切都是质朴、天真、美妙与生动……"

由包绪埃（Bossuet）的宣道，到路易斯（P. Louys）肉感的描写，美的价值虽不等，可是他们认美是生命，却又是一样的。这便是为何发热的碧奎（Charles Peguy）赞扬女哲人伊把地（Ipathie），因为在2世纪时，一神论者要摧毁希腊的雕像，她要以生命来卫护沉默的美，在碧奎视为是最伟大的，其价值与稣格拉底的死是相等的。

审美的观念，深植在法人的心灵中，巴来士（M. Barrés）爱这句句话："不要破坏，不要损伤。"这在他走出罗南的书房后，如何地感到法国灵魂的所在，因为美不是抽象的，更不是神秘的，他是生活的秩序，情绪的和谐。

服尔德论"趣味"时说，"刺激起美的情绪"。中古骑士的风度，18世纪沙龙的健谈，都表现趣味的追求，发现了比美更美的"风韵"。假使我们读拉辛的《伊非日尼》（Iphigonie）或《安得马克》（Andromaqus），即我们明白在使人入神的风韵中，排绝了个人的观念，完全是人性的美化。

但是，我们不要忘掉这是艺术，法国人虽善于了解人心，使之美化，可是他们不全是艺术的天才。近二百年来，这种精神的动向，腐蚀了生命的活力，他们只贪图官感的刺激，使内心纪律崩溃，因为由刺激所产生的情绪，变幻不定，其结果便是留下空的躯壳。试问《茶花女》的价值，究竟何在，生怕除好奇与消遣外，我们看不到它的意义。

五

　　法国民族精神别一种特点，是逻辑的精神，基建在理智上，以分析为出发点。也是由数学观点，笛卡儿肯定"我思故我在"的结论。巴斯加尔分析人类精神，一种是精细的，另一种是几何的。所以，对于事物的态度，英法完全不同：英国人事事要观察，法国人事事要推理，将之普遍与抽象化。便是在语言上，亦可看出它的不同。里瓦洛（Riyarol）论法文时说："法文语句的构造，须按照自然的秩序，必须要清楚……不清晰不是法文……要学法文，须要晓得排列字句，有如学初级几何，明白点与线……"

　　薄瓦洛（Boileau）说："每个字要有它的位置。"它须按照自然序位，不能有丝毫的紊乱，有如凡尔赛宫殿，无处不表现对称与均衡。18世纪思想，所以能风靡全欧，实有赖于数学精神的帮助。纯理性主义无非是数学精神与人文思想的配合。我们看服尔德与底得罗（Diderot）等的精神，完全着重在普遍上，使每个人的智慧可以接受，而把复杂的情绪与艰辛的生活，归纳到几个抽象的原则内。

　　卢梭在《民约论》中，仍是幸福的普遍，要求自由与平等。他并不觉着这两种美德是互相排挤的。实在说，普遍的自由，等于没有自由，以重量轻质个性随之消灭。倘使真能获得自由，即平等必须随之消逝，他们利用逻辑的方法，将人性与社会问题，混在一起，结果使个人与社会脱节。符野这种微妙的诡辩，解释法国没有个人主义，认为以自由反抗集体规律者，仍然是社会的。

　　符野没有考虑法国浪漫主义的本质。便在他的个人主义嚣俄的"苦人们"，固然含有浓厚社会主义的色彩，可是他的本质仍是个自由主义者。只要看他对拿破仑的态度，读《克伦威尔的序言》，便可证明他所幻想的是解放。

　　法国理性的发展，第一个重要的结果，便在认为人类是一体的；第二个结果，要对人类有广大的同情。罗兰夫人说得好："我觉着我的灵魂是国际的……亚历山大希望侵略别的地方，而我只希望爱他们。"我们知道美国独立，法国曾与以有力的资助，米尼（Mignet）在《佛郎克林传》中说："为了完成伟大的目的，法国不怕参加长期的战事。"

六

在欧洲国家中，法国统一最早，组织亦较为完密。自西罗马灭亡后，法国民族意识，已粗具雏形，克洛维斯（Clovis）便是一个代表。可是，法国构成真正的国家，在欧洲舞台上发生积极作用，实始于加贝（Capet）王朝（987年），前此无所谓法兰西国的。

加贝王朝的君主，深明白法国的使命，他们采取农人的政策，视土地为生命，得寸进尺，不惜任何手段，以达到圈地的目的。在别一方面，此时虽处于封建割据时代，他们以婚姻政策，设法加强皇室权力，造成一个集权的国家。

远在希腊罗马时代，法国是一条甬道，由马赛至大不列颠，商人络绎不绝。这使高卢的文化与经济起了很大的变化。自罗马帝国灭亡后，法国成了各民族竞争的舞台，451年阿底拉（Attila）进袭巴黎；723年波纪（Poitiers）战争，使萨拉森人不得北上；885年纳曼人围攻巴黎，这些事实使法国人民族意识觉醒，接受了基督教博爱的思想，同时也接受了罗马政治的组织，而这两种文化，又都是有利于加强中央集权，尊重权力与纪律的。自是而后，罗马帝国所遗留的道路，破坏不堪，国内交通，须假内河航行，巴黎道成了法国的中心，犹罗马城之于罗马帝国的。

从地理上看，欧洲所有的国家中，法国是得天独厚的。就边疆论，除东部外，其他三面非常明确，因而法国历史的发展，一方面争取自然的边疆，别一方面着重在民族的团结，地理因素构成了强大的向心力。道克维尔（Tocqueville）论法国统一时说："法国是整个的，居中支配全国，在一人指导下，可以处理国内所有的事务。"

法国中央集权的形成，又因经济关系，可以满足其自给自足。它有肥沃的低地与平原，因地中海故，气候温和，雨量充足，树立起农业的基础，没有向外扩张的必要。他们最大的恐惧，在防御外敌的侵入，因而它需要自然的边疆，更需要集权的政府。法国的基础，以中产阶级与农民为中心，非利普奥古斯都（Philippe Auguste）利用平民，树立王权，以抵抗英国的侵略；路易九世虔奉基督教，喜保守，爱正义，代表精神的胜利，产生了13世纪独特的文化。士林哲学，峨特式的建筑，《罗郎（Roland）之歌》，脱利斯当（Tristan）小说，给全欧洲很深的影响。路易九世死（1270年）后，无名诗人写道："王政消逝，正义永葬，名王之死，平民又将向谁泣诉？"

这是法国政治最修明的时候，它很了解自己，也如我们中国，武力采取守势，文化采取攻势。所以，在法国历史上，如果破坏它的中央集权，或发动侵略政策，结果必然是凄惨的。

七

自新航路与新大陆发现后，荷兰与西班牙崛起，向海上扩张，法国介乎两国之间，隔海与英相望，它的国策起了质的变化。这种变化，基于政策难以确定，一方面因其西临大洋，法国常思颠覆荷西海上霸权，缔造一帝国，以掠获殖民地，其发展的结果，必然与英国发生剧烈的冲突。另一方面，东边无确定界限，受罗马往昔侵略的影响，常起控制欧洲大陆的野心，结果须与奥德争雄，形成德法世仇。自法兰梭一世（Franccis Ⅰ）以后，法国近三百年历史，常在选择与尝试中：时而向海出发，时而进袭大陆。法国人的社会性，国际化的语言，给法国人一种强烈的刺激，创造出许多幻梦。倘如不得已而失败，又回到传统政策上，自给自食，以养国力。我们看惠实利（Richelien）对奥国的策略，科贝尔（Clbert）海上的经营，都有惊人的成功，从它的历史上看，也许是一种不幸。拿破仑一世与三世，纵有雄才大略，亦不能推翻自然决定的命运。

并非我们夸大，欧洲的国家中，没有一个可以成为帝国的。假如有的话，那不是自然环境的使然，乃是由于人力所为，他们可以"独霸"一时，却不能"一匡天下"。便是罗马帝国，它也只是建立在平等法律基础上的一个国际联盟而已！法国自然环境，比较其他国家为优，可是绝对不能与中国和美国并论。如果分析它历史上最光荣的时代，我们看到路易九世的成功，在于基督教正义的精神；路易十四的伟大，乃在古典派代表的秩序；拿破仑一世的声威，在乎善于运用大革命刺激起的情绪。

法国受环境的刺激，情感的冲动，要用意志满足它的幻想，重建罗马帝国，开拓无落日的殖民地，结果完全失败，成为悲剧中典型的人物。从历史上看，法国这次惨败，仍是受了"青蛙变牛"的余毒，而在地中海边做梦的政治家，永远不会觉醒的。

太纳（H. Taine）为一严谨的史学家，对此亦持一种缄默，他们太相信智慧与冲动，每次悲剧产生后，如丹东（Danton）在国民会议中说："先生们，为了克服困难，我们要大胆，还要大胆，永远要大胆，法国便救出来了。"这是普鲁士围攻凡尔登后，丹东提出的对策。

我们深信法国仍有它光明的前途，在它最光明的时候，我们又深信不会有奥古斯都，也不会有维多利亚，它所有的是重农学派的方案，保存加贝王朝传统的精神。

诗人危尼（A. de Vigny）咏摩西时说："主啊，我孤独地活着！"孤独是一种反省的机会，是测量灵魂深度的标尺，是一种永久的沉默。但是，这都是违犯法国人的社会性内心生活最深的巴斯加尔，不是呐喊："永久沉默使我怕得很！"

八

恺撒《征高卢记》中，指出高卢人爱好新奇，法国人想象非常发达，新奇是一种美妙的感觉。18世纪思想者，推崇物质无穷的进步，

痛恨旧制度的专横，要建立自由与平等的理论，产生了大革命。他们犯了两种错误：第一将政治问题与社会问题混而为一，破坏重于建设；第二，中央集权政治瓦解，使法国历史脱节。拿破仑是个行动家，他认识现实，在1812年向议会中说："不顾民心的要求，历史的教训，要用幽暗玄虚的观念论支配政治，法国所有的不幸，便是从此产生的。"这些话有它的价值，我们不能以人废言，但是在断头台树立起的时候，血染了他们的眼睛，耳中只听到 Ça Ira 的歌声，又有谁相信这种言论呢？

史学家彼兰（Piaenne）论法国大革命时，很深刻地说："法国革命有类宗教改革，他是一种普遍情感与思想的表现；从本质上看，两者并非民族的作品。法国革命不是拉丁人特殊的现象，犹宗教改革不是日尔曼的。普遍的倾向，普遍的原则，革命者有清醒的意识。原当衔接传统的过去，却偏要斩断，引为无上光荣，以创造新时代。并非只限于法国人，可以演用于一切的人们，但是在法国实现后，国家的特征，逐渐变为国际的特征……"

因为国际环境关系，法国须将革命理论变质，它不是因为对革命有新的认识，而是看到军事失利，巴黎占领，不得不接受事实。此后法国的政治，徘徊在彷徨与矛盾中，拿破仑三世是最好的代表。深幸历史潜力，仍有其积极作用，外表上法国仍有他光荣的躯壳。拿破仑三世这方面要造成一个帝国，那方面要扶植民族解放，结果产生了色丹的悲剧，这是谁的错过？

法国大革命的成功是社会的，不是政治的。科学发达，经济组织变更，法国19世纪的政治家，无法控制这个时代。他们以"多数"与"少数"作为政治的原则，将责任放在民众身上，而政治家却巧舌如簧，坐享权利。试看贪污如彼之多，内阁变更又如此之快，便知个人活动等于零，而集体活动，又必然是空虚的。雷纳教授论到法国民主政治时说："现行的民主政治，不是变质，便是要走向绝路！"

政府与人民脱节，所以它要失败，但是法国人民是无过错的。

九

　　法国民族是非常优秀的，如果他的政治不改变，加强中央集权，他的前途是幽暗的；如果他不遵循自然条件，自给自食，确定他的国策，他仍然是悲惨的；如果不恢复旧日健全的伦理，而只清谈，斗那微妙的理论，他将来是绝望的。

　　就目前言，法国只有两条路可走：第一，与同盟国家共同作战，牺牲到任何地步在所不惜；第二，发动比 1789 年更大的革命，争取它的独立。但是两者的实现，须有一位比拿破仑更伟大的军事家，他须有坚决不拔的意志，始能负担这种特殊重任。否则，除非再生一个贞德，恢复法国民族的意识。可是，就目前情形论，现实令人非常失望，使人感到寂寞与空虚，除过同情他们遭遇的不幸外，我们也像拉丁的哲人说："这不是神的错过！"

原载《建设研究》第 9 卷第 1 期，1943 年 6 月 1 日。

西班牙历史上的特性

一

此次西班牙内战，虽不及"九一八"事件重大，却也是改变世界局面重要因素之一。若从西班牙自身历史上看，意义更为深长，那是查理五世（Charles V）的国际化与腓里朴二世（Philippe Ⅱ）国家化的斗争，南北两部矛盾的冲突。

1936年秋，西班牙战事剧烈的时候，比利斯的一位青年作家，地得瓦尔（Charles d'Ydewalle），想了解战争的实况，冒险亲去，得到一个凄惨的结论："我脑子内永远忘不掉那句话，自己打自己。"

我相信这个结论有他的理由，却不能概括一切。因为将一件复杂的历史事件，归纳在一句单纯的语句内，很难说明它的所以的。西班牙的事件，不纯是一个内战，而是欧洲政治、经济与文化病症的暴发，非常具体。所可惜者，那时候"不干涉委员会"的诸公，有如非洲的鸵鸟，设法将头藏起，以为这是地方事件，任它演变了两年。

欧洲历史上没有再比西班牙的历史更奇突的，突然的光荣，突然的衰落，使人眼目眩昏，无从明白他的真相。因之，读欧洲人关于西班牙的著作，几乎一致赞扬它的过去，批评西班牙人现在道德堕落，无止境的贪污，好说大话，不肯工作……实在说，这是人类共同的弱点，并非西班牙人所特有，所差者只程度而已。我想在这篇短简叙述中，试指出西班牙历史的特点，进一步解释它在欧洲史中所占的地位。

二

西班牙在欧洲历史中是最特殊的。伊卑利半岛，位于地中海西部，较希腊半岛与意大利半岛开化迟，因之，它的发展没有顺着自然的程序，急转剧变，而是成为西方民族斗争的战场。它的历史的演进，很难以常理来理解，充满了许多偶然与独特的事件。

次之，西班牙北部，以比利牛斯山与欧洲大陆隔绝，形成一个特殊地带，除由海道外，大陆的影响较少。中部多山，山峦起伏，间以荒原，而又缺少内河，交通变为非常困难。就伊卑利半岛给予的历史影响言，每个地方有它的"区域"性，每个地方有它割据的历史，所以西班牙历史上有一定则：如果没有外方的压迫，它是永远分裂，绝对不能统一的。

倘如欧洲的历史是一部地中海的历史，西班牙便是自然过渡的桥梁，它将欧洲与非洲连接起来。在西方历史转变中，它占一特殊重要的地位，致使参预外事，构成西班牙国家发展的弱点。革尼瓦（Ganivet）说得好："在西班牙历史中，过度向外发展，没有自身反省的机会，成为它的致命伤……"

另一种史实，西班牙特别重视宗教，就地理位置论，它应当是基督教与伊斯兰教调和的地带，可是不是以和平方式，而是以暴力的手段。一方面因为西班牙人追逐宗教是外形的，另一方面受"区域"的影响，不善组织，憎恶逻辑，以"力"为最后的凭依。希腊古代地理学家斯脱拉本（Strabon）说："西班牙人不能互相团结，由其高傲的性格，过度相信自己的力量。"

三

从西班牙南北两地的差异上看,更可见他们民性的不同。克来岛(Gredon)山将西班牙划为南北两部,北部多山,居民顽强,爱孤独,喜战斗,时常穿着黑衣,日日与矿山和山地来斗争。斗争是他们行为最高的表现,流血视为常事。截至现在,西班牙人不是仍视每年的斗牛为狂欢的节日吗?正如他们自己夸张说:"是吃了石头做的面包所长成的。"

从这个地带产生的人物,无疑非常冷酷,着重有纪律的行为。耶稣会的创立者圣伊尼斯(St Ignace de Loyola)便是好的证例。是在1521年受伤后,决心脱了战衣,披上袈裟,将身心献给教会。在宗教改革的暴风雨中,要以行动替代默想,为真理奋斗。他自认永远在兵役期间,只不过是为上帝罢了。耶稣会精神所在,是那含有战斗的绝对服从,是那和平的抵抗。

南部临地中海,充满了甘蔗、橘子与葡萄,有丰富的想象力,强烈的情欲,感觉特别敏锐。随着起伏的波涛,幻想辽远的地域,西人形容空中楼阁,不是语之为"西班牙的宫殿"吗?自从非洲文化的输入,忧闷的心绪补救了这种想入非非的情调。证据是西班牙人最理想的人物,是那禁欲派的哲人塞奈加(Sénèque),在纪元前4年,生在高尔杜(Cordoue)。

这位哲人教人说:"不论事实如何演变,你要使人明白你是一个人。"人首先要社会化,要有统一性,要理想与事实调和,从这方面,西班牙讽刺的文学,古典派的绘画,都曾有过不朽的贡献。革尼瓦在西班牙史中说:"西班牙人的灵魂上,受禁欲派的影响很深,其影响所及,不只在法律、政治、宗教与艺术上,而且还在民众的语言中。"

革尼瓦的观察,自有讨论的地方,但是伊斯兰教侵入后(711年),遭受到强烈的抵抗,未始不受这种禁欲的影响。可是,我们要注意,西班牙人不善于思维,又无精确的概念,他们理想的禁欲派,不是哲学上有体系的理论,更非埃及宗教家的苦行,乃是一种自然伦理的行为，他的目的是做人。符野说："做人两字，最可形容出西班牙人的民族性，没有比这个更深刻的。"

四

因为西班牙多产金属，腓尼斯人到加地斯（Cadiz）周近，建立殖民地，战后希腊、迦太基、纽米地（Numidas）、罗马等人，踵趾相接，争夺这座欧非的桥梁。西班牙是欧洲各种人聚会的地方，常含有一种神秘。亚里士多德说："西班牙之西，遇顺风，不数日便到印度之东。"

这种混合民族，争夺剧烈的地带，它的民族性常是矛盾的，这方面爱好伟大，尚缥缈的幻想，那方面事事要观察，着重现实，趋于享受。薛万代斯（Cervantes）深了解它的民族，刻画出诘阿德（Don Quichotte）与彭沙（Sancho Panza）两种典型的人物。

这两种典型不同，却有一共同点，便是两者以"力"为重心。力是一种作用，如果没有健全的伦理指导，那是很危险的。

西班牙的伦理思想，清一色是基督教的，可是不幸得很，他们虽是基督教忠实信徒，但外形重过内心，虚荣胜过实质，没有真正接受了基督教博爱的精神。

当1492年，攻陷克来纳德（Grenade），与伊斯兰教8世纪的斗争告一段落，形成西班牙教宗的统一，但是基督教自身的分裂，呈现崩溃，审检制应运而生。审检制曾留下多少恐怖的回忆！审检制是一种蛮性的遗留，是没有伦理的暴力，单就塞维尔（Seville）一城言，在脱克马达（Torquemada）一人审判下，焚死者有七百人，无期徒刑者有五千人。到17世纪末，因宗教问题，马德里的审检厅判决一百二十人受死刑，其间二十一人被焚死时，审检官祈祷说："我不愿有罪者死，但愿他皈依正教，得以永生！"圣保罗说："爱以不使人苦痛为原则。"这种残酷的行为，将正路闭塞，为何不教人虚伪呢？我们要记着，虚伪是宗教最大的仇敌。

审检制直接摧毁了民族的力量，多少优秀的家庭，便这样无代价地牺牲，不只文艺停止了活动，便是农工也降低了生产。总一句话，审检制毁灭了西班牙民族的创造力。从间接的影响说，宗教不能导人为善，却教人虚伪，西班牙人爱说这句话："十字架后有魔鬼。"这是很耐人玩味的。

五

西班牙人爱极端，表现出一种英雄主义，这在它的文学上，更可看出，加斯脱落（Guillen de Gastro）的瑞德（Cid）便是好的证例。此种英雄主义完全与日尔曼民族不同；在德国一切以意志为发动，它要集体实现，造成自己的民族一种特殊的地位。西班牙即反是，它的英雄主义是想象的产物，强烈而狭窄，不能持久。此之西班牙历史上发生许多不正常的事件，它不明白什么是伟大的升平。

进一步分析，这种英雄主义是情欲、尊荣、嫉妒复杂情绪的混合，从戏剧中整个表现出来。魏加（Lope de Vega）在"没有报复的惩罚"中，很精密地分析这种复杂情绪。暗杀、劫夺、剑客，西班牙文学中有丰富的记载。

西班牙特别尊重女子，论者多归之于中古骑士行为，殊不知骑士仍是英雄主义的表现，并非光明磊落，乃是一种有技巧的侦探。如果发现女子不忠实，第一步便是报复，第二步要将这种报复变成一种秘密。加尔德伦（Calderon）把他的剧本题为"秘密的侮辱，秘密的报复"者，深明白西班牙人的精神的。

英雄并非一定要流血始成功的。为此在宗教上，西班牙产了许多杰出的人物，圣代洛斯（St. Thérése）在七岁时，便想到亚拉伯人地带去效命。到晚年她自己说："我还没有到二十岁，我觉着这个失败的世界，已经踏在我的足下。"这是一种豪语，而也只有西班牙的女子才可以说出的。

凡是英雄主义，没有不走极端的。极端是精神失调的表现，纪夏登（Guichardin）说："或许因为西班牙人的不协调，致使民族精神贫乏，不安，趋于激烈。"这种观察是很正确的。

六

西班牙历史上，有几次重大的演变。每次的演变，西班牙人并不能有效控制，结果变为被动的。究其原因，西班牙始终不是个纯大陆国家，所遭遇的事件，使它失掉平衡。在别的国家是致强的因素，在它反变为衰落的原因。

在布匿战争以前（纪元前264年），西班牙仅只是市场。及至迦太基不能与罗马并立，阿米加（Amilcan）又不能见容于迦太基政府，遂退居西班牙，向北开发，组织军队，西班牙渐具国家的雏形。汉尼拔（Hannibal）出，承继其父之志，"永远不做罗马人的朋友"，他利用西班牙战争的精神，给罗马前所未有的威胁。有两世纪之久，西班牙人倔强的抵抗，西皮云（Scipio）拥有六万大军，却不能解决四千西班牙人。继后贲拜（Pompée）、凯沙、奥古斯都都曾领教过西班牙人顽强的意志。

但是，西班牙须变为罗马的行省，他在侮辱中得到三件宝贵的教训：第一，西班牙人明白团结的重要，接受罗马文化；第二，了解精神价值，皈依基督教；第三，认识自己战斗的精神，西班牙民族意识觉醒。纵使蛮人侵入，凯尔脱人、西哥德人、高卢人、日尔曼人等不能摧毁了罗马的影响。

罗马教会，利用西班牙地理形势，民性激烈，使它成为基督教防御的堡垒。从711年后，伊卑利半岛成了宗教斗争的场所。从此后西班牙的历史变成了一部教会史。罗马教会与以种种鼓励，使它继续奋斗。自宗教言，它建立了丰功伟绩，保障了欧洲基督教的安全。自西班牙国家言，其结果是非常不幸的。因为这种过度的宗教化，不是由于人民内心自由的要求,而是由于特殊环境所形成,完全变成一种外表的装潢。这种不好的影响,钳制住民族的创造性,致使智识落后。凡是外来的思想,都视为危险的东西,墨守陈规,不敢违抗"西班牙"教会的意志,在他们流行的格言中有"知识太发达便要招致邪思"之语,这是如何开倒车呵!

一切要戒惧,一切要慎重,结果只有愚蠢的自然下去,在西欧国家中,西班牙的教育是最落后的,文盲最多,教会须负重大的责任。利奥(Sanf d Rio)勇敢地说:"诚然我们没有审检制了,但是,审检制的精神仍然笼罩着我们。"我们要明白这种态度卫护宗教,不特无裨益于基督教,而且是反基督教的。

七

在1492年,用围困方式,伊沙白(Isabelle)攻陷克来纳德,西班牙历史进入另一种矛盾的阶段中。轰动欧洲的哥伦布发现新大陆事件,使西班牙失掉正常的发展。

第一,西班牙有幸得到新的领地,它虽然有海军,却不能控制大洋,在短的期间内,须将海权交给荷兰与英国。它是一个半岛的国家,而它的文化却是欧洲大陆文化的延长,又经过亚拉伯沙漠文化陶冶,其自身含有尖锐的矛盾。

第二,自新大陆发现后,西班牙成了欧洲的金库。据当时人的估计,欧洲的现金突然增加了十二倍,西班牙人不善利用时机,只懂享受,逐渐轻视劳动,从新大陆搜刮回的现金,即刻转移到别的国家手中。在富丽的外形内,隐藏着怠惰、欺诈、投机、取巧等恶习,侥幸与偶然是正常的途路,西班牙变成了冒险的乐园。

第三,西班牙拥有的无可对敌的财富,扩大了它政治的野心,因为它可维持庞大的军队,它觉着比罗马帝国更大的帝国,须由西班牙建立这个奇迹。它视武力为解决一切的方法,16、17世纪的光荣,由此形成；但是它的致命伤却也在此，查理五世、腓里朴二世的历史，便是好的说明。

显然的，西班牙的历史概括在宗教、战争、致富三个概念内。

八

查理五世，继承父母的遗产，除了法国、波兰、意大利北部外，整个欧洲都在他的掌握中，外带着新大陆未开扩的殖民地。查理五世外表上冷酷，却有坚决的意志与无止境的野心，从1519年被举为帝王后，幻想建立世界帝国，与法王佛郎沙一世（Francois Ⅰ）争霸。

西班牙是半岛的国家，他没有中心，使统一加强。复杂的民族、语言与中古封建割据之力，构成它的离心力，过度相信自己的武力，不善运用外交，结果三十年的斗争，终于失败了。当时一位大主教说"没有得到一颗胡桃的价值"，这是一种讽刺，却是当时的实况。

革尼瓦深明白西班牙的历史，他严正地批评查理五世说："完结中古后，西班牙原当利用八世纪的经验，对国家有确实的贡献，谁想他的所为，正违背国家的利益。查理五世的影响很坏，他使西班牙失掉自然的途径。"

查理五世幻想的大陆帝国失败了。

与查理五世性格相反的是腓里朴二世，爱闲静，不肯多说话，默想而不决定，一切往后推，以不解决而解决，任时间来推演。那不里（Naples）的总督说："倘如死来到西班牙，我相信他活得更长久。"

我们不要误解腓里朴的外表，这种"慢的表现"是他一种政治的技巧，事实上，他是很有决断的。他对审检制的加强，利用宗教，顽强偏执的奋斗。他反抗荷兰独立的运动，结果1581年荷兰独立；他想摧毁英国在荷兰的力量，破坏海上的竞争，结果1588年，整个无敌舰队惨败了。

腓里朴幻想的海上帝国，变为一座蜃楼。他不了解海性，结果将海上的霸权转交给了英国。在失败之余，他想利用法国的宗教战争，夺取法国王位，但是亨利四世（Henri Ⅳ）的皈依，他的计划仍然失败了。

16世纪末，西班牙人过着繁荣的生活，骨子里却充满了衰落的毒菌。伏奈宏（Forneron）说："在1596年，腓里朴二世财政崩溃，停止付债款。"事实上，西班牙的"农业、牲畜、工业、商业已完全摧毁，全国人口减少，许多房屋，门关户闭，无人居住，总一句话，国家已到了危险的地步"。

西班牙历史上最伟大的时期，便是查理五世与腓里朴二世统治时候，前者摧毁了政治的自由，后者毁灭了宗教的价值。西班牙不正常的发展，没有控制着特殊的机会，其衰落成为必然的。

从18世纪起，欧洲国家突飞猛进，只有西班牙沉睡在地中海滨，与世隔绝，海上霸权逐渐丧失，殖民地如落叶飞散，这是一个最具体的教训，每个国家都应该反省。

九

西班牙历史上的事件，几乎都在矛盾中，出乎普通意料以外。正如它的自然环境一样，冬天多雨湿，夏天反而干燥，它虽是半岛，却具有大陆的特性，但是这种大陆不能建立农业，而只一片含有沙化性的荒原。它没有希腊星罗棋布的岛屿，便于航海；又没有伦巴地（Lombardo）肥沃的平原，训练那种热爱地的精神，这便是为何亚拉伯人可以占据八百年的理由。

因为这种矛盾与复杂的因素，又因为它在地中海占的特殊地位，所以它的历史，任何事件发生，无不牵涉到欧洲整个问题，西班牙问题得不到合理的解决，欧洲绝对不会安宁的。

就西班牙自身言，政治最为落后，国家的实力，仍然操在地主、教会与军人的手中。自从亚尔丰斯十三（Alphonse XIII）即位后（1902年），他不能接受时代潮流，解决农工问题，又不能革除教会的恶习，减轻人民的苦痛，他守着前人的遗训，仍然要孤独，以形成一种特殊的局面。

第一次大战时，西班牙发了许多横财，可是人民并没有得到实惠，社会问题依旧，而它传统的专制，却须改变。于是利瓦拉（Primo de Rivera）将军的独裁，成为不可避免的事实。利瓦拉虽善于应付，财政的困难依然无法解决，财政问题有种发酵性，必然引起革命，终于在 1931 年实现了。

这次革命是相对和平的，十四个月内，六十二人牺牲；同时这次革命是成功的，一向反对的民主政治，现在无条件地接受了。西班牙披上民主的衣服，容纳"前进的"党派，组织人民政府，可是它并没有民主的实质。教会仍然拥有丰厚的资产，握着教育的实权；生产仍然操在地主的手内，农工问题并没有解决；军队虽由国家培养，却与政府对立；他们利害不同，对人民政府的攻击，却是一样的。佛郎哥是一个传统的象征，便是在这种矛盾下，他利用德意的力量，驱逐国际志愿军，他成功了，西班牙又走上军人的路径，而整个西班牙社会、政治、经济等问题仍然没有解决。

十

传说当上帝创造世界时，西班牙要求一个美丽的天空，他得到了；又要求美丽的海，芬芳的水果，美丽的女子，他仍然得到了；他进一步要求一个好的政府，却遭了上帝的拒绝，并且向他说："未免太过分了！如果给予，西班牙成了地上的天堂！"

但愿佛郎哥了解这个传述的真义，要知道好的政府是由好的政治家造成的。而西班牙历史上最缺乏好的政治家，他们几乎都是浪漫主义者，眷恋过去，幻想未来，却不能把握住"现在"。

原载《建设研究》第 9 卷第 2 期，1943 年 9 月 1 日。

李维史学研究

一

伏连（Robert Flint）论李维说："苟其历史主要的目的（好像他所设想的），在乎供给前例和激励美德和爱国心，我们便不应当责备他不顾史家的本职。"[①] 史家本职是什么，这不只是难解的问题，而且是不可能解决的问题。所以李维在史学的贡献，须从他的时代着手，由是看出他所表现的历史，含有何种意义与价值。

屋大维即位后，史称奥古斯都时代，注意内政，充分发展国家思想，享有秩序与和平。罗马是一切的中心，如埃奈（Eneas）初至拉西幼姆（Latium）说：Hic domus, haec patrias est.[②]（这是居停的故乡。）

纪元前29年，安东战败，屋大维返罗马，昧吉尔（Virgilius）诵其名著，以彰德威，"在绿野田间，沿着小溪，我建立大理石庙堂，明齐（mincis）河畔，饰以轻柔的芦苇。中间竖立恺撒之像……"[③]

这真是一个动人的时代。

---

① Flint（Robert），"Introduction", *History of the Philosophy of History*.
② Virgilius, *Eneides*, 7.V. 122.
③ Virgilius, *Georgiques*, 3.

二

诗人味吉尔使奥古斯都不朽,可是没有李维的史籍,仍然会留下许多残缺。味吉尔赞美奥古斯都是超时间的——贤王明君应得的褒奖。李维却按照时间,叙述时代逐步的实现,刻绘那一个民族的命运。所以李维的历史观念,完全与现在流行者不同,历史不是科学,而是一种伦理,其目的在有用于政治。

人类精神,单独不能创造科学,因为科学需要资料与工具,它需要必须的准备工作,更需要环境,促成科学精神的发展。奥古斯都时代,视科学为一种博闻强记,客东(Cato)与老字利纳(Olde Pline)知识渊博,却没有形成系统与组织。奥古斯都执政后,视历史为政治上最好的工具,政议场两边的竖像与题铭,目的不在"述真"而在"赞扬"。克拉尼(Grenier)说:"将过去复活,与现时一种教育的意义,这是当时最流行的。"①

在叙伊东(Suétone)记载奥古斯都的叙述中,我们更可明白当时对历史的概念:"奥古斯都尝读希腊罗马史学家的著作,寻找陈例,对公私有裨益。他节录许多史事,寄赠家人与官吏,有所资鉴。有时他向元老院,读整本史学著作,如麦德洛(Metellus)论生育重要;吕地利(Rutilius)反对大兴土木,为着使人明白,他的主张系继续前人的遗训。"②

三

李维的历史观念,便在"适用"。他的《罗马史》③缺点很多,没有严密的方法,时常夹着情感的冲动,可是他能把握住史实的重心,

---

① Grenier(Albert), *Legénie romain*, p.395.
② Suétone, *Angustus*, 87.
③ 原书名:*Ab urbe condita libri*。

运用心理分析，让过去的史事再现出来。为此，他在"叙言"中说："倘使历史知识是有用的，便在静观过去壮丽的遗迹，或者为自己，或者为国家，使众人有所取法……"

李维著《罗马史》的目的有二：一在与人以教训，二在赞扬罗马。两者以载道为职志，诚如罗马传统的精神："做一个好公民，做一个好士兵。"①这种理想并不是孤独的，但是李维却能更进一步。客东著《述源》一书，教其子明白罗马的伟大；沙吕斯脱（Salustro）的著述，在于反抗贵族，赞扬平民；恺撒《征高卢记》，即是一种自我的赞扬。而李维在使罗马整个复活，使每个罗马人得到一种政治教育，这与奥古斯都的政治理想是非常吻合的。

李维的历史作品，富有罗马帝国传统的精神。可是缺少批评，不考究资料的价值。他深知波里比（Polybius）的著述，如关于汉尼拔战争事迹，但是他不喜欢那种严谨史学的精神，那种枯涩的考证，冷酷的博学，完全与李维的精神相违。李维说："精神淘育在古时，我的灵魂便是古人的。"②

李维视历史是一种雄辩，并非求真与探讨因果关系。他是一种艺术，在文辞上庄谐兼有，有类西塞豪（Cicero）。

在希腊罗马作家中，李维敬服者有二：第一是反抗腓里朴二世（Philippe Ⅱ）的狄摩斯登（Demosthene），其时雅典执政者③，怯弱与投降，而狄氏焦唇敝舌，以过去的伟大来刺激人民，试图挽救雅典的独立。第二为西塞豪，公元前63年加地利纳（Cathelina）叛乱，以大勇行为，拯救共和。这种政治行动，李维确定了他对历史的概念。④西塞豪说："史学家不仅要叙述人物行动，为着更有声色，须描写风度，性格与生活……"⑤因之，李维把对"真"的叙述，放置在次要地位。

---

① 拙作：《欧洲文化史论要》，第六章。
② Tite-Livi, 43.13.
③ 如：Schine, Isocrate, Phocion。
④ 李维致其儿子信中，曾言研究狄、西两氏作品。
⑤ Cicero（Tullius Marcus），*De Orat*, 2.15.

四

太纳（H. Taine）论李维说："李维叙述人物，赞扬善行，顺便提及原因，不善排列史实，许多遗漏，而且也不善选择……他能叙述出意想不到的概念。"① 太纳对李维的评论，有局部是正确的。他受了科学运动影响，将人类活动，归纳在时间、环境与种族概念中，以求达到求真的目的。然而李维著《罗马史》，自成一家之言，与其说在阐明过去史实，毋宁说是以史实佐证自己的思想。李维是典型的罗马人，有类客东，他憎恶不能代表传统精神者，所以他反对恺撒。

李维在《罗马史》第一卷中，释城市的建立，在其不可信征的传述中，流露出一种高傲，不谈罗马城的地理与经济，只强调城市来历的特殊，他说："在城市建立先，完全充满了诗意，其根源是可靠的。我不否认，也不赞成，最好让人神相受②的传述，使此城建立时更为壮丽。"③

到第六卷时，他有宝贵的资料，虽然仍是取舍，却能充分利用。他说："至此，我所叙述的历史甚为模糊，因为时代久远，如相距太远之物，仅见其存在。次之，史料不足，不能有史实信征。最后因高卢人入寇④，全城着火，文献焚毁。但是从此之后，对内外皆可清确地叙述。"⑤

五

奥古斯都时代，表现升平气象，奥哈斯（Horace）咏歌：

---

① Taine(Hypolite), *Essai sur Tite-Livi*, 1856. p. 127.
② 指 Rhéa Silvia 与 Wars 相合，生 Romulus 与 Rensus 事。
③ Tite-Livi, 序言。
④ 指公元前 390 年 7 月 18 日，Allia 之战役。
⑤ Tite-Livi, 6.1.

> 由于你，牛在田间祥静吃草；
> 万物丛生，船可安行海上；
> 信任吹散了疑云。①

李维以散文表现时代的伟大，他运用古人著述，却不加批评，证明奥古斯都为传统代表。他对史实选择，只要"近似"②，使人"感"受到罗马帝国的可爱，他的任务便达到了。

李维视史学与文学无大区别，他没有恺撒《征高卢记》的纯朴，也没达西脱（Tavitus）史学的严谨，可是他善于分析，运用技巧，刻绘出他的心意。

试举一例：在蛮人入侵，中产阶级被消灭，罗马危难时，他说：

> 有一不幸的老人到政议场，衣仅蔽体，破烂不堪，苍白，瘦弱，长的发须，呈现出分外难堪的神色。纵使如此，却认识他，曾做过队长，有特殊战绩。群众对他很同情，绕着他，问他何以至此？他说：当与沙班（Sabins）战时，敌人毁其田舍，掠走家畜，不幸之上，又有重税负担，须借债，利高无法偿还，失掉祖遗田产，有如毒蛇，侵入自身。债主变为凶手，将他殴打，背上有许多鞭痕……
>
> 群众忿怒，准备暴动，要求取消债权，元老院无法，忽传外敌侵入，民众立刻提武器，去与敌人作战。③

李维这种描写，宛如小说，夹有许多想象成分。一个史学家可否如此写历史，我们无法加以可否，但是古人如此做，我们觉着分外生动与亲切。

---

① Horace, *Carmen*, 4.16.
② Grenier 说："在所有著作中，如开始一样，'像'便是真的标准。"
③ Tite-livi, 2.23.

六

我们不能以现代的史学观念,来批评李维的著述,须要了解他的时代与环境,始能明白他的价值,罗马精神寄托在政治上,李维利用传述,表彰过去的史事,将历史变成一种教育的工具,深合时代的要求,为此,加地斯(Cadix)的居民,千里特来游罗马,瞻仰李维的仪容,这可看出他的影响,而罗马史也从此有了定形。

奥古斯都时代,版图扩大,李维将罗马介绍给失败者,其态度和平,使误会减少,这方面,李维有很宝贵的贡献。也是为此,5世纪的高卢诗人纳马地颜(Rutilius Namatianus)说:

Fecisti patriam diversis gentībus unam; profuit iniustis te dominante capi.(世上不同的民族,将你造成唯一的故乡。)①

现在研究李维者,只看他是一种史料,那完全是错误的。李维有他历史的观念,并非没有尽史家的职责。

原载《国立桂林师范学院丛刊》创刊号,1944年。
又载《国立中山大学校刊》第22期,1949年4月5日。

---

① E. Lavisse, *Histoire de France*, 1.2.

意大利文艺复兴的特质

一、文艺复兴与意大利

15世纪，欧洲的精神上，开始一种新动向，便是直接研究希腊罗马古文物，创立一种新文化。这种大胆的企图，思潮的剧变与影响，被法国史学者米失勒（Jules Michelet）称誉，语之为"文艺复兴"，1855年刊其名著。继后又为布客合德（Jacob Burckhardt）学者，加以一种有力的传播，遂成欧洲史上重要的史实。

这种运动，非特要与中世纪判别，而且要与之断绝。所以文艺复兴的本意，乃是种一种"再生"，"再生"含意非常广泛，可有种种不同的解释。如果"再生"是跳过中世纪，直接与古代相连接，即此种企图，非特不可能，并且与历史与文化演进规律相违。每个时代有它自己的生命与特性，但是近代从中古蜕变而出，正如中古来自古代一样。

欧洲古代文化，限于地中海范围，它的活动亦并不阔大。当日耳曼民族侵入后，摧毁古文化缔造成的体系，那并不是古文化的毁灭，而建立一种更广更深的新文化。

基督教取得合法地位后，欧洲人逐渐认识精神价值，与日耳曼民族性配合，形成大陆欧洲的间展。16世纪，精神特征之一，系个人主义的发展，但是"个人主义"一词，远在圣本笃时代，便非常看重，宗教原则，便以尊重个人意志为起点。倘论到国家的演变，德国历史反映出日耳曼民族上的个人主义，而中古的社会环境，特别是封建制度，更易促进个人主义的发展。

文艺复兴时的个人主义，虽非新奇的创造，可是它的本质改变了，这个运动，就宗教言，它是反基督教的；就人性言，他是反理性的；就政治言，它是反割据的。这个个人主义含义非常复杂，批评、好恶、享受等一切须以自己为准则，这是最大的改变。

治欧洲史者，常忽视欧洲大陆的开拓，查理曼大帝统一欧洲后，便是欧洲国家建立的开始，奠立向北与向西发展的基础。神圣罗马日耳曼帝国的成立，步查理曼帝国的后尘，采取同样步骤，向东北两方发展，罗马成了交付帝王皇冠的场所，而军事、政治与文化的中心，停留在来茵与塞纳两河畔。欧洲的新动向，由地中海向内地移动，到14世纪，法国与罗马争夺宗教的领导权，在某种意义上，亚维农（Avignon）成了教皇驻跸地，便是那种动向的结果，使意大利感到一种孤独。

由于历史的关系以及意大利人喜欢活动的性格，他们不能忍受这种遗弃，他们有领导西方世界的野心，可是没有控制时代的实力，即是说由蛮人侵入造成的"黑暗时代"（Saeculum Obscurum），分裂局面，致使意大利不能荷负重任，配合当时的要求。他们不甘寂寞，转向过去的历史，梦想为古代嫡系的继承者，构成文艺复兴时代的特点。

当欧洲北部尚在封建状态中，意大利有类希腊，实行一种城邦制，精神动向高出，领导欧洲走向文艺复兴的坦途，他们蔑视北方人封建与骑士的精神，那种好勇斗狠的个人主义，意大利看作是落后的象征。然而在政治与军事上，北部却统治了南方。

十字军后，意大利意识觉醒，商业发达，城邦经济起了剧烈的变化。亚拉伯统治的地中海，为威尼斯与若诺亚等城市所控制，佛罗郎斯成为银行的中心，所以文艺复兴，由此经济繁荣的城市开展，并非是偶然的。

到15世纪后半期，佛罗郎斯望族麦地谢士，拥有大量的资本，摧毁了中古经济机构——中世纪经济理想，每个人都有极低生活的保障。他们提高物质生活，趋向艺术的追求，罗马教廷，因政治演变，必须与银行家勾结，有如查理五世与富若一样。结果教皇皇冠落在麦地谢士族的手中。

意大利承继古代文化，但是那些承继者是商人，他们的精神是算计的。因此，他们对艺术的爱好，必然走到"写实"与"理智"的路上。这种动向，配合上地方传统的背景，形成一种奴隶的复古运动，不只要模仿，而且要近归古代。这条路虽是走不通的，但他们却得到许多宝贵的经验，产生了批评的方法。便是说，从罗马式微后，一切起了质的变化，如对人与社会的观念。便是当时运用的拉丁文工具，也成为讥笑的对象，起始只是形式的对抗，继而成为教会与智识阶级矛盾的交点。

中世纪的智识阶级，完全是教会中人物，几乎没有一个例外。到14世纪，因为法律与医学的发达，大学的设立，特别是波罗尼与蒙白里，许多普通人，亦从事知识的探讨。这种运动产生一重要的结果：信仰与科学的分离，这破坏了中古倡导的统一性。

拉丁与希腊的语言学者，攻击教会传统的方法太旧，不肯努力，致使语言退化。这种批评，教会亦接受，但不肯放弃领导知识的地位，教会中的高级人物，同情新运动，教皇自15世纪中叶，便赞助这种事件。

这些语言学者，深受社会敬重，教会拥有文化实力，他们不能脱离教会的羁绊，结果便是反抗教会。所谓复古运动者，亦只对现时不满采取的策略，并不是爱好真理，与人生一种阐扬，推进人类趋向光明的道路。所不幸者，领导教会人物，追逐世俗的光荣，爱好刺激的美，忘掉了他们的本质，倘与那些新人物，以科学与艺术为己任，便判若天渊了。教会处在一种很困难的地位。

意大利的环境，特别有利于这种新动向的发展，在政治上，阿亨斯泰芬（Hohenstaufen）与阿亨策隆（Hohenzollern）的斗争，教廷移至亚维农，意大利成了战争的场所，贵族们演出许多阴谋，形成一种混乱的局面，没有皇帝，也没有教皇，意大利不能忍受这种寂寞与遗弃，返折到自身，希望古代伟大精神的降临。

二、复古运动与人文主义

但丁在《君王论》中，表现一种高贵的情感，使罗马脱离教皇的牵制，恢复独立，他梦想新文化的降生。在他的作品内，古罗马帝国的梦，燃烧着国家的情绪。

但丁的作品，给国人一种信念，便是说用自己的方言，可以表现复杂的情绪，《新生》便是利用这种有力的工具写成的。

但丁被放逐后，眷恋着佛罗郎斯故土，著《方言雄辩论》（*De Vulgari eloquentia*），指明方言可成为文学的语言，最适宜表现国民的特性。从这个文艺复兴先驱理论中，可看出国家的个人主义。

也是在这样的动机下，诗人著成他的《神曲》，这是中古思想的综合，也是新精神的发轫，虽然他把诗与科学，置放在地狱内，那仅只是外形的，作者不是基督教徒，实质上，他推重诗与科学，因为那是高贵的文化代表。

较但丁影响更大者为柏脱拉克（Francesco Petrarca）。但他的国家观念很深，自结交的名族高罗纳（Goronna）身上，他看到古罗马的幽魂。罗马是他的生命，从这个凋零的古城内，他想复兴过去的伟大，这种精神便是文艺复兴。取味吉尔（Virgidius），西塞豪（Cicero）为法，表现心灵感受到的情绪，集古代史料，收罗许多古钱与徽章，树立起研究古代文化的道路。柏脱拉克，研究希腊，并无特殊成就，却创立一种风气。

柏脱拉克追逐一种完美，但是这种完美是形式的，介乎自然与人之间，体念到"美"的情绪，他感觉到一种快乐。他这种努力，系对基督教禁欲思想的反抗，构成精神的个人主义。可是，柏脱拉克与教会关系很密切，对时髦科学，并不重视，他曾反对名法学家安得（Giovanni Andrea），责备他没有健全的常识。

柏脱拉克是一个热爱知识者，他狂烈的追逐，需要一种满足。但是他所要满足的，不是理智，而是感觉，为此柏脱拉克，一个印象者，无论外在与内心所唤起的印象，即刻化为一种现实，从这现实上又引起许多幻想与做梦，这是一种病态的现象。因此，他运用这种敏锐的感觉，施以一种"技巧"的修饰，他的诗含有一种诱惑。也是为此，一方面他启示出新的时代，另一方面又眷恋圣奥古斯丁（St. Augustin），他竭力推重《忏悔录》的这一段："人们都赞赏山顶，河流，汪洋，天星，可是他们忘掉自己，在自己的前面，却感不到什么惊奇。"他也写忏悔录，含有悲观的情绪，表现一种时代的精神。

复古运动的实例，利英池（Cola di Rienzo）是最耐人玩味的。这个想象丰富的冲动者，于1347年登罗马加彼多（Garbatella）神殿，宛如恺萨庆祝胜利，宣布罗马领袖，企图恢复古代罗马共和制度。他要摧毁意大利贵族的统治，对包尼法斯八世（Boniface VIII）一种报复。

这种复古运动，绝对不能持久的，他太理想了，不能见容于时代的需要。因此，利英池遭受贵族们猛烈抨击而失败。可是他这种戏剧化的动作，与人一种刺激，使人追想罗马曾失去的伟大。

从保加琪（Boccaccio）的小说集 *Decameron* 中，更可看出这种新动向，他是怀疑精神的象征，讥笑当时的传统道德，佛罗郎斯布尔乔拍手称快。一切要享受，许多教会中人，也接受这种新动向。保加琪约彼拉多（Leonzio Pilato）译荷马诗为意文，追逐语言的完美，扩大生活范围，加重社会生活。

佛罗郎斯的资产者，一方面求精神的解放，使罗马成为复古的中心，另一方面追逐物质的享受，发展重金的思想，1375年，沙洛达地

（Coluccio Salutati）成为佛罗郎斯主事后，鼓舞一种精神动向，强调政治不受宗教支配，取古罗马例，那是最好的理想。

这种复古运动，配合地方情感，构成人文主义的先驱，许多热情的少年，疯狂地追逐，多米尼琪（Jean Dominici）认为思想的危机对宗教是非常不利的。多氏在1405年著《暗夜微光》（Lucula Noctis）说："基督教徒们去种地，较研究古书更为有用的！"纵使他苦口婆心，无法挽救那时精神的动向，许多少年，集队成群去君士但丁堡求学，探讨古希腊的光明。

1396年，克利若洛害斯（Manuel Chrysoloras）来至佛罗郎斯，这是第一个希腊学者来讲学，有许多弟子随从。

当君士但斯与巴塞尔两次举有宗教会议，虽是解决宗教纠纷，改革教会，无形间却促进了人文思想的发展。那些参加议会的人物，同情新文化运动，嗜爱古物，着重古代手稿的探讨，孛洛齐利尼（Poggio Bracciolini）便是最好的代表。他在圣加尔修院（Abdest Gall）发现管地利扬（Quentilien）全集，又在克吕尼修院，发现西塞豪演说，对于人文主义者，并不亚于哥伦布发现新大陆的事业。到1430年左右，拉丁遗留的古作品，大致都发现了。

对古代作品，人文主义者予以敬重，而语言学家予以批评，研究它的真伪，校刊手迹，造成一种求真的风气。教会并不忽视这种工作。尼可拉五世（Nicolas V）出席巴塞尔议会，发现代尔杜里（Tertullien）全集，深感到快乐，那是教皇在这次议会中最大的收获。

尽管中世纪曲解拉丁著作，西方人并没有忽视过拉丁作品，原始基督教的思想家，如拉克坦斯（Lactance）、代尔杜里、圣若落姆（St. Jerome）、圣奥古斯丁，都对拉丁作家有深刻的认识，中古学者们继承遗产，只是残缺罢了。

真正与西方知识影响者，系希腊作品的研究，希腊人对人与自然有特殊的认识，正解答当时求知的要求。奥利斯拔（Aurispa）环行希腊，收集古代希腊作品，1423年，带回二百三十八卷希腊稿本，交给威尼斯，这个水城引为无上的光荣。

因为经济与交通关系，意大利猎获希腊作品，成为一种癖性：杜西地德（Thucydide）、柴纳芬（Xenophon）、孛留达克（Plutarque）、索伏克尔（Sophocles）等作品，第一次正式介绍到西方。在15世纪，孛留尼（Lionardo Bruni）翻译柏拉图与亚里士多德著作，西方人始认识这两位大思想家的真面目。

佛罗郎斯举行宗教会议，希腊亦派有代表，试图恢复宗教统一，这种企图虽未成功，但对希腊思想的传播，却有重大的关系。若米斯多斯（Georgios Gemistos）倡导柏拉图的思想，希望恢复雅典黄金时代的生活。白沙里庸（Bessarion）努力收集希腊珍本，共有746种，威尼斯圣马可图书馆，成了人文主义者开辟不尽的田园。

对这些学者，告斯姆麦地谢士（Cosme de Medicis）为第一个保护者，自1434年后，他以新文化领袖自居，使佛罗郎斯成为艺术的城市，组织柏拉图学会，由费生（M. Ficin）主持，到罗郎麦地谢士（Lorenzo il Magnifico）时，倾向哲学的研究，佛罗郎斯成为文艺复兴的灵魂。

意大利其他城市对新文化亦有同样的动向，亚尔丰斯（Alphonse d'Aragon）治理的拿不里（Naples），成了新文化者的乐园。亚氏爱富丽与修饰，以复古为己任，非常开明，便是在拿不里、瓦拉（Lorenzo della valla）度其大部分时间。

瓦拉在巴亚（Pavia）大学授修辞学，运用语言学批评的方法，对传统思想施以猛烈的攻击。他倡导享乐思想，抨击基督教伦理，以其偏狭，违反自然的人性，致使古文化堕落。教会人士，不努力语文，所用的拉丁文，多牵粗陋，造成许多文盲。中世纪落后的观念，便是瓦拉等造成的一种意识。

瓦拉攻击教会，也攻击那些时髦的法学家，非特指摘所用的拉丁文，而且讥笑他们没有理想，这样，他在巴威亚树立许多敌人，所处环境艰难，须移往拿不里。

1440年，亚尔丰斯与教皇欧坚四世（Eugene Ⅳ）决裂，瓦拉指出君士但丁大帝，并未给予教皇资产、稳固世权——De falso credita et ementita Constantini Donatione Declamation，教廷憎其狂妄，欲治其罪，得亚尔丰斯保护，始免于难。但是他大胆的言论，确高人一等，古埃（de Cues）枢机主教对他寄以深厚的同情。

　　瓦拉批评虽苛刻，但仍然是一个信仰者，设与碧加得里（Antonio Beccadelli）相较，判若天渊。碧氏有种变态心理，追逐刺激的享受，托人文主义的外形，赞美希腊罗马坠落的罪恶，他代表新时代肉感的动向，使感觉满足。

　　凡新的运动趋向极端，结果必然失败，因为任何运动，脱离不了历史潜在势力的支配。所以在人文主义发展时，费尔脱（Vittorino de Feltre）能够握住这个真理，从教育着手，一方面教学生学习古人对事物的理解，他方面又要学生保存基督教伦理思想，从教学与逻辑用功夫，对新文化运动，实开一新局面。

　　当时一般人文主义运动者，缺乏内心的修养，在初期，犯了许多浮浅的病。他们以新文化人自居，追逐一种虚荣，失掉对现实的认识，致使行动不健全。他们的动作，含有宣传的姿态，完全是人工的。外形装作模仿古人，实质上是一种自私的憎恶，采取一种欺诈的手段。马桂瓦利（Machiavel）说："诚实要吃亏的，装作多情，老实，严肃，虔诚有用的……群众只爱表面，结果可使事情成功。"

　　可是，我们并不能忽视他们的功绩，他们的成就，乃在造成一种风气，使后继者有追逐的路径。这些意大利人文主义者，含有高傲的国家观念，企图意大利居于领导欧洲的地位，他们的逻辑：凡事古代的，都是完美的，因为完美，所以对古代要有认识，利用新方法，便可达到高贵的境地。罗马是古代的代表，所以非罗马的便是野蛮与落后，应该铲除。意大利为罗马的嫡系继承者，故高于其他国家。这种思想，加强了欧洲国家观念，介乎国与国之间，造成一种对峙，树立起不可超越的篱笆。从这种偏狭的国家观念，反映出个人主义的发展，对中世纪传统的信仰，施以致命的打击。

人文主义发展的初期，英法两国受影响较少，只有德国，在西尔维雨斯（Aeneas Silvius）倡导下，有特殊的发展，但是，意大利国家高傲的思想刺激了德人，又加上与罗马教廷的冲突，阻碍其成为巨流，列于次等地位。

复古运动的结果，造成对古代遗物的重视，罗马古迹林立，成为人文主义者理想的乐园，讲求艺术的美，成了意大利资产阶级的任务，这是从前未有的现象。

新的艺人与鉴赏者，对艺术追求一种形式的美，如当时的诗，不只要丰富，而且要表现新的情绪；他们欣赏古雕刻的"美"，创造一条新路径，着重姿态，人体的结构，用最小的动作，如手指的方向与微笑，表现强烈的情感，深刻的思想。这样，艺人摔脱了传统的方法与结构，加强意识作用，中古的艺术，整个无条件地投降了。

新艺术的企图，首在造成夺人的印象，艺人观察现实，表现强烈的个性，从那里反映出时代的动向。倘使要用"个人主义"说明这艺术的特征，那我们不能取它恶劣的含意，因为国家思想发展中，脱离陈腐抽象的公式，那不只是一种进步，而且造成一种伟大。

我们要革除许多人的错误，以为文艺复兴时的艺术是反中世纪的，这实在是不理解当时艺术史的演变，误将别人的宣传，当作真理。事实上，当新艺术发动后，许多艺人仍然嗜爱中古的作风，不过他们体验到新情绪，只想在原有的作风上，加添自己的感觉，而且持着一种怯弱的态度，不愿骄矜自己的功绩。证诸当时宗教与政治的演进，是非常吻合的。

三、文艺复兴新艺术运动

意大利是个半岛，对它，海有种独特的作用，尤其是在十字军后。在意大利商业发达的城市，那些致富的商人，讲求精神的享受，深知他们的幸福来自远方的异域，他们对空间的发展，成为精神上急切的要求，这在建筑与绘画上，尤可看出。13世纪峨特式的建筑，钟塔林立，指着碧云高表，象征灵魂对天堂的渴望。到文艺复兴时代，变成对无垠空间的发展，表现一种丰富与辉煌，正像到处遇着快乐的节目。便是在绘画上，虽然谈到自然，但是人物的背景，一反中古传统的方式，以树木与天云，衬托出辽阔的空间。假使我们承认"感觉"是这个时代的特点，摒绝抽象，即我们了解这时代的艺术，在使群众有丰富的感觉。

意大利为国际斗争的舞台，西方国际贸易的场所，每个城市非常繁荣，有它的市政府、宫廷、教堂，殷实的富商，有美丽的建筑。佛罗郎斯首先倡导，各城市随即仿效，成了一种风气。查理八世到拿不里后，写给保若（P. de Beaujeu）说："你不能想象，在这个城内，我看着多少美的花园。因为，从未见过奇突的事物，我将向你叙述，倘如要有亚当与夏娃，那便真是地上的乐园了……"

每所建筑物，它的装饰非常自由，反映出时代丰富的背景，人体构成艺术中心的对象，雕刻成了艺人努力的交点，这是受希腊的影响，也是复古运动的结果。

* * *

文艺复兴并非突然发生的，乔托（Giotto）虽然生活在峨特式的时代，他已能代表新时代的动向。他在新艺术运动上，等于但丁在人文主义发展上一样的。

表现情感，构图方式，乔托开创了新的道路。他的方法非常单纯，用手的姿态，头的方向，一切微小与变化的动作，表现最深的情感。他绘画的人物，虽未达到写实地步，可是他的构图，已打破传统的单调，跳出画布规定的范围外，表现强烈的个性。便是说，艺人的意识觉醒，能够主动，所谓文艺复兴的特点，乃在艺人能自由地表现他的情感与个性。

比沙公墓（Campo Santo）最能代表文艺复兴初期的作品。在墙上绘着"死的胜利"，"审判"与"地狱"。就技巧论，有一部分表现新的情感，非常有力。题材虽然陈旧，假借死的恐惧，表现生的胜利。

1348年，意大利发生瘟疫，对那种快乐的生活，发出有力的冲击，作者感到死的恐怖。在画的右角，绘一乡下快乐的女子，与人谈话，正像保加琪小说中描写的人物。画的左边，绘着三个骑士，突然在三个棺前停住了，表现一种恐惧，仿佛第一次发现死的问题。一个隐修者向他们解释死的问题，似乎在读这段："不久便是你在世上的终结：看着你做了些什么。今天活着的人，明天不见了，当你消逝后，很快为人忘掉，啊，蠢东西，铁石的心肠，只顾目前而从不肯想想未来！"贪生的骑士，执迷不知世间的虚荣，泼妇象征死神，手持镰刀，向这一群快乐的人割去，非常写实，使人不能放弃这个问题。

在15世纪初，马沙琪（Masaccio）代表新艺术，这个天不永年的艺人——仅二十六岁（1402—1428年），介绍新写实主义，李郎就琪（Brancacci）教堂的壁画，分辨阴影，摹拟人体，都有特殊的成加，而亚当与夏娃失望的面孔，尤为稀有的杰作。

利比修士（Fra Filippo Lippi）受麦地谢士推重，亦注意阴影，施浓淡彩色，与人一种自然与清爽的快感。佛罗郎斯形成成透视学的中心，便是在建筑上，亚尔伯地（Alberti）已运用，佛罗郎斯大堂顶，便是利用透视学建成的。

写实主义的发展，造成许多不朽的作品，勇敢而有为者雕刻家邓纳代洛（Donatello），他对古代艺术有深刻的了解，又保持传统的宗教情绪，不忽视自然，从他的《大卫》作品去看（藏在巴若洛博物馆），表现战斗后，青年胜利的情绪，周身的筋肉尚在震动中。瓦沙利（Vasari）指出邓氏艺术的特点，乃在自然的动向。

与邓氏恐怖写实作品相反者，系安日利告（Fra Angelico），这位天才的画家，二十岁（1407年）入多明式会修院，虽在新思潮颠荡中，却能握它的动向，融合中古思想，在圣马可修院中，绘了许多作品，引人到天堂的路径。《救主朝山者》中，那种圣洁的神态，反映出他内心深刻的修养。他绘每个人物的面孔与动作，都能脱离旧日窠臼，眼睛的表情，类能追逐一种理想，如《圣母加冕》，将那狭小与阴暗的小房间（圣马可修院中），变成了光明与富丽的教堂。

当文艺复兴巨流形成后，有如一阵狂风，便是那古老保守的罗马教会，亦卷入其中。教皇们为这种景色所迷，他们有种强烈的信念，要使罗马成为新艺术的中心。

尼可拉五世（Nicolas V）即位后（1447年），取麦地谢士为法，赞助新运动的发展。他不顾教廷经济的实力，要将梵蒂冈变为艺术城，他创立梵蒂冈图书馆，收集许多珍本，请许多作家，翻译希腊作品，瓦拉译《杜西地德》，稿费增至五百金埃桂，这是空前未有的。

他希望罗马成为新运动的领导者，恢复古代光荣，但是并不尊重古迹，为了建筑教堂，毁斗兽场，取出两千五百块大理石，但是这个可怕的剧院，并不以此损害。

庇约二世继位，利用他渊博的学识，著有宇宙学（*Cosmographia*），为当时学者所推重，绥斯脱四世（Sixete IV）继之，过着一种奢华的生活，左右有许多学者与艺人：天文学者来若蒙达（Regiomontanus）修理历法；供地（Sigismondo）著现代史，共十七卷，能与史学一正确的解释；画家云集，如洛西里（Cosimo Rosselli），保地舍利（Sandro Botticelli）、基兰多若（Domenico Ghirlandaio）、北洛仁（Perugino），而伏尔利（Melozzo da Forli）的《升天图》，尤为不朽的作品。

到伊诺散八世（Innocent VIII）时，出卖教廷位置，秘书由六人增至二十四人，继又增至三十人，每个位置为五百金丢加，开教皇黑暗时代，到亚历山大六世（Alexandre VI），那真是每况愈下了。他完全失掉宗教的尊严，追逐世俗的虚荣，竭力铺张奢华，在一个建筑物的前题铭上，刻着："罗马因恺撒光荣，现因亚历山大登到光荣的峰顶。前者是人，后者是神。"

煞文那好尔（Savonarole）看到教会的危机，倾全力与之奋斗，但是，这个个人主义盛行的时代，人们沉沦在享受与堕落中。

1513年，马桂瓦利著《君主论》，其目的要引起麦地谢士注意，对政治产生一种作用。马氏以政治只论目的，不论手段，无所谓道德。政治外表要装潢，内部却是狡诈，暴力与虚伪，如果为了目的，这些都可运用的。他取李维（Titus Livius）史学家言："如果为了国家自由与独立，不论手段如何，同情与残酷，行为正与不正，都可采用。"因此，宗教只是一种工具，为了政治的目的，宗教也可变为一种伪，向这方面演进，愈显出宗教的用途，他对基督教持一种憎恶的态度。因为基督教，系弱者的宗教，失掉战斗的力量，不会产生如古代政治与军事上的人物。他赞美包锐亚（Caesar Borgia），因为他将教会世俗化，这在他看来是一条坦途，教皇制度的毁灭，便是古罗马光荣的再生，罗马人民将行为一种高傲。

这种理论对教会有不利的影响，个人主义（更正确点说自私思想）借此无止境的发展，毁弃是非标准，解脱宗教传统的束缚，这不是革命，而是"智慧的暴动"。

鉴于亚历山大六世的耻辱，教皇雨力二世（Jules Ⅱ）即位后，在那种不利的环境内，他要反抗，反抗包围教廷的势力。他有坚强的意志，同时善战，人们称他是一个"可怕者"。他仍想恢复中世纪教廷帝国，但是时代不同，他反为时代所控制，聚集许多杰出的艺人，使罗马成为艺术圣地，完成尼可拉五世，绥斯脱四世的工作。他墓前有米该朗琪罗雕刻的磨西，周身表现强力，孤独静观，正是这位好战教皇的象征。

到里庸十世（Leo X）时，文艺复兴达到峰顶。他成为学者与艺人的保护者，而宗教改革的火，也便在此时暴发了。狄柴纳（Sigismondo Tizio）说："普通意见，公认教会到腐败地步，领袖只贪图快乐，戏剧，打猎并顾及他的信徒。"

罗马成了新运动的中心，在过去伟大的历史上，学者与艺人施以新的粉饰。这是一块享乐地带，充满了肉的刺激，教皇亚得利安六世（Adrian Ⅵ）痛恨万分，以悲天悯人之心，欲加以改革，结果无人赞助，他求之于名震一时的埃拉斯姆，被其冷淡地拒绝了。

文西（Leonardo da Vinci）的最后圣餐，完成于1498年，代表文艺复兴的新精神，技巧完美，含有深刻的宗教情绪，每个宗徒的面孔，手的姿势，十三个人物的组合，刻给出那句凄惨的话："实在说，实在说，我告你们，你们中间的一个要背叛我！"这幕悲剧，以很沉静的布局，反映出无穷的苦痛。

保地舍利所绘《朝觐》一幅，表现当时两个伟大人物，向少年指婴儿者为煞文那好尔，少年即罗郎麦地谢士。但是，能够自成一家且为人赞赏，绘出时代的动向者为拉飞儿（Raphael）。

拉飞儿在梵蒂冈宫绘有两幅巨大壁画，至今为人赞赏。《雅典学院》，包含诗，法学，哲学与神学。"辩论"由柏拉图、亚里士多德领导，讨论深奥难解的问题。在圣多默（St.Thomas）、圣本纳文都（St. Bonaventure）旁，可看出但丁·安日利告与煞文那好尔。两张壁画主旨，表示科学与信仰的合一，自然与超自然互相映辉，中古思想与新精神的配合。拉飞儿能在文艺复兴巨潮中，不为沉溺，抓住历史的潜力，以绝伦的技巧，使人感到一种神韵，因为他不走极端，从调和着手，启示出人类智慧的伟大。

代表文艺复兴强烈情绪，行为独特，与拉飞儿等相反者为米该郎。

米该郎自诩为佛罗郎斯贵族，接受中古传统的精神，他有深刻的信仰，秉赋着不安、强烈、偏执的天性。从幼年时，受基尔郎多（Ghirlandaio）与贝尔多岛（Bertoldo）之教，爱好雕刻与绘画，随着人文主义潮流，追求"美"的真义。1506年，发现希腊著名雕刻"洛贡"（Laocoon），从其悲惨的神态，他明白古人的艺术，表现人类内心的矛盾与苦痛。他爱神曲，同情煞文那好尔，看到人间的罪恶，古代美的诱惑，末日审判的可怕，他有强倨的个性，介乎"愿意与不愿意之间"，刻绘时代的悲剧。

从 1536 年起，承教皇雨力二世之命，绘绥斯地纳（Sixtine）壁画，那是圣经与神曲的综合，以力的美，启示人类的命运。这像是奥林比亚大会的竞赛，每个人都有他的结局。那幅末日审判，基督愤怒的姿态，使慈和的圣母亦感到一种恐惧。

到里庸十世时代，米该郎登到文艺复兴的峰顶，他着重在雕刻，一反传统的作风，任其幻想指引，将内心的苦痛，表现在麦地谢士的坟墓上。

1527 年，佛罗郎斯起革命，米该郎为家乡观念所迷恋，赞助共和，反对教皇党。两年后，革命失败（1529 年 9 月），米该郎须服侍他的敌人——克来蒙七世（Clemont Ⅶ）。将内心的苦痛与所受的侮辱，凝集在《早，夕，日，夜》四尊雕刻上，那是他对自己的叙述，以石呐喊他内心的感受。对瓦沙利咏夜像的诗，他和着说：

睡眠是柔和的，
更柔和的是石的睡眠
那时候，罪恶与耻辱存在，
看不见，听不着，
对我是无上的幸福，
所以不要给我唤醒他，
要低声点谈！

米该郎一生在奋斗中，他与拉飞儿幸宠的生活相较，有天渊的差别。他说"千般快乐不若一点痛苦"，作品从未完成，从未满意，永远孤独，从人间得不到一点安慰。

在 1538 年后，他结识女诗人高洛纳（Vittoria Colonna）时已六十三岁了，他们有纯洁的友谊，"如夏夜的繁星"，使他感到人生的可贵，加强了他宗教的情绪。他说："以艺术为偶像的崇拜，现在我明白是如何的错误。雕刻与绘画都不能与我灵魂以休息，须转向圣爱……"罗马圣彼得大堂的圆顶，堂内的"彼也达"（Pieta）雕像，正是他生命的象征。

意大利的人文主义与艺术发展，不久便传播到全欧，它的基调为：个人主义，要摒绝一切障碍，使人类的天然秉赋，能够自由地发展。次之，人的整体理性与感觉，须遵守自然的法则，他们不能对峙，而要与以一种调和，证明人类潜在的伟力，无拘禁地向上进展。因之，他们敢大胆地创作，大胆地批评，每个人有他清醒的意识与自由的意志，欧洲精神教育为之一变。爱好古代，追逐理想，要说自己的话，这是埃拉斯姆整个神髓。1516年，他刊印希腊文的新约，那真是划时代显明的标帜。

原载《论坛》杂志创刊号，1947年。

欧洲封建时代的献礼

欧洲中古初期，社会混乱，陷入孤独与封建途径，呈现一种分裂的状态。佛朗王国的建立，虽保存一部分罗马的国家观念，它的基础却建立在"忠实"上，如伯爵是一个公务员，他的取得在于"忠实"，按照近代的观念，对人的忠实是反国家的，因为主权随之破裂。

主权分裂系臣属权力的增高，亦即权力个人化，此由于当时内在的因素，并非来自罗马或日尔曼的。因为主臣关系基于"忠实"，每个臣属在其境内，有行施主权的自由，帝王所问者为"忠实"，只要举行"献礼"，其他是不过问的。

为此，在封建时代有"谁的人"术语，这个"人"字的含义，异常现实，即是说他没有独立的人格。由于"谁的人"构成了主臣的关系，不分阶段，一个个体依附在别个个体身上，须经过献礼的仪式始能成立。

甲乙两人队里，甲愿服侍，乙愿接受，甲并双手置于乙手中，有时跪下，以示服从，宣布愿做乙的"人"。乙将之提起，互亲脸，表示接受，从此主臣关系确立，甲为"乙的人"，有时更精确自称："乙的口与手人"。此种"献礼"仪式，源出日耳曼，并没有丝毫宗教意味。

自佛朗王国形成后，宗教与政治合作，基督教支配西方社会，于是于献礼之外，又加添宗教仪式，即甲乙举行献礼后，甲复将双手置于《圣经》或圣物之上，以示甲对乙之忠顺。

忠顺仪式与献礼有别，忠顺是附加的，没有保证，最后的制裁是未来，它是伦理的，即是说它既没有强制的力量，又可以多次举行。至于献礼便不同了，它是一种契约行为，仅能举行一次，只要双方活着永远有法律的效力。

到无可奈何中，弱者求人保护，强者喜欢保护人，以增加自己声威，这是一种自然的倾向，同时也是时代的要求，成为生存必备的条件。当弱者感到生命受威袭时，不只将他的人格献与主人，他的产业亦随之呈献。事实异常矛盾，采邑起源，最初系臣属孝敬主人的。强者要有"他的人"，加强实力。自纳曼人与匈牙利人侵入后，私人献礼突然增多，原因非常简单，每个领主要有"他的人"筑碉堡，要有"他的人"守护碉堡。在动乱时代，强力成为支配社会的唯一因素，依附成为生活必然的方式。于是一种依附的方式是世袭，系通常人举行，对所尽的义务没有选择的自由；别一种是臣属的较高贵者举行，受契约限制，至死为止。

互相依附的动机，不仅由于时代的动乱，亦由于经济的因素。自7世纪起，为了酬谢臣属者忠诚的服务，主人以赠予方式，予以少部分产业。所赠之物，不能转移，不能世袭，倘如服务中止，或中途死亡，随即撤回，此种方式由习惯造成，亦非源于罗马或日尔曼。

便是查理曼时代，公务人员与官吏，没有薪给制度，土地成为财富，控制社会，帝王将土地赐予将士与臣属。所有权渐趋破裂，不为重视。当时为人所重视者，为时间给予的占有权。主臣关系愈扩大，主人赠予臣属采邑愈增加，"授予"采邑仪式亦愈隆重。封建时代，一切要象征，用实物表现意义，使感觉到一种满足。献礼与忠顺仪式举行后，始举行"授予"仪式，主人首赐一棍，象征财产，继赐一撮土，象征土地，继赐一把枪，象征兵役，最后赐一面旗，象征作战。

武力既为时代的重心，如何增强军事设施，变成每个领主的基本问题，在消极方面，建设坚固的碉堡，防御盗匪，防御仇敌，便说是

凭借他有限的实力与整个宇宙来搏斗。在积极方面，建设骑兵，因亚兰人与哥德人侵入欧洲后，马镫与马掌传入，骑兵可跋涉山路，便于作战，威力大增，查理马忒尔是以骑兵败萨拉森人（732年），亨利四世亦以骑兵败萨克逊人（1075年），骑兵遂成为主力。

但是，建设骑兵是不容易的，首先要有长期的练习。"年少不为骑士，则永无成骑士的希望了。"次之，要有雄厚的资产，始能有一匹马及服装与武器。据9世纪时的价格，一匹马可换六头牛，一套甲的价值与一匹马相等，一顶盔等于半匹马，这样除生活与武器外，基本的装备须有二十头牛的价值，此非特殊富有者无能为力的。"献礼"变成资产活动的方式，主臣所构成的军队是终身的，理由非常简单，臣属的土地系主人赐予故。此种动向，可从当时术语中看出，11世纪文献中，"臣属"（Vassal）一词与"军士"（miles）通用；"军士"一词又可以"骑士"（chevalier）代之，这说明时代的需要，习用的字尚未确定它的面貌。

献礼保障"忠实"，建立主臣关系，其基础便是"一人不事二主"，伽罗林王朝虽无明文规定，却能保持这种精神。迨至封建制度极盛时，不健全的现象发生，一人事多主的现象，非常普遍。李奇南（Reichenan）著《军律》（1160年）说："倘如一个骑士为采地而事多主，上帝是不喜欢的。"尽管苦口婆心，也不能阻止时代动向，13世纪末，德国一子爵可有四十三个主人。于是纠纷百出，破坏了人与人的联系，而原始创立的"献礼"亦贬值，以迁就事实。

最普遍而最不易解决的问题，乃是二主发生战争，臣属所取的态度。为避免扩大纠纷，确立三个原则：

一、按照献礼时期的先后，臣属当从最初者。

二、按照给予采地的多寡，臣属当从赐予最多者。

三、按照亲属关系，臣属当从近亲受压迫者。

这三种原则，基于法律、经济与血统，仍然不能消除纠纷，问题不在原则的不善，而现在社会已变了。反抗主人已为道德与法律不许，为人指摘；为采地而反抗（封建时代最多的），"献礼"渐失其作用。于是为补救缺陷，创立"绝对献礼"（Hommage Lige），即一人可有多主，择其一为绝对主人，自己亦为绝对臣属，加强忠实的关系。

"献礼"是契约，"献礼"而加以绝对，正说明主臣关系不健全了。贝业主教，养骑士百人，如其绝对主人发生战争，他只出二十人；如帝王发生战争，他只出十人，他要保存自己实力，不轻于牺牲。这是一个伦理时代，"献礼"已难发生积极作用，却仍保持着神圣的姿态，不能毁弃，如毁弃则视为不忠实。英王亚尔伏德（Alfred）异常慎刑，对犯罪者从轻发落，却要"除过背叛主人者，对此种人，不能怜悯……杀害主人者，永不得救"。

主臣关系在心理上所生的力量，在封建时代留下许多矛盾的资料。臣属如朋友，第一种情感为忠诚。主人如家长，慈爱为先，有如父子的关系。战事诗咏纪合尔（Girart）：

> 假如主人被杀，我愿为人杀死；
> 绞死呢？我亦绞死；
> 烧死呢？我亦烧死；
> 溺死呢？我亦投水。

模范臣属，第一个任务是手执宝剑为主人死去。教会对此亦加鼓励，里莫若（Limoges）宗教会议（1031年）宣布："在危险下，骑士当为主人死去，其忠诚有如为上帝的殉道者。"

我们感到这里有许多悖理、矛盾及蛮野的地方，在当时却是很自然与很合理的。中世纪，一个人没有主人，亲属又不负责，按英国10世纪法律，此人是不为法律所保护的。费特烈大帝的组织中说："放火者逃在堡垒内，如果不是逃入者的主人、臣属、近亲，即堡主须将之交出。"从此可知主臣关系的重要，"献礼"成为生存的条件。

通常骑士子弟，养在主人的宫中，学习战斗，随主人行猎，体念主人的恩典，加尔尼（Garnier de Nanteuil）对查理曼，深能表现此种情绪：

　　帝王去森林，我持弓扶蹬随行；
　　帝王去河边，我带雕鹰与猎品；
　　帝王去睡眠，我唱歌、奏乐与解闷。

　　封建情绪支配了人的实际生活，社会组织随之变化，如婚姻问题，并没有个人自由。父权至上，婚姻由父亲决定，父亲去世即由主人决定。此种情形，导源颇古，西哥德律中："如果士兵留一女，主人抚养，与之配一同等的丈夫。如她自己选择，不从主人意志，即须将其父所受主人财物退还"（Codex Euricianus C.310）。主人为臣属决定婚姻系正常的，如是与实利始相符，流弊很多，到13世纪，"献礼"失其作用时，主人解决臣属子女婚姻，亦须征求家中同意了，这是很耐人玩味的。

　　封建制度不是创造的体制，而是社会演进的结果，一种自然现象，它不是突然的，而是逐渐形成的。"献礼"为封建制度中具体的表现，构成个体的依附，自社会演进言，形成一种立体的体制，政治与经济都失掉正常的关系。到社会起变化，此种制度不能维持原状时，便是神圣的"献礼"，亦可毁弃，却须举行仪式。

　　毁弃"献礼"的发动者，首先投掷树枝或外衣皮毛于对方园内，象征一种挑战，然后找两个证人，提出书面的拒绝，出自臣属者，退还采地；出自主人者，停止臣属所负的义务。就普通言，出自臣属者较多，如是"献礼"便毁弃了。封建时代作家保马纳（Beaumanior）说："如何臣属遵守信约，如何主人尽其义务。"此13世纪人物，提出对峙，人的关系，不再依附而趋向合作了。平等合作愈扩张，则"献礼"愈失其约束性，到最后变为讥笑的资料。

原载《文学杂志》第1卷第2期，1947年。

欧洲封建时代社会之动向

欧洲封建制度，并非突然形成。当萨拉森人封锁地中海后，莱因与多脑两河以北，渐次成为政治活动的中心，文化与经济亦随时代所趋，起一种质的变化，特别是9世纪至11世纪。因此，分析这个期间的社会动向，使人感到时间强力的可怕，并许多事实的面目。

封建时代的生活与希腊罗马相比较，首先是接近"自然"。新开拓的日尔曼地带，到处是森林与池沼。荒野的田间，野兽时常流窜，猎狩成为重要的生活，其原因不仅是自卫与娱乐，而且是经济的、生活上所必需的。封建时代的生活，有如原始时代一样，系自然经济的。采山果、猎野兽、割蜂蜜，便是日用的器具，又多半是木制的。生活简陋，却很质朴，含有原始的成分。环境粗野，影响到精神上一种横蛮与暴躁。

因为穷困，没有卫生设备，公共卫生更谈不到，所以健康没有保障，死亡率很高，特别是儿童死亡率。王公贵族们，虽有较好的物质生活，却不注重养生之道，不洗澡，吃得太饱，疾病随生，只看当时帝王们的年龄，便知这个传奇式的时代，如何很快地衰老。亨利第一活了五十二岁；路易六世与非里朴一世五十六岁，萨克逊系初期四个帝王，平均仅四十岁又六个月，我们看出如何浪费他们的生命，同时又可看出一种矛盾现象：原始与古老的封建社会中，其统治者是一群青年。

因为死亡率高，"死"的观念激起一种不安的情绪，失望与恐惧控制了人心，死不是生物自然的现象，而是一种生的变形，从一个不定的世界达到永恒的世界，它是神秘的，却是非常现实的。纳曼人用骷髅浮雕装饰门楣；比萨公墓的骷髅舞，都启示人"生"的不永。这个时代，信仰含有积极的意义，它是一种生活，不能予以逻辑的解释。迨至12世纪后，信仰始成为研究的对象，运用理智去说明，逐渐养成一种新感觉，播散文艺复兴的萌芽。

为此在中古时代，时间观念异常薄弱，不为人重视。只有过去与未来，没有现在，便是史学家亦不注意时间。桑拔尼伯爵夫人，将继承加贝王朝，却须首先确定她的生年：是否为1284年？由是引起许多争执。通常生活上，计算时间的工具亦不完善，普通运用者为水漏与沙漏，并不准确；公共场所与修道院，大半为日晷，因天气变化，常受限制。约至14世纪，始有摆钟发明，发明缘于需要，它说明时间观念的重要，逐渐侵入人心，而社会亦从封建中蜕变，转向新方向。亚尔佛来王欲有准确时间，将蜡烛切成许多等段，到处点着，也够愚笨与耐心了。

没有时间观念，系精神不正确的表现，习惯代替了观察，想象代替了理智，所以他们的生活，特别是宗教上，含有浓厚成分的迷信。现实的生活，只是长而无尽途程中的一段，或者竟可说是一层帐幕，背后藏有更深刻的事实，而为人不能理解。人失掉主动，幻变中寓有不变的意志，暴风雨降临，系魔兵魔将的过境，彗星出现，必有战争，鬼的活动，使人忧虑，尊重圣物，朝山进香，成为社会生活的基础。虔诚的罗贝尔·奥东三世，视这些迷信与作战同样的重要。所以奥东说："宗教的发展，便是保证帝国的安全。"

中古宗教情绪，与希腊罗马时代截然不同，我们现在是很难体会的。所谓知识阶级，用拉丁文表现感情与思想，但是这种语文，杂有方言，文法错误，并非西塞豪典范时代所用的。然以教会故，非常流行，变为西方国际语言，到处可通行。

拉丁文虽普遍，却不能表现新感觉。自9世纪起，方言渐取得社会基层力量，日尔曼语与拉丁语对峙，842年斯脱堡盟约文，便是语言紊乱的证明。语言文字的紊乱，实社会不安的反映，欲有系统与高深的知识，几乎是不可能的。纳任（Nogent）以十字军史著称，他写回忆时（1115年）说："在我幼年时，非常缺乏教员，乡间简直找不到，城中是可遇不可求，他们知识有限，与现在流浪的小神职者相等。"

自9世纪至11世纪末，求学实在是严重问题，须冒险至各处游走，始能有所进益。纪碧尔奥里亚克（Gerbert d'Aurillac）到西班牙学数学，来姆士学哲学，交通困难，每日步行三十公里左右，宿于教会举办的住处，将展中见闻，传播四方，辗转演为一种神话，所以中古是谣言最多的时代，亦是最易相信谣言的时代。原因很简单，知识不发达的缘故。

知识不发达，当时并不以为可耻。开国元勋奥东一世三十岁时始开始识字；龚合德二世，一生不知如何书写自己之名。中上等名人，只有经验，没有学识，称之为"Idiota"，意为不能读圣书者，倘与希腊拜里克来斯、罗马奥古斯都两时代相较，其差真不知几万里也。我们所说，系指一般风尚，并非没有例外，如奥东三世其母为拜占庭公主，可以用拉丁文与希腊文表达思想。威廉三世、亚桂登公爵，图书馆藏书丰富，常读书至深夜。

知识不发达，系社会割裂的现象，生活困难的结果。一切陷于混乱与停顿的状态，社会起一种变化，走向孤独与不安的途中。这是日尔曼迁入后的结果，亦欧洲重心北移必然的现象，与其说封建阻碍了进步，毋宁说，欧洲大陆起始开拓，新民族吸收旧文化是必然的现象，似乎更近事实。

罗马注意路政，却在南欧洲以意大利半岛为中心，经蛮人侵入，佛朗王国未能安定西方社会，公共设备渐次倾毁，而为人赞誉的罗马道路，亦随之破坏，特别是桥梁。以故交通困难，城外无安全的保障。沿路居民甚少，盗匪横行。1061年，托斯地侯爵——英国最有实力者，在罗马城外被人劫走，须出高价始赎回。秃头查理，看到由南方送来的衣服，途中未被劫走，认为是意外的。此时政权分裂，执政者无论大小，须策马各处巡行，因此于中途牺牲者非常多。

路政既废，道路混乱，任其自然发展，没有计划与组织。墟场、修院、碉堡为确定道路的因素。道路变为附属者，愈小愈狭，桥梁愈草率，愈易破坏，行人失掉安全，每段有势力范围，必须有"关系"，始可通行，除威尼斯至君士坦丁堡外，传递信件已不可能。如果有重大与急切的事件，即差人专送，所以既不经济，消息又不灵通，即宫中的编年者，亦多道听途说，弄许多笑话。如匈牙利人西侵时，以拉丁作家未曾提及，故不知其由来。东碧脱（Lombert de Hersfeld）为博闻之人，对日尔曼帝国边界，亦有错误。

倘加这样推论，确定欧洲中古是锁闭的，那与事实便不相符。如西班牙与亚拉伯关系，至为密切，比利牛斯山北，有亚拉伯金币的流通。威尼斯取道海路，至拜占庭首都。或由巴尔干至基辅，转向黑海与里海，与中亚及远东有交易，西方输出者为奴隶，输入者为香料和奢侈品。经济并不发达，却能继罗马之后，未停止贸易，只是作用太微弱了。须要在十字军进行后，夺回地中海上的航权。蒙古西进，摧毁陆上的障碍，那种自然经济始开始转变。

11世纪后半期，教皇格来里高利七世改革，新生的欧洲统一告成，至少是意识上如此，以故向东进发，产生175年长的十字军，究其意味，并非是宗教的。当此长期冒险的战争发动时，正是封建制度达到顶点，这时候人口增加，骑士制度已形成一种生活的典型，而人与人的关系，亦较前密切。加贝王朝，从事军事与政治建设。自巴黎至奥良的道路，路易六世可以控制。桥梁设备，增加警兵，使重车可以通行。商旅可以安全，工商业逐渐有起色，至少土地支配生活的强力为之一弛。这不是农业生产降低，而是土地制度固定、耕种方法改良、生产增加的结果。当十字军进行时,威尼斯取海上霸权,其输出商品亦多,如毛织物与棉花,一般社会生活提高。由是,吸收现金与宝物,成为金融活动的趋向,而非封建初期专事收藏,所可比拟。我们可看出两种结果:第一,工资制度渐次取得地位;第二,商人逐渐有组织,构成新势力。社会又向前演进一步。

封建时代社会动向,就表面言,它接近自然,想象代替理智,使个人生活与新社会生活脱节。知识落后,形成分裂与孤独状态。但是,往深处着眼,即发现这个时代,拥有一种活力,追逐一种理想,每个人都有一种个性,不断地反省、分析内心,如《罗朗之歌》,克利坚(Chretien de Troyes)的小说,不重视行动,却能深刻的分析。这是一种新动向,其结果便是个人意识的觉醒。

从查理曼帝国分裂后(843年),新旧社会人为的统一,虽不能说中止——教会犹继续推动,但是时与事异,没有人敢于尝试,近代欧洲的国家便于此时肇生。当封建制度稳定后,即向外发展,十字军并非专为耶露撒冷的圣地,实步希腊罗马的往事,向东进发,政治与经济的动机远超过宗教与文化的。十字军没有结果而结束,随着封建主潮消逝,却从未忘掉东方。只是蒙古蹂躏于前,奥斯曼崛起于后,由于地中海商业的复兴,西方从海上进发,抛弃传统的道路,这是很自然的,其结果为地理的发现。中古时代的社会动向亦开始变质。

原载《民主时代》第 2 卷第 1 期,1948 年。